会计类专业对口升学考试辅导用书

财经法规与会计职业道德

精 讲 精 练

主 编 戴佰娟

副主编 程世会 樊小红 汪 燕

合肥工业大学出版社

图书在版编目(CIP)数据

财经法规与会计职业道德精讲精练/戴佰娟主编．--合肥:合肥工业大学出版社,2024．--ISBN 978-7-5650-6818-8

Ⅰ.D922.2;F233

中国国家版本馆 CIP 数据核字第 20249SS575 号

财经法规与会计职业道德精讲精练

CAIJING FAGUI YU KUAIJI ZHIYE DAODE JINGJIANG JINGLIAN

戴佰娟 主编		责任编辑 汪 钵 毕光跃	
出　版	合肥工业大学出版社	版　次	2024 年 8 月第 1 版
地　址	合肥市屯溪路 193 号	印　次	2024 年 8 月第 1 次印刷
邮　编	230009	开　本	889 毫米×1194 毫米　1/16
电　话	理工图书出版中心:0551-62903004	印　张	21.75
	营销与储运管理中心:0551-62903198	字　数	658 千字
网　址	press.hfut.edu.cn	印　刷	安徽联众印刷有限公司
E-mail	hfutpress@163.com	发　行	全国新华书店

ISBN 978-7-5650-6818-8　　　　　　　　　　　定价：68.00 元

如果有影响阅读的印装质量问题,请与出版社营销与储运管理中心联系调换。

前　　言

高素质技术技能型人才是国家的重要战略资源。职业教育作为一种特色鲜明的类型教育，肩负着培养高素质技术技能型人才的重任。为促进职业教育高质量发展，大幅提升新时代职业教育现代化水平和服务能力，国家启动实施《职业教育提质培优行动计划（2020—2023 年）》，深入推进教育教学改革。为全面贯彻党的教育方针，落实全国职业教育大会精神，深化课程思政建设，推动中等职业学校课程教学改革，更好地开展中等职业学校财经类专业"财经法规与会计职业道德"核心课程的教学，我们依托课程教材和教育部最新颁布的会计专业教学标准，组织编写了本书。本书主要特色如下。

一、融入课程思政

立足中职学生思想特点和发展需求，注重理论讲解和实践训练相结合，创新思政的内容和形式，将思想价值引领贯穿各任务和各环节，旨在培养又红又专、德才兼备、全面发展的高素质技能人才。

二、重构知识框架

本书严格按照 2024 年重庆市财经专业高职考试大纲的要求及最新的财经法规编写，不仅包括教材内容精讲与典型例题分析，还涵盖疑难解答、高考链接及项目综合检测，知识逻辑结构清晰，重难点突出，覆盖全面。书中题目选用历年重庆市高职分类考试试题或按照真题思路改编，并参考初级会计专业技术资格考试题库，指导性强。

三、注重方法指导

简化理论内容，突出学习方法、解题方法的指导。在例题解析中，根据需要设置"注意""破题""解析"等，引导学生主动探索学习。在微专题中，对支付结算重难点知识做进一步规纳、比较，对增值税、消费税、企业所得税、个人所得税计算提供解题通法、典型例题剖析，帮助学生强化能力突破、重难点。

四、强化考点训练

"考点分析""教材内容精讲""高考链接"体现了高职考试脉络。专门设置的"知识精练"模块旨在强化习题训练，提高学生分析问题、解决问题的能力。为辅助教师教学和学生自测，所有"知识精练"及"综合检测"都附有参考答案。

本书由重庆市旅游学校戴佰娟担任主编并统稿，程世会、樊小红、汪燕担任副主编。在编写过程中，我们还得到了重庆电子工程职业学院吴焱岷教授、唐继勇教授等职业教育教学领域专家的悉心指导，在此深表谢意。由于编者能力所限，不足之处在所难免，敬请读者多提宝贵意见。

编　者

2024 年 7 月 20 日

目　　录

项目一 会计法律制度

【项目目标】

会计法律制度是调整社会关系的法律规范，在加强经济管理和财务管理、提高经济效益、维护社会主义市场经济秩序等方面发挥了重要作用。本项目是教材的重点内容，包括会计法律制度概述、会计工作管理体制、会计核算法律制度、会计监督、会计机构和会计人员、会计法律责任6个任务。会计法律制度是会计人员从事会计工作、办理会计事务必须严格遵守的行为准则。《会计法》①《会计基础工作规范》《会计人员管理办法》等会计法律、法规和规章能够增强会计机构和会计人员执行国家统一会计制度的刚性约束，维护制度权威。在学习时，应重点把握法律法规对会计机构和会计人员的具体规定。

【思政目标】

在会计法律制度面前，要敬畏法律和规则，做法定框架下贯彻落实制度的典范；认真学习会计法律、法规和规章对会计核算、会计监督、会计机构和会计人员的具体规定，明确违反会计法律法规等制度将承担的法律责任，提高自身法治意识，预防和化解风险，严守国家财经纪律，维护制度规定的权威性。

【学习目标】

知识目标	技能目标	素质目标
☆ 描述会计法律制度的构成和会计工作管理体制 ☆ 熟知会计核算的要求和会计监督的内容 ☆ 掌握会计机构设置、会计工作岗位设置、会计工作交接的要求 ☆ 列举会计违法行为及法律责任	☆ 能明确会计法律制度的构成、会计工作的主管部门及职责 ☆ 能依照法律规范填制、审核、更正、编制会计资料等 ☆ 能准确区分不同类型会计监督的主体和对象；正确办理会计工作交接手续 ☆ 能明辨违反《会计法》的行为与责任	培养学生的法治意识，自觉遵守会计法律法规，践行社会主义法治，将会计法律制度作为工作中的行为准则，敢于同违法行为作斗争，坚定制度自信

【考点分析】

任务	考点	年份/题型	合计分值
任务一	会计法律制度	2015年单选题、2016年单选题、2017年单选题、2020年单选题、2023年判断题	11
任务二	会计工作管理体制	2015年单选题、2015年多选题、2018年单选题、2019年单选题、2021年判断题、2022年多选题、2023年单选题	24

① 《会计法》为《中华人民共和国会计法》的简称，本书所涉及的法律、法规文件名称统一采用其简称形式。

（续表）

任务	考点	年份/题型	合计分值
任务三	会计核算法律制度	2015 年单选题、2015 年判断题、2021 年单选题、2022 年多选题、2023 年单选题	13
任务四	会计监督	2016 年单选题、2017 年判断题、2018 年单选题	6
任务五	会计机构和会计人员	2015 年单选题、2016 年单选题、2016 年多选题、2016 年判断题、2017 年单选题、2018 年多选题、2019 年判断题、2020 年单选题	18
任务六	会计法律责任	2017 年单选题、2022 年多选题、2022 年判断题	8

任务一　会计法律制度概述

一、学习导航

学习能量	会计法律制度是会计人员从事会计工作、办理会计事务必须严格遵守的行为准则，是规矩、是底线。无规矩不成方圆，会计人员对法律要有敬畏之心，懂得知止，时刻自省，自觉与腐败现象和违法行为划清界限，坚定理想信念，守住思想防线、人生底线，不贪恋不属于自己的东西，凡事懂得适可而止
学习目标	1. 识别会计法律制度的概念 2. 记住会计法律制度的构成、制定机关及代表性文件 3. 能准确列举会计法律制度的构成内容
学习建议	会计法律制度是升学考试的重要考点，2015 年至 2023 年的试题涉及会计法律制度效力、《会计法》、《企业财务会计报告条例》等考点，在复习中应重视。因此要熟悉会计法律制度的构成，强化习题训练，做到全面准确把握知识点

二、教材内容精讲

➤ 知识点 1　会计法律制度的概念

会计法律制度，是指国家权力机关和行政机关制定的，用以调整会计关系的各种法律、法规、规章和规范性文件的总称。

会计关系，是会计机构和会计人员在办理会计事务过程中以及国家在管理会计工作过程中发生的各种经济关系。

企业制定的单位内部控制制度也属于会计法律制度的构成部分。

➤ 知识点 2　会计法律制度的构成

我国会计法律制度主要包括会计法律、会计行政法规、会计部门规章和地方性会计法规。

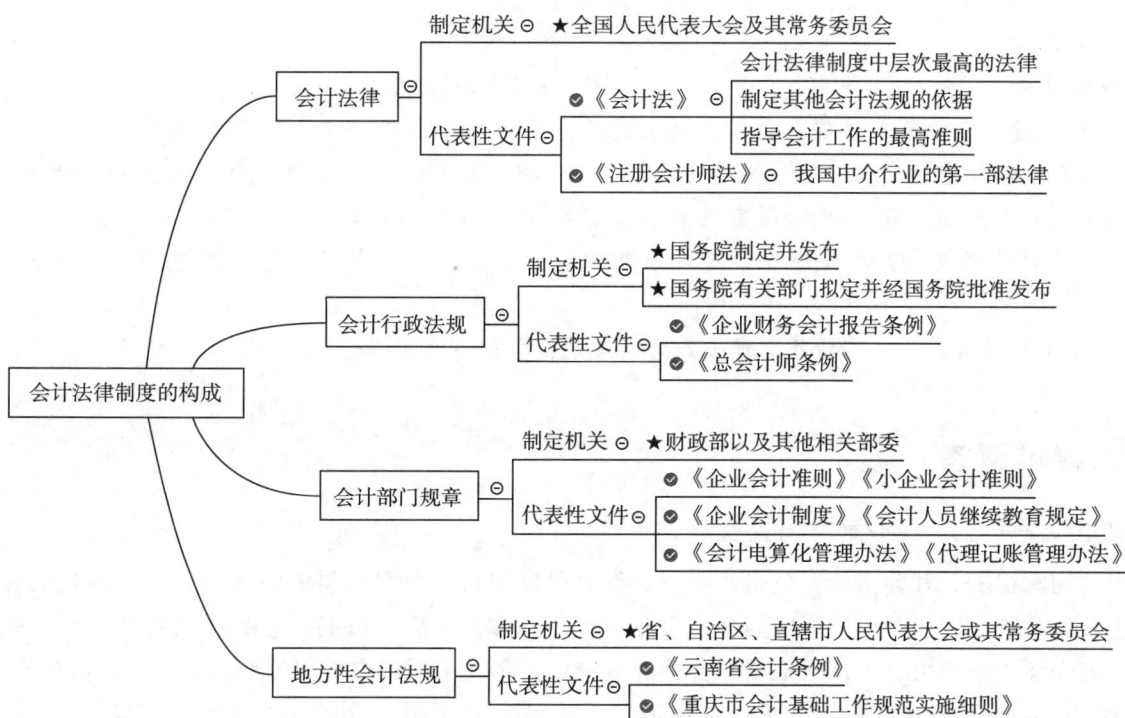

会计法律制度的构成
- 会计法律
  - 制定机关 ⊖ ★全国人民代表大会及其常务委员会
  - 代表性文件 ⊖
    - ✓《会计法》⊖
      - 会计法律制度中层次最高的法律
      - 制定其他会计法规的依据
      - 指导会计工作的最高准则
    - ✓《注册会计师法》⊖ 我国中介行业的第一部法律
- 会计行政法规
  - 制定机关 ⊖
    - ★国务院制定并发布
    - ★国务院有关部门拟定并经国务院批准发布
  - 代表性文件 ⊖
    - ✓《企业财务会计报告条例》
    - ✓《总会计师条例》
- 会计部门规章
  - 制定机关 ⊖ ★财政部以及其他相关部委
  - 代表性文件 ⊖
    - ✓《企业会计准则》《小企业会计准则》
    - ✓《企业会计制度》《会计人员继续教育规定》
    - ✓《会计电算化管理办法》《代理记账管理办法》
- 地方性会计法规
  - 制定机关 ⊖ ★省、自治区、直辖市人民代表大会或其常务委员会
  - 代表性文件 ⊖
    - ✓《云南省会计条例》
    - ✓《重庆市会计基础工作规范实施细则》

【知识拓展】

1. 《会计法》是会计法律制度中层次最高、法律效力最高的法律规范，它是制定其他会计法规的依据，也是指导会计工作的最高准则。

2. 除《会计法》外，会计行政法规、部门规章、地方性法规均为调整某些方面会计关系的法律规范。

3. 效力排序：宪法＞法律＞行政法规＞部门规章＞地方性法规。会计行政法规的权威性和法律效力仅次于会计法律，是一种重要的法律形式。

4. 会计部门规章包括国家统一的会计准则、制度和规范性文件，主要有会计核算制度、会计监督制度、会计机构和会计人员管理制度及会计工作管理制度等。（小知识：我国企业会计准则体系由基本准则、具体准则、会计准则应用指南和解释公告等组成）

5. 地方性会计法规，在同宪法、会计法律、行政法规和国家统一的会计准则制度不抵触的前提下，按本地区情况制定发布的规范性文件。

【例题 1·多选题】 下列关于《会计法》的表述中，正确的有(   )。

A. 《会计法》是指导会计工作的最高准则

B. 宪法的法律效力高于《会计法》

C. 《会计法》是制定其他法规的依据

D. 宪法是《会计法》制定的基础和依据

E. 《会计法》是会计法律制度中法律效力最高的法律规范

『解析』ABDE 对：《会计法》是会计法律制度中层次最高、法律效力最高的法律规范，是制定其他会计法规的依据，是指导会计工作的最高准则。C 错：《会计法》是制定其他会计法规的依据，不能泛指其他法规的依据。

『注意』宪法是普通法律制定的基础和依据，一切法律、行政法规和地方性法规不得同宪法相抵触，宪法＞法律＞行政法规＞部门规章＞地方性法规。

『答案』ABDE。

【例题 2·2017 年单选题】 由国务院制定发布用于调整经济生活中某些方面会计关系的规律规范

是（　　）。

  A. 会计法律　　　　　　　　　　　　B. 部门规章

  C. 规范性文件　　　　　　　　　　　D. 会计行政法规

『解析』D 对：会计行政法规是由国务院制定并发布，或者国务院有关部门拟定并经国务院批准发布，调整经济生活中某些方面会计关系的法律规范。ABC 错：会计法律是由全国人民代表大会及其常务委员会制定；会计部门规章是由国家主管会计工作的行政部门，即财政部以及其他相关部委制定；规范性文件是财政部就会计工作中的某些方面所制定、不需要财政部长签署即可发布的不具有法律效应的文本。

『破题』本题关键是认清"调整会计关系的规律规范"的制定机关是国务院。

『答案』D。

三、疑难解答

1. 我国《会计法》适用的空间范围

  我国的国家机关、社会团体、公司、企业、事业单位和其他组织必须依照《会计法》办理会计事务。注意：①我国香港、澳门和台湾地区的会计事务不受现行《会计法》约束；②个体工商户不受约束，《会计法》规定个体工商户由有关部门根据《会计法》制定；③在中国境内的国外使领馆执行本国法律，不执行《会计法》；④中国在境外的使领馆执行我国《会计法》；⑤中国境外设立的中国投资企业，以当地的法律为依据，但向国内提供财务会计报告和其他会计资料时，应当按照国内的法律和投资主体的要求进行。

  2. 会计部门规章与会计规范性文件的区别

区别	会计部门规章	会计规范性文件
定义	由财政部制定，并由财政部部长签署命令予以公布的制度办法	指财政部就会计工作中的某些方面所制定的规范性文件，不需要财政部长签署而发布
法律效应	具有一定的法律效应	不具有法律效应
范围	涵盖的范围更广，包含会计方面各种统一性制度	仅仅是就会计中某些方面的问题进行规范
代表性文件	《财政部门实施会计监督办法》《企业会计准则——基本准则》《代理记账管理办法》《会计电算化管理办法》	《企业会计制度》《小企业会计制度》《金融企业会计制度》《会计基础工作规范》《会计档案管理办法》《企业会计准则——具体准则》《企业会计准则——应用指南》《企业财务通则》《会计人员继续教育规定》
名称	带"办法"的都是部门规章 例外：《企业会计准则——基本准则》属于部门规章	带"制度""规范""规定""准则"的都是规范性文件 例外：《会计档案管理办法》属于规范性文件
特别注意：会计部门规章和会计规范性文件在名称上的区别要注意两种例外情形		

【例题 3·多选题】　下列关于会计法律制度的构成的表述中，正确的有（　　）。

  A.《会计档案管理办法》属于会计规范性文件

  B.《企业会计准则——基本准则》属于部门规章

  C.《总会计师条例》属于会计行政法规

  D.《会计基础工作规范》属于会计规范性文件

  E.《会计档案管理办法》属于会计法律

『解析』ABCD 对：带"办法"的都是部门规章，但《会计档案管理办法》属于规范性文件；带"制度""规范""规定""准则"的都是规范性文件，但《企业会计准则——基本准则》属于部门规章；会计行政法规包括《企业财务会计报告条例》《总会计师条例》。E 错：我国目前有两部会计法律，即《会计法》和《注册会计师法》。

『答案』ABCD。

> **方法点拨**：会计法律制度的构成是重要考点，做此类题目要善于抓住文件名称的特点，快速判断文件所属类型。想要迅速解题，除了要牢记不同层级常见代表性文件，还要注意会计部门规章与会计规范性文件的区别，特别是二者的例外情形。

3. 高考链接

年份	题型	分值	考点
2015 年	单选题	2	会计法律制度效力
2016 年	单选题	2	会计行政法规：《企业财务会计报告条例》
2017 年	单选题	2	会计行政法规的概念
2020 年	单选题	3	会计法律：《会计法》
2023 年	判断题	2	会计法律：《会计法》

【例题 4·2016 年单选题】 《企业财务会计报告条例》属于( )。

A. 会计法律　　　　　　　　　　B. 会计行政法规
C. 会计部门规章　　　　　　　　D. 会计规范性文件

『解析』B 对：我国当前实行的会计行政法规主要有两部，分别是《总会计师条例》和《企业财务会计报告条例》。ACD 错：我国目前有两部会计法律，分别是《会计法》和《注册会计师法》。会计部门规章是由财政部制定，并由财政部部长签署命令予以公布的制度办法，具有一定的法律效应，代表性文件包括《代理记账管理办法》《企业会计准则——基本准则》等。会计规范性文件是财政部就会计工作中的某些方面所制定的文本，不具有法律效应，代表性文件包括《小企业会计制度》《会计基础工作规范》《会计档案管理办法》《企业会计准则——具体准则》等。

『破题』本题的关键是熟知会计行政法规的代表性文件。想要做对类似题目，就要熟记会计法律制度中会计法律、会计行政法规、会计部门规章、地方性会计法规这四种法律规范的代表性文件，熟知会计部门规章与会计规范性文件的区别。

『答案』B。

【例题 5·2020 年单选题】 我国会计法律制度中层次最高的是( )。

A.《企业会计准则》　　　　　　B.《会计法》
C.《预算法》　　　　　　　　　D.《注册会计师法》

『解析』B 对：《会计法》是会计法律制度中层次最高、法律效力最高的法律规范，是制定其他会计法规的依据，是指导会计工作的最高准则。ACD 错：《企业会计准则——基本准则》属于会计部门规章；《预算法》属于预算法律制度，是国家财政法体系的核心法律制度；《注册会计师法》是我国中介行业的第一部法律，属于会计法律。

『注意』本题中选项 C 是本书项目四中的内容，要能辨析。因此，我们要学会将不同项目的相关知识进行对比，这样才能把知识学深学透。

区别		会计法律制度	预算法律制度
作用		用以调整会计关系	用以调整国家预算关系
构成	会计法律	《会计法》《注册会计师法》	《预算法》、《预算法实施条例》、有关国家预算管理的其他法规制度
	会计行政法规	《企业财务会计报告条例》《总会计师条例》	
	会计部门规章	《会计电算化管理办法》《财政部门实施会计监督办法》	
	地方性会计法规	《云南省会计条例》	

『答案』B。

【例题6·2023年判断题】　《会计法》是制定其他会计法规的依据。(　　)

『解析』这种说法正确:《会计法》是我国会计法律制度中层次最高、法律效力最高的法律规范,是制定其他会计法规的依据,也是指导会计工作的最高准则。

『答案』√。

四、考点归纳

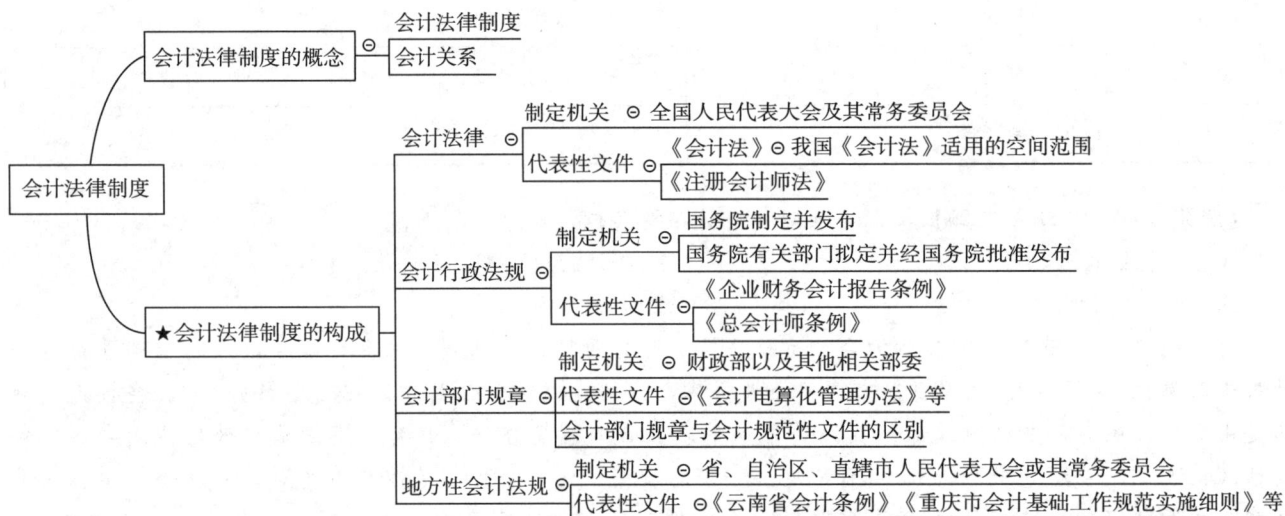

五、知识精练

——精选好题·强化能力——

1. 下列各项中,不属于会计法律制度中的法律规范是(　　)。
　　A. 会计法　　　　　　　　　　　　B. 会计行政法规
　　C. 税法　　　　　　　　　　　　　D. 会计规章

2. 下列各项中,属于会计行政法规的是(　　)。
　　A.《会计法》　　　　　　　　　　　B.《企业财务会计报告条例》
　　C.《会计基础工作规范》　　　　　　D.《企业会计制度》

3. (多选题)下列各项中,属于会计部门规章的有(　　)。
　　A. 会计核算制度　　　　　　　　　B. 会计监督制度
　　C. 会计机构和会计人员管理制度　　D. 会计工作管理制度
　　E.《会计法》与《注册会计师法》

4.（判断题）我国的国家机关、社会团体、公司、企业、事业单位和其他组织必须依照《会计法》办理会计事务。（　　）

—— 拔高好题·突破难点——

5.（2015年单选题）关于会计法律制度的效力，正确的是（　　）。

A. 会计法律的效力高于会计行政法规

B. 会计行政法规的效力高于会计法律

C. 会计部门规章的效力高于会计行政法规

D. 会计法律、会计行政法规、会计部门规章具有同等效力

6. 由国家权力机关和行政机关制定的，用以调整会计关系的各种法律、法规、规章和规范性文件的总称是（　　）。

A. 会计法律制度　　　　　　B. 会计法律

C. 规范性文件　　　　　　　D. 会计行政法规

7. 由省、自治区、直辖市人民代表大会或其常务委员会，根据本地区情况制定发布的关于会计核算、会计监督、会计机构和会计人员以及会计工作管理的规范性文件的是（　　）。

A.《注册会计师法》

B.《重庆市会计基础工作规范实施细则》

C.《小企业会计准则》

D.《代理记账管理办法》

任务一知识精练参考答案

任务二　会计工作管理体制

一、学习导航

学习能量	会计工作管理体制是明确会计工作职责权限、开展会计工作的基础。会计人员是会计工作的主要承担者。会计人员开展会计工作、办理会计事务要严格贯彻落实国家会计法律、法规、规章、制度及方针政策，坚决服从政府、行业和单位内部的会计工作管理，严守规矩、不逾底线，维护国家财经纪律
学习目标	1. 熟记会计工作管理体制的构成 2. 列举行政管理、自律管理、单位内部管理的基本内容 3. 明确单位负责人的职责、会计人员的选拔任用条件、会计人员回避制度
学习建议	会计工作管理体制是升学考试的重要考点，2015年至2023年的试题涉及会计工作的行政管理、单位负责人的职责、会计人员回避制度等考点，在复习中应重视。因此，要熟悉会计法相关规定，强化习题训练，做到深刻理解、准确把握理论知识点

二、教材内容精讲

➤ 知识点1　会计工作行政管理

我国会计工作行政管理体制的原则是统一领导，分级管理。国务院财政部门主管全国的会计工作；县级以上地方各级人民政府财政部门管理本行政区域内的会计工作；财政、审计、税务、证监会等部门对有关单位的会计资料实施监督检查。会计工作的行政管理包括制定国家统一的会计准则制度、会计市场管理、会计专业人才评价和会计监督检查。

主要方面	具体内容
制定国家统一的会计准则制度	4个：会计核算制度、会计监督制度、会计机构和会计人员管理制度、会计工作管理制度
会计市场管理	3个：会计市场准入管理、运行管理、退出管理 （提示：对会计出版市场、培训市场、境外洋资格的管理等也属于会计市场管理）
会计专业人才评价	3个：会计专业技术职务资格管理、会计人员评优表彰奖惩、会计人员继续教育 ·变化：会计从业资格证书已取消 （注意：2017年11月4日，国家正式将"从事会计工作的人员，必须取得会计从业资格证书"的规定，改为"会计人员应当具备从事会计工作所需要的专业能力"）
会计监督检查	会计信息质量的检查、会计师事务所执业质量的检查

【例题1·单选题】　不属于我国会计工作行政管理的是(　　)。

A. 制定行业自律管理规范　　　　　　B. 制定会计机构和会计人员管理制度

C. 会计信息质量的检查　　　　　　　D. 会计出版市场管理

『解析』选A：制定行业自律管理规范属于会计工作的自律管理，不是会计工作行政管理的内容。BCD表述正确：制定会计机构和会计人员管理制度属于会计工作行政管理中制定国家统一的会计准则制度的内容；会计信息质量的检查属于会计监督检查；会计出版市场管理属于会计市场管理。

『答案』A。

【例题2·2019年单选题】　我国会计工作的管理原则是(　　)。

A. 统一领导，集中管理　　　　　　　B. 统一领导，分级管理

C. 分级领导，集中管理　　　　　　　D. 分级领导，分级管理

『解析』B对：我国会计工作行政管理体制的原则是统一领导，分级管理。其中，国务院财政部门主管全国的会计工作；县级以上地方各级人民政府财政部门管理本行政区域内的会计工作；财政、审计等部门对有关单位的会计资料实施监督检查。ACD错。注意：在项目二结算法律制度中，支付结算也实行统一领导，分级管理。

『答案』B。

➤ 知识点2　会计工作自律管理

　　会计行业自律是指行业协会、学会等组织根据会员一致的意愿，自行制定规则，并据此对各成员进行管理，以促进成员之间的公平竞争和行业的有序发展。我国会计工作的自律管理组织主要包括中国注册会计师协会、中国会计学会和中国总会计师协会。

自律管理组织	特点
中国注册会计师协会	1. 在财政部党组和理事会领导下开展行业管理和服务 2. 由注册会计师组成
中国会计学会	1. 财政部所属 2. 全国会计领域各专业组织、会计理论界和实务界会计工作者自愿结成 3. 具有学术性、专业性和非营利性
中国总会计师协会	1. 财政部审核同意、民政部批准 2. 跨地区、跨部门、跨行业、跨所有制的非营利性国家一级社团组织 3. 总会计师行业的全国性自律组织

【例题 3·单选题】 下列说法正确的是（　　）。

A. 会计行业自律可以促进成员之间的公平竞争

B. 中国注册会计师协会自主开展行业管理和服务

C. 中国会计学会具有学术性、专业性和营利性的特点

D. 中国会计学会是总会计师行业的全国性自律组织

『解析』A 对：会计行业自律可以促进成员之间的公平竞争和行业的有序发展。BCD 错：中国注册会计师协会在财政部党组和理事会领导下开展行业管理和服务；中国会计学会具有学术性、专业性和非营利性；中国总会计师协会是总会计师行业的全国性自律组织。

『答案』A。

➤ 知识点 3　单位内部的会计工作管理

单位内部的会计工作管理是保证国家统一的会计制度贯彻落实的重要手段，有利于真实、完整地反映单位有关交易和事项，提升企业会计信息质量，提高经营管理效率。

主要方面	具体内容
单位负责人	1. 主要职责 ①会计工作和会计资料：真实性、完整性 ②会计机构、会计人员：保证其依法履行职责 2. 禁止行为 ·不得授意、指使、强令会计机构和会计人员违法办理会计事项
会计机构	《会计法》对会计机构设置的规定： | 规定事项	具体内容
设置要求	1. 一般情形 ①各单位应根据会计业务的需要设置会计机构 ②在有关机构中设置会计人员并指定会计主管人员 ③必须设置总会计师的单位：国有的和国有资产占控股地位或者主导地位的大中型企业 2. 特殊情形：不具备设置条件 ·处理办法：委托经批准设立从事会计代理记账业务的中介机构代理记账
影响因素	单位规模的大小；经济业务和财务收支的繁简；经营管理的需要	
会计人员	1. 会计人员的选拔任用 | 职务	任职要求
会计人员	具备从事会计工作所需要的专业能力
单位会计机构负责人（会计主管人员）	二选一： ① 会计师以上专业技术职务资格 ② 从事会计工作 3 年以上经历
总会计师	取得会计师任职资格后，主管一个单位或者单位内一个重要方面的财务会计工作时间不少于 3 年 ·注意：凡设置总会计师的单位，在单位行政领导成员中，不设与总会计师职权重叠的副职	

（续表）

主要方面	具体内容
会计人员	2. 会计人员回避制度 ①概念：回避制度是为了保证执法或者执业的公正性，对可能影响其公正性的执法或者执业人员实行职务回避和业务回避的一种制度 ②具体规定 | 事项	规定内容
适用范围	国家机关、国有企业、事业单位（不包括私营企业）任用会计人员
回避原则	·单位负责人的直系亲属 不得担任岗位：本单位的会计机构负责人、会计主管人员 ·会计机构负责人、会计主管人员的直系亲属 不得担任岗位：本单位的出纳
注意	直系亲属包括夫妻、直系血亲、三代以内旁系血亲、近姻亲	

【例题 4 · 多选题】　　下列关于单位内部的会计工作管理说法正确的有（　　）。

A. 单位负责人应对会计工作和会计资料的真实性、完整性负责

B. 规模大、业务多的企业应当设置会计机构

C. 事业单位任用会计人员不需要实行回避

D. 凡设置总会计师的单位，不设职权重叠的副职

E. 会计机构负责人必须取得会计师专业技术职务资格

『解析』ABD 对：单位负责人对本单位的会计工作和会计资料的真实性、完整性负责；单位是否需要设置会计机构取决于单位规模的大小、经济业务和财务收支的繁简，经营管理的需要，一般规模大、业务多的企业应当设置会计机构；凡设置总会计师的单位，在单位行政领导成员中，不设与总会计师职权重叠的副职。CE 错：国家机关、国有企业、事业单位（不包括私营企业）任用会计人员需要实行回避制度；担任会计机构负责人（会计主管人员）应具备会计师以上专业技术职务资格或从事会计工作 3 年以上经历，二者满足其一就可以。

『答案』ABD。

【例题 5 · 2019 年单选题】　　国有单位负责人的直系亲属不得担任本单位的会计岗位是（　　）。

A. 出纳　　　　　　B. 成本会计　　　　　　C. 财务经理　　　　　　D. 总账会计

『解析』C 对：单位负责人的直系亲属不得在本单位担任会计机构负责人、会计主管人员，但可以担任出纳、成本会计、总账会计等其他岗位。ABD 错。

『答案』C。

【例题 6 · 2021 年判断题】　　所有单位任用会计人员都应当实行回避制度。（　　）

『解析』这种说法错误：国家机关、国有企业、事业单位（不包括私营企业）任用会计人员应当实行回避制度，并不是所有单位任用会计人员都实行回避制度。

『答案』×。

三、疑难解答

1. 单位负责人的解释

单位负责人是指单位法定代表人或者法律、行政法规规定代表单位行使职权的主要负责人。

不同情形	注释及举例
法人企业：依法代表法人单位行使职权的负责人	1. 不是具体从事经营管理事务的负责人，也不包括副职领导人 2. 比如，国有工业企业的厂长经理、公司制企业的董事长、国家机关的最高行政官员等
非法人企业：按照法律、行政法规的规定代表单位行使职权的负责人	1. 具体指代表法人单位行使职权的负责人 2. 比如，代表合伙企业执行合伙企业事务的合伙人、个人独资企业投资人等

2. 单位会计工作管理人员的聘任及基本条件

总会计师是<u>主管本单位会计工作的行政领导</u>，协助单位主要行政领导人工作，直接对单位主要行政领导人负责。会计机构负责人（会计主管人员）是单位内部<u>具体负责会计工作的中层领导</u>。总会计师的任职资格、任免程序、职责权限由国务院规定，一般由本单位主要行政领导人提名，政府主管部门任命或聘任。会计机构负责人符合任职条件的，由总会计师进行业务考核，按规定审批，其聘任由单位决定。

基本条件	总会计师	会计机构负责人（会计主管人员）
坚持社会主义方向，积极为社会主义建设和改革开放服务	√	没提及
坚持原则、廉洁奉公	√	√
取得会计师任职资格后，主管一个单位或者单位内一个重要方面的财务会计工作时间不少于3年	√	没提及
具备会计师以上专业技术职务资格或从事会计工作不少于3年	没提及	√
有较高的理论政策水平	√	没提及
熟悉国家财经法律、法规、方针、政策和制度	√	√
掌握现代化管理的有关知识	√	没提及
掌握本行业业务管理的有关知识	没提及	√
具备本行业的基本业务知识，熟悉行业情况	√	没提及
有较强的组织领导能力	√	√
身体健康，能胜任本职工作	√	√

3. 高考链接

年份	题型	分值	考点
2015年	单选题	4	1. 会计工作的行政管理 2. 会计人员回避制度
	多选题	2	单位负责人的职责
2018年	单选题	3	单位负责人的职责
2019年	单选题	3	会计工作的管理原则
2019年	单选题	3	会计人员回避制度
2021年	判断题	2	会计人员回避制度
2022年	多选题	4	会计人员回避制度
2023年	单选题	3	会计工作的行政管理

【例题7·2015年单选题改编】　下列说法正确的是（　　）。

A. 单位负责人要保证会计资料真实、完整

B. 各单位都必须单独设置会计机构

C. 国家税务总局主管全国的会计工作

D. 我国会计工作行政管理体制的原则是集中统一领导

『解析』A对：单位负责人对本单位的会计工作和会计资料的真实性、完整性负责。BCD错：各单位应根据会计业务的需要设置会计机构，不具备设置条件的，委托经批准设立从事会计代理记账业务的中介机构代理记账；国务院财政部门主管全国的会计工作；我国会计工作行政管理体制的原则是统一领导，分级管理。

『答案』A。

【例题8·2018年单选题】　对本单位的会计工作和会计资料的真实性、完整性负责的是（　　）。

A. 出纳　　　　　　　B. 会计　　　　　　　C. 单位负责人　　　　　　　D. 会计机构负责人

『解析』C对：单位负责人对本单位会计工作和会计资料的真实性、完整性负责。

『答案』C。

【例题9·2022年多选题改编】　下列关于单位内部的会计工作管理说法正确的有（　　）。

A. 单位负责人应保证会计机构依法履职

B. 国有大中型企业可以设置总会计师

C. 会计人员应具备从事会计工作所需的专业能力

D. 私企负责人可以任用亲属担任出纳工作

E. 单位根据经济业务和财务收支的繁简设置会计机构

『解析』ACDE对：单位负责人应当保证会计机构、会计人员依法履行职责；会计人员应具备从事会计工作所需要的专业能力；国家机关、国有企业、事业单位任用会计人员应当实行回避制度，私营企业任用会计人员不属于实行回避制度的范围，私企负责人可以任用亲属担任出纳工作；单位设置会计机构的因素包括单位规模的大小、经济业务和财务收支的繁简、经营管理的需要。B错：国有和国有资产占控股地位或者主导地位的大中型企业必须设置总会计师的单位。

『答案』ACDE。

四、考点归纳

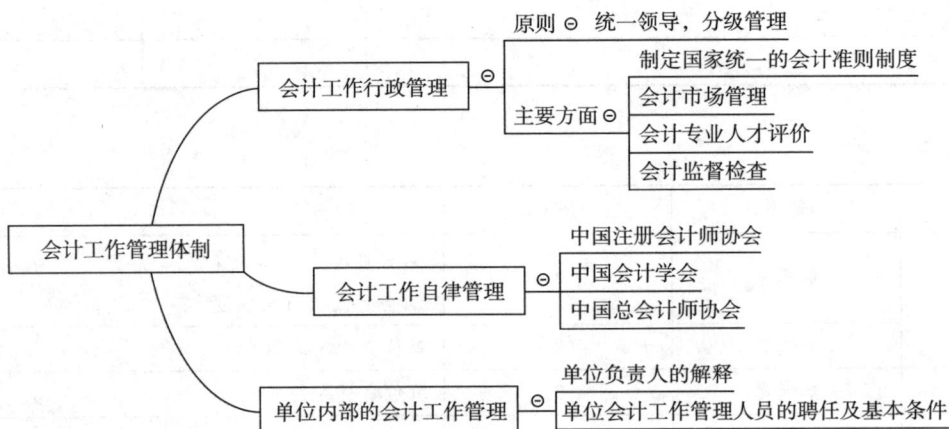

五、知识精练

——精选好题·强化能力——

1. 不属于我国会计工作行政管理的是（　　）。

A. 制定单位内部会计工作制度　　　　　　　B. 制定会计工作管理制度

　　C. 会计师事务所执业质量的检查　　　　　D. 会计市场运行管理

2. 单位负责人的直系亲属不得在本单位担任的会计工作岗位是(　　　)。

　　A. 会计监督　　　　　　　　　　　　　　B. 出纳

　　C. 会计主管　　　　　　　　　　　　　　D. 会计档案保管

3. (判断题)会计机构负责人对本单位的会计工作和会计资料的真实性、完整性负责。(　　　)

4. (判断题)国有单位会计机构负责人的直系亲属不得在本单位担任出纳。(　　　)

——拔高好题·突破难点——

5. (2015年多选题)企业负责人应当负责本企业财务会计报告的(　　　)。

　　A. 合理性　　　　　　　　　　　　　　　B. 真实性

　　C. 完整性　　　　　　　　　　　　　　　D. 准确性

　　E. 合法性

6. (2015年单选题)会计机构负责人的直系亲属不得在本单位担任的会计工作岗位是(　　　)。

　　A. 稽核　　　　　　　　　　　　　　　　B. 出纳

　　C. 工资核算　　　　　　　　　　　　　　D. 会计档案保管

7. 事业单位会计机构负责人的直系亲属不得在本单位担任的会计工作岗位是(　　　)。

　　A. 会计监督　　　　　　　　　　　　　　B. 总账会计

　　C. 稽核　　　　　　　　　　　　　　　　D. 出纳

8. (多选题)下列关于单位内部的会计工作管理说法正确的有(　　　)。

　　A. 各单位应根据会计业务的需要设置会计机构

　　B. 单位负责人应事必躬亲做好会计工作,以确保会计工作真实

　　C. 国有企业会计机构负责人的直系亲属不得担任本单位的出纳

　　D. 总会计师必须有会计师任职资格和3年会计工作经验

　　E. 所有单位都必须设置会计机构

9. 下列说法正确的是(　　　)。

　　A. 私营企业任用会计人员可以不按照回避制度执行

　　B. 审计部门对本行政区域内所有单位的会计工作施行监督检查

　　C. 会计机构负责人对会计资料的真实性、完整性负主要责任

　　D. 国企会计机构负责人的直系亲属不得在本单位担任会计

10. (2023年单选题)我国行使会计工作管理职能的政府部门是(　　　)。

　　A. 审计部门　　　　　　　　　　　　　　B. 税务部门

　　C. 财政部门　　　　　　　　　　　　　　D. 工商管理部门

任务二知识精练参考答案

任务三　会计核算法律制度

一、学习导航

学习能量	会计核算法律制度是《会计法》的核心内容。会计人员从事会计工作应当按照《会计法》和国家统一会计制度的规定建立会计账册,严格遵守会计核算法律制度,根据实际发生的经济业务事项进行会计核算,及时提供合法、真实、准确、完整的会计信息,做一个遵纪守法、诚实守信,具备良好职业道德的会计工作者

学习目标	1. 知道会计核算的要求，原始凭证、记账凭证的填制、审核、更正的规定 2. 归纳会计账簿登记、财务会计报告的基本要求 3. 说出会计档案保管期限、移交和销毁的流程
学习建议	会计核算法律制度是升学考试的一般考点，2015 年至 2023 年的试题涉及会计账簿、会计资料、会计处理方法变更等考点，在复习中要重视。因此，要熟悉会计法相关规定，强化习题训练，做到深刻理解、准确把握理论知识点

二、教材内容精讲

➢ 知识点 1　会计核算的要求

会计核算是开展财务工作的基石。为规范会计核算行为，保证会计信息质量，《会计法》对会计核算的依据、会计资料的基本要求、会计年度、记账本位币、会计处理方法、会计记录文字等内容做出了明确规定。

主要方面	具体内容
会计核算的依据	1. 基本要求（依据）：以实际发生的经济业务核算 2. 无须进行会计核算的事项： ·不会引起资金运动，如签订合同或协议的经济业务事项 ·可以引起资金运动但还没有发生 3. 禁止行为：不得以虚假的经济业务事项或者资料进行会计核算
会计资料的 基本要求	1. 会计资料的内容：会计凭证、会计账簿、财务会计报告和其他会计资料 2. 基本要求 ①会计资料的生成和提供必须符合国家统一的会计准则制度的规定 ·注意：使用电子计算机会计核算，其软件及其生成的会计资料也必须符合规定 ②提供虚假的会计资料是违法行为 ·注意：会计资料最基本的质量要求——真实性和完整性 3. 禁止行为：不得伪造、变造会计资料，不得提供虚假的财务会计报告
会计年度	1. 时间：自公历 1 月 1 日起至 12 月 31 日止 2. 会计期间：年度、半年度、季度、月度
记账本位币	1. 境内会计核算：人民币 2. 收支业务以外国货币为主的单位：可以选定某种外国货币 ·但编报的财务会计报告应当折算为人民币
会计处理方法	1. 不得随意变更：前后各期应当一致 2. 确有必要变更的处理： ·按照国家统一的会计制度的规定 ·在财务会计报告中说明变更的原因、情况及影响
会计记录文字	1. 强制性规定：应当使用中文 2. 特殊规定 ·民族自治地方：可同时使用当地通用的一种民族文字 ·境内外商投资企业、外国企业和其他外国组织：可以同时使用一种外国文字

【例题1·2021年单选题】 不属于会计资料的是(   )。

A. 财务报表　　　　　B. 购销协议　　　　　C. 费用报销单　　　　　D. 工资计算表

『解析』B对：购销协议不会引起资金运动，无须会计核算，不属于会计资料。ACD错：都是会计资料。会计资料包括会计凭证、会计账簿、财务会计报告和其他会计资料，财务报表属于财务会计报告类，费用报销单、工资计算表属于其他会计资料类。

『答案』B。

【例题2·2022年多选题改编】 下列说法正确的有(   )。

A. 外商投资企业使用英语做会计记录　　　B. 会计年度通常按阳历计算

C. 随意变更会计处理方法　　　　　　　　D. 提供虚假会计资料违法

E. 境内企业会计核算一般以人民币作为记账本位币

『解析』BDE对：会计年度自公历1月1日起至12月31日止；提供虚假的会计资料是违法行为；会计核算以人民币为记账本位币，业务收支以人民币以外的货币为主的单位，可以选定其中一种货币作为记账本位币，但是编报的财务会计报告应当折算为人民币。AC错：会计记录的文字应当使用中文，中国境内的外商投资企业、外国企业和其他外国经济组织也可以同时使用某种外国文字；各单位采用的会计处理方法，前后各期应当一致，不得随意变更。

『答案』BDE。

➢ 知识点2 填制会计凭证

会计凭证是记录经济业务发生或完成情况的书面证明，是登记账簿的依据。每个企业都必须按照一定的程序填制和审核会计凭证。《会计法》对会计凭证的种类、填制、审核、更正做了明确规定。

会计凭证	具体内容		
概述	1. 种类：原始凭证、记账凭证 2. 重要事项 ①会计核算工作的起点（首要）环节：填制、审核原始凭证 ②会计核算工作非常重要的环节：填制、审核记账凭证		
填制	1. 原始凭证的填制和取得		
	关注事项	注释	
	内容	9项：凭证的名称；填制凭证的日期；填制凭证单位名称或者填制人姓名；经办人员的签名或者盖章；接受凭证单位名称；经济业务内容；数量；单价；金额	
	签章	①从外单位取得：有填制单位的公章 ②从个人取得：有填制人员的签名或盖章 ③自制原始凭证：有经办单位领导人或者其指定的人员签名或盖章 ④对外开出原始凭证：加盖本单位公章	
	金额	大写与小写金额必须相符	
	一式几联	• 注明各联的用途，只能以一联作为报销凭证 • 用双面复写纸套写，连续编号 • 作废时应当加盖"作废"戳记，连同存根一起保存，不得撕毁	
	附件	• 要求：有关附件必须齐全 • 举例：①购买实物的验收证明、收款单位和收款人的收款证明、职工公出借款凭据、批准文件；②发生销货退回填制的退货发票、退货验收证明、对方开具的收款收据或汇款银行的凭证	

会计凭证	具体内容	
填制	**2. 记账凭证的填制**	
	关注事项	注释
	内容	7项：填制凭证的日期；凭证编号；经济业务摘要；会计科目；金额；所附原始凭证张数；填制凭证人员、稽核人员、记账人员、会计机构负责人、会计主管人员签名或者盖章 • **注意**：收款和付款记账凭证还应当由出纳人员签名或盖章
	编号	连续编号；一笔业务多张记账凭证，用分数编号法
	填制	可采用方式：①按每一张原始凭证填制；②若干张同类原始凭证汇总填制；③按原始凭证汇总表填制 • **禁止事项**：不得将不同内容和类别的原始凭证汇总填制在一张记账凭证
	附件	①记账凭证必须附有原始凭证 ②可以不附原始凭证的情形：结账和更正错误的记账凭证 ③一张原始凭证涉及几张记账凭证的处理： a. 把原始凭证附在一张主要的记账凭证后面 b. 其他记账凭证注明附该原始凭证的记账凭证编号或附原始凭证复印件
审核	**1. 原始凭证的审核**	
	关注事项	注释
	审核内容	1. 真实性、合法性的审核 ①真实：经济业务事项的本来面貌，没掩盖、歪曲、编造 ②合法：符合法律、法规、规章、制度的规定 2. 准确性、完整性的审核 ①准确：情况真实、数量、单价、金额计算无误 ②完整：内容齐全、手续完整
	审核处理	1. 不真实、不合法的原始凭证的处理 ①不予受理；②向单位负责人报告，请求查明原因 2. 记载不准确、不完整的原始凭证的处理 ①予以退回；②要求经办人员按规定更正、补充
	2. 记账凭证的审核 ①只有审核无误的记账凭证才能作为记账的依据 ②审核记账凭证时应关注的问题 • 附件：附有原始凭证；张数、金额一致；原始凭证真实 • 内容：填写齐全、会计分录使用正确；空行划线注销；书写清楚	
更正	**1. 原始凭证的更正** ①原始凭证不得涂改、挖补 ②具体规定	
	错误事项	更正方法
	记载内容错误	出具单位重开或者更正，更正处加盖出具单位印章
	金额错误	不得在原始凭证上更正，应由出具单位重开

（续表）

会计凭证	具体内容
更正	③原始凭证开具单位义务 · 依法开具准确无误的原始凭证 · 对填制错误的原始凭证，有更正和重新开具的法律义务 2. 记账凭证的更正 ①如果在填制记账凭证时发生错误，应重新填制 ②具体规定 <table><tr><td>不同情形</td><td>更正方法</td></tr><tr><td>已经登记入账的记账凭证有错误</td><td>a. 在当年内发现填写错误 更正：用红字填写一张与原内容相同的记账凭证→摘要栏注明"注销×月×日×号凭证"字样→再用蓝字重新填制一张正确的记账凭证，注明"订正×月×日×号凭证"字样 b. 会计科目没有错误，只是金额错误 更正：计算正确数字与错误数字之间的差额→另编一张调整的记账凭证（调增金额用蓝字，调减金额用红字）</td></tr><tr><td>以前年度记账凭证有错误</td><td>用蓝字填制一张更正的记账凭证</td></tr></table>

【例题 3 · 单选题】　下列关于会计凭证说法正确的有(　　)。

A. 从外单位取得的原始凭证没有公章

B. 购买实物的验收证明可以作为附件

C. 将不同内容和类别的原始凭证汇总填制

D. 记载不准确、不完整的原始凭证可自行更正

『解析』B 对：原始凭证的有关附件必须齐全，购买实物的验收证明可以作为附件。ACD 错：从外单位取得的原始凭证，应有填制单位的公章；不得将不同内容和类别的原始凭证汇总填制在一张记账凭证；记载不准确、不完整的原始凭证应予以退回，并要求经办人员按规定更正、补充。

『答案』B。

> ### 知识点 3　登记会计账簿

依法设置会计账簿，是单位会计核算最基本的要求。每个企业的会计账簿登记必须以经过审核的会计凭证为依据，并符合有关法律、行政法规和国家统一的会计制度的规定，如实反映企业的经济业务。

会计账簿	具体内容
概述	1. 依法设置会计账簿的范围 · 所有实行独立核算的国家机关、社会团体、公司、企业、事业单位和其他组织 · 账簿设置的禁止性规定：禁止私设账簿 2. 种类：总账、明细账、日记账、其他辅助性账簿 注意：现金日记账和银行存款日记账必须用订本式账簿 3. 启用会计账簿：应在账簿封面写明单位名称、账簿名称

（续表）

会计账簿	具体内容		
登记	1. 依据：审核无误的会计凭证 2. 基本要求		
	事项	注释	
	要素	·内容：会计凭证日期、编号、业务内容摘要、金额和其他有关资料 ·规定：数字准确、摘要清楚、登记及时、字迹工整 ·书写：蓝黑墨水或碳素墨水，不得使用圆珠笔（银行复写账簿除外）或铅笔	
	编号	1. 按页次顺序连续登记，不得跳行、隔页 2. 跳行、隔页的更正处理：①将空行、空页划线注销或注明"此行空白""此页空白"字样；②记账人员签名或者盖章	
	结余	1. 凡需结出余额的账户，应定期结出余额 2. 现金日记账和银行存款日记账必须逐日结出余额 3. 结转下页时，应当结出本页合计数及余额 ①本月发生额的账户本页合计数：自本月初起至本页末止的发生额合计数 ②本年累计发生额的账户本页合计数：自年初起至本页末止的累计数 ③其他账户：只将每页末的余额结转次页 ·注意：本页合计数及余额写在本页最后一行和下页第一行；摘要栏注明"过次页"和"承前页"	
	更正	1. 账簿记录发生错误的禁止性规定 ·不准涂改、挖补、刮擦或用药水消除字迹，不准重新抄写 2. 更正方法：划线更正法、红字更正法、补充登记法	
	对账	·每年至少进行一次；保证账证相符、账账相符、账实相符	
	结账	1. 各单位应按照规定定期结账，分为月结、季结、年结 2. 结账前：必须将本期内所发生的各项经济业务全部登记入账 3. 年终结账：所有总账账户都应结出全年发生额和年末余额	

【例题4·2015年单选题改编】　下列说法正确的是（　　　）。

A. 登记账簿时可以用圆珠笔书写　　　　B. 各种账簿登记可以不连续

C. 账簿记录错误可用药水消除字迹　　　D. 每年至少进行一次对账

『解析』D 对：每年至少进行一次对账。ABC 错：登记账簿不得使用圆珠笔（银行复写账簿除外）或铅笔书写；账簿按页次顺序连续登记，不得跳行、隔页；账簿记录发生错误不准涂改、挖补、刮擦或用药水消除字迹，不准重新抄写。

『答案』D。

➤ 知识点 4　编制财务报告

财务会计报告是企业对外提供的反映企业某一特定日期财务状况和某一会计期间经营成果、现金流量的文件，由会计报表、会计报表附注和财务情况说明书组成。

财务报告	具体内容
概述	1. 分类：年度、半年度、季度、月度财务会计报告 2. 组成：资产负债表、利润表、现金流量表、所有者权益（或股东权益）变动表及附注

（续表）

财务报告	具体内容
编制要求	1. 依据 ①真实的交易、事项以及完整、准确的账簿记录资料 ②国家统一会计制度、会计准则规定的编制基础、编制依据、编制原则和方法 2. 时间：年终编制年度财务报告；半年度、季度、月度财务会计报告按规定编制 3. 原则 • 真实性：任何人不得随意改变会计要素的确认和计量标准 • 一致性：会计报表间、会计报表各项目间有对应关系的数字，应相互一致 • 相关性：本期会计报表与上期会计报表间有关的数字，应相互衔接 • 完整性：按照规定认真编写会计报表附注及其说明，做到项目齐全，内容完整 提示：如不同会计年度会计报表中各项目的内容和核算方法有变更，应在年度会计报表中说明
对外提供	1. 及时提供：按照国家规定的期限对外报送财务报告 2. 责任人：单位负责人对财务报告的合法性、真实性负法律责任 3. 签章并盖章：单位负责人、主管会计工作的负责人、会计机构负责人（会计主管人员） 4. 向各方提供的财务会计报告：编制基础、编制依据、编制原则和方法应当一致 提示：①设置总会计师的单位，还需由总会计师签名并盖章；②财务会计报告需经注册会计师审计的，应同时提供审计报告

【例题5 · 多选题】　下列关于财务会计报告说法正确的有（　　　）。

A. 使用不同的编制依据编制报送财务会计报告

B. 使用未经审核的会计账簿记录编制财务报告

C. 随意改变会计要素的确认和计量标准

D. 会计报表间有对应关系的数字相互一致

E. 单位负责人对财务报告的合法性、真实性负法律责任

『解析』DE 对：会计报表间、会计报表各项目间有对应关系的数字，应相互一致；单位负责人对财务报告的合法性、真实性负法律责任。ABC 错：向各方提供的财务会计报告，编制基础、编制依据、编制原则和方法应当一致；应当根据真实的交易、事项以及完整、准确的账簿记录资料，并按照国家统一的会计制度、会计准则的规定编制财务会计报告；任何人不得随意改变会计要素的确认和计量标准。

『答案』DE。

➤ 知识点5　会计档案管理

会计档案是在会计核算等过程中接收或形成的，记录和反映单位经济业务事项，具有保存价值的文字、图形等各种形式的会计资料。单位应加强会计档案管理，保证会计档案真实、完整、可用、安全。

会计档案	具体内容	
概述	1. 管理体制	
	主管部门	职责
	财政部和国家档案局	主管全国会计档案工作
	县级以上地方人民政府财政部门和档案行政管理部门	• 管理本行政区域内会计档案工作 • 监督、指导本行政区域内会计档案工作
	单位的档案机构或档案工作人员所属机构（以下统称单位档案管理机构）	• 管理本单位的会计档案 • 整理、归档、立卷、编制会计档案保管清册
	2. 内容 ①各种形式的会计资料：会计凭证类、会计账簿类、财务会计报告类、其他会计资料类（如银行存款余额调节表、银行对账单、纳税申报表、会计档案移交清册等） ②电子会计档案 ③不属于会计档案的文件材料：单位的预算、计划、制度等文书档案	

会计档案	具体内容
保管期限	1. 会计档案的保管期限：从会计年度终了后的第一天算起 2. 分类：永久、定期。定期保管期限一般分为 10 年和 30 年 3. 当年形成的会计档案 ·会计年度终了后，由单位会计管理机构临时保管一年，最长不超过三年 提示：因工作确需推迟移交，应经单位档案管理机构同意；出纳人员不得兼管会计档案 4. 企业和其他组织会计档案保管期限表 表① 5. 行政单位、事业单位保管期限表 表②
移交	1. 单位内部会计档案移交 ①移交前准备：编制会计档案移交清册，将会计档案名称、种类、卷号、数量、起止日期、保管期限等内容登记入册 ②不同类型会计档案移交要求 ·纸质会计档案移交：保持原卷的封装 ·电子会计档案移交：同时移交电子会计档案及其元数据，且文件格式应符合国家档案管理规定。特殊格式的电子会计档案，应与其读取平台一并移交 2. 单位之间交接会计档案 ①交接前准备：移交会计档案的单位编制会计档案移交清册，列明应当移交的内容 ②交接双方交接 ·逐项交接：按照会计档案移交清册所列内容逐项交接 ·监督：交接双方的单位有关负责人负责监督 ③交接完后手续：交接双方经办人和监督人在会计档案移交清册上签名或盖章
使用	1. 原则：单位保存的会计档案一般不得对外借出 2. 具体规定 ①查阅、复制、借出时履行登记手续，严禁篡改和损坏，并在规定时间内归还 ②需携带、寄运或传输至境外的会计档案及其复制件，应当按照国家有关规定执行
销毁	1. 会计档案鉴定 表③

4. 企业和其他组织会计档案保管期限表

保管期限	档案名称
10 年	月度、季度、半年度财务会计报告；银行存款余额调节表、银行对账单、纳税申报表
30 年	原始凭证、记账凭证、总账、明细账、日记账、其他辅助性账簿、会计档案移交清册
永久	会计档案保管清册、会计档案销毁清册、会计档案鉴定意见书

5. 行政单位、事业单位保管期限表

保管期限	档案名称
10 年	行政单位和事业单位会计月、季度报表；银行存款余额调节表、银行对账单
30 年	行政单位和事业单位的各种会计凭证、日记账、总账、明细分类、分户账或登记簿、会计档案移交清册
永久	部门财务报告、部门决算、会计档案保管清册、会计档案销毁清册、会计档案鉴定意见书

1. 会计档案鉴定

事项	具体规定
鉴定成员	单位档案管理机构牵头，组织单位会计、审计、纪检监察等机构或人员
鉴定程序	·会计档案鉴定→会计档案鉴定意见书→继续保存→重新划定保管期限 ·会计档案鉴定→会计档案鉴定意见书→保管期满、确无保存价值→销毁

（续表）

会计档案	具体内容		
销毁	2. 销毁程序		
	流程	注释	
	编制会计档案销毁清册	列明拟销毁会计档案的名称、卷号、起止年度、档案编号、应保管期限、已保管期限和销毁日期等内容	
	表明意见	·涉及人员：单位负责人、档案管理机构负责人、会计管理机构负责人、档案管理机构经办人、会计管理机构经办人 ·签署意见：在会计档案销毁清册上签署	
	组织销毁	单位档案管理机构负责组织	
		会计管理机构共同派员监销（监销人）	·清点核对会计档案销毁清册所列内容 ·销毁后在销毁清册上签名或盖章
	3. 不得销毁的会计档案 ①保管期满但未结清的债权债务会计凭证和涉及其他未了事项的会计凭证 ②在建设期间的建设单位会计档案 提示：不得销毁的会计档案，应保管到未了事项完结时为止		

【例题6·单选题】 下列关于会计档案管理说法正确的有( )。

A. 会计档案不包括电子会计档案

B. 单位的预算、制度等文件材料不属于会计档案

C. 银行存款余额调节表的保管期限为20年

D. 达到会计保管期限的会计档案可直接销毁

『解析』B对：单位的预算、计划、制度等文书档案不属于会计档案。ACD错：①会计档案包括各种形式的会计资料，如会计凭证类、会计账簿类、财务会计报告类、其他会计资料类，也包括电子会计档案。②会计保管期限分为永久、定期。定期保管期限一般分为10年和30年。银行存款余额调节表的保管期限为10年。③单位应当定期对已到保管期限的会计档案进行鉴定，并形成会计档案鉴定意见书。经鉴定，对保管期满、确无保存价值的会计档案，可以销毁。

『答案』B。

【例题7·单选题】 下列关于会计档案管理说法正确的有( )。

A. 国家档案局主管全国会计档案工作

B. 单位会计管理机构临时保管最长不超过2年

C. 特殊格式的电子会计档案与读取平台一并移交

D. 会计档案交接后双方经办人应签名并盖章

『解析』C对：特殊格式的电子会计档案，应与其读取平台一并移交。ABD错：财政部和国家档案局主管全国会计档案工作；单位会计管理机构临时保管1年，最长不超过3年；交接双方经办人和监督人在会计档案移交清册上签名或盖章。

『答案』C。

三、疑难解答

1. 原始凭证与记账凭证的比较

原始凭证，俗称单据，源于实际发生的经济业务事项，由业务经办人员直接取得或者填制，是会计核算的初始依据。记账凭证是用于分类归纳原始凭证、据以登记会计账簿的会计凭证。二者分类不同。

会计凭证	分类		注释
原始凭证	按取得的来源划分	外来原始凭证	例子：银行进账单、增值税专用发票、××市商业企业发票
		自制原始凭证	例子：差旅费报销单、产品入库单
	按填制手续和方法划分	一次原始凭证	例子：收料单、领料单
		累计原始凭证	例子：限额领料单
		汇总原始凭证	例子：材料耗用汇总表
记账凭证	按记账凭证记录反映的经济业务的不同划分	收款凭证	适用：经济业务量较多，特别是收付款业务较多的情况
		付款凭证	
		转账凭证	适用：除收付款业务以外，需分类记录反映的经济业务内容的情况
		通用记账凭证	适用：收付款业务量较少或全部业务量不多的单位

2. 高考链接

年份	题型	分值	考点
2015 年	单选题	2	1. 会计账簿的登记要求
	判断题	1	2. 记账本位币
2021 年	单选题	3	会计资料
2022 年	多选题	4	会计处理方法变更规定
2023 年	单选题	3	设置会计账簿登记的要求：日记账

【例题 8·2015 年单选题改编】 下列说法正确的是（   ）。

A. 登记账簿时可以用铅笔书写

B. 纸质会计档案移交应保持原卷封装

C. 前后各期的会计处理方法不一致

D. 地方人民政府管理本行政区域内会计档案工作

『解析』B 对：纸质会计档案移交应保持原卷的封装。ACD 错：登记账簿要用蓝黑墨水或者碳素墨水书写，不得使用圆珠笔（银行复写账簿除外）或铅笔书写；各单位采用的会计处理方法，前后各期应当一致，不得随意变更；县级以上地方人民政府财政部门和档案行政管理部门，管理本行政区域内会计档案工作，并对本行政区域内会计档案工作进行监督、指导。

『答案』B。

【例题 9·2022 年多选题改编】 不符合《会计法》规定的有（   ）。

A. 按规定填制、审核原始凭证   B. 使用规定以外的会计记录文字

C. 会计核算以人民币为记账本位币 D. 未结清的债权凭证不得销毁

E. 对外提供不同编制依据编制的财务会计报告

『解析』选 BE：不符合《会计法》规定。①会计记录的文字应当使用中文，民族自治地方可同时使用当地通用的一种民族文字；境内外商投资企业、外国企业和其他外国组织，可以同时使用一种外国文字。②向各方提供的财务会计报告，编制基础、编制依据、编制原则和方法应当一致。ACD 符合《会计法》规定。填制、审核原始凭证会计核算工作的起点（首要）环节，应按规定进行；会计核算以人民币为记账本位币；保管期满但未结清的债权债务会计凭证和涉及其他未了事项的会计凭证、在建设期间的建设

单位会计档案不得销毁。

『答案』BE。

四、考点归纳

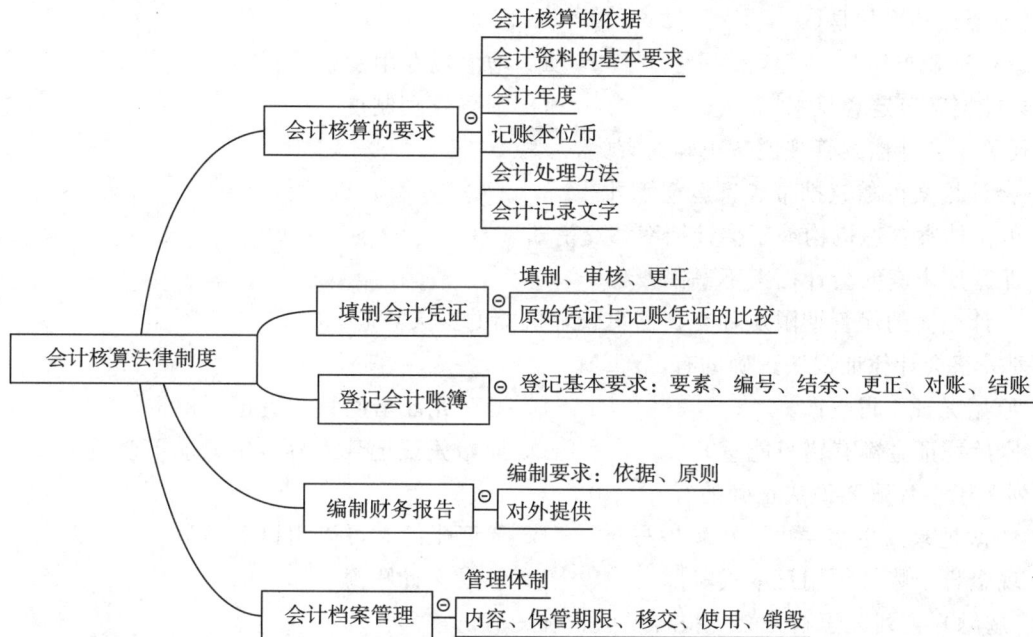

五、知识精练

————精选好题·强化能力————

1. 不属于会计资料的是（　　）。

A. 原始凭证　　　　　　　　　　　B. 日记账

C. 银行存款余额调节表　　　　　　D. 经济合同

2. 不属于会计档案的是（　　）。

A. 差旅费报销单　　　　　　　　　B. 材料耗用汇总表

C. 生产计划　　　　　　　　　　　D. 年度财务会计报告

3. （2015 年判断题）我国境内的所有企业在会计核算时，只能以人民币作为记账本位币。（　　）

4. （判断题）业务收支以人民币以外的货币为主的单位，只能以人民币作为记账本位币。（　　）

5. 下列关于会计账簿说法正确的有（　　）。

A. 对账工作至少每年 2 次　　　　　B. 登记账簿的依据是会计凭证

C. 账簿记录发生错误可以用消字灵　　D. 各单位应依法设置会计账簿

6. （多选题）下列关于财务会计报告说法正确的有（　　）。

A. 财务会计报告不包括会计报表附注及其说明

B. 本期报表与上期报表间有关的数字相互衔接

C. 不得随意改变会计要素的确认和计量标准

D. 财务经理对财务报告的合法性、真实性负法律责任

E. 对外提供财务会计报告应有单位负责人的签章或盖章

7. 下列关于会计档案管理说法正确的有（　　）。

A. 会计档案保管期限都是 10 年　　　B. 出纳可以暂时保管会计档案

C. 会计档案销毁清册应永久保存　　　D. 会计档案一律不得对外借出

——拔高好题·突破难点——

8. 不属于会计资料的是（　　）。

　　A. 银行对账单　　　B. 招聘计划　　　　C. 纳税申报表　　　　D. 固定资产卡片

9. 不属于会计档案的是（　　）。

　　A. 银行进账单　　　　　　　　　　　　B. 增值税专用发票

　　C. 会计档案鉴定意见书　　　　　　　　D. 财务管理制度

10. 下列关于会计档案管理说法正确的有（　　）。

　　A. 会计档案可随意携带、寄运至境外

　　B. 单位档案管理机构编制会计档案移交清册

　　C. 保管期未满的会计档案不得销毁

　　D. 会计档案的保管期限从移交到档案管理机构的当天算起

11. 下列关于会计凭证说法正确的有（　　）。

　　A. 原始凭证不得更改　　　　　　　　　B. 记账凭证错误只能更正不得重填

　　C. 原始凭证金额有错只能重开　　　　　D. 原始凭证记载内容有错只能更改

12. 下列关于会计账簿说法正确的有（　　）。

　　A. 账簿记录发生错误可以重新抄写　　　B. 登记账簿时可以用铅笔书写

　　C. 现金日记账必须用订本式账簿　　　　D. 私设会计账簿

13. （多选题）下列关于财务会计报告说法正确的有（　　）。

　　A. 财务会计报告的编写应当做到项目齐全，内容完整

　　B. 向各方提供的财务会计报告编制依据应当一致

　　C. 财务会计报告应当与审计报告一同对外提供

　　D. 主管会计工作的负责人对财务报告的合法性、真实性负责

　　E. 委托记账单位的财务会计报告只需单位负责人签字并盖章

14. 下列说法正确的是（　　）。

　　A. 单位预算属于会计档案

　　B. 企业会计核算只能用人民币作为记账本位币

　　C. 登记会计账簿用蓝黑墨水或者碳素墨水书写

　　D. 会计档案监销人应在销毁清册上签名并盖章

15. 现金日记账必须采用（　　）。

　　A. 订本式账簿　　　　　　　　　　　　B. 活页式账簿

　　C. 卡片式账簿　　　　　　　　　　　　D. 横线登记式账簿

任务三知识精练参考答案

任务四　会　计　监　督

一、学习导航

学习能量	会计监督是会计的基本职能之一，是我国经济监督体系的重要组成部分。会计人员不仅要按照《会计法》规定进行会计核算，还要遵守本单位内部会计监督制度，做好会计监督。在工作中一旦发现与实物、款项及有关资料不相符的会计记录，要按照规定及时处理，或立即向单位负责人报告，请求查明原因；对那些违反《会计法》和国家统一的会计制度规定的行为，要敢于检举

学习目标	1. 熟悉单位内部会计监督的监督制度、内部控制、内部审计 2. 说出会计工作政府监督的相关部门、检查内容 3. 描述会计工作社会监督的相关主体、特点及注册会计师审计 4. 能正确比较会计监督三种类型的监督主体、监督对象
学习建议	会计监督是升学考试的一般考点，2016 年至 2018 年的试题涉及单位内部会计监督的对象、单位内部会计监督制度、会计工作政府监督等考点，在复习中应重视。因此，要熟悉会计法相关规定，强化习题训练，做到深刻理解、准确把握理论知识点

二、教材内容精讲

➤ 知识点 1　单位内部会计监督

单位内部会计监督是指会计机构、会计人员依照法律的规定，通过会计手段对经济活动的合法性、合理性和有效性进行的监督。

单位内部 会计监督	具体内容		
概述	1. 监督主体：会计机构、会计人员 2. 监督对象：本单位经济活动的合法性、合理性及有效性		
监督制度	1. 制定原则 •便于操作和执行；利于控制和检查；有了解监督制度执行情况的手段和途径；不断完善，保证适应管理需要 2. 具体要求		
	主要方面	**内容**	
	不同职务	①职责权限明确；相互分离、相互制约 ②记账人员不得兼任岗位：审批人员、经办人员、财物保管人员	
	重要事项	①决策和执行的相互监督、相互制约程序明确 ②内容：重大对外投资、资产处置、资金调度和其他重要经济业务	
	财产清查	范围、期限和组织程序明确	
	会计资料	对会计资料定期内部审计的办法和程序明确	
内部控制	1. 企业内部控制		
	企业	**内容**	
	概念、目标	①概念：内部控制是指企业董事会、监事会、经理层和全体员工实施的，旨在实现控制目标的过程 ②目标：保证企业经营管理合法合规、资产安全、财务报告及相关信息真实完整；提高经营效率效果；促进企业实现发展战略	
	原则	5 个：全面性、重要性、制衡性、适应性、成本效益原则	

（续表）

单位内部会计监督	具体内容		
内部控制	企业		内容
	责任人		·董事会：建立健全内部控制和实施 ·监事会：监督董事会建立和实施内部控制 ·经理层：组织领导企业内部控制的日常运行
	内容、措施		①内容 ·5要素：内部环境、风险评估、控制活动、信息与沟通、内部监督 ·相互关系：相互联系、互为补充，共同促进企业实现控制目标 a. 以内部环境为基础→加大内部监督力度→优化企业内部环境 b. 内部监督、风险评估、控制活动→"三位一体"闭环控制系统 c. 信息与沟通的支持→信息收集、传递、反馈→验证内部控制有效性 ②措施：7项 ·不相容职务分离控制：记账人员不得兼任审批、经办、财务保管人员 ·授权审批控制：常规授权、特别授权 ·会计系统控制：严格执行国家统一的会计准则制度 ·财产保护控制：建立财产日常管理制度和定期清查制度 ·预算控制：实施全面预算管理制度，规范程序，强化预算约束 ·运营分析控制：建立运营情况分析制度，发现问题及时改进 ·绩效考评控制：建立和实施绩效考评制度，定期考核、客观评价

2. 行政事业单位内部控制

	行政事业单位	内容
内部控制	概念、目标	①概念：内部控制是指单位为实现控制目标，通过制定制度、实施措施和执行程序，对经济活动的风险进行防范和管控 ②目标：保证单位经济活动合法合规、资产安全和使用有效、财务信息真实完整；防范舞弊和预防腐败；提高公共服务效率和效果
	原则	4个：全面性、重要性、制衡性、适应性原则
	责任人	单位负责人：建立健全本单位内部控制和实施
	内容、措施	①内容 a. 梳理经济活动业务流程，明确业务环节 b. 系统分析经济活动风险，确定风险点，选择风险应对策略 c. 建立健全单位内部管理制度并督促工作人员认真执行 ②措施：8项 ·不相容岗位相互分离、内部授权审批控制、归口管理、预算控制、财产保护控制、会计控制、单据控制、信息内部公开

内部审计	1. 概念：内部审计是单位内部的一种独立客观的监督和评价活动 2. 内部控制与内部审计的比较		
	区别	主体	对象
	内部控制	会计机构、会计人员	本单位经济活动
	内部审计	内部审计机构、审计人员	本部门、本单位财物收支、其他经营活动；内部控制的适当性、合法性和有效性

（续表）

单位内部会计监督	具体内容
内部审计	3. 内容、特点、作用 ①内容：财务审计、经营计、经济责任审计、管理审计和风险管理 ②特点：机构和人员在本单位内部；内容侧重经营过程的有效性、各项制度的遵守与执行；审计结果客观性和公正性较低，以建议性意见为主 ③作用：预防保护、服务促进、评价鉴证

【例题1·单选题】　关于单位内部会计监督说法正确的是（　　　）。

A. 单位内部会计监督的对象是会计人员

B. 企业内部控制的目标是提高公共服务效率和效果

C. 财务经理负责建立健全本单位内部控制和实施

D. 企业内部监督离不开信息与沟通的支持

『解析』D对：通过适当的信息收集、传递、反馈渠道，获取足够的相关信息来验证内部控制的有效性，促进企业不断完善内部控制。ABC错：单位内部会计监督的对象不是会计人员，而是本单位的经济活动，会计机构、会计人员依照法律的规定对其合法性、合理性和有效性进行的监督。企业内部控制目标是提高经营效率效果，行政事业单位内部控制的目标是提高公共服务效率和效果。单位负责人负责建立健全本单位内部控制和实施，而不是财务经理。

『答案』D。

➤ 知识点2　会计工作的政府监督

会计工作的政府监督，主要是指财政部门代表国家，对单位和单位中相关人员的会计行为实施监督检查，以及对发现的会计违法行为实施行政处罚的一种外部监督。

政府监督	具体内容
相关部门	1. 实施主体：财政部门 ·监督对象：会计部门，单位和单位中相关人员的会计行为 ·权限：①有权对本行政区域内所有单位的会计工作，行使监督检查权；②依法对注册会计师、会计师事务所和注册会计师协会监督、指导；对其出具审计报告的程序和内容的监督 2. 其他单位的监督：审计、税务、中国人民银行等 权限：依照规定的职责和权限，可有关单位的会计资料实施监督检查
检查内容	1. 依法设置会计账簿 2. 会计资料的真实性、完整性 3. 会计核算情况 4. 会计人员从业资格和任职资格 5. 会计师事务所出具的审计报告的程序和内容

【例题2·单选题】　关于会计工作的政府监督说法正确的是（　　　）。

A. 财政监督的对象是单位负责人

B. 审计部门不能实施会计监督

C. 财政部门对辖区所有单位的会计工作行使监督检查权

D. 财政部门检查不包括单位依法设置会计账簿的情况

『解析』C对：财政部门是会计工作政府监督的实施主体，有权对本行政区域内所有单位的会计工作，行使监督检查权。ABD错：财政部门实施监督的对象是会计部门，并对发现有违法行为的单位和个人实施行政处罚；审计、税务、中国人民银行等部门依照有关法律、行政法规规定的职责和权限，可对有关单位的会计资料实施监督检查。财政部门检查的内容包括依法设置会计账簿，会计资料的真实性、完整性，会计核算情况，等等。

『答案』C。

> ### 知识点3 会计工作的社会监督

会计工作的社会监督，主要是指由注册会计师及其所在的会计师事务所，依法对委托单位的经济活动进行审计、鉴证的一种外部监督。

社会监督	具体内容
相关主体	1. 主体：注册会计师及其所在的会计师事务所 2. 其他监督：单位和个人检举
特点	1. 监督行为的独立性和有偿性 2. 监督主体的中介性 3. 法律认可，具有权威性和公正性
注册会计师审计	1. 业务范围：审计业务、会计咨询、会计服务 • 财务报表审计是注册会计师的传统核心业务 • 会计师事务所对本所注册会计师承办的业务，承担民事责任 2. 与内部审计的联系与区别

关系	内容		
联系	①都是现代审计体系的重要组成部分；②都关注内部控制的健全性和有效性；③注册会师可能涉及对内部审计成果的利用		
区别	项目	注册会计师审计	内部审计
	审计独立性	承办业务均与委托人签订合同，独立且有偿	机构和人员设在本单位内部，非独立
	审计方式	会计师事务所的注册会计师审计	内部审计人员审计
	审计的职责和作用	单位内部监督的再监督；社会监督的主要形式	单位内部监督
	接受审计的自愿程度	法定、中介性（委托人可自由选择会计师事务所）	法定

【例题3·2016年单选题改编】 会计工作社会监督的对象是（   ）。

A. 单位负责人　　　　　B. 会计机构　　　　　　C. 会计人员　　　　　　D. 委托单位的经济活动

『解析』D对：会计工作的社会监督，主要是指由注册会计师及其所在的会计师事务所，依法对委托单位的经济活动进行审计、鉴证的一种外部监督。ABC错。

『答案』D。

【例题4·单选题】 关于会计工作的社会监督说法正确的是（   ）。

A. 会计工作社会监督的对象是会计人员的会计行为

B. 注册会计师只能办理审计业务和会计咨询

C. 注册会计师承办的业务由其自己承担民事责任

D. 会计工作的社会监督具有权威性和公正性

『解析』D对：会计工作的社会监督的特点包括监督行为的独立性和有偿性；监督主体的中介性；法律认可，具有权威性和公正性。ABC错：会计工作社会监督的对象是委托单位的经济活动；注册会计师业务范围包括审计业务、会计咨询、会计服务；会计师事务所对本所注册会计师承办的业务，承担民事责任。

『答案』D。

三、疑难解答

1. 会计监督三种类型的比较

会计监督可分为单位内部会计监督、政府监督、社会监督三种类型。单位内部会计监督属于内部监督，政府监督和社会监督属于外部监督。单位内部会计监督是法定义务；政府监督是政府财政部门及相关部门规范单位会计行为，维护社会主义市场经济秩序采取的措施；社会监督则是对单位内部监督的再监督，具有权威性和公正性。

类型	监督主体	监督对象
单位内部会计监督	单位的会计机构、会计人员	本单位的经济活动
政府监督	普遍监督：财政部门	单位及其相关人员的会计行为
	有限监督：审计、税务、中国人民银行等部门	有关单位的会计资料
社会监督	注册会计师及其所在的会计师事务所	委托单位的经济活动
	任何单位和个人的检举	会计相关违法行为

2. 高考链接

年份	题型	分值	考点
2016 年	单选题	2	单位内部会计监督的对象
2017 年	判断题	1	单位内部会计监督制度
2018 年	单选题	3	会计工作政府监督

【例题5•2018年单选题】 对本行政区域内所有单位的会计工作，行使监督检查权的是（ ）。

A. 人民政府　　　　B. 税务部门　　　　C. 财政部门　　　　D. 审计部门

『解析』C对：财政部门是会计工作政府监督的实施主体，有权对本行政区域内所有单位的会计工作，行使监督检查权。ABD错：①人民政府不是会计工作政府监督的主体；②审计、税务、中国人民银行等部门依照有关法律、行政法规规定的职责和权限，可对有关单位的会计资料实施监督检查。

『答案』C。

『破题』本题关键在准确判断出各选项对会计工作监督检查的职责和权限。财政部门是会计工作政府监督的实施主体，有权对辖区所有单位的会计工作进行普遍监督。审计、税务部门依照法律法规规定的职责和权限，可对有关单位的会计资料实施监督检查，其对会计工作监督检查的职责和权限范围比财政部门要小。

【例题6•多选题真题改编】 下面有关会计监督的表述中正确的有（ ）。

A. 单位内部会计监督的对象是会计机构

B. 政府监督的对象是单位及其相关人员的会计行为

C. 会计工作社会监督具有独立性和有偿性

D. 财政部门的会计监督检查包括单位依法纳税的情况

E. 行政事业单位内部控制应遵循成本效益原则

『解析』BC 对：会计工作政府监督的对象是单位和单位中相关人员的会计行为。会计工作社会监督的特点：监督行为的独立性和有偿性；监督主体的中介性；法律认可，具有权威性和公正性。ADE 错：单位内部会计监督的对象是本单位的经济活动，会计机构、会计人员依照法律的规定对其合法性、合理性和有效性进行的监督。财政部门检查包括依法设置会计账簿，会计资料的真实性、完整性，会计核算情况，会计人员从业资格和任职资格，会计师事务所出具的审计报告的程序和内容，不包括依法纳税的情况的检查。行政事业单位内部控制应遵循全面性、重要性、制衡性、适应性原则，不包括成本效益原则。

『答案』BC。

四、考点归纳

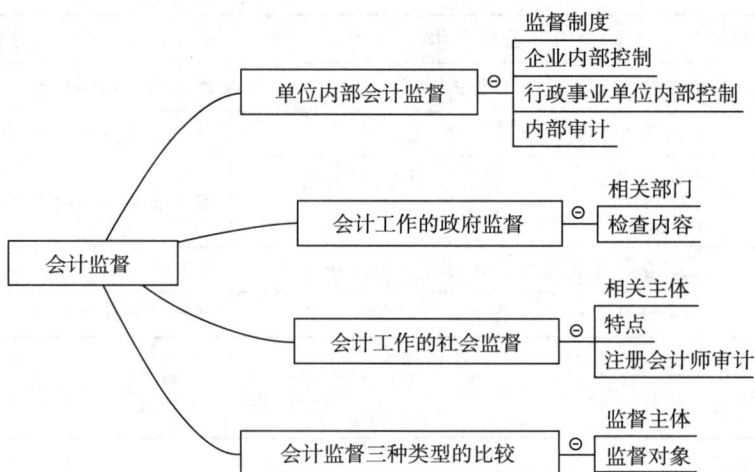

五、知识精练

——精选好题·强化能力——

1. （多选题）下列各项中，属于公司内部会计监督主体的有（　　）。

    A. 公司债权人　　　　　　　　B. 公司纪检部门

    C. 公司会计机构　　　　　　　D. 公司会计人员

    E. 公司审计人员

2. （多选题）下列各项中，属于会计工作政府监督主体的有（　　）。

    A. 国务院财政部　　　　　　　B. 市财政局

    C. 县财政局　　　　　　　　　D. 市审计局

    E. 证监会

3. （判断题）记账人员可以兼任财物保管人员。（　　）

4. 关于单位内部会计监督说法正确的是（　　）。

    A. 记账人员不得兼任业务经办人员

    B. 董事会组织领导企业内部控制的日常运行

    C. 单位内部会计监督的主体是纪检机构及其人员

    D. 单位内部会计监督的对象是指会计机构及会计人员

——拔高好题·突破难点——

5.（2016年单选题）单位内部会计监督的对象是（　　）。

　A. 经济活动　　　　　　　　　　　B. 会计机构

　C. 会计人员　　　　　　　　　　　D. 单位负责人

6.（多选题）下列各项中，属于会计工作社会监督的主体有（　　）。

　A. 注册会计师　　　　　　　　　　B. 会计师事务所

　C. 财政局　　　　　　　　　　　　D. 单位和个人检举

　E. 人民政府

7.（2017年判断题）记账人员可以兼任审批人员。（　　）

8. 关于单位内部会计监督说法正确的是（　　）。

　A. 记账人员可以兼任财物保管人员

　B. 总经理负责建立健全本单位内部控制和实施

　C. 企业内部控制应遵循成本效益原则

　D. 单位内部会计监督的对象是单位负责人

9. 关于会计工作的政府监督说法正确的是（　　）。

　A. 政府监督的对象是单位的会计行为

　B. 税务部门对所有单位的会计工作进行监督

　C. 只有财政部门才能实施会计工作政府监督

　D. 财政部门检查不包括对会计师事务所出具审计报告程序的检查

10. 关于会计工作社会监督说法正确的是（　　）。

　A. 注册会计师只能承办审计业务

　B. 注册会计师审计与内部审计共同组成现代审计体系

　C. 会计工作社会监督的主体只有注册会计师

　D. 个人检举违反《会计法》的行为也属于会计工作社会监督的范畴

11.（多选题）下列关于会计监督的表述中，正确的有（　　）。

　A. 资产处置决策和执行的相互制约程序明确

　B. 会计工作的社会监督不包括单位和个人的检举

　C. 行政事业单位内部控制的目标是有效防范舞弊

　D. 会计工作社会监督的对象是委托单位的经济活动

　E. 企业内部控制不包括内部环境和风险评估

任务四知识精练参考答案

任务五　会计机构和会计人员

一、学习导航

学习能量	单位应当根据会计业务需要，设置会计机构和会计工作岗位，并配备具备良好职业道德和专业能力的会计人员。会计人员要严格遵守《会计法》和国家统一的会计制度进行会计核算，实行会计监督；按照国家有关规定参加继续教育，准确把握会计工作在社会主义市场经济中的重要地位和面临的新形势新要求，提高思想认识，严守规矩，维护国家财经纪律

学习目标	1. 熟记代理记账机构的设立条件、业务范围及委托双方的义务 2. 列举会计岗位的设置要求、内部牵制制度及轮岗制度 3. 明确会计工作交接的程序及具体交接内容
学习建议	会计机构和会计人员是升学考试的重要考点，2015 年至 2020 年的试题涉及会计工作交接、会计工作岗位设置、代理记账机构的设立条件等考点，在复习中应提高重视。因此，要熟悉会计法相关规定，强化习题训练，做到深刻理解、准确把握理论知识点

二、教材内容精讲

➤ 知识点 1　会计机构的设置

《会计法》规定各单位应当根据会计业务的需要，设置会计机构，同时明确了机构设置的方式、影响因素及代理记账机构设立等内容。

会计机构设置	具体内容
概述	**1. 单位会计机构的设置方式** | 层次	注释
单独设置	各单位应当根据会计业务的需要，设置会计机构
不单独设置	在有关机构中设置会计人员并指定会计主管人员
不具备设置条件	应委托经批准设立从事会计代理记账业务的中介机构代理记账 | **2. 影响因素** ①单位规模的大小；②经济业务和财务收支的繁简；③经营管理的要求
代理 记账	**1. 设立条件** | 条件	具体内容
性质	依法设立的企业
人员数量及条件	·持有会计从业资格证书 ·专职从业人员不少于 3 名
主管代理记账业务的负责人	有会计师以上专业技术职务资格且为专职从业人员
内部规范	健全 | **2. 业务范围** ①会计核算 ·依据：根据委托人提供的原始凭证和其他相关资料；按照国家统一的会计制度的规定 ·内容：审核原始凭证、填制记账凭证、登记会计账簿、编制财务会计报告等 ②对外提供财务会计报告 ③向税务机关提供税务资料 ④委托人委托的其他会计业务

（续表）

会计机构设置	具体内容		
代理记账	3. 委托双方的义务		

责任主体		义务
代理记账机构、从业人员	遵纪守法	·遵守有关法律、法规和国家统一的会计制度的规定；按照委托合同办理代理记账业务
	诚实守信	·对在执行业务中知悉的商业秘密予以保密
	坚持准则	·对委托人要求其作出不当的会计处理，提供不实的会计资料，以及其他不符合法律、法规和国家统一的会计制度行为的，予以拒绝
	专业服务	·对委托人提出的有关会计处理相关问题予以解释
委托人	凭证合法	·对本单位发生的经济业务事项，填制或者取得符合国家统一的会计制度规定的原始凭证
	专门管理	·配备专人负责日常货币收支和保管
	资料真实	·及时向代理记账机构提供真实、完整的原始凭证和其他相关资料
	积极配合	·对于代理记账机构退回，要求按照国家统一的会计制度的规定进行更正、补充的原始凭证，及时予以更正、补充

【例题1·2016年多选题】　代理记账机构的申请条件有（　　）。

A. 有固定的办公场所

B. 有健全的财务会计管理制度

C. 有健全的代理记账业务规范

D. 有3名以上持有会计从业资格证书的兼职从业人员

E. 主管代理记账业务的负责人应具有会计师以上专业技术职务资格

『解析』BCE对：代理记账机构为依法设立的企业，有健全的财务会计管理制度；有健全的代理记账业务规范；主管代理记账业务的负责人应具有会计师以上专业技术职务资格。AD错：按照2019年修订后的《代理记账管理办法》，代理记账机构的申请条件不再要求有固定的办公场所；代理记账机构的申请条件要求，持有会计从业资格证书的专职从业人员不少于3名，不是兼职从业人员。

『答案』BCE。

【例题2·单选题】　下列关于代理记账机构说法正确的有（　　）。

A. 不具备单独设置会计机构条件的企业可委托代理记账

B. 代理记账机构的业务范围不包括向税务机关提供税务资料

C. 代理记账的委托人对于代理记账机构退回资料可以不予受理

D. 代理记账机构及其从业人员应当保守知悉的商业秘密

『解析』D对：代理记账机构及从业人员应对在执行业务中知悉的商业秘密予以保密。ABC错：各单位应当根据会计业务的需要设置会计机构；不具备单独设置会计机构条件的，应当在有关机构中配备专职会计人员。代理记账机构的业务范围包括向税务机关提供税务资料。代理记账的委托人对于代理记账机构退回，要求按照国家统一的会计制度的规定进行更正、补充的原始凭证，及时予以更正、补充。

『答案』D。

➤ 知识点 2 会计工作岗位设置

《会计基础工作规范》规定各单位应当根据会计业务需要，设置会计工作岗位，并明确设置要求，以及各岗位会计人员的任职资格条件。

会计工作岗位	具体内容
设置要求	1. 按需设岗：与本单位业务活动的规模、特点和管理要求相适应 2. 内部牵制 ①可以一人一岗、一人多岗、一岗多人 ②出纳不得兼任岗位：稽核，会计档案保管和收入、费用、债权债务账目的登记岗位 ③出纳可以兼任岗位：保管有价证券和票据；固定资产明细账、低值易耗品明细账等记账工作 3. 岗位责任制：明确会计工作的职责范围、具体内容及要求，并落实 4. 轮岗制度：会计人员工作岗位应定期或不定期轮换
主要岗位	1. 行政领导：总会计师（或行使总会计师职权） 2. 中层领导：会计机构负责人或者会计主管人员 3. 一般岗位：出纳；稽核；资产负债、所有者权益核算；收入、支出、债权、债务核算；职工薪酬、成本费用、财务成果核算；会计监督；总账；财务会计报告编制；会计机构内会计档案管理等 以下岗位不属于会计岗： ①档案管理部门的会计档案管理人员；单位内部审计、社会审计、政府审计 ②医院门诊收费员、住院处收费员、药房收费员、药品库房记账员、商场收银员
任职资格	会计人员的选拔任用要求： ①会计人员：具备从事会计工作所需要的专业能力 ②会计机构负责人：具备会计师以上专业技术职务资格，或者从事会计工作3年以上 ③总会计师：取得会计师任职资格后，主管一个单位或者单位内一个重要方面的财务会计工作时间不少于3年

【例题 3·2020 年单选题】 出纳可以承担的工作是（ ）。

A. 稽核　　　　　B. 保管会计档案　　　C. 登记收入账目　　　D. 保管有价证券和票据

『解析』D 对：出纳不得兼任稽核、会计档案保管和收入、费用、债权债务账目的登记岗位，但出纳可以兼任保管有价证券和票据，固定资产明细账、低值易耗品明细账等其他记账工作。

『答案』D。

【例题 4·2018 年多选题改编】 下列表述正确的有（ ）。

A. 出纳可以兼管会计档案保管工作

B. 会计人员的工作岗位可以进行轮岗

C. 设置会计工作岗位应符合内部牵制制度的要求

D. 会计工作岗位应与本单位业务活动的规模相适应

E. 会计工作岗位可以一人一岗、一岗多人，但不能一人多岗

『解析』BCD 对：会计人员工作岗位应定期或不定期轮换；设置会计工作岗位应符合内部牵制制度的要求；会计工作岗位应与本单位业务活动的规模、特点和管理要求相适应。AE 错：出纳不得兼任会计档案保管、稽核和收入、费用、债权债务账目的登记岗位；会计工作岗位可以一人一岗、一人多岗、一岗多人。

『答案』BCD。

➤ 知识点 3 会计工作交接

会计人员调动工作或离职，必须按交接程序与接管人员办清交接手续，将所经管会计工作全部移交给接替人员，否则不得调动或离职。

会计工作交接	具体内容
概述	1. 交接原因：调动工作、离职、因病不能工作 2. 恢复工作时应办理交接手续 3. 经批准委托他人代办交接：委托人对所移交资料的真实性、完整性承担法律责任
程序	1. 提出交接申请 • 向单位或有关机关：提出调动工作、离职申请 • 向会计机构：提交会计交接申请 2. 移交前的准备工作 *(见下表一)* 3. 移交点收 原则：全部移交、逐项点收 具体要求： *(见下表二)*

移交前的准备工作

事项	内容
做好未完成的工作	①已经受理的经济业务尚未填制的会计凭证：完成填制 ②尚未登记的账目：完成登记，结出余额，并在最后一笔余额后加盖经办人员印章
资料整理	• 整理移交资料，对未了事项写出书面材料
编制移交清册	①列明事项：会计凭证、会计账簿、会计报表、印章、现金、有价证券、支票簿、发票、文件、其他会计资料和物品等 ②会计电算化的单位：还列明会计软件及密码、会计软件数据磁盘、磁带等
重要事项介绍	• 会计机构负责人、会计主管人员移交：应介绍清楚财务会计工作、重大财务收支问题、会计人员情况等内容 • 对需要移交的遗留问题，应当写出书面材料

移交点收

事项	内容
现金、有价证券	①依据：会计账簿有关记录 ②方式：点交；要求与会计账簿记录保持一致 ③不一致的处理 • 现金短缺：限期查清 • 有价证券面额与发行价不一致：按会计账簿余额交接
会计资料	①会计凭证、会计账簿、会计报表和其他会计资料：必须完整无缺 ②存在短缺的处理：查清原因，在移交清册中注明，由移交人员负责 ③**会计账簿的连续使用** • 接替人员应当继续使用移交的会计账簿，不得自行另立新账 ④**交接人员的责任** • 移交人员对所移交会计资料的合法性、真实性承担法律责任
账户余额	①银行存款账户余额 • 应与银行对账单核一致 • 不一致的处理：应编制银行存款余额调节表调节相符 ②各种财产物资和债权债务的明细账户余额 a. 应与总账有关账户余额核对相符 b. 重要实物：实地盘点 c. 余额较大的往来账户：与往来单位、个人核对清楚
其他物品	公章、收据、空白支票、发票、科目印章、其他物品：必须交接清楚
电算化的单位：双方对有关数据在计算机上进行实际操作，确认无误后，方可交接	

（续表）

会计工作交接	具体内容	
程序	4. 专人监交	
	不同岗位交接	负责监交人员
	一般会计人员	单位会计机构负责人、会计主管人员
	会计机构负责人、会计主管人员	①单位负责人 ②上级主管部门派人会同监交的情形 a. 所属单位领导人不能监交 b. 所属单位领导人不能尽快监交 c. 不宜由所属单位领导人监交 d. 上级主管部门认为存在问题有需要
	交接完毕的手续： 交接双方和监交人员：在移交清册上签名或者盖章 ·注明内容：单位名称，交接日期，交接双方和监交人员的职务、姓名，移交清册页数以及需要说明的问题和意见等	

【例题5·2017年单选题】　出纳离职办理工作交接手续时，负责监交的专人是（　　）。

A. 总会计师　　　　　　　　　　B. 单位负责人

C. 一般会计人员　　　　　　　　D. 会计机构负责人

『解析』D对：一般会计人员交接，由单位会计机构负责人、会计主管人员负责监交；会计机构负责人、会计主管人员交接，由单位领导人负责监交，必要时可由上级主管部门派人会同监交。

『答案』D。

【例题6·2018年多选题改编】　下列表述正确的有（　　）。

A. 现金不需要点交，整体移交即可

B. 移交人员对尚未登记的账目应完成登记，并结出余额

C. 移交前应整理移交资料，对未了事项作口头说明

D. 会计资料移交后，原移交人不再承担任何法律责任

E. 会计工作交接完毕，接管人员应继续使用移交前的账簿

『解析』BE对：移交人员对尚未登记的账目应登记完毕，结出余额，并在最后一笔余额后加盖经办人员印章；《会计基础工作规范》规定，接替人员应当继续使用移交的会计账簿，不得自行另立新账，以保持会计记录的连续性。ACD错：现金要根据会计账簿记录余额进行当面点交，不得短缺；如有不一致或白条抵库现象，移交人员应在规定期限内负责查清处理。移交前应整理移交资料，对未了事项写出书面材料。移交人员对所移交会计资料的合法性、真实性承担法律责任。

『答案』BE。

三、疑难解答

1. 会计专业技术资格与会计专业职务的解释

会计专业技术资格是指担任会计专业职务的任职资格，分为初级、中级、高级三个级别。会计专业职务是区分会计人员从事业务工作的技术等级，分为高级职务的高级会计师、中级职务的会计师和初级职务的助理会计师和会计员。

会计专业技术资格			
报考基本条件	1. 遵守《会计法》和国家统一的会计制度等法律法规 2. 具备良好的职业道德，无严重违反财经纪律的行为 3. 热爱会计工作，具备相应的会计专业知识和业务技能		
具体条件	初级	中级	高级
方式	全国统一考试		考试与评审结合
学历	高中毕业（含高中、中专、职高和技校）及以上学历	1. 大学专科学历＋从事会计工作满5年 2. 大学本科学历或学士学位＋从事会计工作满4年 3. 第二学士学位或研究生班毕业＋从事会计工作满2年 4. 硕士学位＋从事会计工作满1年 5. 具备博士学位 6. 取得经济、统计、审计专业技术中级资格	1. 大学专科学历＋会计师职称＋从事与会计师职责相关工作满10年 2. 硕士学位、第二学士学位、研究生班毕业、大学本科学历或学士学位＋会计师职称＋从事与会计师职责相关工作满5年 3. 博士学位＋会计师职称＋从事与会计师职责相关工作满2年
科目	《初级会计实务》《经济法基础》（只能一次通过）	《中级会计实务》《财务管理》《经济法》（可连续2个会计年度内通过）	《高级会计实务》（考试合格可申请参加评审）

2. 高考链接

年份	题型	分值	考点
2015年	单选题	2	会计机构的设置；会计工作交接
2016年	单选题	2	主要会计工作岗位
	多选题	2	代理记账机构的设立需具备的条件
	判断题	1	会计工作交接；交接人员责任
2017年	单选题	2	会计工作交接
2018年	多选题	4	内部牵制要求；会计工作岗位轮岗制；会计工作交接
2019年	判断题	2	会计工作交接
2020年	单选题	3	会计工作岗位设置

【例题7·2019年判断题】　因工作需要，会计人员未办清交接手续也可调离岗位。（　　）

『解析』这种说法错误：会计人员工作调动或者因故离职，必须将本人所经管的会计工作全部移交给接替人员。没有办清交接手续的，不得调动或者离职。

『答案』×。

【例题8·2015年单选题改编】　下列说法正确的是（　　）。

A. 会计工作交接完毕，接管人员不再使用移交前的账簿

B. 各单位都必须单独设置会计机构

C. 会计人员应具备初级会计师专业技术职务资格

D. 会计人员离职必须与接管人员办清交接手续

『解析』D对：会计人员工作调动或者因故离职，必须将本人所经管的会计工作全部移交给接替人员。没有办清交接手续的，不得调动或者离职。ABC错：《会计基础工作规范》规定，接替人员应当继续使用移交的会计账簿，不得自行另立新账，以保持会计记录的连续性。各单位应当根据会计业务的需要设置

会计机构；不具备单独设置会计机构条件的，应当在有关机构中配备专职会计人员。会计人员应具备从事会计工作所需要的专业能力，初级会计师专业技术职务资格不是选拔会计人员的基本条件。

『答案』D。

四、考点归纳

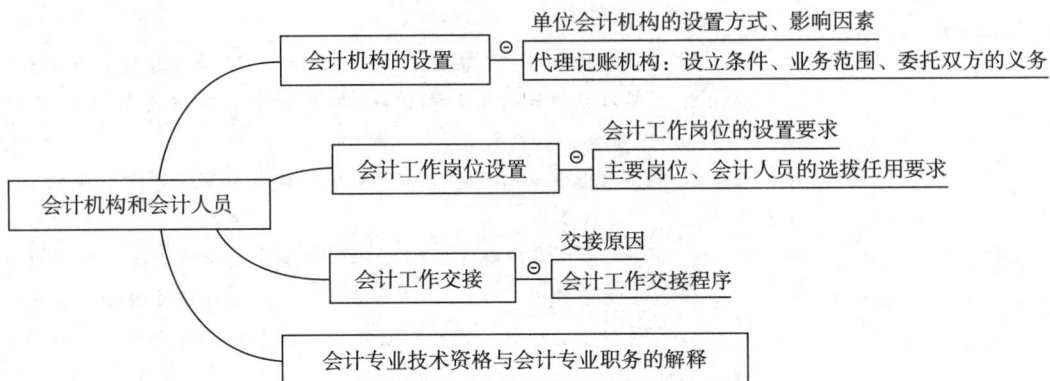

五、知识精练

——精选好题·强化能力——

1. 出纳可以承担的工作是(　　)。

　　A. 登记固定资产明细账　　　　　　　B. 保管会计档案

　　C. 登记费用账目　　　　　　　　　　D. 稽核

2. 不需要具备从事会计工作所需专业能力的人员是(　　)。

　　A. 出纳　　　　　　　　　　　　　　B. 商场收银员

　　C. 会计机构负责人　　　　　　　　　D. 会计机构内的会计档案管理人员

3. 会计离职办理工作交接手续时，负责监交的专人是(　　)。

　　A. 一般会计人员　　B. 会计主管　　　　C. 总会计师　　　　　D. 单位负责人

4. (判断题)会计工作交接完毕，接管人员应当继续使用移交的会计账簿，不得自行另立新账。(　　)

5. 下列说法错误的是(　　)。

　　A. 各单位必须单独设置会计机构

　　B. 会计人员离职必须与接管人员办清交接手续

　　C. 会计机构内的会计档案管理人员属于会计人员

　　D. 会计人员的工作岗位应当定期或不定期轮换

——拔高好题·突破难点——

6. 下列关于代理记账机构说法正确的有(　　)。

　　A. 代理记账机构至少要有 3 名兼职会计从业人员

　　B. 代理记账机构不得拒绝委托人提出的任何要求

　　C. 代理记账机构是中介机构，是依法设立的企业

　　D. 代理记账机构需要根据委托人的要求填制原始凭证

7. 需要具备从事会计工作所需专业能力的人员是(　　)。

　　A. 社会审计　　　　　　　　　　　　B. 档案管理部门的会计档案管理人员

　　C. 住院处收费员　　　　　　　　　D. 会计机构内的会计档案管理人员

8.（2016 年判断题）会计工作交接完毕，接管人员可根据需要自行另立账簿，不再使用移交前的账簿。（　　）

9.（多选题）下列表述正确的有（　　）。

　　A. 重要实物移交需要进行实地盘点

　　B. 出纳交接由会计负责监交

　　C. 在会计机构内部轮岗无须进行会计工作交接

　　D. 会计工作必须交接双方当面交接，不能委托他人完成

　　E. 会计资料完整移交后，原移交人不再承担会计资料完整性责任

10. 关于会计工作交接表述错误的是（　　）。

　　A. 会计人员未办清交接手续也可调离岗位

　　B. 委托他人代办交接手续的会计人员对所移交资料负责

　　C. 总账离职办理工作交接手续时，由会计主管人员负责监交

　　D. 已经受理的经济业务尚未填制的会计凭证应完成填制

11. 下列说法正确的是（　　）。

　　A. 会计机构负责人移交时应介绍清楚重大财务收支问题

　　B. 会计机构负责人应从事与会计师职责相关工作满 3 年

　　C. 设立代理记账机构至少有 5 名以上的专职从业人员

　　D. 单位内部审计需要具备从事会计工作所需专业能力

任务五知识精练参考答案

任务六　会计法律责任

一、学习导航

学习能量	会计工作是市场经济活动的重要基础，也是经济管理的重要组成部分。近年来频发的企业会计信息失真、上市公司财务造假、会计师事务所"看门人"职责履行不到位等问题，严重扰乱了社会经济秩序，迫切需要加强会计监督、强化会计执法，对未遵循国家统一的会计制度的行为追究责任主体相应法律责任。同时，会计人员也要遵守会计法律法规等制度，提高法治意识和法治素养，遵纪守法、诚实守信，维护国家统一的会计制度的权威性
学习目标	1. 列举会计法律责任，能区分行政责任、刑事责任 2. 能辨别会计违法行为并描述相关法律责任
学习建议	会计法律责任是升学考试的一般考点，2017 年至 2022 年的试题涉及不依法设置会计账簿等会计违法行为的罚款、其他违反会计法规定应承担的责任等考点，在复习中应重视。因此，要熟悉会计法相关规定，强化习题训练，做到深刻理解，准确把握理论知识点

二、教材内容精讲

➤ 知识点 1　法律责任概述

法律责任是指违反法律规定的行为应当承担的法律后果。违反《会计法》相关规定，将承担行政责任和刑事责任。

法律责任	具体内容
行政责任	1. 分类：行政处罚、行政处分 2. 比较 <table><tr><td>区别</td><td>行政处罚</td><td>行政处分</td></tr><tr><td>处分对象</td><td>行政管理相对人</td><td>行政机关内部工作人员</td></tr><tr><td>做出决定机关</td><td>特定的和法定的组织</td><td>与被处分人有从属关系的行政机关</td></tr><tr><td>违法行为不同</td><td>违反行政法律规范的行为</td><td>违法违纪、失职行为</td></tr><tr><td>制裁种类</td><td>罚款、责令限期改正、五年内不得从事会计工作</td><td>警告、记过、记大过、降级、撤职、开除</td></tr><tr><td>执行的程序</td><td>由作出处罚决定的行政机关执行或申请人民法院强制执行</td><td>由作出处分的行政机关执行</td></tr></table>
刑事责任	1. 主刑：独立适用 • 类别：管制、拘役、有期徒刑、无期徒刑、死刑 2. 附加刑：既可以独立适用，又可以附加适用 • 类别：罚金、剥夺政治权利、没收财产、驱逐出境

【例题1·单选题】　下列说法正确的是（　　）。

A. 行政处罚的处分对象是行政管理相对人

B. 行政处分一般由特定的和法定组织做出

C. 警告、记过、记大过、降级属于行政处罚

D. 刑事责任的附加刑只能独立适用

『解析』A对：行政处罚的处分对象是行政管理相对人。BCD错：行政处分一般由与被处分人有从属关系的行政机关作出；警告、记过、记大过、降级、撤职、开除属于行政处分；刑事责任的附加刑既可以独立适用，又可以附加适用。

『答案』A。

➤ 知识点2　会计违法行为的法律责任

《会计法》规定，各单位必须按照国家统一的会计制度的规定填制会计凭证、登记会计账簿、提供财务会计报告等会计资料，并保证真实、完整。如果发生违反《会计法》规定的行为，将承担法律责任。

法律责任	具体内容
会计违法行为	会计违法行为分类：6种情形 具体规定： <table><tr><td>分类</td><td>法律责任</td></tr><tr><td>情形1：不依法设置会计账簿等违法行为</td><td>1. 责令限期改正 2. 罚款 ①单位：3000元以上5万元以下的罚款 ②直接负责的主管人员和其他直接责任人员：2000元以上2万元以下的罚款 ③国家工作人员：行政处分 3. 会计人员：五年内不得从事会计工作 4. 追究刑事责任</td></tr></table>

（续表）

法律责任	具体内容	

	分类	法律责任
会计违法行为	情形 2：伪造、变造会计凭证、会计账簿，编制虚假财务会计报告	1. 通报：县级以上人民政府财政部门发布 2. 罚款 ①单位：5000 元以上 10 万元以下的罚款 ②直接负责的主管人员和其他直接责任人员：3000 元以上 5 万元以下的罚款 3. 国家工作人员：撤职直至开除的行政处分 4. 会计人员：五年内不得从事会计工作
	情形 3：隐匿或者故意销毁依法应当保存的会计凭证、会计账簿、财务会计报告	1. 通报：县级以上人民政府财政部门发布 2. 罚款 ①单位：5000 元以上 10 万元以下的罚款 ②直接负责的主管人员和其他直接责任人员：3000 元以上 5 万元以下的罚款 3. 国家工作人员：撤职直至开除的行政处分 4. 会计人员：五年内不得从事会计工作
	情形 4： ①授意、指使、强令会计机构、会计人员及其他人员伪造、变造会计凭证、会计账簿，编制虚假财务会计报告 ②隐匿、故意销毁依法应当保存的会计凭证、会计账簿、财务会计报告	1. 罚款：5000 元以上 5 万元以下的罚款 2. 国家工作人员：降级、撤职、开除的行政处分
	情形 5： •单位负责人对依法履行职责、抵制违反本法规定行为的会计人员以降级、撤职、调离工作岗位、解聘或者开除等方式实行打击报复	1. 单位负责人：行政处分 2. 受打击报复的会计人员：恢复名誉和原有职务、级别
	情形 6： ①财政部门及有关行政部门的工作人员在实施监督管理中滥用职权、玩忽职守、徇私舞弊或者泄露国家秘密、商业秘密 ②将检举人姓名和检举材料转给被检举单位和被检举人个人	给予行政处分

注意：所有违法行为构成犯罪的，依法追究刑事责任

违反《会计法》规定，有下列行为应承担法律责任：

主要方面	违法行为
账簿	1. 不依法设置会计账簿 2. 私设会计账簿 3. 以未经审核的会计凭证为依据登记会计账簿或者登记会计账簿不符合规定
凭证	•未按规定填制、取得原始凭证或者填制、取得的原始凭证不符合规定
财报	•向不同的会计资料使用者提供的财务会计报告编制依据不一致
保管	•未按规定保管会计资料，致使会计资料毁损、丢失
监督	•未按规定建立并实施单位内部会计监督制度 •拒绝依法实施的监督或者不如实提供有关会计资料及有关情况
其他	1. 随意变更会计处理方法 2. 未按规定使用会计记录文字或者记账本位币 3. 任用会计人员不符合规定

（"情形 1 范围" 对应上表左侧栏）

【例题 2·2017 年单选题】　未按规定使用会计记录文字，可以对单位处以的罚款是(　　)。

A. 2000 元以上 2 万元以下　　　　　　B. 3000 元以上 5 万元以下

C. 5000 元以上 5 万元以下　　　　　　D. 5000 元以上 10 万元以下

『解析』B 对：未按规定使用会计记录文字，可以对单位并处 3000 元以上 5 万元以下的罚款；对其直接负责的主管人员和其他直接责任人员，可以处 2000 元以上 2 万元以下的罚款；属于国家工作人员的，还应当由其所在单位或者有关单位依法给予行政处分。

『答案』B。

【例题 3·2022 年判断题】　单位负责人对依法履行职责的会计人员实行打击报复会被追究相关责任。(　　)

『解析』这种说法正确：《会计法》规定，单位负责人对依法履行职责、抵制违反本法规定行为的会计人员以降级、撤职、调离工作岗位、解聘或者开除等方式实行打击报复，尚不构成犯罪的，由其所在单位或者有关单位依法给予行政处分。对受打击报复的会计人员，应当恢复其名誉和原有职务、级别。

『答案』√。

三、疑难解答

1. 新修订《会计法》对会计法律责任与会计违法处罚问题的修改

《会计法》是规范会计工作的基础性法律。会计工作应当贯彻落实党和国家的路线方针政策、决策部署，维护社会公共利益，为国民经济和社会发展服务。为推动我国会计法治建设，切实提高会计信息质量，更好地维护社会公共利益，《全国人民代表大会常务委员会关于修改〈中华人民共和国会计法〉的决定》已由中华人民共和国第十四届全国人民代表大会常务委员会第十次会议于 2024 年 6 月 28 日通过，自 2024 年 7 月 1 日起施行。此次《会计法》的修改，保持现行基本制度不变，重点解决会计工作中的突出问题，进一步加强财会监督，加大对会计违法行为的处罚力度。

会计违法行为	法律责任具体规定
情形 1 不变	1.《会计法》修订前后对比：原第 42 条改为第 40 条 2. 修订后的违法行为：不依法设置会计账簿，私设会计帐簿，未按照规定填制、取得原始凭证或者填制、取得的原始凭证不符合规定等违法行为 3. 违法行为修订前后法律责任对比 **2017 年 11 月修订版** ①责令限期改正 ②罚款 a. 单位：3000 元以上 5 万元以下的罚款 b. 直接负责的主管人员和其他直接责任人员：2000 元以上 2 万元以下的罚款 c. 国家工作人员：行政处分 ③会计人员：情节严重的，五年内不得从事会计工作 ④追究刑事责任（构成犯罪时） **2024 年 6 月修订版** ①责令限期改正，给予警告、通报批评 ②罚款 a. 单位：并处 20 万元以下的罚款；情节严重的，并处 20 万元以上 100 万元以下的罚款 b. 直接负责的主管人员和其他直接责任人员：5 万元以下的罚款；情节严重的，处 5 万元以上 50 万元以下的罚款 ③公职人员：行政处分
合并情形 2 与情形 3	1.《会计法》修订前后对比：原第 43 条、第 44 条合并作为第 41 条 2. 修订后的违法行为：伪造、变造会计凭证、会计账簿，编制虚假财务会计报告，隐匿或者故意销毁依法应当保存的会计凭证、会计账簿、财务会计报告

（续表）

会计违法行为	法律责任具体规定	
合并情形 2 与情形 3	3. 违法行为修订前后法律责任对比	

2017 年 11 月修订版	2024 年 6 月修订版
①通报 ②罚款 a. 单位：5000 元以上 10 万元以下的罚款 b. 直接负责的主管人员和其他直接责任人员：3000 元以上 5 万元以下的罚款 ③国家工作人员：撤职直至开除的行政处分 ④会计人员：五年内不得从事会计工作	①责令限期改正，警告、通报批评、没收违法所得 ②罚款 a. 单位：违法所得 20 万元以上的，并处违法所得 1 倍以上 10 倍以下的罚款；没有违法所得或者违法所得不足 20 万元的，并处 20 万元以上 200 万元以下的罚款 b. 直接负责的主管人员和其他直接责任人员：处 10 万元以上 50 万元以下的罚款，情节严重的，处 50 万元以上 200 万元以下的罚款 ③公职人员：行政处分 ④会计人员：五年内不得从事会计工作 ⑤追究刑事责任（构成犯罪时）

会计违法行为	法律责任具体规定	
情形 4 不变	1.《会计法》修订前后对比：原第 45 条改为第 42 条 2. 修订后的违法行为：授意、指使、强令会计机构、会计人员及其他人员伪造、变造会计凭证、会计账簿，编制虚假财务会计报告或者隐匿、故意销毁依法应当保存的会计凭证、会计账簿、财务会计报告 3. 违法行为修订前后法律责任对比	

2017 年 11 月修订版	2024 年 6 月修订版
①罚款：5000 元以上 5 万元以下的罚款 ②国家工作人员：降级、撤职、开除的行政处分 ③追究刑事责任（构成犯罪时）	①警告、通报批评 ②罚款：并处 20 万元以上 100 万元以下的罚款；情节严重的，可以并处 100 万元以上 500 万元以下的罚款 ③公职人员：依法处分 ④追究刑事责任（构成犯罪时）

2. 高考链接

年份	题型	分值	考点
2017 年	单选题	2	不依法设置会计账簿等会计违法行为的罚款
2022 年	多选题	4	不依法设置会计账簿等会计违法行为的判断
	判断题	2	其他违反会计法规定应承担的责任

【例题 4·2022 年多选题】　属于会计违法行为的有（　　）。

A. 私设会计账簿　　　　　　　　　　　B. 拒绝报销超标费用

C. 随意变更会计处理方法　　　　　　　D. 私企负责人任用亲属担任出纳工作

E. 使用不同的编制依据编制报送财务会计报告

『解析』ACE 对：私设会计账簿，随意变更会计处理方法，使用不同的编制依据编制报送财务会计报告，均属于会计违法行为。BD 错：超标费用是不合理支出，应当拒绝；国家机关、国有企业、事业单位任用会计人员，适用回避原则，私企不适用回避原则，私企负责人可以任用亲属担任出纳工作，不属于会计违法行为。

『答案』ACE。

【例题5·2017年单选题真题改编】 根据新修订的《会计法》，对单位伪造、变造会计凭证取得20万元以上违法所得的违法行为，可以对单位处以的罚款是（　　　）。

A. 处违法所得1倍以上10倍以下　　　　B. 处20万元以上200万元以下

C. 处10万元以上50万元以下　　　　　D. 处违法所得2倍以上5倍以下

『解析』A对：2024年6月新修订的《会计法》规定，伪造、变造会计凭证、会计账簿，编制虚假财务会计报告，隐匿或者故意销毁依法应当保存的会计凭证、会计账簿、财务会计报告，对单位违法所得20万元以上的，并处违法所得1倍以上10倍以下的罚款；没有违法所得或者违法所得不足20万元的，并处20万元以上200万元以下的罚款；对直接负责的主管人员和其他直接责任人员，处10万元以上50万元以下的罚款，情节严重的，处50万元以上200万元以下的罚款。BCD错。

『答案』A。

四、考点归纳

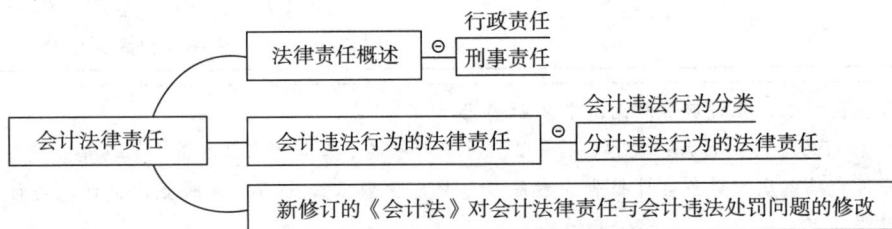

五、知识精练

——精选好题·强化能力——

1. 根据2024年6月新修订的《会计法》，随意变更会计处理方法，情节不严重的可以对单位处以的罚款是（　　　）。

A. 2万元以上20万元以下　　　　　　B. 50万元以下

C. 20万元以下　　　　　　　　　　　D. 5万元以上50万元以下

2. 根据会计法律制度的规定，下列不属于会计违法行为的是（　　　）。

A. 变造会计凭证

B. 强令会计机构编制虚假财务会计报告

C. 拒绝未经审核的会计凭证为依据登记会计账簿

D. 未按规定建立并实施单位内部会计监督制度

3. 根据2024年6月新修订的《会计法》，对不依法设置会计账簿等违法行为，情节严重的，（　　　）。

A. 对个人罚款20万元以下

B. 对单位罚款20万元以上50万元以下

C. 对单位罚款20万元以上100万元以下

D. 对个人罚款5万元以上50万元以下

——拔高好题·突破难点——

4. 下列说法正确的是（　　　）。

A. 行政处罚的处分对象是行政机关内部工作人员

B. 行政处罚一般由与被处分人有从属关系的行政机关作出

C. 五年内不得从事会计工作属于行政处罚

D. 刑事责任的主刑既可以独立适用，又可以附加适用

5. 根据会计法律制度的规定，下列不属于会计违法行为的是（　　）。

 A. 私设会计账簿   B. 未按照规定使用会计记录文字

 C. 随意变更会计处理方法   D. 拒绝接受金额错误的原始凭证

6. （多选题）下列属于会计违法行为的有（　　）。

 A. 未按规定使用会计记录文字

 B. 未按规定建立并实施单位内部会计监督制度

 C. 拒绝大写与小写金额不相符的原始凭证

 D. 隐匿依法应当保存的会计账簿

 E. 拒绝没有经办单位领导人签名或盖章的原始凭证

7. 根据 2024 年 6 月新修订的《会计法》，对违法所得不足 20 万元的隐匿或者故意销毁依法应当保存的会计凭证、会计账簿、财务会计报告等违法行为，下列说法正确的是（　　）。

 A. 对单位罚款违法所得 1 倍以上 10 倍以下

 B. 对单位罚款 50 万元以上 200 万元以下

 C. 对单位罚款 20 万元以上 200 万元以下

 D. 对个人罚款 50 万元以上 200 万元以下

任务六知识精练参考答案

项目一综合检测

一、单选题

1. 我国的会计法律制度包括（　　）。

 A. 会计法律、会计规章

 B. 会计法律、会计行政法规、会计部门规章和地方性会计法规

 C. 会计部门规章、会计行政法规

 D. 会计法律、单位内部会计管理制度

2. 下列说法正确的是（　　）。

 A. 中国总会计师协会是营利性的社团

 B. 非注册会计师可以申请加入中国注册会计师协会

 C. 会计工作者必须加入中国会计学会

 D. 会计行业自律管理制度是对行政管理制度的一种有益补充

3. 国家机关单位负责人的直系亲属不得在本单位担任的会计工作岗位是（　　）。

 A. 成本会计 B. 财务部负责人 C. 出纳 D. 总会计师

4. 不属于会计档案的是（　　）。

 A. 记账凭证 B. 单位预算 C. 纳税申报表 D. 工资计算表

5. 下列关于会计凭证说法正确的有（　　）。

 A. 将作废的原始凭证撕毁

 B. 每一张记账凭证都必须附有原始凭证

    C. 从个人取得的原始凭证没有填制人员签名

    D. 只有审核无误的记账凭证，才能作为记账的依据

6. 关于单位内部会计监督说法正确的是(　　)。

    A. 单位内部审计的主体是会计机构和会计人员

    B. 行政事业单位内部控制的目标是有效防范舞弊

    C. 单位内部审计独立性强，审计结果客观公正

    D. 行政事业单位内部控制原则包括成本效益原则

7. 关于单位内部会计监督说法正确的是(　　)。

    A. 单位资金调度决策和执行的相互制约程序明确

    B. 企业内部控制不包括信息与沟通和内部监督

    C. 企业内部控制的目标是有效防范舞弊和预防腐败

    D. 单位内部审计具有预防保护的作用，但不能评价鉴证

8. 不需要具备从事会计工作所需专业能力的人员是(　　)。

    A. 稽核　　　　　　B. 总账　　　　　　C. 政府审计　　　　　　D. 会计监督

9. 财务经理离职办理工作交接手续时，负责监交的专人是(　　)。

    A. 财务总监　　　　B. 会计主管　　　　C. 单位负责人　　　　D. 总会计师

10. 下列说法错误的是(　　)。

    A. 事业单位不可以委托中介机构代理记账

    B. 原移交人对所移交的会计资料真实性、合法性负责

    C. 出纳不得兼任会计档案保管工作

    D. 会计工作交接后账簿应继续使用

11. 出纳不可以承担的工作是(　　)。

    A. 登记现金日记账　　　　　　　　B. 保管现金

    C. 登记固定资产明细账　　　　　　D. 稽核

12. 下列说法正确的是(　　)。

    A. 代理记账机构是中介机构，但不是企业

    B. 接替人员对所移交的会计资料承担法律责任

    C. 出纳可以承担低值易耗品明细账记账工作

    D. 主管代理记账业务的负责人应具有高级会计师资格

13. 根据 2024 年 6 月新修订的《会计法》，任用会计人员不符合规定，情节不严重的可以对单位处以的罚款是(　　)。

  A. 20 万元以下　　　　　　　　　　B. 20 万元以上 100 万元以下

  C. 5 万元以下　　　　　　　　　　　D. 5 万元以上 50 万元以下

14. 根据会计法律制度的规定，下列不属于会计违法行为的是(　　)。

    A. 编制虚假财务会计报告

    B. 拒绝没有填制人员签名或盖章的原始凭证

    C. 故意销毁依法应当保存的财务会计报告

    D. 未按规定保管会计资料，致使会计资料毁损、灭失

二、多选题

1. 下列关于会计法律制度的说法中，正确的有(　　)。

    A. 会计法律制度是关于会计工作的法律文件的总称

B. 会计法律制度是调整会计关系的法律规范

C. 会计关系仅指会计机构在办理会计事务过程中发生的经济关系

D. 会计关系的客体是会计机构和会计人员

E. 会计关系仅指国家在管理会计工作过程中发生的各种经济关系

2. 下列行为中，属于《会计法》调整范围的有( )。

A. 某个人消费者将商店开具的购买服装的发票撕毁

B. 某上市公司没有在财报中披露为其他单位提供债务担保的事实

C. 某纳税人在填写纳税申报时隐瞒其实际收入

D. 某国有企业任用没有会计从业资格的人员从事会计工作

E. 某单位在进行纳税申报时编造虚假计税依据

3. 属于我国会计工作行政管理的是( )。

A. 制定会计核算制度　　　　　　B. 对会计培训市场的管理

C. 会计专业技术职务资格管理　　D. 会计信息质量的检查

E. 制定会计机构和会计人员管理制度

4. 属于会计档案的是( )。

A. 单位预算　　　　　　　　　　B. 采购计划

C. 财务制度　　　　　　　　　　D. 银行存款余额调节表

E. 会计档案鉴定意见书

5. 下列说法正确的有( )。

A. 所有经济业务都要会计核算　　B. 会计资料应当真实、完整

C. 会计处理方法不得随意变更　　D. 会计记录文字应当使用中文

E. 会计核算只能用人民币作为记账本位币

6. 不符合《会计法》规定的有( )。

A. 私设会计账簿

B. 用消字灵更改会计凭证

C. 原始凭证金额错误要求出具单位重开

D. 会计档案鉴定意见书的保管期限为 30 年

E. 使用不同的编制依据编制报送财务会计报告

7. 下列说法正确的有( )。

A. 会计处理方法不得变更

B. 不得提供虚假财务会计报告

C. 会计年度是公历 1 月 1 日至 12 月 31 日

D. 以外币为记账本位币的单位编报财务会计报告应当折算为人民币

E. 民族自治地方的会计记录文字可以只使用当地民族文字

8. 下列各项中，属于会计工作政府监督主体的有( )。

A. 国务院财政部　　B. 会计师事务所　　C. 省财政厅　　　　D. 市税务局

E. 中国人民银行

9. 下列关于会计监督的表述中，正确的有( )。

A. 记账人员和业务事项的审批人员不能是同一人

B. 注册会计师执行业务必须加入会计师事务所

C. 财政部门的会计监督检查包括单位会计档案管理的情况

D. 会计工作社会监督的对象是受托单位的经济活动

　　E. 事业单位负责人对内部控制的建立健全和有效实施负责

10. 下列表述正确的有(　　　)。

　　A. 总会计师是会计工作岗位

　　B. 会计人员工作岗位应固定不变

　　C. 出纳不得承担保管有价证券和票据的工作

　　D. 医院门诊收费员需要具备从事会计工作所需专业能力

　　E. 各单位根据实际需要设置岗位，无须设置所有会计工作岗位

11. 属于会计违法行为的有(　　　)。

　　A. 以未经审核的会计凭证为依据登记会计账簿

　　B. 不依法设置会计账簿

　　C. 单位负责人对依法履行职责的会计人员调离工作岗位

　　D. 选拔具备从事会计工作所需专业能力的人为会计人员

　　E. 任用国有企业会计机构负责人的直系亲属为成本会计

三、判断题

1. 单位负责人对本单位的会计工作和会计资料的准确性、合法性负责。(　　　)

2. 国有单位负责人的直系亲属不得在本单位担任出纳。(　　　)

3. 业务收支以人民币以外的货币为主的单位，可以选定其中一种货币作为记账本位币。(　　　)

4. 业务经办人员可以兼任业务审批人员。(　　　)

5. 财政部门实施监督的对象是会计部门。(　　　)

6. 会计工作政府监督的对象是单位和单位中相关人员的会计行为。(　　　)

7. 会计人员因工作急需调动，经批准可以委托他人代办交接手续。(　　　)

项目一综合检测参考答案

项目二 结算法律制度

【项目目标】

结算法律制度在规范支付结算行为、防范结算风险、加速资金周转和商品流通、促进社会主义市场经济发展等方面发挥了重要作用。本项目是教材的核心内容，包括现金结算、支付结算、银行结算账户、票据结算及其他结算方式 4 个任务。广义的支付结算包括现金结算和银行转账结算。现金是直接支付方式，银行是支付结算和资金清算的中介机构，票据和结算凭证是办理支付结算的工具。在学习时，应先厘清各任务之间的内在逻辑，做到心中有数，重点把握法律法规对现金结算和支付结算的具体规定。

【思政目标】

在结算法律制度面前，要敬畏法律和规则，做遵纪守法、贯彻落实制度的典范；在学习现金管理制度时，要明确现金使用规范，提高现金结算风险防控意识；随着银行结算账户、票据、网上支付等数字化、多元化支付结算工具的出现，面对新的结算风险，更要严肃财经纪律，保持自我净化、自我完善、自我革新、自我提高的高度自觉。

【学习目标】

知识目标	技能目标	素质目标
☆ 识别现金结算的使用范围；熟记现金管理的基本要求 ☆ 知道支付结算的基本原则、办理要求及凭证填写的基本要求 ☆ 知道银行结算账户管理规定；熟记不同账户的使用范围 ☆ 掌握票据结算及其他结算方式	☆ 能正确管理和使用现金 ☆ 能依法办理和使用银行结算账户 ☆ 能正确办理票据结算业务 ☆ 能区分银行卡的使用功能，正确使用网上支付、汇兑、托收承付、委托收款、国内信用证	培养学生依法办事、廉洁高效、守法诚信的职业素养，践行结算法律制度，弘扬社会主义法治精神，树立社会主义法治理念，提高风险防范意识，更新风险防范手段，将风险防范贯穿于会计工作的全过程

【考点分析】

任务	考点	年份/题型	合计分值
任务一	现金结算	2019 年多选题、2020 年单选题、2020 年多选题、2020 年判断题、2021 年单选题、2022 年判断题、2023 年单选题	21
任务二	支付结算	2015 年单选题、2015 年多选题、2017 年单选题、2017 年多选题、2021 年多选题、2021 年判断题、2022 年单选题	17
任务三	银行结算账户	2016 年多选题、2016 年判断题、2017 年单选题、2017 年判断题、2018 年判断题、2019 年单选题	11

（续表）

任务	考点	年份/题型	合计分值
任务四	票据结算	2015 年单选题、2015 年多选题、2015 年判断题、2016 年单选题、2016 年多选题、2016 年判断题、2017 年多选题、2017 年判断题、2018 年单选题、2018 年多选题、2019 年单选题、2019 年判断题、2020 年单选题、2022 年多选题、2023 年多选题、2023 年判断题	45
	其他结算方式	2015 年单选题、2022 年多选题	6

任务一　现金结算

一、学习导航

学习能量	现金管理制度是财务管理的重要核心，各开户单位使用现金收支必须严格遵守。单位财务人员要学懂弄通，认清可为与不可为的边界，把住做人与做事的原则，提高现金结算风险防控意识，把严于律己落实到具体行动上，做到慎始慎终，慎独慎微
学习目标	1. 描述现金结算的概念、特点和渠道 2. 记住现金结算的使用范围 3. 复述现金使用的限额规定和现金管理的基本要求 4. 能在会计事务工作中正确管理和使用现金
学习建议	现金结算是升学考试的重要考点，2019 年至 2023 年的试题涉及现金收支要求、银行结算起点、现金结算范围、现金使用限额等考点，在复习中应重视。因此，要熟悉现金结算管理相关规定，强化习题训练，准确把握本节知识点

二、教材内容精讲

➤ 知识点 1　现金与现金结算

1. 现金

现金是指具备现实购买力或法定清偿力的通货。我国的现金是指人民币，包括纸币和金属辅币。现金可以直接作为支付手段，通常存放在企业财会部门，由出纳人员经管。

货币的演变	
夏朝海贝	我国最早的货币
商朝铜贝	我国最早的金属货币
秦朝半两钱	我国最早的统一货币
汉朝五铢钱	流通时间最长的货币
唐朝开元通宝钱	开创以文计数、以钱两为重量单位的宝文钱体系，沿袭到清朝，历时千年
北宋交子	我国最早的纸币、世界上最早使用的纸币
明朝大明宝钞纸币	开始纸币为主、铜钱为辅

（续表）

货币的演变	
清朝银行券	我国最早的近代化纸币
中华人民共和国成立后至今	中国人民银行发行了五套人民币
不同时期货币的表现形式不同。实物货币是货币形态发展的最原始形式；铸币是货币发展史的一个巨大进展，奠定了货币制度的基础；而用以代替金属货币的纸币，则是经济发达的象征。纸币的本质是一种信用券，其流通价值必须建立在相应的信用之上，一旦纸币的信用失去，就会沦为废纸。因此，寻找适合我国国情的人民币制度改革路径依赖机制，建立合理的人民币制度改革目标模型，对于提高金融体系的运行效率具有重要意义。而数字人民币将形成我国数字支付的新格局，为我国货币政策和财政政策的精准施策打开全新空间，也将推动我国人民币国际化进程	

2. 现金结算

现金结算是指在商品交易、劳务供应等经济往来中，直接使用现金进行应收应付款结算的一种行为。

现金结算概述	
适用对象	1. 单位与个人之间的款项收付 2. 单位之间的转账结算起点以下的零星小额收付
特点	1. 优点：直接便利 2. 缺点：不安全性、不易宏观控制和管理、费用较高
渠道	1. 付款人直接将现金支付给收款人 2. 付款人委托银行、非银行金融机构或者非金融机构将现金支付给收款人

➤ 知识点 2　现金收支管理的基本要求

1. 现金收入

现金收入	收入类别	注释
主要来源	出纳按规定从开户银行提取的款项	除必须由本单位财会部门负责人签字盖章，经开户银行审核后，才能提取现金外，还要满足：①从银行提取现金，应如实写明用途；②因采购地点不确定，交通不便，生产或市场急需，抢险救灾及其他特殊情况，必须使用现金，应向开户银行提出申请
	职工报销差旅费交回剩余借款	
	备用金退回款	
	收取结算起点以下的零星收入款	
	收取不能到账的单位或个人的销售收入	
	收取个人的罚款	
	无法查明原因的现金溢余（如库存现金盘点时的现金溢余）	
存放要求	开户单位现金收入应于当日送存开户银行： ①当日送存确有困难：由开户银行确定送存时间 ②超过库存现金限额的现金部分：应于当日送存开户银行	
注意	其他的收款业务，不能收取现金，只能通过开户银行转账结算	

2. 现金支出

开户单位支付现金的方式：一是从本单位库存现金限额中支付，二是从开户银行提取。《现金管理暂行条例》规定了开户单位现金使用范围。单位财务人员要遵守财经制度，严格控制现金管理使用范围，有效规范单位现金使用。

现金支出		
现金使用范围	1. 职工工资、津贴 2. 个人劳务报酬 3. 根据国家规定颁发给个人的科学技术、文化艺术、体育等各种奖金 4. 各种劳保、福利费以及国家规定的对个人的其他支出 5. 向"个人"收购农副产品和其他物资的价款 6. 出差人员必须随身携带的差旅费 7. 结算起点（1000元）以下的零星支出 8. 中国人民银行确定需要支付现金的其他支出	提示： ①结算起点金额是1000元，结算起点调整由中国人民银行确定，并报国务院备案 ②凡是不小于1000元的，不属于现金结算范围。但有2种情形可直接超过结算起点全额支付现金： · 收购农副产品和其他物资的价款 · 出差人员必须随身携带的差旅费 ③现金使用范围内的项目，支付的现金每人1次不得超过1000元。但经开户银行审核同意，单位可以超限额支付现金

现金使用限额	现金使用限额：为保证各单位日常零星开支需要，允许单位留存现金的最高数额	
	适用对象	**规定内容**
	已单独开立账户的单位	1. **核定机构**：库存现金限额由开户银行根据各单位的实际情况核定 2. **一般规定**：一般不超过"3～5天"的日常零星开支 3. **特殊规定**：可多于5天，但不得超过15天的日常零星开支（远离银行机构或交通不便的单位）
	其他单位和特殊行业	1. 没有在银行单独开立账户的附属单位：必须保留的现金要核定限额，该限额包括在开户单位的库存限额之内 2. 商业和服务行业：找零备用现金要根据营业额核定定额，但不包括在开户单位的库存限额之内
	注意	经核定的库存现金限额，开户单位必须严格遵守。需要增加或者减少库存现金限额的，应当向开户银行提出申请，由开户银行核定

| 坐支相关规定 | 1. 一般不得坐支：不得从本单位的现金收入中直接支付
2. 特殊情况需要坐支：向开户银行申报，经审查批准由开户银行核定坐支范围和限额，并定期报送坐支金额和使用情况 | |

【例题1·多选题】　下列事项中，一般情况下开户单位可以使用现金的有(　　)。

A. 发给员工张某的800元奖金　　　　　B. 支付给员工王某的2000元劳务报酬

C. 向农民收购农产品的8000元收购款　　D. 财务人员按月缴纳的税款

E. 出差人员出差必须随身携带的3000元差旅费

『解析』ACE对：1000元以下的职工工资、津贴，属于现金使用范围；1000元结算起点以上的除了向个人收购农副产品和其他物资的价款和出差人员必须随身携带的差旅费以外，不能使用现金。BD错：超过1000元的劳务报酬和缴纳的税款，不属于现金使用范围。

『答案』ACE。

【例题2·2021年单选题真题改编】　单位每天零星现金支付额为4000元，其库存现金最低限为(　　)。

A. 20000元　　　　　B. 2000元　　　　　C. 1200元　　　　　D. 12000元

『解析』D对：库存现金的限额，一般按照单位3～5天的日常零星开支所需的数额确定。因此，该单位库存现金最高限额为4000×3＝12000（元）。ABC错。

『答案』D。

【例题3·2020年判断题】　经开户银行审核同意，单位可以超限额支付现金。(　　)

『解析』这个说法正确：开户单位支付给个人的款项，超过使用现金限额的部分，应当以支票或者银行本票支付；确需全额支付现金的，经开户银行审核后，予以支付现金。所以，经开户银行审核同意，单位可以超限额支付现金。

『答案』√。

➤ 知识点 3　现金核算和内部控制制度

制定和完善现金核算和内部控制管理制度有利于加强对社会经济活动的监督，确保财政资金安全，防范贪污、侵占、挪用货币资金等行为，防控现金结算风险，从源头上预防和治理腐败。

制度名称	具体内容
钱账分管制度	1. 设专职出纳人员：负责现金收付业务和现金保管业务 2. 出纳人员不得兼管工作：稽核、会计档案保管和收入、费用、债权债务账目的登记工作
现金收支授权批准制度	1. 明确授权审批方式、权限、程序、责任和相关控制措施 2. 审批人应在授权范围内审批，不得越权审批 3. 经办人有权拒绝办理越权审批的业务，并及时报告上级授权部门 4. 重要货币资金支付业务，实行集体决策审批，并建立责任追究制度 5. 严禁未经授权的机构或人员办理或直接接触货币资金业务
日清月结制度	1. 日清月结：按日清理，按月结账 2. 按日清理：出纳人员清理当日经济业务，全部登记日记账、结出库存现金账面余额，并与现金实地盘点数核对相符 3. 作用：有效避免长款（现金溢余）、短款（现金短缺）的重要措施
现金清查制度	1. 出纳人员清查库存现金数 2. 指定专人定期、不定期核查 3. 方法：突击盘点法，要求清查时出纳人员应始终在场
现金管理制度	1. 条例规定：开户单位现金收入应当于当日送存开户银行。当日送存确有困难的，由开户银行确定送存时间 2. 存放要求 ①日常业务收付现金、限额内库存现金：存放专用保险柜内、分类保管 ②七不准 • 不准将单位收入的现金以个人名义存入银行 • 不准保留账外公款，即不准私设小金库 • 不准白条抵库，即不能用不符合财务制度的凭证顶替库存现金 • 不准单位之间相互借用现金 • 不准谎报用途套取现金 • 不准利用银行账户代其他单位和个人存入或支取现金 • 不准以任何票券代替人民币在市场上流通，禁止发行变相货币
内部牵制制度	1. 开票与收款应由两人分工办理 2. 建立收据的领、销制度 3. 一切现金收入应开收据或发票，一切现金支出都应取得有关原始凭证 4. 现金支票和银行印鉴必须由两人分别保管 5. 定期或不定期进行出纳岗位轮换

【例题 4·多选题】　符合现金核算和内部控制制度要求的有(　　)。

A. 单位一律不得坐支　　　　　　　　　　B. 出纳岗位不定期轮换

C. 将单位收入的现金存入个人账户　　　　D. 不准谎报用途套取现金

E. 不准借用其他单位银行账户存取现金

『解析』BDE 对：内部牵制制度规定，单位应定期或不定期进行出纳岗位轮换；《现金管理暂行条例》规定：不准谎报用途套取现金、不准利用银行账户代其他单位和个人存入或支取现金。AC 错：《现金管理暂行条例》规定：①因特殊情况需要坐支现金，应当事先报经开户银行审查批准，由开户银行核定坐支范围和限额，即经开户银行审批可以坐支；②不准将单位收入现金以个人名义存入银行。

『答案』BDE。

【例题 5·多选题】　符合现金核算核和内部控制制度要求的是（　　　　）。

A. 开票与收款应由两人分工办理

B. 一切现金收入，都应开具收款收据或发票

C. 一切现金支出，都应取得有关原始凭证

D. 日常业务收付现金可以放在办公桌抽屉内

E. 财务人员设两套账核算单位收支

『解析』ABC 对：内部牵制制度规定，开票与收款应由两人分工办理；一切现金收入应开收据或发票，一切现金支出都应取得有关原始凭证。DE 错：现金管理制度规定，日常业务收付现金、限额内库存现金应存放专用保险柜内、分类保管；不准保留账外公款，即不准私设小金库。财务人员设两套账核算单位收支，属于账外账保留公款私设小金库，违反了现金管理制度。

『拓展』《现金管理暂行条例》规定了开户单位的现金使用范围、库存现金限额、现金收入送存时间、现金账目要求等。作为财务人员，特别是负责现金收付业务和现金保管业务的出纳人员，要严格遵守条例规定，严格执行现金核算和内部控制制度，增强风险意识，日常工作中坚持对照现金管理相关制度自查自纠，廉洁自律，同时敢于对违法违纪的行为说"不"。

『答案』ABC。

三、疑难解答

1. 现金结算风险防控的重要性及措施

现金流动性强，支付便捷，但高频、大额提现、白条抵库等现象容易导致资金游离于财政监管范围之外，极易发生挪用资金滋生腐败等问题。因此，必须加强财政资金现金结算风险防控，提高现金使用的有效性、规范性，确保财政资金支出廉洁高效。

现金结算风险防控的主要措施：①建章立制。制定现金使用管理办法、采取清单制，明确规定可使用现金结算的事项，严格控制现金管理使用范围。②推进公务卡强制目录结算。创新模式，主动改变现金支付方式，避免多开、虚开报销发票以及账外账的问题，从制度上封杀"小金库"。③控制现金使用额度。从严审批，动态监管，对超额提现实施主动拦截。④提升服务意识，灵活处理特殊预警支付。对社会突发事件、救灾济困等紧急提现的情况，认真核实报批材料，确保此类资金安全规范使用、及时足额到位。

2. 高考链接

年份	题型	分值	考点
2019 年	多选题	4	现金收支要求
2020 年	单选题	3	银行结算起点
	多选题	4	现金结算范围
	判断题	2	超限额使用现金的规定
2021 年	单选题	3	库存现金的限额
2022 年	判断题	2	现金清查制度
2023 年	单选题	3	现金使用的限额

【例题6·2019年多选题】　符合现金收支要求的有(　　)。

A. 不得白条抵库　　　　　　　　　　B. 经开户银行审批可以坐支

C. 单位间可以相互借用现金　　　　　D. 现金收入应于当日送存开户银行

E. 可以借用其他单位银行账户存取现金

『解析』ABD 对：现金管理制度规定：不准白条抵库、不准单位之间相互借用现金、不准利用银行账户代其他单位和个人存入或支取现金。《现金管理暂行条例》规定：不得从本单位的现金收入中直接支付(即坐支)，因特殊情况需要坐支现金的，应当事先报经开户银行审查批准，由开户银行核定坐支范围和限额；开户单位现金收入应当于当日送存开户银行，当日送存确有困难的，由开户银行确定送存时间。CE 错。

『破题』准确判断选项中描述的"不得""可以""应该"事项是否符合现金收支相关规定。

『答案』ABD。

【例题7·2020年多选题】　属于现金结算范围的有(　　)。

A. 职工工资　　　　B. 缴纳罚款　　　　C. 缴纳税款　　　　D. 个人劳务报酬

E. 向个人收购农产品

『解析』ADE 对：职工工资、津贴，个人劳务报酬(包括稿费和讲课费及其他专门工作报酬等)，向"个人"收购农副产品和其他物资的价款，均属于《现金管理暂行条例》的开户单位可以使用现金的范围。BC 错：缴纳罚款和税款不属于可以使用现金的范围。

『关键点』熟记《现金管理暂行条例》规定的开户单位现金使用范围。

『答案』ADE。

【例题8·2021年单选题】　单位每天零星现金支付额为 4000 元，其库存现金最高限为(　　)。

A. 2000 元　　　　B. 4000 元　　　　C. 10000 元　　　　D. 20000 元

『解析』D 对：库存现金一般按照单位"3～5 天"日常零星开支所需的现金数额确定。因此，该单位库存现金最高限额为 4000×5＝20000 (元)。ABC 错。

『答案』D。

四、考点归纳

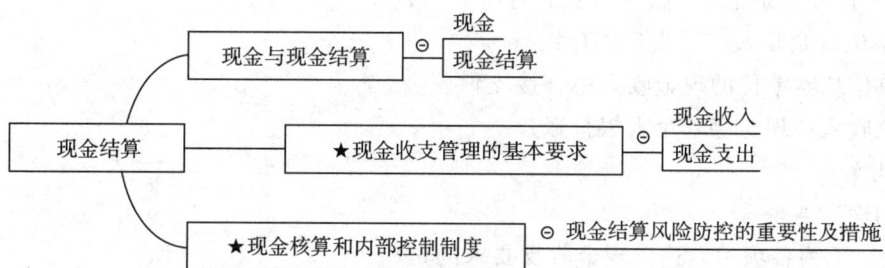

五、知识精练

────精选好题·强化能力────

1. 下列不属于单位现金收入的有(　　)。

　A. 出纳从开户银行的取款

　B. 职工报销差旅费时交回的剩余借款

　C. 收取的工程结算款项

　D. 收取不能到账的单位的销售收入

2. （判断题）经开户银行审核同意，单位不可以超限额支付现金。（　　）

3. （2020 年单选题）银行结算起点是（　　）。

A. 500 元　　　　　　　　　　　B. 1000 元

C. 2000 元　　　　　　　　　　　D. 5000 元

4. 下列有关现金使用限额的说法，正确的是（　　）。

A. 库存现金限额由中国人民银行核定

B. 库存现金限额一般按照开户单位 3～5 天日常零星开支

C. 边远地区和交通不便地区最多不超过 30 天的日常零星开支

D. 需要增加或者减少库存现金限额的，由中国人民银行核定

——拔高好题·突破难点——

5. （多选题）下列事项中，按照《现金管理暂行条例》规定开户单位可以使用现金的有（　　）。

A. 支付职工工资 65000 元

B. 王某因公出差，向单位借差旅费 5000 元

C. 向个人收购农副产品，支付货款 30000 元

D. 向个人收购其他物质，支付货款 4300 元

E. 单位支付出差人员报销差旅费余额 4000 元

6. 某单位地处边远地区、交通不便，每天零星现金支付额为 8000 元，其库存现金最高限为（　　）。

A. 12000 元　　　　　　　　　　B. 40000 元

C. 120000 元　　　　　　　　　　D. 100000 元

7. 下列关于单位现金管理的说法中正确的是（　　）。

A. 没有在银行单独开立账户的附属单必须保留的现金要核定限额

B. 商业找零备用现金不需要核定限额

C. 边远地区开户单位库存现金限额最多可达到 20 天的日常零星开支

D. 闹市区开户单位现金使用限额最多可达到 10 天的日常零星开支

8. （2022 年判断题）现金清查时出纳人员应始终在场。（　　）

9. （多选题）下列不符合现金收支要求的有（　　）。

A. 开户单位现金收入应于当日送存银行

B. 开户单位从本单位的现金收入中直接支付现金

C. 把单位收入的现金存入个人银行账户

D. 白条抵库

E. 谎报用途套取现金

10. （多选题）下列各项中，违反现金收支要求的是（　　）。

A. 坐支现金

B. 用银行账户代其他人存入现金

C. 保留账外公款

D. 超过库存现金限额的现金于次日送存银行

E. 企业相互借用现金

11. （2023 年单选题）库存现金限额一般每年核定（　　）。

A. 1 次　　　　　　　　　　　　B. 2 次

C. 3 次　　　　　　　　　　　　D. 4 次

任务一知识精练参考答案

任务二 支付结算

一、学习导航

学习能量	随社会进入互联网时代，人们的生活、生产方式发生了翻天覆地的变化，支付方式也在不断革新。传统的现金支付结算方式所占的比重越来越小，准确、及时、安全的转账支付结算逐渐成为主要结算方式。同时也要注意到支付结算可能存在的资金风险、信息风险、信用风险等风险，单位财务人员要保持谨慎的理念，认真执行支付结算相关法律法规，做到谨慎对待、多观察、多研究，及时总结工作情况，增强风险意识，维护支付结算秩序
学习目标	1. 识别支付结算的特征、基本原则 2. 记住会计制度结算的基本要求及填写票据结算凭证的基本要求 3. 能正确填写票据和结算凭证 4. 能判断票据及其填写是否符合要求
学习建议	支付结算是升学考试的重要考点，2015年至2022年的试题涉及现金支付结算的基本原则、方式、办理支付结算的基本要求等考点，在复习中应重视。因此，要熟悉支付结算的相关规定，强化习题训练，做到深刻理解、准确把握理论知识点

二、教材内容精讲

➤ 知识点1 支付结算概述

支付结算是指单位、个人在社会经济活动中使用票据、信用卡和汇兑、托收承付、委托收款等结算方式，进行货币给付及其资金清算的行为。《支付结算办法》规定了办理支付结算的主体、工具、管理体制、基本原则等内容。

支付结算概述		
办理主体	• 银行、城市信用合作社、农村信用合作社（简称银行） • 单位和个人（含个体工商户）	
办理工具	• 票据 • 信用卡和汇兑、托收承付、委托收款等	
主要特征	1. 合法 ①支付结算机构：必须是通过中国人民银行批准的金融机构 ②管理体制 • 统一领导：中国人民银行总行 • 分级管理：中国人民银行各地分支行 ③支付结算行为：要式行为 该行为必须依照法定形式进行，如果不符合法定的形式要求，即无效 2. 自愿 支付结算的发生取决于委托人的意志	提示： ①未经中国人民银行批准的非银行金融机构和其他单位，不得作为中介机构经营支付结算业务 ②银行是支付结算和资金清算的中介机构。银行对未发现异常而支付金额的伪造、变造的票据或结算凭证，不再承担付款责任 ③支付结算行为，必须使用按中国人民银行统一规定印制的票据凭证和统一规定的结算凭证。未使用规定格式凭证，无效
基本原则	1. 恪守信用，履约付款 2. 谁的钱进谁的账，由谁支配 3. 银行不垫款	

【例题 1·2015 年多选题】 支付结算的方式包括(　　)。

A. 支票　　　　　　B. 汇兑　　　　　　C. 银行汇票　　　　　　D. 委托收款

E. 商业汇票

『解析』ABCDE 对:《支付结算办法》明确规定了办理支付结算的工具,即票据、信用卡和汇兑、托收承付、委托收款等。支票、银行汇票、商业汇票均属于票据结算方式;汇兑和委托收款属于其他结算方式。

『答案』ABCDE。

【例题 2·2017 年多选题】 支付结算的基本原则有(　　)。

A. 恪守信用　　　B. 履约付款　　　C. 平等自愿　　　D. 银行不垫付

E. 谁的钱进谁的账,由谁支配

『解析』ABDE 对:《支付结算办法》明确规定单位、个人和银行办理支付结算必须遵守下列原则:恪守信用,履约付款;谁的钱进谁的账,由谁支配;银行不垫款。C 错。

『答案』ABDE。

【例题 3·2021 年判断题】 支付结算必须使用中央银行统一规定的票据和结算凭证。(　　)

『解析』这个说法正确:《支付结算办法》明确规定,单位、个人和银行办理支付结算,必须使用按中国人民银行统一规定印制的票据凭证和统一规定的结算凭证。未使用按中国人民银行统一规定印制的票据,票据无效;未使用中国人民银行统一规定格式的结算凭证,银行不予受理。

『答案』√。

➤ 知识点 2　办理支付结算的要求

办理支付结算要遵循相关的法律、法规和制度,主要有全国人民代表大会常务委员会颁布的《票据法》,国务院发布的《票据管理实施办法》,中国人民银行发布的《支付结算办法》《银行卡业务管理办法》《人民币银行结算账户管理办法》等。

1. 基本要求

要求事项	具体内容	
票据与结算凭证	1. 凭证要求 ①必须使用按中国人民银行统一规定印制的票据凭证和统一规定的结算凭证 ②未使用规定票据,票据无效;未使用规定格式的结算凭证,银行不予受理 2. 填写要求 ①记载要求:全面规范、数字正确、要素齐全、不错不漏、字迹清楚、防止涂改 ②单位和银行的名称:应当记载全称或规范化简称 ③金额:中文大写和阿拉伯数码同时记载,二者必须一致,否则银行不予受理 3. 内容要求 ①签章和记载事项:必须真实,不得变造伪造 ②金额、出票或签发日期、收款人名称:不得更改;更改的票据无效,更改的结算凭证,银行不予受理	注意区别: ①少数民族地区和外国驻华使领馆,在填写票据与结算凭证的金额大写时,可以根据实际需要,使用少数民族文字或者外国文字记载 ②按照《会计法》的规定,会计记录的文字应当使用中文。但在民族自治地方,会计记录可同时使用当地通用的一种民族文字 ③签章 ·单位、银行:单位、银行盖章+法定代表人或者其授权的代理人的签名或盖章 ·个人:本人签名或盖章
账户	1. 按《人民币银行结算账户管理办法》规定开立和使用账户 2. 单位银行结算账户的存款人只能在银行开立一个基本存款账户	

2. 凭证填写要求

支付结算凭证填写的要求		
出票日期	1. 在其前加"零" • 月为"壹""贰"和"壹拾"的 • 日为"壹"至"玖"和"壹拾""贰拾""叁拾" 2. 在其前加"壹" • 日为"拾壹"至"拾玖"	提示： 大写日期未按要求规范填写的，银行可予受理；但由此造成损失的，由出票人自行承担
金额　中文大写数字	1. 字体 ①正楷或行书填写，不得自造简化字 ②如使用"繁体字"，也应受理 2. 位置 ①中文大写金额数字前应标明"人民币"字样 ②紧接"人民币"字样填写，不得留空白 3. 整（正）字 ①应写"整"：中文大写金额数字到"元"为止 ②可写可不写"整"：大写金额数字到"角"为止 ③不写"整"：大写金额数字有"分"	阿拉伯小写金额数字中有"0"的，中文大写应按照"汉语语言规律、金额数字构成和防止涂改的要求"进行书写
金额　阿拉伯小写数字	数字前均应填写人民币符号"￥"；认真填写，不得连写	

【例题4·多选题】　根据《支付结算办法》规定，签发票据和结算凭证时不得更改的有（　　）。

A. 出票日期或签发日期　　　　　　　　B. 收款人名称

C. 用途　　　　　　　　　　　　　　　D. 付款人名称

E. 票据和结算凭证的金额

『解析』ABE 对：票据和结算凭证的金额、出票或签发日期、收款人名称不得更改，更改的票据无效；更改的结算凭证，银行不予受理。CD 错。

『答案』ABE。

【例题5·多选题】　下列各项中，符合《支付结算办法》规定的有（　　）。

A. 用繁体字书写中文大写金额数字

B. 中文大写金额数字的"角"之后不写"整"字

C. 用阿拉伯数字填写票据出票日期

D. 阿拉伯小写金额前面应当填写人民币符号"￥"

E. 票据和结算凭证上的签章和记载事项必须真实

『解析』ADE 对：金额数字书写中使用繁体字也应受理；中文大写金额数字前应标明"人民币"字样，大写金额数字应紧接"人民币"字样填写，不得留有空白；阿拉伯小写金额前均应填写人民币符号"￥"；票据和结算凭证上的签章和记载事项必须真实，不得变造伪造。BC 错：中文大写金额数字的"角"之后可写可不写整字；票据出票日期必须使用中文大写。

『答案』ADE。

【例题6·单选题】　金额"￥26208.01 元"正确的中文大写是（　　）。

A. 二万六千二佰零八元零一　　　　　　B. 人民币贰万陆仟贰佰零捌元零壹分

C. 贰万陆仟贰佰零捌元零壹分　　　　　D. 贰万陆千二佰零八元零一壹分整

『解析』B 对：中文大写金额数字前应标明"人民币"字样，大写金额数字应紧接"人民币"字样填写，不得留有空白；阿拉伯数字中间有"0"或阿拉伯数字角位是"0"而分位不是"0"，要写"零"字；分结尾，不写整（正）。ACD错。

『答案』B。

三、疑难解答

1. 阿拉伯数字中间有"0"的中文大写规则

数字特征	规则	举例
阿拉伯数字中间有"0"	中文大写金额要写"零"字	¥1409.50：人民币壹仟肆佰零玖元伍角
阿拉伯数字中间连续有几个"0"	中文大写金额中间可以只写一个"零"字	¥6007.14：人民币陆仟零柒元壹角肆分
阿拉伯金额数字元位是"0"，但角位不是"0"		¥1680.32：①人民币壹仟陆佰捌拾元零叁角贰分；②人民币壹仟陆佰捌拾元叁角贰分
阿拉伯金额数字万位是"0"或元位是"0"，但千位、角位不是"0"	中文大写金额中可以只写一个"零"字，也可以不写零字	¥107000.53：①人民币壹拾万柒仟元零伍角叁分；②人民币壹拾万柒仟元伍角叁分
阿拉伯数字中间有连续几个"0"，万位或元位也是"0"，但千位、角位不是"0"		¥902000.56：①人民币玖拾万贰仟元零伍角陆分；②人民币玖拾万贰仟元伍角陆分
阿拉伯金额数字角位是"0"，而分位不是"0"	中文大写金额"元"后面应写"零"字	¥16409.02：人民币壹万陆仟肆佰零玖元零贰分 ¥325.04：人民币叁佰贰拾伍元零肆分

【例题7·2022年单选题真题改编】 金额"¥5004.20元"正确的中文大写是（　　）。

A. 人民币伍千四元二角　　　　　　B. 人民币伍仟零肆元贰角

C. 人民币伍仟零四元二角　　　　　D. 人民币伍仟零零肆元贰角

『解析』B对：中文大写金额数字前应标明"人民币"字样，大写金额数字应紧接"人民币"字样填写，不得留有空白；阿拉伯数字中间有连续几个"0"，中文大写金额中间可以只写一个"零"字；角结尾，可不写整（正）。ABC错。

『答案』B。

2. 高考链接

年份	题型	分值	考点
2015年	单选题	2	1. 支付结算的基本原则：银行不垫付
	多选题	2	2. 支付结算的方式
2017年	单选题	2	1. 支付结算和资金清算的中介机构
	多选题	2	2. 支付结算的基本原则：3个
2021年	多选题	4	1. 支付结算的基本原则：3个
	判断题	2	2. 办理支付结算的基本要求
2022年	单选题	3	支付结算凭证填写的要求

【例题8·2015年单选题】　下列符合《支付结算办法》规定的是（　　）。

A. 银行垫款是支付结算的基本原则之一

B. 银行汇票的提示付款期限自出票日起2个月

C. 商业承兑汇票由银行以外的付款人承兑

D. 代销、寄销商品的款项，可以办理托收承付结算

『解析』C对：商业汇票分为商业承兑汇票和银行承兑汇票，其中商业承兑汇票由银行以外的付款人承兑，银行承兑汇票由银行承兑。ABD错：支付结算的基本原则包括3个：①恪守信用，履约付款；②谁的钱进谁的账，由谁支配；③银行不垫款。银行汇票的提示付款期限自出票日起1个月。代销、寄销、赊销商品的款项，不得办理托收承付结算。

『破题』本题涉及多个考点，题目难度较大，需要我们准确判断每个选项知识点。因此，要正确解答这类题目，就要多熟悉法律规范原文，加强相关知识点练习。

『答案』C。

【例题9·2022年单选题】　金额"￥1008.60元"正确的中文大写是（　　）。

A. 人民币一千八元六角整

B. 人民币一仟零八元六角整

C. 人民币壹仟零捌元陆角整

D. 人民币壹仟零零捌元陆角整

『解析』C对：中文大写金额数字前应标明"人民币"字样，大写金额数字应紧接"人民币"字样填写，不得留有空白；阿拉伯数字中间有连续几个"0"，中文大写金额中间只写一个"零"字；角结尾，可不写整（正）。ABD错。

『答案』C。

『拓展』银行、单位和个人填写的各种票据和结算凭证是办理支付结算和现金收付的重要依据，直接关系到支付结算的准确、及时和安全。因此，财务人员在实际工作中要严格遵守《支付结算办法》，在填写票据和结算凭证时严格按照相关规定，标准化、规范化填写，确保要素齐全、数字正确、字迹清晰、不错漏、不潦草。

四、考点归纳

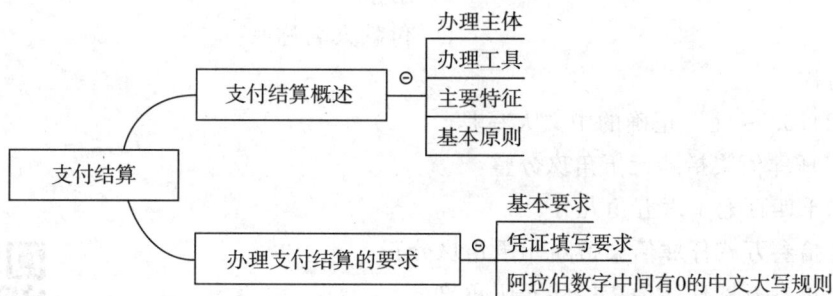

五、知识精练

———精选好题·强化能力———

1. （多选题）支付结算的方式包括（　　）。

A. 银行卡　　　　　　　　　　　　　B. 托收承付

C. 银行承兑汇票　　　　　　　　　　D. 银行本票

　　E. 委托收款

2. (判断题) 银行对未发现异常而支付金额的伪造、变造的票据或结算凭证, 不再承担付款责任。(　　)

3. (多选题) 下列各项中, 不符合《支付结算办法》规定的有(　　)。

　　A. 单位名称写规范化的简称

　　B. 结算凭证金额只书写阿拉伯数码

　　C. 中文大写用草书填写

　　D. 出票日期使用中文大写规范填写

　　E. 大写金额数字有分, 在分后面写整字

——拔高好题·突破难点——

4. (多选题) 属于支付结算的方式的是(　　)。

　　A. 现金付款　　　　　　　　　　B. 第三方支付

　　C. 商业汇票　　　　　　　　　　D. 银行汇票

　　E. 网上银行

5. (2021 年多选题) 支付结算的基本原则包括(　　)。

　　A. 银行不垫款

　　B. 银行可以垫款

　　C. 恪守信用, 履约付款

　　D. 所有支付都应经银行结算

　　E. 谁的钱进谁的账, 由谁支配

6. (2017 年单选题) 支付结算和资金清算的中介机构是(　　)。

　　A. 银行　　　　　　　　　　　　B. 税务机关

　　C. 财政部门　　　　　　　　　　D. 会计师事务所

7. (判断题) 支付结算实行集中统一和分级管理相结合的管理体制。(　　)

8. (多选题) 根据规定, 签发票据和结算凭证时不得更改的有(　　)。

　　A. 签发日期　　　　　　　　　　B. 用途

　　C. 金额　　　　　　　　　　　　D. 付款人名称

　　E. 收款人名称

9. 金额 "￥132476.59 元" 正确的中文大写是(　　)。

　　A. 拾叁万贰仟肆佰柒拾陆元伍角玖分整

　　B. 十三万二千四百七十六五角九分

　　C. 人民币壹拾叁万贰仟肆佰柒拾陆元伍角玖分正

　　D. 人民币壹拾叁万贰仟肆佰柒拾陆元伍角玖分

10. 金额 "￥602300.73 元" 正确的中文大写是(　　)。

　　A. 人民币陆拾万零贰仟叁佰元柒角叁分

　　B. 人民币陆拾万零贰仟叁佰元柒角叁分整

　　C. 人民币六十万零二千三百元七角三分

　　D. 人民币陆拾万零贰仟叁佰零零元柒角叁分

任务二知识精练参考答案

任务三 银行结算账户

一、学习导航

学习能量	银行结算账户是资金的载体，是各单位和个人从事经济活动的前提，是实现经济正常运转的必要手段。中国人民银行是银行结算账户的监督管理部门。单位财务人员要遵守法律法规，按照中国人民银行发布的《人民币银行结算账户管理办法》开立和使用银行结算账户，不得利用银行结算账户进行偷逃税款、逃废债务、套取现金及其他违法犯罪活动，自觉维护经济金融秩序
学习目标	1. 解释银行结算账户的概念和种类 2. 描述银行账户的开立、变更和撤销的有关规定 3. 描述银行结算账户管理的规定 4. 能正确使用各类银行结算账户，能辨别违法使用银行结算账户的行为
学习建议	银行结算账户是升学考试的重要考点，2016年至2019年的试题涉及银行结算账户的概念、基本存款账户的概念、专用存款账户的使用范围、临时存款账户的有效期等考点，最近3年未出现新考题，在复习中应提高重视。因此，要熟悉银行结算账户管理办法的规定，强化习题训练，做到深刻理解、准确把握理论知识点

二、教材内容精讲

➤ 知识点1 银行结算账户概述

银行结算账户是指存款人在经办银行开立的办理资金收付结算的<u>人民币活期存款账户</u>。《人民币银行结算账户管理办法》规定了银行结算账户的存款人、账户类型、账户管理基本原则以及账户开立、变更与撤销等内容。

银行结算账户概述			
存款人	• 在中国境内开立银行结算账户的机关、团体、部队、企业、事业单位、其他组织（以下统称单位），个体工商户和自然人		
账户类型	按存款人分	1. 单位银行结算账户 • 按用途分为4种：基本存款账户、一般存款账户、专用存款账户、临时存款账户 2. 个人银行结算账户 • 概念：是存款人凭<u>个人身份证件</u>以自然人名称开立的银行结算账户	提示： ①个体工商户凭营业执照以字号或经营者姓名开立的银行结算账户纳入单位银行结算账户管理 ②邮政储蓄机构办理银行卡业务开立的账户纳入个人银行结算账户管理
	按开户地不同	1. 本地银行结算账户 2. 异地银行结算账户	

（续表）

银行结算账户概述			
基本原则	1. 一个基本账户；2. 自主选择银行；3. 守法合规；4. 存款信息保密		注意：与支付结算的3个基本原则不同
账户开立、变更、撤销	开立	1. 实行核准制度 · 需要核准：基本存款账户、临时存款账户、预算单位开立专用存款账户、QFII（合格的境外机构投资者）专用存款账户 · 不需要核准：存款人因注册验资需要开立的临时存款账户 2. 实名制管理 · 单位开立银行结算账户的名称应与其提供的申请开户的证明文件的名称全称相一致 · 注册验资资金的汇缴人应与出资人的名称一致 · 自然人开立银行结算账户的名称应与其提供的有效身份证件中的名称全称相一致 3. 生效日规定 · 企业银行结算账户：<u>自开立之日即可办理收付款业务</u> · 其他单位开立单位银行结算账户：<u>自正式开立之日起3个工作日后可办理付款业务</u> · 不在生效日规定的情形：①注册验资的临时存款账户转为基本存款账户；②因借款转存开立的一般存款账户 4. 使用规定 · 按照《人民币银行结算账户管理办法》的规定开立使用 · 不得有以下情形： ①不得出租、出借，不得利用银行结算账户套取银行信用 ②不得伪造、变造证明文件欺骗银行开立银行结算账户 ③不得将单位款项转入个人银行结算账户 ④不得违反本办法规定支取现金 ⑤不得利用开立银行结算账户逃废银行债务 ⑥不得从基本存款账户之外的银行结算账户转账存入、将销货收入存入或现金存入单位信用卡账户 ⑦法定代表人或主要负责人、存款人地址以及其他开户资料的变更事项，不得未在规定期限内通知银行	
	变更	发生法定变更事项及时间规定： 1. 存款人更改名称，但不改变开户银行及账号 · 5个工作日内向开户银行提出变更申请，并出具证明文件 2. 单位法定代表人或主要负责人、住址以及其他开户资料发生变更 · 5个工作日内书面通知开户银行并提供有关证明	
账户开立、变更、撤销	撤销	应提出撤销银行结算账户申请的情形： 1. 被撤并、解散、宣告破产或关闭 2. 注销、被吊销营业执照 3. 因迁址需要变更开户银行 4. 其他原因需要撤销银行结算账户	注意： ①第1、2项情形，应于5个工作日内提出撤销申请 ②存款人尚未清偿其开户银行债务，<u>不得申请撤销该账户</u> ③一年未发生收付活动且未欠开户银行债务的单位银行结算账户，应在发出通知30日内办理销户手续 ④<u>不得违反办法规定不及时撤销银行结算账户</u>

【例题1·多选题】　银行结算账户管理应遵循的基本原则是（　　）。

A. 一个基本账户

B. 自主选择银行

C. 守法合规

D. 银行不垫款

E. 谁的钱进谁的账，由谁支配

『解析』ABC对：《人民币银行结算账户管理办法》规定，银行结算账户管理应遵循4个原则：一个基本账户；自主选择银行；守法合规；存款信息保密。DE错：《支付结算办法》明确规定单位、个人和银行办理支付结算必须遵守3个原则：恪守信用，履约付款；谁的钱进谁的账，由谁支配；银行不垫款。

『答案』ABC。

【例题2·多选题】　下列关于银行结算账户的表述正确的是（　　）。

A. 不得出借银行结算账户

B. 不得利用银行结算账户套取银行信用

C. 更改名称无须提出变更申请

D. 因被吊销营业执照提出撤销申请

E. 单位更换法定代表人可口头提出变更申请

『解析』ABD对：《人民币银行结算账户管理办法》规定，存款人不得出租、出借银行结算账户，不得利用银行结算账户套取银行信用；注销、被吊销营业执照，属于存款人应向开户银行提出撤销银行结算账户申请的情形。CE错：存款人更改名称，但不改变开户银行及账号，应于5个工作日内向开户银行提出变更申请，并出具证明文件。单位法定代表人或主要负责人、住址以及其他开户资料发生变更，应于5个工作日内书面通知开户银行并提供有关证明。

『答案』ABD。

『拓展』合规经营是企业的基石，遵守法律法规是保障企业利益、维持经济秩序的基本要求。单位财务人员遵守法律法规、按照中国人民银行发布的《人民币银行结算账户管理办法》开立和使用银行结算账户，秉持诚信原则，准确、完整、及时地履行银行结算账户管理义务，履行反洗钱、反恐怖融资等义务，确保资金来源合法合规，预防和打击非法活动，优化内部管理，保障资金安全，维护企业利益，树立企业形象，推动经济发展。

【例题3·2017年判选题】　银行结算账户是办理资金收付结算的人民币定期存款账户。（　　）

『解析』这种说法错误：银行结算账户只能是"活期"存款账户。

『答案』×。

➤ 知识点2　各类银行结算账户

银行结算账户按存款人不同，可分为单位银行结算账户和个人银行结算账户，其中单位银行结算账户按用途又分为基本存款账户、一般存款账户、专用存款账户、临时存款账户。银行结算账户按开户地不同，则可分为本地银行结算账户和异地银行结算账户。

1. 单位银行结算账户

类型	具体内容
基本存款账户	1. 概念 ·是存款人因办理日常转账结算和现金收付需要开立的银行结算账户 ·注意： ①基本存款账户是存款人的主办账户；②一个企业只能开立一个基本存款账户

（续表）

类型	具体内容		
基本存款账户	2. 开立要求 <table><tr><td>**存款人**</td><td colspan="2">**申请开立证明文件**</td></tr><tr><td>企业法人</td><td colspan="2">企业法人营业执照正本</td></tr><tr><td>非法人企业</td><td colspan="2">企业营业执照正本</td></tr><tr><td rowspan="2">机关和事业单位</td><td>机关、实行预算管理的事业单位</td><td>·政府人事部门或编制委员会的批文或登记证书 ·财政部门同意其开户的证明</td></tr><tr><td>非预算管理事业单位</td><td>政府人事部门或编制委员会的批文或登记证书</td></tr><tr><td>团级（含）以上军队、武警部队及分散执勤的支（分）队</td><td colspan="2">军队军级以上单位财务部门、武警总队财务部门的开户证明</td></tr><tr><td>社会团体</td><td colspan="2">·社会团体登记证书 ·宗教组织：还应出具宗教事务管理部门的批文或证明</td></tr><tr><td>民办非企业组织</td><td colspan="2">民办非企业登记证书</td></tr><tr><td>异地常设机构</td><td colspan="2">驻在地政府主管部门的批文</td></tr><tr><td>外国驻华机构</td><td colspan="2">·国家有关主管部门的批文或证明 ·外资企业驻华代表处、办事处：应出具国家登记机关颁发的登记证</td></tr><tr><td>个体工商户</td><td colspan="2">个体工商户营业执照正本</td></tr><tr><td>居委员会、村委会、社区委员会</td><td colspan="2">主管部门的批文或证明</td></tr><tr><td>单位设立的独立核算的附属机构</td><td colspan="2">主管部门的基本存款账户开户登记证和批文</td></tr><tr><td>其他组织</td><td colspan="2">政府主管部门的批文或证明</td></tr><tr><td colspan="3">注意：存款人为从事生产、经营活动纳税人的，还应出具税务部门颁发的税务登记证</td></tr></table> 3. 使用范围 ①存款人日常经营活动的资金收付；②存款人工资、奖金和现金的支取		
一般存款账户	1. 概念 ·是存款人因借款或其他结算需要，在基本存款账户开户银行以外的银行营业机构开立的银行结算账户 ·没有开立数量限制 2. 开立要求 <table><tr><td colspan="2">**申请开立证明文件**</td></tr><tr><td>必备材料</td><td>①开立基本存款账户规定的证明文件 ②基本存款账户开户登记证</td></tr><tr><td>补充材料</td><td>①存款人因向银行借款需要，应出具借款合同 ②存款人因其他结算需要，应出具有关证明</td></tr></table> 3. 使用范围 ①办理存款人借款转存、借款归还和其他结算的资金收付 ②可以办理现金缴存，不得办理现金支取		

（续表）

类型	具体内容
专用存款账户	**1. 概念** • 是存款人按照法律、行政法规和规章，对其特定用途资金进行专项管理和使用而开立的银行结算账户 **2. 开立要求** **3. 使用范围** ①办理各项专用资金的收付，不得办理现金收付业务 ②单位银行卡账户的资金必须由其基本存款账户转账存入 ③具体规定

2. 开立要求

资金范围	申请开立证明文件
基本建设资金	主管部门批文
更新改造资金	
政策性房地产开发资金	
住房基金	
社会保障基金	
粮、棉、油收购资金	
财政预算外资金	财政部门的证明
单位银行卡备用金	按照中国人民银行批准的银行卡章程的规定出具有关证明和资料
证券交易结算资金	证券公司或证券管理部门的证明
期货交易保证金	期货公司或期货管理部门的证明
金融机构存放同业资金	出具其证明
收入汇缴资金和业务支出资金	基本存款账户存款人有关的证明
党、团、工会设在单位的组织机构经费	该单位或有关部门的批文或证明
其他需要专项管理和使用的资金（如信托基金）	有关法规、规章或政府部门的有关文件
注意：收入汇缴资金和业务支出资金，是指基本存款账户存款人附属的非独立核算单位或派出机构发生的收入和支出的资金	

3. 使用范围
①办理各项专用资金的收付，不得办理现金收付业务
②单位银行卡账户的资金必须由其基本存款账户转账存入
③具体规定

专项资金名称	专用存款账户使用规定
财政预算外资金	不得支取现金
证券交易结算资金	
期货交易保证金	
信托基金	
基本建设资金	• 可支取现金 • 应在开户时报中国人民银行当地分支行批准
更新改造资金	
政策性房地产开发资金	
金融机构存放同业资金	
粮、棉、油收购资金	• 可支取现金 • 应按照国家现金管理的规定办理
社会保障基金	
住房基金	
党、团、工会经费	

（续表）

类型	具体内容		
专用存款账户	**专项资金名称**		**专用存款账户使用规定**
	收入汇缴资金和 业务支出资金	收入汇缴 资金	• 收入汇缴账户只收不付 • 例外：向其基本存款账户或预算外资金财政专用 存款户划缴款项除外 • 不得支取现金
		业务支出 资金	• 只付不收 • 例外：从其基本存款账户拨入款项除外 • 现金支取：必须按照国家现金管理的规定办理

类型	具体内容		
临时存款账户	**1. 概念** • 是存款人因临时需要并在规定期限内使用而开立的银行结算账户 • 注意： ①应根据有关开户证明文件确定的期限或存款人的需要确定其有效期限 ②可办理展期，但临时存款账户的有效期最长不得超过2年 **2. 开立要求**		

2. 开立要求

情形		申请开立证明文件	
设立临时机构		驻在地主管部门同意设立临时机构的批文	
异地临时 经营活动	异地建筑施工及 安装单位	• 营业执照正本或其隶属单位的营业执照正本 • 施工及安装地建设主管部门核发的许可证或 建筑施工及安装合同	• 基本存款账户开 户登记证
	异地从事临时经营 活动的单位	• 营业执照正本 • 临时经营地工商行政管理部门的批文	
注册验资		工商行政管理部门核发的企业名称预先核准通知书或有关部门的批文	
境外机构在境内从事经营活动			

3. 使用范围
①办理临时机构以及存款人临时经营活动发生的资金收付
②注册验资的临时存款账户在验资期间：只收不付

2. 个人银行结算账户

	个人银行结算账户	
概念	• 自然人因投资、消费、结算等而开立的可办理支付结算业务的存款账户	
开立条件	• 根据需要申请开立个人银行结算账户 ①使用支票、信用卡等信用支付工具 ②办理汇兑、定期借记、定期贷记、借记卡等结算业务 • 在已开立的储蓄账户中选择，并向开户银行申请确认为个人银行结算账户 • 申请开立证明文件：按照法律、法规和国家有关文件规定，提交有效证件	
使用范围	个人银行结算账户：用于办理个人转账收付和现金 存取	注意： • 储蓄账户，仅限于办理现金存取，不得办理转账 • 转入账户的资金要合法
单位银行结算 账户支付给 个人账户	每笔超过5万元时：向开户银行提供付款依据	
	支付款项应纳税时：税收代扣单位付款时应向其开户银行提供完税证明	
提示：银行应认真审查付款依据或收款依据的原件，并留存复印件，按会计档案保管		

3. 异地银行结算账户

存款人	开立情形	开立账户	申请开立证明文件
单位	营业执照注册地与经营地不在同一行政区域（跨省、市、县）	基本存款账户	注册地中国人民银行分支行的未开立基本存款账户的证明
	办理异地借款和其他结算	一般存款账户	・基本存款账户开户登记证 ・异地取得贷款的借款合同
	因附属的非独立核算单位或派出机构发生的收入汇缴或业务支出	专用存款账户	・基本存款账户开户登记证 ・隶属单位的证明
	异地临时经营活动	临时存款账户	按临时经营活动类别提交证明文件
个人	自然人根据在异地有需要	个人银行结算账户	按照法律、法规和国家有关文件规定，提交有效证件

【例题4・2017年单选题】 对更新改造资金的管理和使用，存款人可申请开立( )。

A. 基本存款账户　　B. 专用存款账户　　C. 一般存款账户　　D. 临时存款账户

『解析』B 对：更新改造资金属于有特定用途的资金，按《人民币银行结算账户管理办法》可以开立专用存款账户，对其进行专项管理和使用。ACD 错。

『答案』B。

【例题5・2018年判断题】 临时存款账户的有效期最长不得超过180日。( )

『解析』这种说法错误：《人民币银行结算账户管理办法》规定，临时存款账户的有效期最长不得超过2年。

『答案』×。

三、疑难解答

1. 违反银行账户管理法律制度的法律责任

主体	违法行为发生环节		法律责任		
存款人	开立、撤销	①违反本办法规定开立账户 ②伪造、变造证明文件欺骗银行 ③违规不及时撤销 （有上述所列行为之一）	类型	处分	罚款
			非经营性存款人	警告	1000 元
			经营性存款人	警告	1 万元以上3 万元以下
		伪造、变造、私自印制开户登记证	罚款： ・非经营性存款人：1000 元 ・经营性存款人：1 万元以上3 万元以下		
	使用	①将单位款项转入个人账户 ②违规支取现金 ③利用开立账户逃废银行债务 ④出租、出借账户 ⑤基本存款账户之外的银行结算账户转账存入、将销货收入存入或现金存入单位信用卡账户 ⑥法定代表人等变更事项未在规定期限内通知银行	类型	违法行为	处分	罚款
			非经营性存款人	所列一至五项	警告	1000 元
			经营性存款人	所列一至五项	警告	5000 元以上3 万元以下
				所列第六项	警告	1000 元

（续表）

主体	违法行为发生环节		法律责任			

主体	环节	违法行为	对象	处分	处罚
银行	开立	①违规定为存款人多头开立账户 ②明知或应知是单位资金，而允许以自然人名称开立账户存储 （有上述所列行为之一）	银行	警告	罚款：5万元以上30万元以下
				情节严重：中国人民银行有权停止对其开立基本存款账户的核准	停业整顿或者吊销经营金融业务许可证
			直接负责的高级管理人员、其他直接负责的主管人员、直接责任人员	纪律处分	
	使用	①提供虚假开户申请资料欺骗中国人民银行许可开立账户 ②开立或撤销单位银行结算账户，未按本办法规定登记、签章或通知相关开户银行 ③违规办理个人银行结算账户转账结算 ④为储蓄账户办理转账结算 ⑤违规为存款人支付现金或办理现金存入 ⑥超期或未向中国人民银行报送账户开立、变更、撤销等资料 （有上述所列行为之一）	银行	警告	罚款：5000元以上3万元以下
				情节严重：中国人民银行有权停止对其开立基本存款账户的核准	
			直接负责的高级管理人员、其他直接负责的主管人员、直接责任人员	纪律处分	

注意：不论是存款人还是银行，构成犯罪的，均移交司法机关依法追究刑事责任

【例题6·单选题】　　经营性的存款人违反规定将单位款项转入个人银行结算账户，按照规定给予警告并处以（　　）的罚款。

A. 1000元　　　　　　　　　　　　B. 1万元

C. 5000元以上3万元以下　　　　　D. 1万元以上3万元以下

『解析』C对：存款人在使用过程中将单位款项转入个人银行结算账户，违反《人民币银行结算账户管理办法》，按规定对经营性存款人给予警告，并处以5000元以上3万元以下的罚款。ABD错。

『点拨』经营性存款人：①开立、撤销环节违法，罚款均为1万元以上3万元以下；②使用环节违法，除变更事项违规罚1000元外，其他使用违法行为均罚5000元以上3万元以下。非经营性存款人：无论是开立、撤销环节违法还是使用违法，均罚款1000元。

『答案』C。

2. 高考链接

年份	题型	分值	考点
2016年	多选题	2	1. 基本存款账户：数量要求；专用存款账户：使用范围
	判断题	1	2. 一般存款账户：使用范围
2017年	单选题	2	1. 专用存款账户：使用范围
	判断题	1	2. 银行结算账户：概念
2018年	判断题	2	临时存款账户：有效期
2019年	单选题	3	基本存款账户：概念

【**例题7·2019年单选题**】 存款人因办理日常转账结算和现金收付需要而开立的账户是( )。

A. 一般存款账户　　　　B. 基本存款账户　　　　C. 专用存款账户　　　　D. 临时存款账户

『解析』B对:《人民币银行结算账户管理办法》规定,基本存款账户是存款人因办理日常转账结算和现金收付需要开立的银行结算账户。ACD错:一般存款账户是存款人因借款或其他结算需要,在基本存款账户开户银行以外的银行营业机构开立的银行结算账户。专用存款账户是存款人按照法律、行政法规和规章,对其特定用途资金进行专项管理和使用而开立的银行结算账户。临时存款账户是存款人因临时需要并在规定期限内使用而开立的银行结算账户。

『破题』题干描述的是基本存款账户的概念。通过这道真题,我们知道概念是重要考点,因此,除了基本存款账户外,还应掌握一般存款账户、专用存款账户、临时存款账户等银行结算账户的概念。

『答案』B。

【**例题8·2016年多选题真题改编**】 下列表述正确的有( )。

A. 基本存款账户是存款人的主账户

B. 一个企业只能开立一个基本存款账户

C. 一个企业可以开立多个一般存款账户

D. 存款人注册验资,可申请开立专用存款账户

E. 注册验资的专用存款账户在验资期间只付不收

『解析』ABC对:基本存款账户是存款人的主办账户;一个企业只能开立一个基本存款账户;一般存款账户没有开立数量限制。DE错:存款人因临时需要并在规定期限内使用而开立的银行结算账户是临时存款账户。注册验资的临时存款账户在验资期间只收不付。

『答案』ABC。

> **方法点拨**:各类银行结算账户是重要考点,做综合类题目时要看准选项中的银行结算账户名称,并联系、对照其知识点作出准确判断。想要迅速解题,就要牢记各类银行账户概念、使用范围、数量要求等相关内容。

四、考点归纳

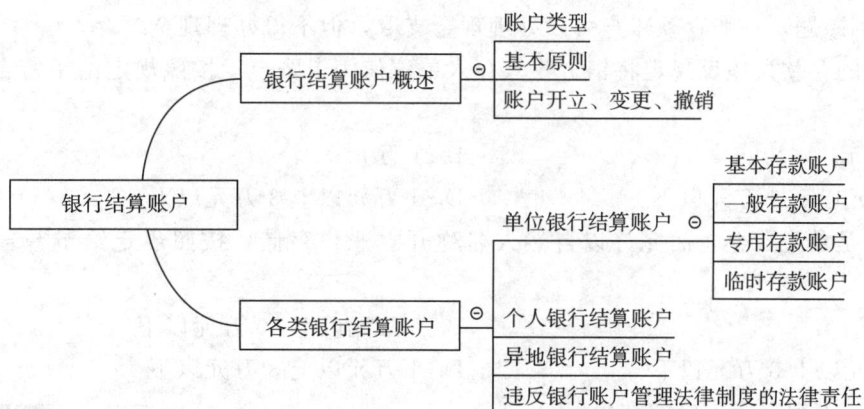

五、知识精练

————精选好题·强化能力————

1. (多选题)银行结算账户管理应遵循的基本原则是( )。

A. 银行不垫款　　　　B. 存款信息保密　　　　C. 履约付款　　　　D. 一个基本账户

E. 自主选择银行

2. （多选题）下列关于银行结算账户的表述正确的是（　　）。

　　A. 将销货收入直接存入单位信用卡账户

　　B. 将单位款项转入个人银行结算账户

　　C. 用单位银行卡账户办理现金收付业务

　　D. 法定代表人发生变更，应在 5 个工作日内书面通知开户银行

　　E. 因迁址需要变更开户银行的，应向银行提出撤销账户申请

3. 因向银行借款需要，存款人可申请开立（　　）。

　　A. 基本存款账户　　　　　　　　　B. 专用存款账户

　　C. 一般存款账户　　　　　　　　　D. 临时存款账户

4. 注册验资，存款人可申请开立（　　）。

　　A. 基本存款账户　　　　　　　　　B. 专用存款账户

　　C. 一般存款账户　　　　　　　　　D. 临时存款账户

5. （判断题）临时存款账户的有效期最长不得超过 3 年。（　　）

6. （判断题）基本存款账户可以用于日常经营活动的资金收付，但不得支取工资、奖金和现金。（　　）

——拔高好题·突破难点——

7. （多选题）不属于银行结算账户管理应遵循的基本原则的是（　　）。

　　A. 谁的钱进谁的账　　　　　　　　B. 恪守信用

　　C. 守法合规　　　　　　　　　　　D. 自主选择银行

　　E. 一个基本账户

8. （多选题）下列关于银行结算账户的表述错误的是（　　）。

　　A. 所有银行结算账户均可以支取现金

　　B. 个体工商户凭个人身份证开立的账户属于单位银行结算账户

　　C. 存款人不得将银行账户出借

　　D. 中国人民银行是银行结算账户的监督管理部门

　　E. 不得利用开立银行结算账户逃废银行债务

9. （2016 年判断题）一般存款账户可以办理现金支取，但不得办理现金缴存。（　　）

10. 非经营性的存款人违反规定将销货收入存入单位信用卡账户，按照规定给予警告并处以（　　）的罚款。

　　A. 1000 元　　　　　　　　　　　B. 1 万元

　　C. 5000 元以上 3 万元以下　　　　D. 1 万元以上 3 万元以下

11. 银行明知是单位资金，而允许以自然人名称开立账户存储，按照规定给予警告并处以（　　）的罚款。

　　A. 5 万元　　　　　　　　　　　　B. 5 万元以上 30 万元以下

　　C. 5000 元以上 3 万元以下　　　　D. 1 万元以上 3 万元以下

12. （多选题）下列表述正确的有（　　）。

　　A. 存款人日常转账结算可开立一般存款账户

　　B. 一般存款账户可以办理现金缴存

　　C. 办理各项专项资金的收付可开立专用存款账户

　　D. 存款人注册验资可开立基本存款账户

　　E. 存款人因临时需要可开立临时存款账户

任务三知识精练参考答案

任务四 票据结算及其他结算方式

一、学习导航

学习能量	随着社会的进步以及信息技术与支付技术的不断融合，票据、银行卡、汇兑等一批新的结算方式不断涌现，在拉动消费、降低交易成本、促进实体经济发展等方面发挥了重要作用。与此同时，新结算方式的风险形势依然严峻。单位财务人员要遵守法律法规，遵守诚实信用原则，依法依规从事票据活动，借助银行卡、网上支付等的功能优势，减少现金流通，加强财政资金预算管理，增强风险意识，自觉维护金融秩序和社会经济秩序
学习目标	1. 描述票据的种类、特征、功能、票据当事人及其权利与责任 2. 掌握出票、承兑、背书、保证 4 种票据行为 3. 列举支票、银行汇票、银行本票的使用范围、出票及付款要求 4. 熟记商业汇票的使用范围、出票、承兑、付款、背书及保证等内容 5. 能正确办理银行卡的申领、使用、注销及挂失 6. 熟悉网上银行、第三方支付等新兴支付方式 7. 熟悉汇兑、委托收款、托收承付及国内信用证等其他结算方式
学习建议	票据结算及其他结算方式是升学考试的核心考点，2015 年至 2023 年的题型涉及票据结算概述、支票、商业汇票、银行汇票、银行本票、网上支付等内容，在复习中应高度重视。因此，要强化习题训练，做到准确把握本节知识点

二、教材内容精讲

➤ 知识点 1 票据结算概述

票据是由出票人签发的，约定自己或者委托付款人在见票时或指定的日期向收款人或持票人无条件支付一定金额的有价证券。中国人民银行是票据的管理部门。《票据法》《票据管理实施办法》规定了票据的种类、票据行为、票据当事人、票据权利与责任等内容。

1. 票据要点与票据行为

票据结算	
票据要点	**1. 种类** · 票据包括：汇票、本票和支票 ① 汇票：银行汇票、商业汇票 ② 商业汇票：银行承兑汇票、商业承兑汇票 **2. 特征** · 票据是债权凭证：票据持有人享有向票据债务人请求支付票据金额的权利 · 票据是设权证券：票据权利的发生以证券的制作和存在为条件 · 票据是文义证券：严格按照票面直接体现的信息确定票据权利、义务和当事人 · 票据是无因证券：证券权利的存在和行使，不以作成证券的原因作为要件 · 票据是要式证券：应记载的事项通过法律形式规定，要求内容全面真实 **3. 功能** · 汇兑功能（最初功能）、支付功能、结算功能（债务抵消功能）、信用功能、融资功能（贴现、转贴现、再贴现）

（续表）

票据结算

	1. 出票 · 概念：出票是指出票人签发票据并将其交付给收款人的行为 · 具体规定：

<table>
<tr><td rowspan="3">前提条件</td><td>①真实关系：出票人必须与付款人具有真实的委托付款关系</td></tr>
<tr><td>②资金来源：支付汇票金额的资金来源可靠</td></tr>
<tr><td>③禁止情形：不得签发无对价的汇票用以骗取银行或者其他票据当事人的资金</td></tr>
</table>

<table>
<tr>
<td rowspan="5">票据制作</td>
<td colspan="3">①法律规定
· 制作票据应按照法定条件在票据上签章，并按所记载的事项承担票据责任
②重要事项</td>
</tr>
<tr>
<td>票据</td><td colspan="2">内容要求</td><td>法律责任与效力</td>
</tr>
</table>

<table>
<tr>
<td>记载事项</td>
<td colspan="2">应当真实，不得伪造、变造</td>
<td rowspan="2">a. 伪造、变造票据上的签章和其他记载事项，应当承担法律责任
b. 出票人在票据上的签章不符合规定，票据无效；签章不符规定票据上有伪造、变造的签章的，不影响票据上其他真实签章的效力</td>
</tr>
<tr>
<td rowspan="2">签章</td>
<td>形式</td>
<td>· 签名（当事人的本名）、盖章（法人或者该单位）
· 签名加盖章</td>
</tr>
<tr>
<td>注释</td>
<td>法人和其他使用票据的单位在票据上的签章：为该法人或者该单位的盖章加其法定代表人或者其授权的代理人的签章</td>
</tr>
</table>

票据行为	**2. 承兑** · 概念1：承兑是指汇票付款人承诺在汇票到期日支付汇票金额的行为 　概念2：提示承兑是指持票人向付款人出示汇票，并要求付款人承诺付款的行为 注意：承兑仅适用于商业汇票程序：先提示承兑，再受理承兑 · 具体规定：

<table>
<tr>
<td>当事人</td><td>汇票类型</td><td>提示承兑时间</td><td>注释</td>
</tr>
<tr>
<td rowspan="3">持票人</td>
<td>定日付款、出票后定期付款</td>
<td>汇票到期日前</td>
<td rowspan="3">①汇票未按规定期限提示承兑，持票人丧失对其前手的追索权
②前手是指在票据签章人或者持票人之前签章的其他票据债务人</td>
</tr>
<tr>
<td>见票后定期付款</td>
<td>自出票日起一个月内</td>
</tr>
<tr>
<td>见票即付</td>
<td>无须提示承兑</td>
</tr>
<tr>
<td rowspan="3">付款人</td>
<td rowspan="2">自收到提示承兑的汇票之日起三日内</td>
<td>承兑</td>
<td>①必须记载事项：
· 在汇票正面记载"承兑"字样和承兑日期并签章
②相对记载事项：承兑日期
· 见票后定期付款的汇票：在承兑时记载付款日期
· 未记载承兑日期：把自收到提示承兑的汇票之日起三日内的最后一日作为承兑日期
③承兑要求：不得附有条件
④承担责任：到期付款</td>
</tr>
<tr>
<td>拒绝承兑</td>
<td>· 承兑附有条件：视为拒绝承兑
· 承兑人或者付款人必须出具拒绝证明，或者出具退票理由书</td>
</tr>
<tr>
<td colspan="3">注意：付款人收到持票人提示承兑的汇票时，应当向持票人签发收到汇票的回单；回单上应当记明汇票提示承兑日期并签章</td>
</tr>
</table>

（续表）

票据结算		

3. 背书
- 概念：是指在票据背面或者粘单上记载有关事项并签章的行为
- 分类：按照目的分为转让背书和非转让背书
①转让背书，是背书人将票据权利转让给被背书人
②非转让背书，是将一定票据权利授予他人行使，包括委托收款背书和质押背书
- 汇票权利
①持票人以背书的连续，证明其汇票权利
②非经背书转让，而以其他合法方式取得汇票，依法举证，证明其汇票权利
- 转让背书的具体规定：
①记账事项

记载事项	记载内容	注释
必须记载事项	背书人签章、被背书人名称	被背书人名称可补记：背书人未记载被背书人名称即将票据交付他人，持票人在票据被背书人栏内记载自己的名称与背书人记载具有同等法律效力
相对记载事项	背书日期	·背书人应记载背书日期 ·未记载的，视为在汇票到期日前背书
记载"不得转让"字样		·该汇票不得转让 ·其后手再背书转让，原背书人对后手的被背书人不承担保证责任

②粘单的使用

使用情形	票据凭证不能满足背书人记载事项的需要
使用要求	·粘附于票据凭证上 ·粘单上的第一记载人，应在汇票和粘单的粘接处签章

③转让背书的要求

背书要求	注释
a. 背书应当连续 b. 后手应当对其直接前手背书的真实性负责 c. 背书不得附有条件 d. 不得无效背书：即将汇票金额的一部分转让的背书或者将汇票金额分别转让给二人以上 e. 承担法律责任 ·保证其后手所持汇票承兑和付款的责任	a. 背书连续，是指在票据转让中，转让汇票的背书人与受让汇票的被背书人在汇票上的签章依次前后衔接 b. 后手，是指在票据签章人之后签章的其他票据债务人 c. 背书时附有条件，所附条件不具有汇票上的效力 d. 背书人在汇票得不到承兑或者付款时，应向持票人清偿汇票金额、利息和费用
提示：<u>不得背书转让的情形包括汇票被拒绝承兑、被拒绝付款、超过付款提示期限</u>，这类票据的持票人背书转让的，背书人应当承担汇票责任	

④非转让背书的具体规定

其他记载事项	适用情形	法律责任
记载"委托收款"字样	委托收款	**委托收款背书：**被背书人可代背书人行使被委托的汇票权利 ·被背书人不得再以背书转让汇票权利
记载"质押"字样	汇票质押	**质押背书：**被背书人依法实现其质权时，可行使汇票权利

（左侧纵向表头：票据行为）

（续表）

票据结算			
票据行为	4. 保证 ·概念1：保证，是指票据债务人以外的人，为担保特定债务人履行票据债务而在票据上记载有关事项并签章的行为。 概念2：保证人，是指具有代为清偿票据债务能力的法人、其他组织或者个人 不得为保证人的范围：国家机关、以公益为目的的事业单位、社会团体、企业法人的分支机构和职能部门（法律另有规定的除外） ·具体规定：		

商业汇票的保证		
当事人	保证人	汇票债务以外的他人
	被保证人	出票人、付款人、承兑人、背书人
必须记载事项	①表明"保证"的字样 ②保证人名称和住所 ③被保证人的名称 ④保证日期 ⑤保证人签章	提示： ①未记载被保证人的名称 ·已承兑的汇票，承兑人为被保证人 ·未承兑的汇票，出票人为被保证人 ②未记载保证日期：出票日期为保证日期
	保证事项记载位置	·出票人、付款人、承兑人为被保证人：在票据正面记载 ·背书人为被保证人：在票据背面或其粘单上记载
保证人的法律责任	①对合法取得汇票的持票人所享有的汇票权利，承担保证责任 ②与被保证人对持票人承担连带责任 ③保证人为二人以上的，保证人之间承担连带责任	注释： ①被保证人的债务因汇票记载事项欠缺而无效时，不承担保证责任 ②被保证的汇票到期后得不到付款时，持票人有权向保证人请求付款，保证人应当足额付款 ③保证不得附有条件，保证附有条件的，不影响对汇票的保证责任
享有权利	保证人清偿汇票债务后，可行使持票人对被保证人及其前手的追索权	

【例题1·2016年判断题】　票据签章是票据行为生效的重要条件。（　　）

『解析』这种说法正确：《票据法》规定，票据出票人制作票据，应当按照法定条件在票据上签章，并按照所记载的事项承担票据责任。因此，票据签章是票据行为生效的重要条件。

『答案』√。

【例题2·2017年多选题】　票据的特征有（　　）。

A. 是一种不可转让证券　　　　　　　B. 以支付一定金额为目的

C. 是出票人依法签发的有价证券　　　D. 所表示的权利与票据不可分离

E. 所记载的金额由出票人自行支付或委托他人支付

『解析』BCDE对：票据是由出票人签发的，约定自己或者委托付款人在见票时或指定的日期向收款人或持票人无条件支付一定金额的有价证券。票据是文义证券，严格按照票面直接体现的信息来确定票据权利、票据义务和票据当事人，其所表示的权利与票据不可分离；票据是债权凭证，票据持有人享有向票据债务人请求支付票据金额的权利，其所记载的金额由出票人自行支付或委托他人支付。A错：《票据法》规定持票人可以将汇票权利转让给他人或者将一定的汇票权利授予他人行使。出票人在汇票上记载"不得转让"字样的，汇票不得转让。

『答案』BCDE。

【例题3·单选题】　　下列表述正确的是(　　　)。

A. 付款人承兑汇票可以附有条件

B. 出票必须记载出票日期

C. 票据上有伪造、变造的签章，票据无效

D. 出票后定期付款的汇票，自出票日起一个月内提示承兑

『解析』B对：出票日期属于出票行为的必须记载事项，未记载的票据无效；背书日期、承兑日期、保证日期，均为相对记载事项。ACD错：付款人承兑汇票，不得附有条件；承兑附有条件的，视为拒绝承兑；票据上有伪造、变造的签章，不影响票据上其他真实签章的效力；定日付款或者出票后定期付款的汇票，持票人应当在汇票到期日前向付款人提示承兑。

『答案』B。

2. 票据当事人及其权利与责任

票据结算						
票据当事人	1. 基本当事人 ·概念：在票据作成和交付时就已经存在的当事人。 包括：出票人、付款人和收款人 2. 非基本当事人 ·概念：在票据作成并交付后，通过一定的票据行为加入票据关系而享有一定权利、承担一定义务的当事人。 包括：承兑人、背书人、被背书人、保证人 3. 不同票据的当事人关系					
	大类	具体类型		出票人	付款人	收款人
	汇票	银行汇票		出票银行	出票银行	不得更改事项
		商业汇票	银行承兑汇票	存款人（单位）	承兑人（银行）	
			商业承兑汇票	<u>付款人（单位）</u> <u>收款人（单位）</u>	<u>承兑人（付款人单位）</u>	
	本票	银行本票		出票银行	出票银行	
	支票	现金支票、转账支票、普通支票		单位、个人	出票人的开户银行	
	提示：《票据法》规定票据金额、日期、收款人名称不得更改，更改的票据无效。对票据上的其他记载事项，原记载人可以更改，更改时应当由原记载人签章证明					
票据权利 与责任	1. 票据权利 ·概念：是指持票人向票据债务人请求支付票据金额的权利 ·类别：付款请求权和追索权 ·具体规定：					
	种类	付款请求权	①概念：持票人向主债务人要求付款的权利 ②特点：第一顺序权利、主要票据权利 ③权利与义务双方 ·债权人即持票人：票据记载的收款人、最后的被背书人 ·主债务人：银行汇票的出票银行、商业汇票的承兑人、银行本票的出票银行、支票的付款人			

（续表）

票据结算				
票据权利与责任	种类	追索权	①概念：票据当事人行使付款请求权遭到拒绝或其他法定原因存在时，向其前手请求偿还票据金额及其他法定费用的权利 ②特点：第二顺序权利、偿还请求权 ③权利与义务双方 ·追索权人：收款人、最后的被背书人、代为清偿票据债务的保证人与背书人 ·被追索权人：票据当事人的前手。被追索人清偿债务后，与持票人享有同一权利 ④行使汇票追索权 ·汇票的出票人、背书人、承兑人和保证人对持票人承担连带责任。持票人可以不按照汇票债务人的先后顺序，对其中任何一人、数人或者全体行使追索权	提示： ①前手是指在票据签章人或者持票人之前签章的其他票据债务人 ②行使追索权的前提 ·要在票据权利时效期限内 ·要持有相关的拒绝付款证明，或者退票理由书等证明 ③同时行使汇票追索权 ·持票人对汇票债务人中的一人或者数人已经进行追索，对其他汇票债务人仍可以行使追索权 ④持票人为出票人：对其前手无追索权。持票人为背书人：对其后手无追索权
	时效		持票人的票据权利在下列期限内不行使而消灭： ①对票据的出票人和承兑人：自票据到期日起2年 ②对见票即付的汇票、本票：自出票日起2年 ③对支票出票人：自出票日起6个月 ④对前手的追索权：自被拒绝承兑或者被拒绝付款之日起6个月 ⑤对前手的再追索权：自清偿日或者被提起诉讼之日起3个月	注意： ①票据权利丧失，但仍然享有民事权利的理由：持票人因超过票据权利时效或者因票据记载事项欠缺而丧失票据权利 ②保留权利：可请求出票人或者承兑人返还其与未支付的票据金额相当的利益
	权利丧失的补救方式		①挂失止付 ·前提条件：确定付款人或代理付款人的票据丧失 ·适用范围：已承兑的商业汇票、支票、填明"现金"字样的银行汇票、填明"现金"字样的银行本票 ·措施流程：失票人应在申请挂失止付后三日内或在票据丧失后，依法向人民法院申请公示催告，或向人民法院提起诉讼 ②公示催告 ·前提条件：失票人不知票据下落、利害关系人不明确 ·申请主体：可背书转让票据的最后持票人 ·措施流程：人民法院以公告方式通知不确定的利害关系人限期申报权利，逾期未申报，由法院通过除权判决宣告所丧失的票据无效 ③普通诉讼 原告：丧失票据的人 被告：承兑人或出票人 诉讼内容：因票据纠纷请求法院判决被告向失票人付款	

2.**票据责任**

·概念：是指票据债务人向持票人支付票据金额的责任

·**具体规定**

①付款义务：本票出票人、汇票承兑人、支票付款人

②偿还义务：汇票、支票的出票人；背书人；保证人

(续表)

票据结算			
票据权利 与责任	③提示付款期及付款责任		

票据种类		提示付款期限	注释
商业 汇票	见票即付	自出票日起 1 个月内	·持票人未按照前款规定期限提示付款的，在作出说明后，承兑人或者付款人仍应当继续对持票人承担付款责任 ·通过委托收款银行或者通过票据交换系统向付款人提示付款的，视同持票人提示付款
	定日付款	自到期日起 10 日内	
	出票后定期付款		
	见票后定期付款		
银行汇票（见票即付）		自出票日起 1 个月内	
银行本票（见票即付）		自出票日起 2 个月内	
支票（见票即付）		自出票日起 10 日内	

【例题 4·单选题】　下列表述正确的是(　　)。

A. 收款人是票据的基本当事人，且不得更改

B. 承兑人是票据的基本当事人，见票即付的汇票需提示承兑

C. 背书人是票据的基本当事人，背书人应记载背书日期

D. 保证人是票据的非基本当事人，已承兑的汇票，出票人为被保证人

『解析』A 对：票据的基本当事人包括出票人、付款人和收款人；《票据法》规定票据金额、日期、收款人名称不得更改，更改的票据无效。对票据上的其他记载事项，原记载人可以更改，更改时应当由原记载人签章证明。BCD 错：承兑人是票据的非基本当事人，见票即付的汇票无须提示承兑；背书人是票据的非基本当事人，背书人应记载背书日期，未记载的，视为在汇票到期日前背书；保证人是票据的非基本当事人；已承兑的汇票，承兑人为被保证人；未承兑的汇票，出票人为被保证人。

『答案』A。

【例题 5·单选题】　下列关于票据权利时效的表述中，正确的是(　　)。

A. 持票人对银行汇票出票人的权利自出票日起 2 年

B. 持票人对前手的追索权自被拒绝承兑或拒绝付款之日起 2 年

C. 持票人对商业汇票承兑人的权利自到期日起 1 年

D. 持票人对支票出票人的权利自出票日起 1 年

『解析』A 对：《票据法》规定持票人对见票即付的汇票、本票的权利自出票日起 2 年。BCD 错：《票据法》规定持票人对前手的追索权自被拒绝承兑或拒绝付款之日起 6 个月；对商业汇票承兑人的权利自票据到期日起 2 年；对支票出票人的权利自出票日起 6 个月。

『答案』A。

➤ 知识点 2　票据结算方式

票据结算，主要是指票据当事人通过汇票、本票和支票方式，依法从事票据活动，行使票据权利，履行票据义务的行为。我国《票据法》规定，在中华人民共和国境内的票据活动，应当遵守法律、行政法规，不得损害社会公共利益。

1. 支票

支票是出票人签发的，委托办理支票存款业务的银行或者其他金融机构在见票时无条件支付确定的金额给收款人或者持票人的票据。

支票	具体内容
支票存款账户	1. 开立要求：单位、个人均可申请使用 • 使用本名，并提交证明身份的合法证件，预留其本名的签名式样和印鉴 • 可靠的资信，并存入一定的资金 2. 使用范围：在全国范围内互通使用 • 普通支票可以支取现金，也可以转账，用于转账时，应当在支票正面注明 • 在普通支票左角划两条平行线的，为划线支票，该支票只能用于转账、不得支取现金 • 注意：现金支票只能用于支取现金；转账支票只能用于转账，不得支取现金
出票	1. 绝对记载事项 <table><tr><td>规定事项</td><td>共 6 项：表明"支票"的字样；无条件支付的委托；确定的金额；付款人名称；出票日期；出票人签章</td></tr><tr><td>提示</td><td>①支票上未记载规定事项之一的，支票无效 ②金额：支票的出票人所签发的支票金额不得超过其付款时在付款人处实有的存款金额 ③出票人签发的支票金额超过其付款时在付款人处实有的存款金额的，为空头支票</td></tr></table>2. 授权补记事项 ①支票上的金额：可由出票人授权补记，未补记前的支票，不得使用 ②收款人名称：经出票人授权，可以补记。出票人可以在支票上记载自己为收款人 3. 相对记载事项：付款地和出票地 • 未记载付款地：付款人的营业场所为付款地 • 未记载出票地：出票人的营业场所、住所或者经常居住地为出票地 4. 禁止行为与法律责任 • 禁止行为： ①签发空头支票 ②签发签章与预留不符的支票，即签发与其预留本名的签名式样或者印鉴不符的支票 ③使用支付密码，不得签发支付密码错误的支票 • 出票人承担的法律责任： ①由中国人民银行处以票面金额 5% 但不低于 1000 元的罚款 ②持票人有权要求出票人赔偿支票金额 2% 的赔偿金
付款	1. 出票人的票据责任 • 必须按照签发的支票金额承担保证向该持票人付款 • 超过提示付款期限付款人不予付款时，出票人仍应当对持票人承担票据责任 2. 支票的付款 <table><tr><td>规定事项</td><td>具体内容</td></tr><tr><td>付款人</td><td>出票人的开户银行</td></tr><tr><td>付款日期</td><td>• 支票限于见票即付，不得另行记载付款日期 • 另行记载付款日期的，该记载无效 • 票据权利时效：自出票日起 6 个月</td></tr><tr><td>付款要求</td><td>①持票人提示付款：自出票日起 10 日内 ②超过提示付款期限：付款人可以不予付款 ③出票人存款足以支付支票金额：付款人应当在当日足额付款</td></tr><tr><td>付款人责任的解除</td><td>付款人依法支付支票金额： ①对出票人不再承担受委托付款的责任 ②对持票人不再承担付款的责任 提示：但付款人以恶意或者有重大过失付款的除外</td></tr></table>

【例题6·2016年多选题】　支票内容不得更改的有（　　）。

A. 用途　　　　　　B. 金额　　　　　　C. 签发日期　　　　　　D. 出票日期

E. 收款人名称

『解析』BCDE对：《票据法》规定票据金额、日期、收款人名称不得更改，更改的票据无效。对票据上的其他记载事项，原记载人可以更改，更改时应当由原记载人签章证明。A错：可以更改。

『答案』BCDE。

【例题7·2020年单选题】　只能用于支取现金的支票是（　　）。

A. 现金支票　　　　　　　　　　　B. 转账支票

C. 普通支票　　　　　　　　　　　D. 划线支票

『解析』A对：现金支票只能用于支取现金；转账支票只能用于转账、不得支取现金。BCD错：转账支票只能用于转账，不得支取现金。《票据法》规定普通支票可以支取现金，也可以转账，用于转账时，应当在支票正面注明。在普通支票左角划两条平行线的，为划线支票，该支票只能用于转账、不得支取现金。

『答案』A。

【例题8·多选题】　下列记载事项中，支票可以补记的是（　　）。

A. 付款人名称　　　　　　　　　　B. 收款人名称

C. 金额　　　　　　　　　　　　　D. 出票日期

E. 出票人签章

『解析』BC。《票据法》规定收款人名称，经出票人授权，可以补记。出票人可以在支票上记载自己为收款人；支票上的金额可由出票人授权补记，未补记前的支票，不得使用。ADE错。

『答案』BC。

【例题9·多选题】　下列表述正确的有（　　）。

A. 支票另行记载付款日期的，以记载为准

B. 持票人对支票出票人的权利为自出票之日起2年

C. 支票的提示付款期限是自出票日起10日内

D. 持票人提示付款时，支票付款人应当在当日足额付款

E. 支票付款人依法支付支票金额后对持票人不再承担付款责任

『解析』CDE对：《票据法》规定支票的持票人应当自出票日起10日内提示付款；出票人存款足以支付支票金额时，付款人应当在当日足额付款；付款人依法支付支票金额的，对出票人不再承担受委托付款的责任，对持票人不再承担付款的责任。AB错：支票限于见票即付，不得另行记载付款日期；另行记载付款日期的，该记载无效。持票人对支票出票人的权利自出票日起6个月。

『答案』CDE。

2. 商业汇票

商业汇票是出票人签发的，委托付款人在指定日期无条件支付确定的金额给收款人或者持票人的票据。单位同城、异地的结算均可用。

商业汇票	具体内容
出票	1. 开立要求：在银行开立存款账户的法人以及其他组织可申请使用 ·必须与付款人具有真实委托付款关系 ·具有支付汇票金额的可靠资金来源 2. 使用范围 ·在同城或异地 ·适用业务：购销业务

（续表）

商业汇票	具体内容		
出票	**3. 记载事项**		
	绝对记载事项	共7项：表明"商业承兑汇票"或"银行承兑汇票"的字样；无条件支付的委托；确定的金额；付款人名称；收款人名称；出票日期；出票人签章	提示：汇票上未记载绝对记载事项之一的，汇票无效
	相对记载事项	共3项：付款日期（汇票到期日）、付款地、出票地 •未记载付款日期：为见票即付 •未记载付款地：付款人营业场所、住所或者经常居住地为付款地 •未记载出票地：出票人营业场所、住所或者经常居住地为出票地	
	其他出票事项	•汇票上可以记载本法规定事项以外的其他出票事项 •但该记载事项不具有汇票上的效力	
	4. 票据责任 ①出票人的票据责任 •签发汇票后，承担保证该汇票承兑和付款的责任 •在汇票得不到承兑或者付款时，出票人应当向持票人清偿规定的金额和费用 ②其他当事人的权利及义务 •收款人取得汇票后，即取得汇票权利 •付款人承兑汇票后，即成为汇票的主债务人 **5. 禁止行为** •不得签发无对价的汇票用以骗取银行或者其他票据当事人的资金		
承兑	承兑：仅适用于商业汇票 **1. 程序** ①提示承兑		

当事人	汇票类型	提示承兑时间	注释
持票人	定日付款、出票后定期付款	汇票到期日前	汇票未按规定期限提示承兑，持票人丧失对其前手的追索权
	见票后定期付款	自出票日起一个月内	
	见票即付	无须提示承兑	

②承兑成立

当事人	承兑时间	态度	手续
付款人	自收到提示承兑的汇票之日起三日内	接受承兑	a. 向持票人签发收到汇票的回单： •回单：应记明汇票提示承兑日期并签章 •注意：回单是付款人向持票人出具的已收到请求承兑汇票的证明 b. 承兑格式：汇票正面记载以下内容 •付款人承兑汇票：记载"承兑"字样和承兑日期并签章 •见票后定期付款的汇票：在承兑时记载付款日期 •未记载承兑日期：把自收到提示承兑的汇票之日起三日内的最后一日作为承兑日期 c. 退回已承兑汇票：产生承兑效力，承担到期付款责任
		拒绝承兑	•承兑人或者付款人必须出具拒绝证明，或出具退票理由书

（续表）

商业汇票	具体内容
承兑	2. 效力 ①到期日无条件支付汇票金额，否则应承担延迟付款责任 ②对汇票上的一切权利人（付款请求权人和追索权人）承担责任 ③不得因其与出票人之间的资金关系来对抗持票人，拒绝支付汇票金额 ④票据责任不因持票人未在法定期限提示付款而解除 3. 禁止行为及处罚 ・承兑不得附有条件；承兑附有条件：视为拒绝承兑 ・银行承兑汇票的承兑银行，按票面金额向出票人收取万分之五的手续费

付款

1. 付款人

种类	出票人	付款人	承兑人
银行承兑汇票	存款人（单位）	未承兑前：付款人	承兑后：银行
商业承兑汇票	・付款人（单位） ・收款人（单位）	未承兑前：付款人	均为：付款人（单位）

2. 付款要求

票据种类		提示付款期限	票据权利时效	付款时间	注释
商业汇票	见票即付	自出票日起1个月内	自出票日起2年	付款人依法审查无误，必须无条件地在当日，按票据金额足额支付	・付款期限，最长不得超过6个月 ・不按规定支付票款，应承担延迟付款责任
	定日付款	自到期日起10日内	自到期日起2年		
	出票后定期付款				
	见票后定期付款				

3. 票据付款人的法律责任
①持票人未按照前款规定期限提示付款
・承兑人或者付款人仍应当继续对持票人承担付款责任
②对见票即付或者到期的票据，故意压票、拖延支付行为
・中国人民银行处以压票、拖延支付期间内每日票据金额0.7‰的罚款
・对直接负责的主管人员和其他直接责任人员：给予警告、记过、撤职或者开除的处分

背书	商业汇票关于背书的规定与票据结算中背书的规定相同
保证	商业汇票关于保证的规定与票据结算中保证的规定相同

【例题10・2015年单选题】 商业汇票的付款期限，最长不得超过（ ）。

A. 3个月 B. 6个月 C. 9个月 D. 1年

『解析』B对：商业汇票的付款期限最长不得超过6个月，不按规定支付票款的，应承担延迟付款责任。ACD错。

『答案』B。

【例题11・2016年单选题改编】 定日付款的商业汇票的提示付款期限为（ ）。

A. 自出票日起10日 B. 自到期日起10日

C. 自出票日起1个月 D. 自到期日起1个月

『解析』B对：定日付款、出票后定期付款、见票后定期付款的商业汇票的提示付款期限为自到期日起10日。见票即付的商业汇票的提示付款期限为出票日起1个月。ACD错。

『答案』B。

【例题12・多选题】 下列表述正确的是（ ）。

A. 收款人取得汇票后取得汇票权利　　　B. 付款人承兑汇票后成为汇票的主债务人

C. 汇票上未记载付款日期,视为见票即付　　D. 付款人拒绝承兑可以不出具退票理由书

E. 付款人收到提示承兑的汇票应签发收到汇票的回单

『解析』ABCE 对:《票据法》规定,收款人取得汇票后,即取得汇票权利;付款人承兑汇票后,即成为汇票的主债务人;汇票上未记载付款日期,视为见票即付;付款人收到持票人提示承兑的汇票时,应当向持票人签发收到汇票的回单。回单上应当记明汇票提示承兑日期并签章。D 错:承兑人或者付款人必须出具拒绝证明,或出具退票理由书。

『答案』ABCE。

3. 银行汇票

银行汇票是出票银行签发的,在见票时按照实际结算金额无条件支付给收款人或者持票人的票据。单位和个人在异地、同城或同一票据交换区域的各种款项结算,均可使用。

银行汇票	具体内容	
出票	1. 开立要求 • 出票人:出票银行;企业、个人均可申请使用 • 现金银行汇票:仅限个人使用,申请人和收款人均为个人 2. 使用范围 • 在异地、同城或统一票据交换区域的各种款项结算 • 可以用于转账;注明"现金"字样的银行汇票也可以提取现金 3. 记载事项	
	必须记载事项	共 7 项:表明"银行汇票"的字样、无条件支付的承诺、确定的金额、付款人名称、收款人名称、出票日期、出票人签章
	注释	①汇票上未记载绝对记载事项之一的,汇票无效 ②出票人签章:经中国人民银行批准使用的该"银行汇票专用章"加其法定代表人或其授权经办人的"签名或者盖章"
付款	1. 银行汇票有效期限 • 银行汇票:为见票即付 • 票据权利时效:自出票日起 2 年 2. 具体规定	
	事项	主要内容
	付款人	银行汇票的出票银行
	付款地	代理付款人或出票人所在地
	付款要求	①提示付款期:自出票之日起 1 个月 • 准备资料:必须同时提交"银行汇票和解讫通知" • 注意:缺少任何一联,银行不予受理 ②银行(或代理付款人)不予受理的情形 a. 持票人超过付款期限提示付款 b. 未填明实际结算金额和多余金额或者实际结算金额超过出票金额 注释:实际结算金额不得更改,更改实际结算金额的银行汇票无效 ③持票人超过提示付款期限不获付款时的处理 • 可在票据权利期内,向出票行请求付款 • 具体方式:向出票银行作出说明,并提供证件持汇票和解讫通知

（续表）

银行汇票	具体内容
付款	3. 票据丧失的补救 丧失"现金"字样和代理付款人的银行汇票的补救措施： • 失票人通知付款人或者代理付款人挂失止付 • 凭人民法院出具的其享有票据权利的证明，向出票银行请求付款或退款 注释：代理付款人，是指根据付款人的委托，代其支付票据金额的银行、城市信用合作社和农村信用合作社
背书	1. 银行汇票的背书同票据结算中背书的规定相同 2. 不得背书转让的情形 • 填明"现金"字样的银行汇票 • 未填写实际结算金额或者实际结算金额超过出票金额的银行汇票

【例题13·单选题】 银行汇票的票据权利时效为自出票日起（　　）。

A. 10 日 　　　　 B. 6 个月 　　　　 C. 2 年 　　　　 D. 30 日

『解析』C 对：《票据法》规定持票人对见票即付的汇票、本票的权利自出票日起2年。ABD 错：对支票出票人的权利自出票日起6个月；持票人对票据的出票人和承兑人的权利自票据到期日起2年。

『答案』C。

【例题14·单选题】 下列表述错误的是（　　）。

A. 银行汇票为见票即付

B. 银行汇票的提示付款期为自出票日起2个月

C. 银行汇票的票据权利时效为自出票日起2年

D. 银行汇票的持票人超过付款期限提示付款，银行不予受理

『解析』选B：银行汇票的提示付款期限为自出票之日起1个月。ACD 表述正确。银行汇票见票即付，且无须提示承兑，票据权利时效为自出票日起2年，银行汇票的持票人超过付款期限提示付款，银行（或代理付款人）不予受理。

『答案』B。

4. 银行本票

银行本票是出票人（银行）签发的，承诺自己在见票时无条件支付票据金额给收款人或持票人的票据。单位和个人均可以使用。

银行本票	具体内容	
出票	1. 开立要求 • 出票人：出票银行；企业、个人均可申请使用 • 现金银行本票：申请人或收款人为单位，不得申请 2. 使用范围 • 在同一票据交换区域需要支付的各种款项 • 可以用于转账；注明"现金"字样的银行本票可以用于支取现金 3. 记载事项	
	必须记载事项	共6项：表明"银行本票"的字样、无条件支付的承诺、确定的金额、收款人名称、出票日期、出票人签章
	提示	汇票上未记载绝对记载事项之一的，汇票无效

（续表）

银行本票	具体内容
付款	1. 银行本票有效期限 • 银行本票：为见票即付 • 票据权利时效：自出票日起 2 年 2. 具体规定 事项 主要内容 付款人 银行本票的出票银行 付款要求 1. 提示付款：自出票日起 2 个月 注意：持票人未按照规定期限提示见票，丧失对出票人以外的前手的追索权 2. 持票人超过提示付款期限不获付款的处理 • 可持银行本票向出票银行请求付款 • 具体方式：在票据权利时效内，向出票银行作出说明，并提供本人身份证件或单位证明

【例题 15 · 单选题】　下列表述错误的是（　　　）。

A. 银行本票为见票即付

B. 银行本票的出票人和付款人均是银行

C. 银行本票的提示付款期限自出票日起 2 个月

D. 银行本票的票据权利时效为自到期日起 2 年

『解析』选 D：银行本票的票据权利时效自出票日起 2 年。ABC 表述正确：银行本票为见票即付，出票人和付款人均为出票银行，提示付款期自出票日起 2 个月。

『答案』D。

➤ **知识点 3　银行卡与新兴支付方式**

目前支付市场已进入改革开放和创新转型的新阶段，我国支付市场日益发展壮大，银行卡与网上银行、第三方支付等新兴支付方式，发挥各自优势，相互结合，实现资源整合、优势互补，推动无卡支付等新型业务模式发展，更好地满足经济社会发展对支付服务的需求。

1. 银行卡

银行卡	具体内容
概述	• 概念：银行卡是指经批准由商业银行（含邮政金融机构）向社会发行的具有消费信用、转账结算、存取现金等全部或部分功能的信用支付工具 • 分类 分类标准 内容 发行主体是否在境内 境内卡、境外卡 是否给予持卡人授信额度 信用卡、借记卡 账户币种 人民币卡、外币卡、双币种卡 信息载体 磁条卡、芯片卡
申领	1. 申领资格 ①申领单位卡资格：在中国境内金融机构开立基本存款账户的单位 • 提交材料：凭中国人民银行核发的开户许可证 • 单位卡无数量限制，可以申领若干张

（续表）

银行卡	具体内容
申领	②申领个人卡资格：具有完全民事行为能力的公民 ・提交材料：凭本人有效身份证及发卡行规定的相关证明文件 ・注意：申领个人卡的公民并不是全体公民；主卡持有人，可为其配偶及年满18周岁且具备完全民事行为能力的亲属，申领附属卡，最多不超过2张 **2. 资金来源** <table><tr><td>账户</td><td>资金来源</td><td>提示</td></tr><tr><td>单位卡账户</td><td>一律从其基本存款账户转账存入</td><td>不得交存现金；不得将销货收入的款项存入其账户；严禁将单位的款项存入个人卡账户</td></tr><tr><td>个人卡账户</td><td>只能将个人持有的现金和工资性款项以及劳务报酬收入转账存入</td><td></td></tr></table>
使用	**1. 银行卡交易的基本规定** <table><tr><td>种类</td><td>规定内容</td></tr><tr><td>单位人民币卡</td><td>可办理商品交易和劳务供应款项的结算，但不得透支，单位卡不得支取现金</td></tr><tr><td>准贷记卡</td><td>透支期限最长为60天</td></tr><tr><td>贷记卡</td><td>首月最低还款额不得低于其当月透支余额的10%</td></tr><tr><td>信用卡</td><td>・预借现金：包括现金提取、现金转账和现金充值 ・通过ATM等自助机具办理现金提取业务：每卡每日累计不得超过人民币1万元</td></tr><tr><td>提示</td><td>持卡人提出伪卡交易和账户盗用等非本人授权交易的处理： ①发卡机构及时引导持卡人留存证据 ②按照相关规则进行差错争议处理 ③发卡机构定期向持卡人反馈处理进度</td></tr></table> **2. 银行卡的计息规定** ①**存款计付利息** ・准贷记卡、借记卡（不含储值卡）存款 ・利率：按中国人民银行规定的同期同档次存款利率 ②**存款不计付利息** ・贷记卡账户的存款、储值卡（含IC卡的电子钱包）内的币值 ③**贷记卡非现金交易优惠** <table><tr><td>交易优惠</td><td>具体内容</td><td>不再享受优惠的情形</td><td>提示</td></tr><tr><td>免息还款期待遇</td><td>免息还款期最长为60天</td><td>①选择最低还款额方式 ②超过发卡银行批准的信用额度用卡 ③支取现金、准贷记卡透支</td><td rowspan="2">两种待遇不能同时享有</td></tr><tr><td>最低还款额待遇</td><td>按发卡行规定</td><td>支取现金、准贷记卡透支</td></tr></table> ④**信用卡透支计收利息** ・利率：实行上限和下限管理。透支利率上限：日利率万分之五；透支利率下限：日利率万分之五的0.7倍 ・计收利息办法：贷记卡透支，按月记收复利；准贷记卡透支，按月计收单利 **3. 银行卡的收费规定** 收费是指发卡银行办理银行卡收单业务向商户收取结算手续费

（续表）

银行卡	具体内容

| 使用 | <table><tr><td colspan="2">收费范围</td><td>计收利息规定</td></tr><tr><td colspan="2">服务费用：违约金、年费、取现手续费、货币兑换费等</td><td>不得计收利息</td></tr></table> 注释：
①银行卡收单业务：是收单机构为其特约商户提供的交易资金结算服务
②银行卡收单机构：银行业金融机构、为实体或网络商户提供服务的支付机构（如拉卡拉、支付宝等）
③特约商户：企事业单位、个体工商户或其他组织、自然人 |

发卡银行管理

1. **发卡银行的责任**
①贷记卡取现：每笔授权，每卡每日累计取现不得超过限定额度
②遵守信用卡业务风险控制指标

指标	风险控制
单笔透支发生额	• 个人卡不得超过 2 万元（含等值外币） • 单位卡不得超过 5 万元（含等值外币）
月透支余额	• 个人卡不得超过 5 万元（含等值外币） • 单位卡不得超过发卡银行对该单位综合授信额度的 3% • 无综合授信额度可参照的单位，其月透支余额不得超过月均总透支余额的 15%
外币卡的透支额	不得超过持卡人保证金（含储蓄存单质押金额）的 80%

③发卡机构调整信用卡利率标准：应至少提前 45 天通知持卡人
2. **追偿**：发卡银行通过下列途径追偿透支款项和诈骗款项
• 扣减持卡人保证金
• 依法处理抵押物和质押物
• 向保证人追偿透支款项
• 通过司法机关的诉讼程序进行追偿
3. **银行卡风险管理**
①认真审查信用卡申请人的资信状况，确定有效担保及担保方式。定期复查，调整信用额度
②建立授权审批制度，明确不同级别内部工作人员的授权权限和授权限额
③加强对止付名单的管理，及时接收和发送止付名单
④不得为持卡人或委托单位垫付资金

注销

1. **前提**：还清全部交易款项、透支本息和相关费用
2. **销户账户的余额处理**
• 单位卡账户余额转入基本存款账户，不得提取现金
• 个人卡账户可转账结清，也可支付现金
3. **可申请销户的情形**
①信用卡有效期满 45 天后，持卡人不更换新卡
②信用卡挂失满 45 天后，没有附属卡又不更换新卡
③信用卡被列入止付名单，发卡银行已收回其信用卡 45 天
④持卡人死亡，发卡银行已回收其信用卡 45 天
⑤持卡人要求销户或担保人撤销担保，并已交回全部信用卡 45 天
⑥信用卡账户 2 年（含）以上未发生交易
⑦持卡人违反其他规定，发卡银行认为应该取消资格
提示：持卡人有权在新的信用卡利率标准生效之前选择销户

挂失

持卡人丧失银行卡的补救办法：向发卡银行或代办银行申请挂失
• 提交材料：本人身份证件或其他有效证明，按规定提供有关情况

【例题16·单选题】　下列表述正确的有(　　)。

A. 申领个人卡的公民，可以申领无数张附属卡

B. 我国全体公民都可以申领个人银行卡

C. 单位申领单位卡最多只能申领10张

D. 在中国境内金融机构开立基本存款账户的单位可申领单位银行卡

『解析』D对：在中国境内金融机构开立基本存款账户的单位，凭中国人民银行核发的开户许可证，可以申领单位卡。ABC错：个人银行卡的主卡持有人，可为其配偶及年满18周岁且具备完全民事行为能力的亲属，申领附属卡，最多不超过2张；具有完全民事行为能力的公民，凭本人有效身份证及发卡行规定的相关证明文件，可以申领个人卡，并不是全体公民都可以申领个人银行卡；单位卡无数量限制，可以申领若干张。

『答案』D。

【例题17·单选题】　可以申请办理信用卡销户的是(　　)。

A. 关某信用卡有透支款项1000元未归还

B. 刘某的信用卡欠付年费200元

C. 曹某的信用卡有提现手续费80元未结清

D. 张某的信用卡透支款项和其他欠费为零

『解析』D对：持卡人申请办理信用卡销户，要求还清全部交易款项、透支本息和相关费用。ABC错：均未结清欠款，不得销户。

『答案』D。

【拓展】　为保障持卡人合法权益，促进信用卡市场健康发展，《银行业卡业务管理办法》明确规定：持卡人不得伪造信用卡，不得以虚假的身份证明骗领信用卡，不得使用作废的信用卡，不得冒用他人信用卡，不得恶意透支。如果持卡人采用这些禁止手段进行信用卡诈骗活动，数额较大者，将被追究刑事责任。因此，我们在使用信用卡时，要严格遵守法律法规，合法合规用卡，加强自律管理，维护市场正当秩序。

2. 网上支付

网上支付	具体内容
概述	·概念：网上支付是指电子交易的当事人，包括消费者、商户、银行或者支付机构，使用电子支付手段通过网络进行的货币或资金流转 ·主要方式：网上银行、第三方支付
网上银行	1. 概念 网上银行：简称网银，是银行在互联网上设立虚拟银行柜台，使传统银行服务不再通过物理的银行分支机构来实现，而是借助网络与信息技术手段在互联网上实现 2. 分类 <table><tr><td>划分标准</td><td>分类</td><td>定义</td><td>特点与功能</td></tr><tr><td rowspan="2">按经营模式</td><td>单纯网上银行</td><td>·完全依赖于互联网的虚拟电子银行</td><td>无物理柜台、无分支机构 无营业网点、一个办公地址</td></tr><tr><td>分支型网上银行</td><td>·传统银行利用互联网作为新的服务手段为客户提供在线服务</td><td>传统银行服务在互联网的延伸</td></tr><tr><td rowspan="2">按主要服务对象</td><td>企业网上银行</td><td>主要服务：企事业单位</td><td>实时了解财务状况、及时调度资金、发放工资、批量网络支付</td></tr><tr><td>个人网上银行</td><td>主要服务：个人</td><td>实时查询、转账、网络支付、汇款</td></tr></table>

网上支付	具体内容
网上银行	**3. 功能** <table><tr><th>类型</th><th>功能</th></tr><tr><td>企业网上银行</td><td>4个：·账户信息查询、B2B网上支付、支付指令、批量支付</td></tr><tr><td>个人网上银行</td><td>6个：·账户信息查询、B2C网上支付 ·人民币转账业务、银证转账业务、外汇买卖业务、账户管理业务</td></tr></table> **4. 业务流程及身份认证** ①开户流程：身份证或有关证件，且实名制 ②网上交易：客户→网银中心→成员行业务主机→网银中心→客户 ③身份认证：6种，即密码、文件数字证书、动态口令卡、动态手机口令、移动口令牌、移动数字证书
第三方支付	**1. 概念** ·第三方支付：是指经过中国人民银行批准从事第三方支付业务的非银行支付机构，借助通信、计算机和信息安全技术，采用与各大银行签约的方式，在用户与银行支付结算系统间建立连接的电子支付模式 ·本质：一种新型的支付手段，其中通过手机端进行的，称为移动支付，是互联网技术与传统金融支付的有机结合 ·提示：未经中国人民银行批准，任何非金融机构和个人不得从事或变相从事支付业务 **2. 种类** <table><tr><th>种类</th><th>定义</th><th>形式</th></tr><tr><td>线上支付</td><td>通过互联网实现在线货币支付、资金清算等行为</td><td>网上支付和移动支付中的远程支付</td></tr><tr><td>线下支付</td><td>通过非线上支付方式进行的支付行为</td><td>POS机刷卡支付、拉卡拉等自助终端支付、电话支付、手机近端支付</td></tr></table> **3. 交易流程及身份验证** ①开户：实名制 <table><tr><th>主体</th><th>具体规定</th></tr><tr><td>支付机构</td><td>·验证客户基本信息、核对有效身份证件并留存复印件或影印件、建立客户唯一识别编码、持续身份识别 ·不得开立匿名、假名支付账户</td></tr><tr><td>客户</td><td>·支付账户不得透支 ·不得出借、出租、出售 ·不得利用支付账户从事或者协助他人从事非法活动</td></tr></table> ②账户充值：绑定银行卡和支付账户→付款前将银行卡中的资金转入支付账户 ③收、付款：客户下单付款→支付平台→客户支付账户虚拟资金→支付平台暂存→客户确认收到商品→支付平台→商家支付账户→完成支付 ④交易身份验证：3种 ·仅客户本人知悉的要素（密码） ·仅客户本人持有并特有的，不可复制或者不可重复利用的要素（数字证书：U盾） ·客户本人生理特征要素（指纹） ·注意：采用的身份验证要素要求相互独立，部分要素损坏或泄露不会导致其他要素损坏或泄露

（续表）

网上支付	具体内容		

<table>
<tr><td rowspan="10">第三方
支付</td><td colspan="3">4. 支付账户管理规定
①对同一客户的所有支付账户进行关联管理、分类管理</td></tr>
<tr><td rowspan="2">账户分类</td><td colspan="2">规定内容</td></tr>
<tr><td>账户余额使用范围</td><td>付款交易限额</td></tr>
<tr><td>一类</td><td>消费、转账</td><td>• 账户余额付款交易自账户开立起累计不超过1000元
• 包括：支付账户向客户本人同名银行账户转账</td></tr>
<tr><td>二类</td><td>消费、转账</td><td>• 所有支付账户的余额付款交易年累计不超过10万元
• 不包括：支付账户向客户本人同名银行账户转账</td></tr>
<tr><td>三类</td><td>消费、转账、购买投资理财等金融类产品</td><td>• 所有支付账户的余额付款交易年累计不超过20万元
• 不包括：支付账户向客户本人同名银行账户转账</td></tr>
<tr><td colspan="3">②办理银行账户与支付账户之间的转账业务的账户属于同一客户
③因故需要划回资金，相应款项应当划回原扣款账户
• 如交易取消（撤销）、退货、交易不成功或者投资理财等金融类产品赎回等原因
④根据交易验证方式的安全级别，对付款交易进行限额管理</td></tr>
<tr><td>安全级别</td><td>交易限额</td><td>注意</td></tr>
<tr><td>两类（含）以上有效要素验证
• 包括数字证书或电子签名</td><td>单日累计限额自主约定</td><td rowspan="3">支付机构需承诺无条件承担全部风险</td></tr>
<tr><td>两类（含）以上有效要素验证
• 不包括数字证书或电子签名</td><td>单日累计限额5000元</td></tr>
<tr><td>不足两类有效要素验证</td><td>单日累计限额1000元</td></tr>
</table>

【例题18·2022年多选题】　网上支付的主要方式有（　　）。

A. 支票　　　　　　　B. 银行汇票　　　　　　C. 银行本票　　　　　　D. 网上银行

E. 第三方支付

『解析』DE 对：网上支付的主要方式包括网上银行和第三方支付。ABC 错。

『答案』DE。

【例题19·多选题】　下列各项中表述正确的有（　　）。

A. 非金融机构也可以从事支付业务

B. 第三方支付就是网上支付

C. 第三方支付融合了互联网技术与传统金融支付

D. 一类支付账户余额付款交易自账户开立起累计不超过 10000 元

E. 使用支付账户因故需要划回资金，相应款项应当划回原扣款账户

『解析』CE 对：第三方支付是一种新型的支付手段，是互联网技术与传统金融支付的有机结合；如果因为交易取消（撤销）、退货等原因需要划回资金，相应款项应当划回原扣款支付账户。ABD 错：未经中国人民银行批准，任何非金融机构和个人不得从事或变相从事支付业务；第三方支付分为线上支付和线下支付两种，其中线上支付又包括网上支付和移动支付中的远程支付；一类支付账户余额付款交易自账户开立起累计不超过 1000 元，且包括支付账户向客户本人同名银行账户转账。

『答案』CE。

➤ 知识点 4　其他结算方式

支付结算包括票据、信用卡和汇兑等结算方式。其他结算方式指的是除票据结算、银行卡与网上银行、第三方支付等新兴支付方式之外，采取汇兑、委托收款、托收承付和国内信用证方式进行的结算。

1. 汇兑

汇兑	具体内容		
概述	• 概念：汇兑是汇款人委托银行将其款项支付给收款人的结算方式 • 分类：电汇、信汇 • 使用范围：单位和个人各种经济内容的异地提现和结算		
办理程序	1. 签发汇兑凭证		
	必须记载事项	共9项：表明"信汇"或"电汇"的字样；无条件支付的委托；确定的金额；收款人名称；汇款人名称；汇入地点、汇入行名称；汇出地点、汇出行名称；委托日期；汇款人签章	
	注意	• 汇款人和收款人均为个人 • 需支取现金：在汇款金额大写栏先填写"现金"字样，后填写汇款金额	
	2. 银行受理		
	受理银行	规定事项	
	汇出银行	• 审查汇款人签发的汇兑凭证→凭证无误及时向汇入银行办理汇款→向汇款人签发汇款回单 • 注意：汇款回单只能作为汇出银行受理汇款的依据，不能作为该笔汇款已转入收款人账户的证明	
	汇入银行	已开立银行账户的收款人	将汇入款项直接转入收款人账户→向收款人发出收账通知 • 注意：收账通知是银行将款项确已收入收款人账户的凭据
		未在本银行开立账户的收款人	审查汇款信息无误→以收款人姓名开立应解汇款及临时存款户 • 注意：以收款人姓名开立应解汇款及临时存款户，只付不收、付完清户、不计付利息
撤销和退汇	1. 汇兑的撤销 • 撤销情形：汇款人对尚未汇出的款项可以向汇出银行申请撤销 2. 汇兑的退汇		
	事项		内容
	适用范围	一般情形	汇款人对已经汇出的款项可以向汇出银行申请退汇 • 注意：转汇银行不得受理汇款人或汇出银行的撤销或退汇
		特殊情形	收款人已经收款，银行不能向收款人追回汇款，银行不负退汇责任 • 只能由汇款人与收款人直接联系汇回款项
	退汇方式	在汇入银行开立存款账户的收款人	由汇款人和收款人自行联系退汇 • 注意：汇款人与收款人不能达成一致退汇的意见，不能办理退汇
		未在汇入银行开立存款账户的收款人	汇出银行、汇入银行核实后办理： • 汇款人：出具正式函件或本人身份证件以及原信汇、电汇回单 • 汇出银行：通知汇入银行 • 汇入银行：核实汇款确未支付→将款项退回汇出银行
		汇入银行主动办理退汇的情形	①收款人拒绝接受的汇款 ②向收款人发出取款通知，经过2个月无法交付的汇款

【例题 20·多选题】　有关汇兑结算方式的下列表述中，正确的是(　　)。

A. 签发汇兑凭证必须表明"信汇"或"电汇"的字样

B. 汇款人对汇出银行尚未汇出的款项不得申请撤销

C. 单位和个人的款项结算，均可使用汇兑结算

D. 签发汇兑凭证必须记载汇入地点、汇入行名称

E. 已开立银行账户的收款人，应将汇入款项直接转入收款人账户

『解析』ACDE 对：签发汇兑凭证必须必须表明"信汇"或"电汇"的字样、记载汇入地点、汇入行名称；单位和个人各种经济内容的异地提现和结算均可使用汇兑结算方式；对已开立银行账户的收款人，汇入银行应将汇入款项直接转入收款人账户，并向收款人发出收账通知。B 错：汇款人对尚未汇出的款项可以向汇出银行申请撤销。

『答案』ACDE。

2. 委托收款

委托收款	具体内容
概述	• 概念：**委托收款是指收款人委托银行向付款人收取款项的结算方式** 提示：收款人是债权人，付款人是债务人 • 分类：按结算款项的划回方式分为邮寄和电报 • 使用范围：单位和个人在同城、异地均可使用
办理	**1. 收款人准备资料** <table><tr><td>事项</td><td>具体内容</td></tr><tr><td>填写委托收款凭证</td><td>必须记载事项：共 7 项 • 表明"委托收款"的字样；确定的金额；付款人名称；收款人名称；委托收款凭据名称及附寄单证张数；委托日期；收款人签章</td></tr><tr><td>提交有关债务证明</td><td>• 债务证明是指能够证明付款人到期并应向收款人支付一定款项的证明 • 例如，水电费单、电话费单、已承兑的商业汇票、债券、存单等</td></tr><tr><td>重要提示</td><td>收款人收取公用事业费的要求： • 必备条件：具有收付双方事先签订的经济合同 • 办理流程：付款人→开户银行授权、同意→中国人民银行当地分支行批准→同城特约委托收款</td></tr></table>**2. 办理方法** <table><tr><td>付款人</td><td>办理流程</td></tr><tr><td>银行</td><td>①审查委托收款凭证及债务证明 • 无误→<u>在当日将款项主动支付给收款人</u> • 有权拒绝付款：自收到委托收款及债务证明的次日起 3 日内出具拒绝证明→送交拒绝证明、有关债务证明、凭证→被委托银行→收款人 ②单位未书面通知银行付款的处理 • 在付款人接到银行通知日的次日第 4 日上午划款给收款人</td></tr><tr><td>单位</td><td>①接到银行通知并签收有关债务证明 • 接到银行通知当日→书面通知银行付款 • 有权拒绝付款：接到通知日的次日起 3 日内出具拒绝证明→送交拒绝证明、债务证明和有关凭证→开户银行→被委托银行→收款人 ②单位未书面通知银行付款的处理 • 未在接到通知日的次日起 3 日内通知银行付款→视同付款人同意付款</td></tr><tr><td>注意</td><td>**付款人存款账户不能足额支付的处理：** 付款人的银行→被委托银行（收款人的银行）发出未付款项通知书→收款人</td></tr></table>

【例题21·单选题】 委托收款凭证上可以不记载的事项是（　　）。

A. 收款人甲公司　　　B. 付款人N公司　　　C. 委托日期　　　　D. 甲公司地址

『解析』D对：委托收款凭证上必须记载事项有7项：收款人名称；付款人名称；委托日期；委托收款凭据名称及附寄单证张数；收款人签章；表明"委托收款"的字样；确定的金额。ABC错。

『答案』D。

【例题22·单选题】 关于委托收款结算方式的表述中，正确的是（　　）。

A. 委托收款结算方式分为电报和电汇

B. 单位和个人只能在同城使用

C. 收款人收取公用事业费必须具有事先签订的经济合同

D. 委托收款以单位为付款人，应于当日将款项主动支付给收款人

『解析』C对：收款人收取公用事业费必须具有收付双方事先签订的经济合同，由付款人向开户银行授权、同意，报中国人民银行当地分支行批准。ABD错：按结算款项的划回方式不同，委托收款结算分为邮寄和电报；单位和个人在同城、异地均可使用。委托收款以银行为付款人的，银行收到委托收款凭证及债务证明，审查无误后应于当日将款项主动支付给收款人。委托收款以单位为付款人的，付款人接到银行通知后，应于接到通知当日书面通知银行付款。

『答案』C。

『注意』汇兑结算分为电汇和信汇，要注意与委托结算方式的分类进行区分。

3. 托收承付

托收承付	具体内容
概述	1. 概念 ·托收：指收款人根据购销合同发货后，委托银行向异地付款人收取款项 ·承付：由付款人向银行承认付款的行为 2. 适用范围 　事项　|　具体规定 　地区　|　异地结算 　金额　|　每笔金额：起点为1万元；新华书店系统为1000元 　主体　|　收款和付款单位：国有企业、供销合作社、经营管理较好并经开户银行审查同意的城乡集体所有制工业企业 　款项　|　商品交易款、因商品交易产生的劳务供应款 　　　　·不得办理托收承付结算的款项：代销、寄销、赊销商品款 　合同　|　签有符合民法规定的买卖合同 　　　　·在合同中订明使用托收承付结算方式 3. 托收承付结算款项的划回方法：邮寄、电报
办理程序	1. 托收 ①收款人办理托收 　事项　|　具体规定 　填制托收凭证　|　必须记载事项：共10项 　　　　·表明"托收承付"的字样；确定的金额；付款人的名称和账号；收款人的名称和账号；付款人的开户银行名称；收款人的开户银行名称；托收附寄单证张数或册数；合同名称、号码；委托日期；收款人签章 　送交银行　|　托收凭证盖章→送交托收凭证、发运证件、其他符合托收承付结算的有关证明、交易单证→开户银行

（续表）

托收承付	具体内容
办理程序	②收款人开户银行的处理 • 收到托收凭证及附件→按要求认真审查无误→寄交托收凭证、交易单证→付款人开户行 ③被无理拒绝付款的托收款项的处理 • 收到退回的结算凭证及所附单证→委托开户银行重办托收 2. 承付 ①付款人开户银行的处理 收到托收凭证及附件→及时通知付款人 ②付款人的处理 • 在承付期内审查核对→安排资金承付货款 （见下表承付货款分类） • 在承付期内审查核对→有正当理由拒绝付款 （见下表事项/拒绝付款理由）

承付货款分类	主要内容
验单付款	• 承付期：3天，从付款人开户银行发出承付通知的次日算起 提示：承付期内遇法定休假日顺延 • 视为承付：付款人在承付期内，未向银行表示拒绝付款 • 银行划款：在承付期满的次日上午→从付款人的账户划款给收款人
验货付款	• 承付期：10天，从运输部门向付款人发出提货通知的次日算起 • 注意：托收凭证上注明验货付款期限的，银行从其规定
提示	两种方式由收付双方商量选用，并在合同中明确规定

事项	拒绝付款理由
合同不符	• 没有签订买卖合同或合同未订明托收承付结算方式 • 未经双方事先达成协议：收款人提前交货或因逾期交货，付款人不再需要该项货物 • 未按合同规定的到货地址发货
款项范围	代销、寄销、赊销商品款
验单付款	• 所列货物的品种、规格、数量、价格与合同规定不符 • 货物已到，经查验货物与合同规定或与发货清单不符
验货付款	经查验的货物与合同规定或与发货清单不符
货款有误	货款已经支付或计算有错误

【例题 23·单选题】 关于托收承付的表述中，正确的是（　　）。

A. 新华书店系统每笔金额起点为 10000 元

B. 单位和个人只能在同城使用

C. 代销、寄销、赊销商品款可以办理托收承付结算

D. 必须签有符合民法规定的买卖合同，并订明使用托收承付结算方式

『解析』D 对：收付双方使用托收承付结算必须签有符合民法规定的购销合同，并在合同中订明使用托收承付结算方式。ABC 错：托收承付的每笔金额起点为 1 万元，新华书店系统为 1000 元；收款、付款单位只能是国有企业、供销合作社、经营管理较好并经开户银行审查同意的城乡集体所有制工业企业，且只能在异地结算使用；代销、寄销、赊销商品款，不得办理托收承付结算的款项。

『答案』D。

『拓展』《民法典》于 2021 年 1 月 1 日生效，《合同法》同时废止，因此，收付双方使用托收承付结算，由必须签有符合《合同法》规定的购销合同，变为必须签有符合《民法典》规定的购销合同。

4. 国内信用证

国内信用证	具体内容
概述	1. 概念 · **国内信用证**：是指开证银行根据申请人的申请向受益人开出的有一定金额，并在一定期限内凭信用证规定的单据支付款项的书面承诺 · 注释： ①开证银行：政策性银行、商业银行、农村合作银行、村镇银行和农村信用社 ②申请人：购货方；受益人：销货方 2. 特点：以人民币计价、不可撤销、不可转让的跟单信用证 3. 使用范围 · 只适用于国内企业之间商品交易产生的货款结算 · 只能用于转账结算、不得支取现金
办理程序	**1. 开证** 「表」 **2. 通知** 「表」 **3. 议付** · 概念：议付是指信用证指定的议付行在单证相符的情况下，扣除议付利息后，向受益人给付对价的行为 「表」 **4. 付款** 「表」

1. 开证

主体	具体事项
开证申请人	提出使用信用证申请→交存不低于开证金额20%的保证金、提供合法有效的担保
开证行	受理开证业务→要求申请人交存保证金、提供抵押、质押、保证等合法有效的担保

2. 通知

主体	具体事项
通知行	收到信用证并审核无误→填制信用证通知书→交付信用证通知书、信用证→受益人
注释	①通知行可由开证申请人指定；如申请人未指定，开证行有权指定 ②通知行自行决定是否通知 · 同意通知：收到信用证次日起3个营业日内通知受益人 · 拒绝通知：收到信用证次日起3个营业日内告知开证行

3. 议付

· 概念：议付是指信用证指定的议付行在单证相符的情况下，扣除议付利息后，向受益人给付对价的行为

主体	议付信用证后的权限
议付行	· 对开证行具有索偿权 · 对受益人具有追索权 当期不获付款，议付行可从受益人账户收取议付金额
注释	①议付仅限于延期付款信用证 ②议付行：是开证行指定的受益人开户行 ③信用证未明示可议付，任何银行不得办理议付

4. 付款

主体	具体事项	
开证行	审核议付行寄交的凭证、单据等无误	· 即期付款信用证：从申请人账户收取款项→受益人 · 延期付款信用证：发出到期付款确认书→议付行或受益人 · 到期日→从申请人账户收取款项→议付行或受益人
	申请人交存的保证金和其存款账户余额不足支付的处理	· 在规定付款时间内付款 · 不足支付的部分：作逾期贷款

【例题24・单选题】 关于国内信用证的表述中，正确的是（   ）。

A. 国内信用证不可撤销、不可转让

B. 国内信用证可以用于转账结算和支取现金

C. 单位和个人都可以使用

D. 议付适用于非延期付款信用证

『解析』A对：国内信用证是以人民币计价、不可撤销、不可转让的跟单信用证。BCD错：国内信用证适用于国内企业之间商品交易产生的货款结算，只能用于转账结算、不得支取现金；议付仅限于延期付款信用证。

『答案』A。

三、疑难解答

1. 质押背书与委托收款背书的比较

委托收款背书是指背书人委托被背书人行使票据权利。质押背书是指背书人为担保被背书人的债权的实现而以票据权利设定质押。二者均属于非转让背书的范畴，但背书规定却不相同。

比较事项	委托收款背书	质押背书
本质	委托他人代替自己行使票据权利，收取票据金额为目的背书	以设定质权，提供债务担保为目的在票据上的背书
背书人	被代理人：票据的所有权人	出质人
被背书人	背书人的代理人：不是票据的所有权人	质权人
必须记载事项	・背书人签章 ・被背书人名称 ・"委托收款"字样，未记载视为转让背书	・背书人签章 ・被背书人名称 ・"质押"字样，未记载视为转让背书
行使票据权利	1. 被背书人可代背书人行使被委托汇票权利 2. 被背书人不得再以背书转让汇票权利 3. 被背书人越权代理，背书无效：被背书人不能以自己的名义将票据转让背书，而必须以背书人的名义	被背书人依法实现其债权时，可行使汇票权利

2. 信用卡与借记卡的比较

按照是否向发卡银行交存备用金，信用卡分为贷记卡和准贷记卡。**贷记卡**是由商业银行或信用卡公司对信用合格的消费者发行的信用证明。**准贷记卡**是指持卡人须先按发卡银行要求交存一定金额的备用金，当备用金账户余额不足支付时，可在发卡银行规定的信用额度内透支的信用卡。而**借记卡**是发卡银行向持卡人签发的，没有信用额度，持卡人要先存款。信用卡和借记卡是银行卡，都具有转账、存取现金和消费功能，但各自也有明显的特点。

比较事项	信用卡		借记卡
	贷记卡	准贷记卡	
存备用金	不需要向发卡行交存备用金，可在信用额度内先消费后还款	先向发卡行交存备用金或提供担保人	先存款后使用
透支功能	可信用消费、可透支	当备用金余额不足支付时，可在发卡银行规定的信用额度内透支	不能信用消费、不可以透支

（续表）

比较事项	信用卡		借记卡
	贷记卡	准贷记卡	
取现收费	要收费	不收费	不收费
还款日期	·在最后还款日前有免息还款期 ·按期还款有困难可选择最低还款额	无免息还款期	无免息还款期
标识	有防伪标识和银联标识	只有银联标识	只有银联标识
计息规定	存款无息	存款计息	存款有息：按同期同档次存款利率计算

【例题25·单选题】 下列各项中，不属于借记卡具备的功能是（　　　）。

A. 透支　　　　　　B. 存取款　　　　　　C. 网上支付　　　　　　D. 消费

『解析』A对：银行卡按照是否给予持卡人授信额度，分为信用卡和借记卡。借记卡是先存款后消费，存款有息，且按同期同档次存款利率计算，但不能信用消费，即不可以透支；取现不收费，无免息还款期。网上支付属于在线支付，是通过互联网实现在线货币支付、资金清算等行为。使用网上支付方式时，用户须绑定银行卡和支付账户，并付款前将银行卡中的资金转入支付账户。BCD错：均属于借记卡具备的功能。

『答案』A。

3. 高考链接

年份	题型	分值	考点
2015年	单选题	4	1. 商业汇票：付款期限 2. 银行汇票：提示付款期限；商业汇票：承兑人；托收承付：适用范围
	多选题	2	票据权利丧失的补救
	判断题	2	1. 支票：普通支票的使用要求 2. 票据权利的种类：2种
2016年	单选题	4	1. 商业汇票：提示付款期限 2. 票据权利主体：追索权
	多选题	4	1. 支票：不得更改内容 2. 支票：普通支票、出票人授权补计；银行本票：出票人、付款人；银行汇票：出票人、付款人
	判断题	1	票据行为生效的重要条件
2017年	多选题	2	票据的特征
	判断题	1	票据当事人：基本当事人
2018年	单选题	3	支票：挂失止付、背书转让；汇票：承兑人、保证人、付款日期
	多选题	4	支票：绝对记载事项
2019年	单选题	3	支票：提示付款期限
	判断题	2	票据行为：商业汇票和支票的出票
2020年	单选题	3	支票：现金支票的使用要求
2022年	多选题	4	网上支付的主要方式
2023年	多选题	4	票据结算：票据当事人
	判断题	2	商业汇票：承兑

【例题 26·2015 年单选题】   下列符合《支付结算办法》规定的是(   )。

A. 银行垫款是支付结算的基本原则之一

B. 银行汇票的提示付款期限自出票日起 2 个月

C. 商业承兑汇票由银行以外的付款人承兑

D. 代销、寄销商品的款项,可以办理托收承付结算

『解析』C 对:商业承兑汇票由银行以外的付款人承兑。ABD 错:支付结算的基本原则有 3 个:恪守信用,履约付款;谁的钱进谁的账,由谁支配;银行不垫款。银行汇票的提示付款为自出票之日起 1 个月;代销、寄销、赊销商品款,不得办理托收承付结算的款项。

『答案』C。

【例题 27·2016 年多选题】   下列表述正确的有(   )。

A. 普通支票只能转账

B. 一个企业只能开立一个基本存款账户

C. 支票的金额可以由出票人授权补记

D. 存款人注册验资,可申请开立专用存款账户

E. 银行本票、银行汇票的出票人和付款人均是银行

『解析』BCE 对:基本存款账户是存款人的主办账户,一个企业只能开立一个基本存款账户;支票上的金额是绝对记载事项,可由出票人授权补记,未补记前的支票,不得使用;银行本票、银行汇票的出票人和付款人均是出票银行。AD 错:《票据法》规定普通支票可以支取现金,也可以转账,用于转账时,应当在支票正面注明。临时存款账户用于临时机构以及存款人临时经营活动发生的资金收付。存款人注册验资,可申请开立临时存款账户。注册验资的临时存款账户在验资期间,只收不付。

『答案』BCE。

> **方法点拨**:本项目历年真题中,综合类知识考题是难点,要快速准确解答这类题目,就要熟练掌握包括票据结算、银行卡与与网上银行、第三方支付等新兴支付方式,以及汇兑、委托收款、托收承付和国内信用证方式等结算方式在内的支付结算相关知识点。因此,要加强对各个知识模块的练习,才能熟能生巧。

四、考点归纳

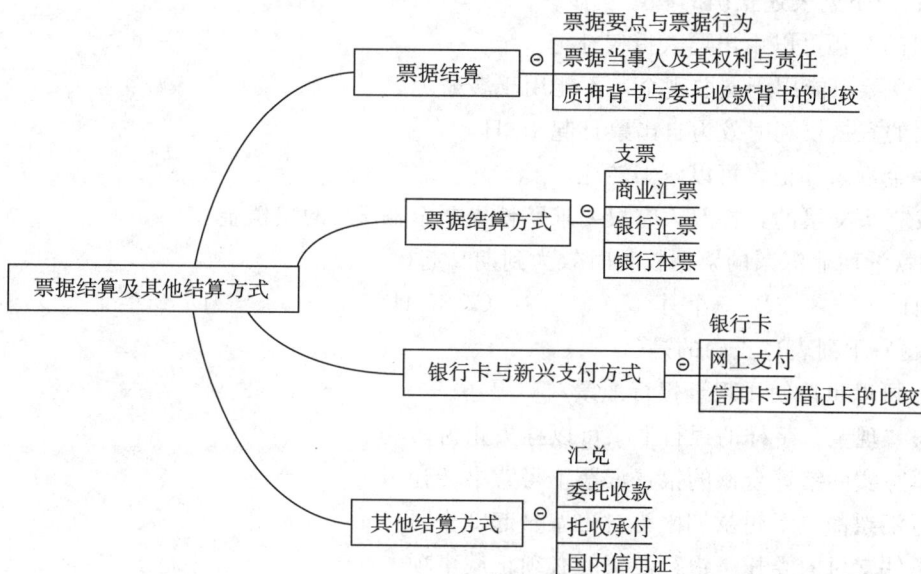

五、知识精练

——精选好题·强化能力——

1. （多选题）票据的特征有（　　　）。

A. 票据均由出票人签发　　　　　B. 票据上记载的事项要求内容真实

C. 由付款人支付票据记载金额　　D. 需说明票据来源才能行使票据权利

E. 票据丢失则不能直接证明有票据权利

2. 下列表述正确的是（　　　）。

A. 保证可以附条件

B. 被拒绝付款后的票据不得背书转让

C. 未记载保证日期的，付款日期为保证日期

D. 票据背书转让后，背书人不再承担票据责任

3. 不能行使票据追索权的是（　　　）。

A. 出票人　　　　　　　　　　B. 收款人

C. 保证人　　　　　　　　　　D. 背书人

4. （2015年多选题）票据丧失的补救方式有（　　　）。

A. 挂失止付　　　　　　　　　B. 普通诉讼

C. 公示催告　　　　　　　　　D. 要求出票人直接补开

E. 报工商管理机关备案

5. （判断题）伪造、变造票据上的签章和其他记载事项，应当承担法律责任。（　　　）

6. （判断题）票据的基本当事人包括出票人、收款人和背书人。（　　　）

7. （判断题）票据权利包括请求权和追索权。（　　　）

8. （判断题）付款请求权是第一顺序权利、主要票据权利。（　　　）

9. （判断题）支票的金额和收款人名称，可以授权补记。（　　　）

10. （判断题）支票金额未补记前，收款人可以背书转让。（　　　）

11. 支票的票据权利时效为自出票日起（　　　）。

A. 10日　　　　B. 6个月　　　　C. 2年　　　　D. 30日

12. （多选题）下列表述正确的有（　　　）。

A. 支票的金额可以由出票人授权补记

B. 普通支票只能用于支取现金，不能用于转账

C. 支票的票据权利时效为自出票日起10日

D. 支票金额未补记也可以背书转让

E. 签发空头支票的，持票人有权要求赔偿支票金额2%的赔偿金

13. 定日付款的商业汇票的票据权利时效为到期日起（　　　）。

A. 10日　　　　B. 6个月　　　　C. 30日　　　　D. 2年

14. （多选题）下列表述正确的是（　　　）。

A. 个人可以申请使用现金银行汇票

B. 丧失"现金"字样的银行汇票可以挂失止付

C. 未填写实际结算金额的银行汇票不得背书转让

D. 银行汇票的提示付款期限为自出票日起2个月

E. 无条件支付的委托是银行汇票的必须记载事项

15. 可以申请办理信用卡销户的是（　　）。

    A. 信用卡账户 1 年以上未发生交易

    B. 持卡人死亡，发卡银行已回收其信用卡 45 天

    C. 信用卡有效期满 30 天后，持卡人不更换新卡

    D. 信用卡挂失满 30 天后，没有附属卡又不更换新卡

——拔高好题·突破难点——

16. （多选题）票据的特征有（　　）。

    A. 可以将票据权利转让给他人

    B. 权利的发生以证券的制作和存在为条件

    C. 是银行依法签发的有价证券

    D. 所表示的义务与票据不可分离

    E. 在见票时或指定的日期向收款人或持票人无条件支付

17. 下列表述正确的是（　　）。

    A. 已承兑的汇票，承兑人为被保证人

    B. 未承兑的汇票，承兑人为被保证人

    C. 定日付款的汇票，自出票日起一个月内提示承兑

    D. 见票后定期付款的汇票，在汇票到期日前提示承兑

18. （2016 年单选题）不能行使票据追索权的是（　　）。

    A. 承兑人   B. 收款人

    C. 保证人   D. 背书人

19. 关于票据追索权的下列表述中，不正确的是（　　）。

    A. 持票人可以向全体债务人行使追索权

    B. 持票人可以不按照票据债务人的先后顺序行使追索权

    C. 持票人不得在票据到期前行使追索权

    D. 追索权是第二顺序票据权利

20. （2015 年判断题）票据权利包括付款请求权和追索权。（　　）

21. （2017 年判断题）票据的基本当事人包括出票人、付款人、收款人和承兑人。（　　）

22. 下列关于票据权利时效的表述中，正确的是（　　）。

    A. 持票人对支票出票人的权利自出票之日起 3 个月

    B. 持票人对见票即付的商业汇票出票人的权利自出票日起 2 年

    C. 持票人对票据的出票人和承兑的人权利自出票之日起 2 年

    D. 持票人对前手的再追索权自清偿或被提起诉讼之日起 1 个月

23. （多选题）下列表述正确的有（　　）。

    A. 现金支票只能支取现金

    B. 签发与预留签章不符的支票

    C. 签发空头支票

    D. 转账支票只能用于转账、不得支取现金

    E. 普通支票只能用于支取现金，不能用于转账

24. （多选题）下列表述错误的是（　　）。

    A. 商业汇票的收款人名称可以更改

    B. 商业汇票未记载付款日期的为见票即付

C. 商業匯票的付款期限最長不得超過 6 個月

D. 在銀行開立存款賬戶的個人可申請使用商業匯票

E. 匯票未按規定期限提示承兌,持票人喪失對其前手的追索權

25. 下列表述正確的是(　　　)。

A. 銀行匯票的出票人和付款人均是銀行

B. 銀行匯票的持票人超過付款期限提示付款,票據權利失效

C. 銀行匯票的實際結算金額可以更改

D. 填明"現金"字樣的銀行匯票可以轉讓

26. (多選題)下列表述正確的是(　　　)。

A. 個人也可申請使用銀行本票

B. 付款人名稱是銀行本票的必須記載事項

C. 注明"現金"字樣的銀行本票可以支取現金

D. 銀行本票的提示付款期限為自出票日起 1 個月

E. 銀行本票持票人超過提示付款期限不獲付款,可向銀行請求付款

27. (多選題)下列各項中表述正確的有(　　　)。

A. 微信支付屬於第三方支付

B. 微信掃碼支付屬於線下支付

C. 第三方支付開戶無須驗證客戶身份證件

D. 第三方支付賬戶不是銀行卡賬戶,可以出租、出借

E. 經中國人民銀行批准的非金融機構可從事支付業務

28. (多選題)有關匯兌結算方式的下列表述中,正確的是(　　　)。

A. 匯款回單是匯出銀行受理匯款的依據

B. 匯款人和收款人均為個人的,可申請支取現金

C. 經過 2 個月無法交付的匯款應主動辦理退匯

D. 匯款人對已經匯出的款項可以向匯出銀行申請撤銷

E. 匯款回單是銀行將款項確已收入收款人賬戶的憑據

29. 關於委託收款結算方式的表述中,正確的是(　　　)。

A. 委託收款按結算款項的劃回方式分為郵寄和電匯

B. 委託收款可以不用記載附寄單證的張數

C. 已承兌的商業匯票不能使用委託收款方式辦理款項結算

D. 審查委託收款憑證及債務證明無誤,銀行無權拒絕付款

30. 關於托收承付的表述中,正確的是(　　　)。

A. 托收憑證上不需要記載合同名稱及號碼

B. 購貨單位承付貨款可採用驗單承付或驗貨承付

C. 被拒絕付款的托收款項,不得再辦理托收

D. 驗單承付期從付款人開戶銀行發出承付通知的當天算起

任務四知識精練參考答案

31. (2023 年多選題)支票的基本當事人包括(　　　)。

A. 出票人　　　　　　　　　　　B. 付款人

C. 收款人　　　　　　　　　　　D. 承兌人

E. 背書人

32. (2023 年判斷題)商業承兌匯票和銀行承兌匯票的承兌人是相同的。(　　　)

微专题　支付结算方式

重难点

➤ 知识点 1　支付结算概述

支付结算概述	
办理主体	·银行、城市信用合作社、农村信用合作社 ·单位和个人（含个体工商户）
办理工具	·票据 ·信用卡和汇兑、托收承付、委托收款等
基本原则	1. 恪守信用，履约付款；2. 谁的钱进谁的账，由谁支配；3. 银行不垫款
基本要求	1. 凭证要求 ①必须使用按中国人民银行统一规定印制的票据凭证和统一规定的结算凭证 ②未使用规定票据，票据无效；未使用规定格式的结算凭证，银行不予受理 2. 填写要求 ①记载要求：全面规范、数字正确、要素齐全、不错不漏、字迹清楚、防止涂改 ②单位和银行的名称：应当记载全称或规范化简称 ③金额：中文大写和阿拉伯数码同时记载，二者必须一致，否则银行不予受理 3. 内容要求 ①签章和记载事项：必须真实，不得变造伪造。 ②金额、出票或签发日期、收款人名称：不得更改；更改的票据无效，更改的结算凭证，银行不予受理

➤ 知识点 2　银行结算账户概述

银行结算账户概述		
存款人	·在中国境内开立银行结算账户的机关、团体、部队、企业、事业单位、其他组织（统称单位），个体工商户，自然人	
基本原则	1. 一个基本账户；2. 自主选择银行；3. 守法合规；4. 存款信息保密	
各类账户	单位银行结算账户： ·基本存款账户、一般存款账户、专用存款账户、临时存款账户	
账户开立、 变更、撤销	开立	1. 实行核准制度 2. 实名制管理 3. 使用规定 ·按照《人民币银行结算账户管理办法》的规定开立使用 ·不得有以下情形： ①不得出租、出借，不得利用银行结算账户套取银行信用 ②不得伪造、变造证明文件欺骗银行开立银行结算账户 ③不得将单位款项转入个人银行结算账户 ④不得违反本办法规定支取现金 ⑤不得利用开立银行结算账户逃废银行债务 ⑥不得从基本存款账户之外的银行结算账户转账存入、将销货收入或现金存入单位信用卡账户 ⑦法定代表人或主要负责人、存款人地址以及其他开户资料的变更事项，不得未在规定期限内通知银行

（续表）

		银行结算账户概述	
账户开立、变更、撤销	变更	发生法定变更事项及时间规定： 1. 存款人更改名称，但不改变开户银行及账号 ·5个工作日内向开户银行提出变更申请，并出具证明文件 2. 单位法定代表人或主要负责人、住址以及其他开户资料发生变更 ·5个工作日内书面通知开户银行并提供有关证明	
	撤销	应撤销银行结算账户的情形： 1. 被撤并、解散、宣告破产或关闭 2. 注销、被吊销营业执照 3. 因迁址需要变更开户银行 4. 其他原因需要撤销银行结算账户	注意： ①存款人尚未清偿其开户银行债务，不得申请撤销该账户 ②一年未发生收付活动且未欠开户银行债务的单位银行结算账户，应在发出通知30日内办理销户手续

➢ 知识点3 各类银行结算账户的比较

类型	要点	使用范围
基本存款账户	1. 基本存款账户是存款人的主办账户 2. 一个企业只能开立一个基本存款账户	1. 存款人日常经营活动的资金收付 2. 存款人工资、奖金和现金的支付
一般存款账户	没有开立数量限制	1. 办理各项专用资金的收付，不得办理现金收付业务 2. 单位银行卡账户的资金必须由其基本存款账户转账存入
专用存款账户	1. 对特定用途资金进行专项管理和使用 2. 不得支取现金：财政预算外资金、证券交易结算资金、期货交易保证金、信托基金、收入汇缴资金 3. 可支取现金：基本建设资金、更新改造资金、政策性房地产开发资金、金融机构存放同业资金、粮棉油收购资金、社会保障基金住房基金、党团工会经费 4. 只收不付：收入汇缴资金 5. 只付不收：业务支出资金	1. 办理各项专用资金的收付，不得办理现金收付业务 2. 单位银行卡账户的资金必须由其基本存款账户转账存入
临时存款账户	1. 开立情形：设立临时机构、异地临时经营活动、注册验资、境外机构在境内从事经营活动 2. 有效期最长不得超过2年	1. 办理临时机构以及存款人临时经营活动发生的资金收付 2. 注册验资的临时存款账户在验资期间：只收不付

➢ 知识点4 票据结算概述

	票据结算概述
票据行为	1. 出票 ①记载事项：真实，不得伪造、变造 ②签章：按照法定条件在票据上签章，并按所记载的事项承担票据责任 ·注意：出票人在票据上的签章不符合规定，票据无效；签章不符规定，票据上有伪造、变造的签章的，不影响票据上其他真实签章的效力

（续表）

票据结算概述	
票据行为	2. 承兑 ①持票人提示承兑时间 • 定日付款、出票后定期付款：汇票到期日前 • 见票后定期付款：自出票日起 1 个月内 • 见票即付：无须提示承兑 ②付款人受理承兑 • 时间：自收到提示承兑的汇票之日起 3 日内承兑或拒绝承兑 • 承兑：向持票人签发收到汇票的回单，记明汇票提示承兑日期并签章；在汇票正面记载"承兑"字样和承兑日期并签章；承兑不得附有条件；到期付款责任 • 拒绝承兑：承兑附有条件视为拒绝承兑；必须出具拒绝证明或者退票理由书 3. 背书 ①记载事项 • 必须记载事项：背书人签章、被背书人名称（可补记） • 其他记载事项：背书日期是相对记载事项，未记载视为在汇票到期日前背书；记载"不得转让"字样的汇票不得转让，其后手再背书转让，原背书人对后手的被背书人不承担保证责任 ②背书要求 • 背书应当具有连续性、真实性 • 背书不得附有条件：附有条件的背书，所附条件不具有汇票上的效力 • 不得将汇票金额的一部分转让的背书或者将汇票金额分别转让给两人以上 • 承担责任：保证其后手所持汇票承兑和付款 • 不得背书转让：汇票被拒绝承兑、被拒绝付款、超过付款提示期限 4. 保证 ①不得为保证人的范围：国家机关、以公益为目的的事业单位、社会团体、企业法人的分支机构和职能部门（法律另有规定的除外） ②必须记载事项：表明"保证"的字样；保证人名称和住所；被保证人的名称；保证日期；保证人签章 ③保证要求 • 保证不得附有条件，保证附有条件的，不影响对汇票的保证责任 • 承担保证责任：与被保证人对持票人承担连带责任；保证人为两人以上的，保证人之间承担连带责任
票据当事人	1. 基本当事人：出票人、付款人和收款人 2. 非基本当事人：承兑人、背书人、被背书人、保证人
票据权利	1. 票据权利：付款请求权和追索权 2. 票据权利时效 • 对票据的出票人和承兑人：自票据到期日起 2 年 • 对见票即付的汇票、本票：自出票日起 2 年 • 对支票出票人：自出票日起 6 个月 • 对前手的追索权：自被拒绝承兑或者被拒绝付款之日起 6 个月 • 对前手的再追索权：自清偿日或者被提起诉讼之日起 3 个月 3. 补救方式：挂失止付、公示催告、普通诉讼
票据责任	1. 付款义务：本票出票人、汇票承兑人、支票付款人 2. 偿还义务：汇票、支票的出票人；背书人；保证人

➢ 知识点 5　票据结算方式的比较

1. 不同票据的当事人对比

大类	具体类型		出票人	付款人	收款人
汇票	银行汇票		出票银行	出票银行	不得更改事项
	商业汇票	银行承兑汇票	存款人（单位）	承兑人（银行）	
		商业承兑汇票	付款人（单位）收款人（单位）	承兑人（付款人单位）	
本票	银行本票		出票银行	出票银行	
支票	现金支票、转账支票、普通支票		单位、个人	出票人的委托银行	

2. 不同票据的提示期限及权利时效对比

票据种类		提示承兑期限	提示付款期限	票据权利时效
商业汇票	见票即付	无须提示承兑	自出票日起1个月内	自出票日起2年
	定日付款	到期日前	自到期日起10日内	自到期日起2年
	出票后定期付款			
	见票后定期付款	自出票日起一个月内		
银行汇票（见票即付）		无须提示承兑	自出票日起1个月内	自出票日起2年
银行本票（见票即付）			自出票日起2个月内	自出票日起2年
支票（见票即付）			自出票日起10日内	自出票日起6个月
追索权		自被拒绝承兑或者被拒绝付款之日起6个月		
再追索权		自清偿日或者被提起诉讼之日起3个月		
商业汇票的付款期限		最长不得超过6个月		

➢ 知识点 6　票据结算方式与其他结算方式的比较

1. 各种结算方式的适用范围对比

结算方式		使用主体	适用业务	使用区域
支票		单位、个人	各种款项结算	全国范围
商业汇票	商业承兑汇票	单位	购销业务	同城或异地
	银行承兑汇票	单位	购销业务	同城或异地
银行汇票		单位、个人	各种款项结算	同城、异地、同一票据交换区域
银行本票		单位、个人	各种款项结算	同一票据交换区域
汇兑		单位、个人	异地提现和结算	异地
委托收款		单位、个人	待收取款项结算	同城、异地
托收承付		国有企业、供销合作社等单位	商品交易款、因商品交易产生的劳务供应款	异地
国内信用证		国内企业之间	商品交易货款结算	国内

2. 各种结算方式的记载事项对比

记载事项	支票	商业汇票	银行汇票	银行本票	汇兑	委托收款	托收承付
表明"××"的字样	√	√	√	√	√	√	√
无条件支付的委托	√	√	×		√	×	
无条件支付的承诺		×	√	√	×		
确定的金额	√	√	√	√		√	√
付款人名称	√	√	√	×		√	×
付款人的名称及账号			×				√
付款人的开户银行名称							√
收款人名称	×	√	√	√	√	√	
收款人的名称及账号			×				
收款人的开户银行名称							√
汇款人名称		×			√	×	
出票日期	√	√	√	√		×	
出票人签章	√	√	√	√			
汇入地点、汇入行名称					√	×	
汇出地点、汇出行名称					√		
委托收款凭据名称及附寄单证张数			×		×	√	×
托收附寄单证张数或册数						×	√
合同名称、号码							√
委托日期					√	√	
汇款人签章					√	×	
收款人签章					×	√	√

备注："√"表示绝对记载事项；"×"表示不属于绝对记载事项。

典型例题剖析

题型1　票据结算综合题

【例题1·2018年单选题】　下列表述正确的是(　　)。

A. 已承兑的支票不能挂失止付　　　　　B. 未承兑的汇票，承兑人为被保证人

C. 汇票上未记载付款日期，视为见票即付　　D. 支票金额未补记前，收款人可以背书转让

『思路』分析选项考点→判断选项描述正误→运用直接法或排除法求解。

『考点』选项A考挂失止付的适用范围；选项B考被保证人的名称；选项C考商业承兑汇票的付款日期；选项D考支票的授权补记事项。四个选项涉及支票、商业汇票等票据结算的多个知识点，是典型的票据结算综合题型。

『解析』C对：商业汇票的付款日期为相对记载事项，未记载付款日期的，为见票即付。ABD错：①只有确定付款人或代理付款人的票据丧失时才可进行挂失止付，具体包括：已承兑的商业汇票、支票、填明"现金"字样的银行汇票、填明"现金"字样的银行本票。②被保证人的名称是保证行为的必须记载事项，未记载被保证人的名称：已承兑的汇票，承兑人为被保证人；未承兑的汇票，出票人为被保证人。③支票的金额和收款人名称可授权补记。支票上的金额未补记前的支票，不得使用；出票人可以在支票上记载自己为收款人。

『答案』C.

【例题2·单选题真题改编】　下列表述正确的是(　　)。

A. 付款人承兑汇票可以附有条件　　　　　B. 承兑人可以行使票据追索权

C. 填明"现金"字样的银行汇票可以转让　　D. 定日付款的汇票在到期日前提示承兑

『思路』分析选项考点→判断选项描述正误→运用直接法或排除法求解。

『考点』选项A考承兑;选项B考追索权人;选项C考银行汇票的转让;选项D考汇票的提示承兑期。四个选项涉及银行汇票、商业汇票等多个知识点,是典型的票据结算综合题型。

『解析』D对:定日付款或者出票后定期付款的汇票,持票人应当在汇票到期日前向付款人提示承兑。ABC错:①付款人承兑汇票,不得附有条件;承兑附有条件的,视为拒绝承兑。②追索权人主要是收款人、最后的被背书人、代为清偿票据债务的保证人与背书人,不包括票据当事人的前手;承兑人是持票人之前签章票据债务人,属于持票人的前手,不能行使票据追索权。③填明"现金"字样的银行汇票,以及未填写实际结算金额或实际结算金额超过出票金额的银行汇票,不得转让。

『答案』D.

【例题3·2019年判断题】　商业汇票和支票均由出票人签发。(　　)

『思路』分析考点→判断题干描述正误→运用直接法求解。

『考点』商业汇票和支票的出票人。这也是票据结算综合题型。

『解析』这个说法正确:①商业汇票是出票人签发的,委托付款人在指定日期,无条件支付确定的金额给收款人或者持票人的票据。②支票是出票人签发的,委托办理支票存款业务的银行或者其他金融机构,在见票时无条件支付确定的金额给收款人或者持票人的票据。

『答案』√.

【例题4·判断题真题改编】　银行汇票、银行本票的出票人和付款人都是银行。(　　)

『思路』分析考点→判断题干描述正误→运用直接法求解。

『考点』银行汇票、银行本票的出票人和付款人。这也是票据结算综合题型。

『解析』这个说法正确:①银行汇票是出票银行签发的,在见票时按照实际结算金额无条件支付给收款人或者持票人的票据。②银行本票是出票人(银行)签发的,承诺自己在见票时无条件支付票据金额给收款人或持票人的票据。

『答案』√.

题型2　银行结算账户、票据结算综合题

【例题1·2016年多选题】　下列表述正确的有(　　)。

A. 普通支票只能转账　　　　　　　　　B. 一个企业只能开立一个基本存款账户

C. 支票的金额可以由出票人授权补记　　D. 存款人注册验资,可申请开立专用存款账户

E. 银行本票、银行汇票的出票人和付款人均是银行

『思路』分析选项考点→判断选项描述正误→运用直接法或排除法求解。

『考点』选项A考支票的使用范围;选项B考基本存款账户的数量;选项C考支票的授权补记事项;选项D考注册验资可开立的存款账户;选项E考银行本票、银行汇票的出票人和付款人。五个选项涉及银行结算账户、票据结算的多个知识点,是典型的综合题型。

『解析』BCE对:①一个企业只能开立一个基本存款账户,作为存款人的主办账户;②金额是支票的绝对记载事项,可由出票人授权补记,未补记前的支票,不得使用;③银行本票、银行汇票的出票人和付款人均是出票银行。AD错:①普通支票可以支取现金,也可以转账,用于转账时,应当在支票正面注明。②临时存款账户用于临时机构以及存款人临时经营活动发生的资金收付。存款人注册验资,可申请开立临时存款账户;在验资期间,该账户只收不付。

『答案』BCE.

【例题2·多选题真题改编】 下列表述正确的有(   )。

A. 支票、银行汇票、银行本票均为见票即付

B. 信息保密是银行结算账户管理的基本原则之一

C. 已承兑的商业汇票丧失后可以挂失止付

D. 存款人使用财政预算外资金,可申请开立一般存款账户

E. 签发支票必须表明无条件支付的委托

『思路』分析选项考点→判断选项描述正误→运用直接法或排除法求解。

『考点』选项A考见票即付的票据类型;选项B考银行结算账户管理的基本原则;选项C考挂失止付的适用范围;选项D考一般存款账户的开立条件;选项E考支票的绝对记载事项。五个选项涉及银行结算账户、票据结算的多个知识点,是典型的综合题型。

『解析』ACE对:①支票、银行汇票、银行本票均为见票即付,且无须提示承兑。②只有确定付款人或代理付款人的票据丧失时才可进行挂失止付;已承兑的商业汇票丧失后可以挂失止付。③无条件支付的委托是支票的绝对记载事项。BD错:①银行结算账户管理应遵循原则:一个基本账户;自主选择银行;守法合规;存款信息保密。②财政预算外资金属于有特定用途的资金,可以开立专用存款账户。

『答案』ACE。

题型3 支付结算、银行结算综合题

【例题1·单选题】 下列符合《支付结算办法》规定的是(   )。

A. 守法合规是支付结算的基本原则之一

B. 支付结算和资金清算的中介机构是银行

C. 存款人向银行借款,可申请开立基本存款账户

D. 注册验资的临时存款账户在验资期间,只付不收

『思路』分析选项考点→判断选项描述正误→运用直接法或排除法求解。

『考点』选项A考支付结算的基本原则;选项B考支付结算和资金清算的中介机构;选项C考一般存款账户的开立条件;选项D考注册验资的临时存款账户。四个选项涉及支付结算、银行结算账户的多个知识点,是典型的综合题型。

『解析』B对:《支付结算办法》明确规定银行是支付结算和资金清算的中介机构。ACD错:①支付结算的基本原则:一是恪守信用,履约付款;二是谁的钱进谁的账,由谁支配;三是银行不垫款。守法合规是银行结算账户的基本原则。②存款人因借款或其他结算需要,可以申请开立一般存款账户。③临时存款账户用于临时机构以及存款人临时经营活动发生的资金收付。注册验资的临时存款账户在验资期间,只收不付。

『答案』B。

【例题2·单选题】 下列符合《支付结算办法》规定的是(   )。

A. 未清偿其债务的银行账户可申请撤销

B. 用单位银行卡账户办理现金收付业务

C. 票据和结算凭证的签发日期可以更改

D. 填写票据可以用繁体字书写中文大写金额数字

『思路』分析选项考点→判断选项描述正误→运用直接法或排除法求解。

『考点』选项A考银行账户的撤销;选项B考单位银行卡办理业务;选项C考票据和结算凭证不得更改的事项;选项D考票据填写要求。四个选项涉及支付结算、银行结算账户的多个知识点,是典型的综合题型。

『解析』D对:票据金额数字书写中使用繁体字也应受理。ABC错:①存款人尚未清偿其开户银行债务,不得申请撤销该账户。②办法规定:不得从基本存款账户之外的银行结算账户转账存入、将销货

收入存入或现金存入单位信用卡账户；不得违反本办法规定将单位款项转入个人银行结算账户；单位银行卡账户不得办理现金收入业务。③票据和结算凭证的金额、出票或签发日期、收款人名称不得更改，更改的票据无效；更改的结算凭证，银行不予受理。

『答案』D。

题型4 支付结算、票据结算、其他结算方式综合题

【例题1·2015年单选题】 下列符合《支付结算办法》规定的是（   ）。

A. 银行垫款是支付结算的基本原则之一

B. 银行汇票的提示付款期限自出票日起2个月

C. 商业承兑汇票由银行以外的付款人承兑

D. 代销、寄销商品的款项，可以办理托收承付结算

『思路』分析选项考点→判断选项描述正误→运用直接法或排除法求解。

『考点』选项A考支付结算的基本原则；选项B考银行汇票的提示付款期限；选项C考商业承兑汇票的承兑人；选项D考托收承付结算的适用范围。四个选项涉及支付结算、票据结算及其他结算方式等多个知识点，是典型的综合题型。

『解析』C对：商业承兑汇票由银行以外的付款人承兑。ABD错：①支付结算的基本原则有3个：一是恪守信用，履约付款；二是谁的钱进谁的账，由谁支配；三是银行不垫款。②银行汇票的提示付款为自出票之日起1个月。③代销、寄销、赊销商品款，不得办理托收承付结算的款项。

『答案』C。

【例题2·单选题真题改编】 下列符合《支付结算办法》规定的是（   ）。

A. 信守承诺，分期付款是支付结算的基本原则之一

B. 见票即付的商业汇票的提示付款自出票日起2个月

C. 已承兑的汇票，承兑人为被保证人

D. 已承兑的商业汇票可以办理托收承付结算

『思路』分析选项考点→判断选项描述正误→运用直接法或排除法求解。

『考点』选项A考支付结算的基本原则；选项B考见票即付商业汇票的提示付款期限；选项C考被保证人的名称；选项D考已承兑的商业汇票的结算方式。四个选项涉及支付结算、票据结算及其他结算方式等多个知识点，是典型的综合题型。

『解析』C对：已承兑的汇票，承兑人为被保证；未承兑的汇票，出票人为被保证人。ABD错：①支付结算的基本原则有3个：一是恪守信用，履约付款；二是谁的钱进谁的账，由谁支配；三是银行不垫款。②见票即付商业汇票的提示付款自出票日起一个月内。③委托收款适用于同城、异地的待收取款项结算，如提交水电费单、电话费单、已承兑的商业汇票、债券、存单等债务证明可以办理委托收款。托收承付适用于异地商品交易款或因商品交易产生的劳务供应款。

『答案』C。

【例题3·单选题真题改编】 下列符合《支付结算办法》规定的是（   ）。

A. 持票人对商业汇票承兑人的权利自到期日起1年

B. 填明"现金"字样的银行本票丧失后可以挂失止付

C. 票据和结算凭证金额只书写阿拉伯数码

D. 汇款回单表明银行将款项确已收入收款人账户

『思路』分析选项考点→判断选项描述正误→运用直接法或排除法求解。

『考点』选项A考票据权利时效；选项B考挂失止付的适用范围；选项C考票据和结算凭证的填写要求；选项D考汇款项已收入收款人账户的凭据。四个选项涉及支付结算、票据结算及其他结算方式等多个知识点，是典型的综合题型。

『解析』B 对：只有确定付款人或代理付款人的票据丧失时才可进行挂失止付，填明"现金"字样的银行本票丧失后可以挂失止付。ACD 错：①持票人对商业汇票承兑人的权利自票据到期日起 2 年。②《支付结算办法》规定，票据和结算凭证金额以中文大写和阿拉伯数码同时记载。③收账通知才是银行将款项确已收入收款人账户的凭据。汇款回单只能作为汇出银行受理汇款的依据，不能作为该笔汇款已转入收款人账户的证明。

『答案』B。

题型精练

——精选好题·强化能力——

1. 下列表述正确的是（　　）。
   A. 票据是银行依法签发的有价证券
   B. 票据签章是票据行为生效的重要条件
   C. 商业汇票的付款期限最长不得超过 2 个月
   D. 签发支票必须记载付款人和收款人的名称

2. 下列表述正确的是（　　）。
   A. 已承兑的汇票，出票人为被保证人
   B. 支票的出票人和付款人均是银行
   C. 出票人和承兑人不能行使票据追索权
   D. 商业汇票上可以不记载收款人名称

3.（判断题）商业承兑汇票、银行承兑汇票的承兑人均是付款人。（　　）

4.（判断题）商业汇票、银行汇票在同城或异地都可以使用。（　　）

5.（多选题）下列表述正确的有（　　）。
   A. 票据上伪造的签章不影响其他真实签章的效力
   B. 将销货收入直接存入单位信用卡账户
   C. 支票的收款人名称经出票人授权可以补
   D. 临时存款账户的有效期最长不得超过 3 年
   E. 持票人对前手的追索权自被拒绝承兑之日起 6 个月

——拔高好题·突破难点——

6. 下列符合《支付结算办法》规定的是（　　）。
   A. 支付结算和资金清算的中介机构是税务机关
   B. 专用存款账户不得办理现金收付业务
   C. 将销货收入直接存入单位信用卡账户
   D. 遵纪守法是银行结算账户管理的基本原则之一

7. 下列符合《支付结算办法》规定的是（　　）。
   A. 票据出票日期用阿拉伯数字填写
   B. 银行不垫款是银行结算账户管理的基本原则之一
   C. 偶尔出租、出借银行结算账户
   D. 一般存款账户可以缴存现金，但不得支取现金

8. 下列符合《支付结算办法》规定的是（　　）。
   A. 支付结算必须使用中国银行统一规定的票据和结算凭证
   B. 见票后定期付款的汇票自出票日起 2 个月内提示承兑

C. 因商品交易产生的劳务供应款可以办理托收承付结算

D. 支票的提示付款期限为自出票日起 1 个月

9. 下列符合《支付结算办法》规定的是(　　)。

A. 支付结算实行集中统一管理的管理体制

B. 持票人对支票的权利自出票日起 6 个月

C. 定日付款的商业汇票的提示付款限自到期日起 1 个月

D. 委托收款以银行为付款人应于次日将款项支付给收款人

10. 下列符合《支付结算办法》规定的是(　　)。

A. 国内信用证只能用于转账结算、不得支取现金

B. 票据和结算凭证的收款人名称可以更改

C. 未填写实际结算金额的银行汇票可以转让

D. 持票人对银行本票的权利自出票日起 1 年

微专题题型精练参考答案

项目二综合检测

一、单选题

1. 对财政预算外资金的管理和使用，存款人可申请开立(　　)。

A. 基本存款账户　　　　　　B. 专用存款账户

C. 一般存款账户　　　　　　D. 临时存款账户

2. 异地临时经营活动，存款人可申请开立(　　)。

A. 基本存款账户　　　　　　B. 专用存款账户

C. 一般存款账户　　　　　　D. 临时存款账户

3. 下列表述正确的是(　　)

A. 出票人是票据的基本当事人，个人也可以签发商业汇票

B. 被背书人和背书人是背书行为产生的当事人，是基本当事人

C. 承兑人是票据当事人，承兑附有条件的，视为拒绝承兑

D. 保证人是票据的非基本当事人，保证附有条件的，视为拒绝保证

4. 下列表述正确的是(　　)。

A. 付款人承兑汇票可以附有条件　　B. 见票即付的汇票无须承兑

C. 可以将汇票金额背书转让给两人　　D. 背书转让的汇票可以不签章

5. 可证明银行将汇款确已收入收款人账户的是(　　)。

A. 汇款回单　　　　　　B. 收账通知

C. 汇款收费单据　　　　　　D. 余额对账单

6. 下列表述正确的是(　　)。

A. 背书人是票据的基本当事人，背书可以附条件

B. 银行承兑汇票的承兑人是银行，是票据的基本当事人

C. 付款人是票据的基本当事人，本票的付款人就是出票银行

D. 保证人是票据的非基本当事人，未承兑的汇票，承兑人为被保证人

7. 支票的绝对记载事项有(　　)。

A. 无条件支付的承诺　　　　　　B. 付款地

C. 付款人名称　　　　　　D. 出票地

8. 关于国内信用证的表述中，正确的是(　　)。

A. 国内信用证可以背书转让

B. 国内信用证只能用于转账结算，不得支取现金

C. 申请人交存的保证金为开证金额的 10%

D. 申请人的保证金和账户余额不足支付的，开证行可拒绝付款

9.（2019 年单选题）支票的提示付款期限为自出票日起（　　）。

A. 10 日　　　　　B. 15 日　　　　　C. 20 日　　　　　D. 30 日

10. 见票即付的商业汇票的票据权利时效为自出票日起（　　）。

A. 10 日　　　　　B. 6 个月　　　　　C. 2 年　　　　　D. 30 日

11. 出票后定期付款的商业汇票的提示付款期限为（　　）。

A. 自出票日起 1 个月　　　　　B. 自到期日起 1 个月

C. 自出票日起 10 日　　　　　D. 自到期日起 10 日

12. 委托收款凭证上可以不记载的事项是（　　）。

A. 收款人甲公司　　　　　B. 付款人 N 公司

C. 委托日期　　　　　D. 甲公司地址

13. 下列表述正确的是（　　）。

A. 票据上有伪造、变造的签章，票据无效

B. 商业承兑汇票背书转让时附有一定条件

C. 签发商业汇票必须表明无条件支付的承诺

D. 附条件的保证不影响对汇票的保证责任

14. 下列符合《支付结算办法》规定的是（　　）。

A. 未填明代理付款人的银行汇票丧失后可以挂失止付

B. 持票人对商业汇票承兑人的权利自票据到期日起 1 年

C. 托收承付凭证上必须记载出票日期和出票人签章

D. 签发银行汇票、银行本票必须表明无条件支付的承诺

二、多选题

1. 属于现金结算范围的有（　　）。

A. 职工津贴　　　　　B. 向个人收购农副产品

C. 出差人员差旅费　　　　　D. 福利费

E. 购置 100 元的办公用品

2. 出纳人员不得兼管的工作有（　　）。

A. 稽核　　　　　B. 会计档案保管

C. 现金收付　　　　　D. 债权债务账目的登记工作

E. 现金保管

3. 下列对现金结算描述正确的是（　　）。

A. 适用于单位和个人之间的款项收付　　　　　B. 适用于个人之间的结算

C. 适用于单位与银行之间的结算　　　　　D. 适用于银行之间的结算

E. 适用于单位与单位之间的转账结算起点金额以下的结算

4. 支付结算的基本原则有（　　）。

A. 恪守信用，履约付款　　　　　B. 自主选择

C. 合规合法　　　　　D. 银行不垫付

E. 谁的钱进谁的账，由谁支配

5. 金额"￥205740.80元"正确的中文大写有（　　　）。

　　A. 人民币二十万零五千七百四十元八角整

　　B. 人民币贰拾万零伍仟柒佰肆拾元捌角

　　C. 人民币贰拾万伍仟柒佰肆拾元捌角整

　　D. 人民币贰拾万零伍仟柒佰肆拾元捌角整

　　E. 人民币贰拾万零伍仟柒佰肆拾元零捌角

6. 下列关于银行结算账户的表述正确的是（　　　）。

　　A. 企业银行结算账户自开立之日即可办理收付款业务

　　B. 伪造、变造证明文件开立银行结算账户

　　C. 宣告破产不及时撤销银行结算账户

　　D. 公司注销应在5个工作日内提出撤销申请

　　E. 存款人尚未清偿其开户银行债务申请撤销该账户

7. 下列表述正确的有（　　　）。

　　A. 个体工商户不得开立基本存款账户

　　B. 一般存款账户可用于借款转存、借款归还

　　C. 所有专用存款账户都不得支取现金

　　D. 储蓄账户就是个人银行结算账户

　　E. 异地临时经营活动可开立异地银行结算账户

8. 以下当事人能行使票据追索权的是（　　　）。

　　A. 出票人　　　　　B. 收款人　　　　　C. 保证人　　　　　D. 背书人

　　E. 承兑人

9. 以下当事人不能行使票据追索权的是（　　　）。

　　A. 承兑人　　　　　B. 收款人　　　　　C. 保证人　　　　　D. 持票人

　　E. 出票人

10. 下列表述正确的有（　　　）。

　　A. 银行卡收取违约金的同时计收利息

　　B. 贷记卡透支，按月计收复利

　　C. 借记卡内有存款，银行会计付利息

　　D. 贷记卡支取现金不再享受免息还款期待遇

　　E. 贷记卡内有存款，银行会计付利息

11. 下列业务中，企业网上银行可以办理的是（　　　）。

　　A. 批量支付　　　　　　　　　　B. B2B网上支付

　　C. 外汇买卖业务　　　　　　　　D. 账户信息查询

　　E. 银证转账业务

12. 委托收款凭证上必须记载的事项是（　　　）。

　　A. 收款人名称　　　　　　　　　B. 付款人名称

　　C. 委托日期　　　　　　　　　　D. 无条件支付的委托

　　E. 确定的金额

13. （2018年真题）支票的绝对记载事项有（　　　）。

　　A. 出票日期　　　　　　　　　　B. 确定的金额

　　C. 付款人名称　　　　　　　　　D. 出票人签章

　　E. 无条件支付的委托

14. 下列表述正确的有(　　　)。

　　A. 将销货收入款项存入单位卡账户　　　B. 单位卡账户可以交存现金

　　C. 单位的款项不得存入个人卡账户　　　D. 单位卡账户不得支取现金

　　E. 个人的现金、工资和劳务报酬可以转账存入个人卡账户

15. 下列业务中，个人网上银行可以办理的是(　　　)。

　　A. 股票交易　　　　B. B2C 网上支付　　　　C. 外汇买卖业务　　　　D. 期货交易

　　E. 银证转账业务

16. 下列表述正确的有(　　　)。

　　A. 将单位款项转入个人银行结算账户

　　B. 出票后定期付款的汇票在汇票到期日前提示承兑

　　C. 持票人对银行汇票出票人的权利自出票日起 2 年

　　D. 持票人对前手的再追索权自清偿日起 3 个月

　　E. 银行结算账户是办理资金收付结算的定期存款账户

三、判断题

1. 未经授权的机构或人员可以直接接触货币资金业务。(　　　)

2. 支付结算和资金清算的中介机构是银行。(　　　)

3. 支付结算和资金清算的中介机构是税务机关。(　　　)

4. 专用存款账户可以办理现金收付业务，不得办理各项专用资金的收付。(　　　)

5. 临时存款账户的有效期最长不得超过 360 日。(　　　)

6. 注册验资的临时存款账户在验资期间，只付不收。(　　　)

7. 不得签发无对价的汇票用以骗取其他票据当事人的资金。(　　　)

8. 票据的非基本当事人包括收款人、承兑人、背书人、被背书人、保证人。(　　　)

9. 票据上有变造的签章，不影响票据上其他真实签章的效力。(　　　)

10. 商业汇票由银行以外的企业和其他组织签发，与付款人具有真实委托付款关系。(　　　)

11. 支票由出票人签发，付款人是委托办理支票存款业务的银行。(　　　)

12. 委托收款以单位为付款人的，银行收到委托收款凭证及债务证明，审查无误后应于当日将款项主动支付给收款人。(　　　)

13. 委托收款以单位为付款人的，接到银行通知后，应于接到通知当日书面通知银行付款。(　　　)

14. 见票后定期付款商业汇票的提示付款期为自到期日起 10 日。(　　　)

15. 汇款回单是银行将款项确已收入收款人账户的凭据。(　　　)

16. (2015 年真题)普通支票只能用于支取现金，不能用于转账。(　　　)

项目二综合检测参考答案

项目三　税收法律制度

【项目目标】

税收法律制度是我国法律制度的重要组成部分，是依法治税的前提和基础。本项目是教材的核心内容，包括税收与税法、增值税、消费税、企业所得税、个人所得税和税收征收管理 6 个任务。税收的本质是分配关系，而税法的本质是调整权利义务关系，是税收法律制度的核心内容。认知税收与税法是学习 4 个主要税种的基础，而税收征收管理则是实现税收管理目标、将潜在税源变成税收收入的实现手段。在学习时，应重点把握 4 个主要税种的理论学习和计算。

【思政目标】

在税收法律制度面前，要敬畏法律和规则，做遵纪守法、恪守职业道德的典范；在计算每一个税种应纳税额时，要把每一个计算步骤说清楚，坚持一切从实际出发、实事求是的原则；面对税务机关征收税款，要主动申报、按期纳税，践行"偷税抗税违法，纳税协税光荣"的法治理念，培养家国情怀和担当意识，树立高度的社会责任感。

【学习目标】

知识目标	技能目标	素质目标
☆ 识别税收与税法的概念、特征、分类及税法的构成要素 ☆ 掌握增值税、消费税、企业所得税、个人所得税理论基础及应纳税额计算 ☆ 熟悉税收征收管理的具体规定	☆ 会求增值税一般纳税人和小规模纳税人的应纳税额 ☆ 会求消费税的应纳税额 ☆ 会求企业所得税的应纳税额 ☆ 会求个人所得税的应纳税额	随着经济的发展，我国税收制度不断发展变化，为保障国家税收收入，保护纳税人的合法权益，促进经济和社会发展，要积极引导学生学法守法，增强制度自信和家国情怀，做到依法纳税

【考点分析】

任务	考点	年份/题型	合计分值
任务一	税收与税法	2020 年单选题、2021 年单选题、2022 年单选题、2023 年单选题	12
任务二	增值税	2015—2023 年均为计算题	60
任务三	消费税	2015—2023 年均为计算题	60
任务四	企业所得税	2015—2019 年、2021 年、2023 年均为计算题	44
任务五	个人所得税	2015 年单选题、2020 年计算题、2022 年计算题	18
任务六	税收征收管理	2016—2019 年均为单选题	10

任务一　税收与税法

一、学习导航

学习能量	税收与税法仅一字之差，意思却差别很大，容易混淆。这就要求我们学习时要注意概念、知识之间的细微差别，学会对比总结，养成善于观察、细致严谨的好习惯
学习目标	1. 识别税收与税法的概念、特征及本质 2. 列举税收与税法按照不同标准的分类 3. 识别税法的构成要素，能熟记计税依据及计税公式
学习建议	本节是学习税收法律制度的基础，对后续知识点的理解、掌握很重要，2020 年至 2023 年的试题涉及税收特征、税收的分类、比例税率、流转税等考点。因此，建议强化习题训练，全面把握本节知识点

二、教材内容精讲

➢ 知识点 1　税收与税法的区别

1. 税收与税法的概念

税收，是国家为满足社会公共需要，凭借政治权力，按照国家法律规定的标准和程序，强制地、无偿地取得财政收入的一种分配形式。

税法，是国家权力机关和行政机关制定的用以调整国家与纳税人之间在征纳税方面的权利与义务关系的法律规范的总称。

2. 税收与税法的区别

税收是经济学概念，税法是法学概念，二者在地位、特征、本质、职能等方面也存在不同，学习时应仔细辨析、抓住关键、看清本质。

区别	税收	税法
地位	国家取得财政收入的重要工具	税收制度的核心内容，国家法律的重要组成部分
特征	1. 强制性：国家权利在税收上的法律体现，是国家取得税收收入的根本前提 2. 无偿性：是税收最本质的特征，是税收"三性"的核心 3. 固定性：即时间的连续性和征收比例的固定性，是强制性和无偿性的必然要求	1. 义务性法规 ·《宪法》第五十六条规定："中华人民共和国公民有依照法律纳税的义务。" ·《刑法》第二百零一条明确用"逃避缴纳税款"取代"偷税"概念。 2. 综合性法规
本质	国家为主体的分配关系	调整国家与纳税人之间在征纳税方面的权利与义务关系
职能	组织财政收入、调节社会经济、监督经济活动	保障国家利益和纳税人的合法权益、维护正常税收秩序、保证国家财政收入

【例题1·2020 年单选题】　下列不属于税收特征的是(　　　)。

A. 强制性　　　　　B. 有偿性　　　　　C. 无偿性　　　　　D. 固定性

『解析』选 B：不属于税收特征。ACD 不选：属于税收特征。税收具有强制性、无偿性、固定性三个特征。其中无偿性是税收的本质，是税收"三性"的核心；强制性是实现税收无偿征收的强有力保证；固定性是强制性和无偿性的必然要求。

『答案』B。

➤ 知识点 2　税收的分类

我国税收按征税对象分为流转税、所得税（收益税）、财产税、资源税、行为税（特定目的税）；按征收管理的分工体系分为工商税、关税；按税收征收权限和收入支配权限分为中央税、地方税、中央与地方共享税；按照计税标准不同分为从价税、从量税、复合税。学习时需牢记不同分类的税种名称、征税对象及举例等。

1. 按征税对象分类：5 类

名称	征税对象	税收特点	举例
流转税	货物、劳务流转额	生产经营、销售环节征收，收入不受成本费用变化的影响，而对价格变化较为敏感	增值税、消费税、关税
所得税（收益税）	各种应纳税所得额（收益额）	终端税种，征税数额受成本、费用、利润高低的影响较大	企业所得税、个人所得税、土地增值税
财产税	特定财产（动车、不动产）或某种行为	税收负担与财产价值、数量关系密切，体现量能负担、调节财富、合理分配的原则	房产税、车船税
资源税	自然资源、社会资源	税负高低与资源级差收益水平关系密切	资源税、城镇土地使用税、环境保护税
行为税（特定目的税）	特定行为	征税的选择性较为明显，税种较多	城市维护建设税、车辆购置税、印花税、契税、耕地占用税、烟叶税、船舶吨税

2. 按征收管理的分工体系分类：2 类

名称	征收单位	税收特点
工商税类	税务机关	我国现行税制的主体部分，主要有增值税、消费税、资源税、企业所得税、城镇土地使用税、印花税等税种
关税类	海关	包括进出口关税、对入境旅客行李物品和个人邮递物品征收的进口税，但关税不包括由海关代征的进口环节增值税、消费税和船舶吨税

3. 按税收征收权限和收入支配权限分类：3 类

名称	收入划分	涵盖税种
中央税	中央固定收入	消费税（含进口环节由海关代征的全部消费税）、车辆购置税、关税、船舶吨税、由海关代征的进口环节增值税、铁路建设基金营改增
地方税	地方固定收入	房产税、城镇土地使用税、耕地占用税、土地增值税、车船税、契税、烟叶税、环境保护税
中央与地方共享税	中央、地方共享收入	三大税：增值税、企业所得税、个人所得税 三小税：城市维护建设税、资源税、印花税

4. 按照计税标准不同分类：3 类

名称	计税依据	税率类别	举例
从价税	课税对象的价格	比例税率、累进税率	增值税、关税、企业所得税、个人所得税、土地增值税
从量税	课税对象的实物量（重量、面积、件数）	定额税率	车船税、城镇土地使用税、船舶吨税、消费税中的啤酒、黄酒、成品油
复合税	课税对象从价和从量相结合	从量、从价两种税率	消费税中的白酒、卷烟

【例题 2·2022 年单选题】 属于流转税的是（ ）。

A. 车船税 B. 增值税 C. 企业所得税 D. 城市维护建设税

『解析』B 对：增值税、消费税、关税属于流转税。ACD 错：①车船税、房产税属于财产税类。②企业所得税、土地增值税、个人所得税属于所得税。③城市维护建设税、耕地占用税、车辆购置税、契税、印花税、烟叶税等属于行为税类。

『答案』B。

【例题 3·多选题】 下列税种中，属于财产税类的是（ ）。

A. 房产税 B. 车船税 C. 城镇土地使用税 D. 车辆购置税

E. 契税

『解析』AB 对：房产税、车船税属于财产税类。CDE 错：城镇土地使用税、资源税、环境保护税属于资源税。车辆购置税、契税、城市维护建设税、印花税、耕地占用税、烟叶税、船舶吨税属于行为税。

『答案』AB。

【例题 4·多选题】 根据我国税法的规定，我国现行增值税属于（ ）。

A. 流转税 B. 工商税 C. 地方税 D. 从价税

E. 中央税

『解析』ABD 对：增值税属于以货物、劳务流转额为征税对象的流转税，也属于工商税的征税范围，其计税依据是以课税对象的价格按一定比例税率征税。CE 错：增值税是中央政府与地方政府共享税，其中海关代征的部分、铁路建设基金营改增的部分归于中央；其余部分中央 50%、地方 50%。

『答案』ABD。

➤ **知识点 3 税法的分类**

税法体系中各种税法按照功能作用、权限范围、法律层次的不同，可分为不同的类型。按功能作用分为税收实体法、税收程序法；按主权国家行使税收管辖权分为国内税法、国际税法、外国税法；按税收法律层次分为税收法律、税收行政法规、税收规章、税收规范性文件。学习时应熟记不同分类下的名称、涵盖内容、举例等。

1. 按功能作用分类：2 类

名称	涵盖内容	地位	举例
税收实体法	具体规定各税种的征收对象、征收范围、税目、税率等	税法的核心	5 大类：货物和劳务税类，所得税类，财产和行为税类，资源税和环境保护税类，特定目的税类
税收程序法	包括具体实施税收的规定	税收体系的基本组成部分	税收征收管理法
提示：税种的分类不具有法定性。税收实体法的 5 大类，与我国税收按征税对象分成的流转税、所得税、财产税、资源税、行为税 5 个大类包含的税种一致			

2. 按主权国家行使税收管辖权分类：3 类

名称	涵盖内容	举例
国内税法	国家的内部税收制度	国内各种税收法律、法规和规范性文件
国际税法	国家间形成的税收制度	国际税收协定、条约、国际惯例
外国税法	其他国家的税收制度	其他国家制定的各种税收法律、法规和规范性文件
延伸知识	在国际税收协定与其他国内税法的地位关系上，有两种模式。模式一：国际法优于国内法；模式二：国际税收协定与国内税法效力等同，在出现冲突时按照"新法优于旧法"和"特别法优于普通法"等处理法律冲突的一般性原则来协调	

3. 按税收法律层次分类：4 类

分类	立法机关	形式	举例
税收法律	全国人大及其常委会正式立法	法律	12个实体税法：《企业所得税法》《个人所得税法》《车船税法》《环境保护税法》《烟叶税法》《船舶吨税法》《车辆购置税法》《耕地占用税法》《资源税法》《城市维护建设税法》《契税法》《印花税法》 1个程序法：《税收征收管理法》
税收行政法规	全国人大及其常委会授权国务院制定	（准法律）暂行规定或条例	《增值税暂行条例》《消费税暂行条例》《土地增值税暂行条例》
	国务院	实施条例、实施细则、暂行条例	《企业所得税法实施条例》《税收征收管理法实施细则》《房产税暂行条例》等
	地方人大（目前只有海南省、民族自治区）		—
税收规章	财政部、税务总局、海关总署	办法、规则、规定	《增值税暂行条例实施细则》《税务代理试行办法》《海关进出口货物征税管理办法》等
	省级地方政府		《房产税暂行条例实施细则》等
税收规范性文件	县以上（含本级）税务机关：税收地方规范性文件	办法、规定、规程、规则	《土地增值税清算管理规程》《印花税管理规程（试行）》等

【知识拓展】

1. 效力排序：宪法＞税收法律＞税收行政法规＞税收规章＞税收规范性文件。

2. 截至 2022 年底，12 个实体税法通过立法程序。

3. 《增值税暂行条例》《消费税暂行条例》《土地增值税暂行条例》是由全国人大及其常委会授权国务院制定的暂行条例，属于准法律，按照《立法法》第九条，这类型暂行条例属于行政法规。

4. 《增值税暂行条例》属于税收行政法规，也是准法律，《增值税暂行条例实施细则》属于税收规章，二者的层级不同，效力不同。

5. 《企业所得税法》属于税收法律，《企业所得税法实施条例》属于税收行政法规，二者的层级不同，效力不同。

6. 房产税暂未立法，《房产税暂行条例》属于税收行政法规，《房产税暂行条例实施细则》属于税收规章。

【例题 5·多选题】 下列税种属于税收法律的是( )。

A.《企业所得税法》 　　　　　　　B.《消费税暂行条例》

C.《增值税暂行条例》 　　　　　　D.《个人所得税法》

E.《土地增值税暂行条例》

『解析』AD 对：《企业所得税法》《个人所得税法》是 12 个实体税法的其中两个。BCE 错：《增值税暂行条例》《消费税暂行条例》《土地增值税暂行条例》是由全国人大及其常委会授权国务院制定的暂行条例，按照《立法法》第九条，这类型暂行条例属于行政法规。

『答案』AD。

【例题 6·多选题】 按税收法律层次分不同，可以将税法分为( )。

A. 税收法律 　　　　　　　　　　B. 税收行政法

C. 税收程序法 　　　　　　　　　D. 税收规范性文件

E. 税收规章

『解析』ABDE 对：按税收法律层次分类可以将税法分为税收法律、税收行政法规、税收程序法、税收规范性文件、税收规章。C 错：根据税法功能作用的不同，可以将税法分为税收实体法和税收程序法。

『答案』ABDE。

【例题 7·判断题】 税法体系就是通常所说的税收制度。( )

『解析』这种说法正确。税法体系就是通常所说的税收制度。税收制度分为简单型税制及复合型税制，我国属于复合型税制。税法体系中各种税法按功能作用、权限范围、法律层次的不同，又可分为不同的类型。

『答案』√。

➤ 知识点 4　税法的构成要素

税法的构成要素是指各单行税法具有的共同的基本要素的总称。一般构成要素，包括征税人、纳税义务人、征税对象、税目、税率、计税依据、纳税环节、纳税期限、纳税地点、减税免税、法律责任等。基本要素有 3 个，即纳税义务人、征税对象和税率。

序号	要素名称	主要内容
1	征税人	各级税务机关、海关
2	纳税义务人	自然人、法人或其他社会组织 相关主体：扣缴义务人、负税人（直接或间接承担税负） 注意：扣缴义务人是指不承担纳税义务，但有义务代扣代缴或代收代缴纳税人应纳税款的单位和个人
3	征税对象	区分不同税种的主要标志，包括物或行为 按征税对象分类：流转税、所得税、财产税、资源税、行为税
4	税目	税收的广度，是对征税对象质的规定
5	税率	税法的核心要素，衡量税负轻重的重要标志，体现征税的深度
		比例税率：单一比例税率、差别比例税率、幅度比例税率 举例：增值税、城市维护建设税、企业所得税
		定额税率：按征税对象的计算单位规定固定的税额 举例：啤酒、黄酒、成品油消费税；城镇土地使用税、车船税
		累进税率：全额累进税率与全率累进税率（已不采用）、超额累进税率（个人所得税中的综合所得、经营所得）、超率累进税率（土地增值税）

（续表）

序号	要素名称	主要内容
6	计税依据 （税基）	计算征税对象课税的数量依据，是对征税对象量的规定
		从价计征：计税金额＝征税对象数量×计税价格 　　　　　应纳税额＝计税金额×适用税率
		从量计征：计税金额＝计税数量×单位适用税额
		复合计征： 应纳税额＝计税数量×单位适用税额＋计税金额×适用税率
7	纳税环节	生产、消费、流通、分配

【例题 8·多选题】 下列税种中，采用比例税率计算税额的有（　　）。

A. 城镇土地使用税　　　　　　　　　B. 啤酒、黄酒、成品油的消费税

C. 增值税　　　　　　　　　　　　　D. 城市维护建设税

E. 企业所得税

『解析』CDE 对：增值税、城市维护建设税、企业所得税均采用比例税率计税。AB 错：城镇土地使用税和啤酒、黄酒、成品油的消费税均采用定额税率计税。

『答案』CDE。

三、疑难解答

1. 税收法律关系

税收法律关系是税法所确认和调整的，国家与纳税人之间税收分配过程中形成的权利与义务关系。税收法律关系由权利主体、客体及内容构成。

三要素	解释
权利主体	双主体（即征纳双方）： 征税方——代表国家行使征税职责的税务机关、海关 纳税方——履行纳税义务的法人、自然人、其他组织，是属地兼属人原则
权利客体	即征税对象——双主体的权利、义务所共同指向的对象
内容	双主体所享有的权利及应承担的义务 这是税法法律关系中最实质的东西，也是税法的灵魂
注意：①征纳双方法律地位是平等的，但权利和义务内容不对等；②税法是引起税收法律关系的前提；③税收法律关系的产生、变更、消灭是由税收法律事实决定的	

【例题 9·多选题】 下列属于税收法律关系主体和客体的有（　　）。

A. 企业生产经营所得　　　　　　　　B. 个人所得税纳税人

C. 纳税人的权利与义务　　　　　　　D. 征收税款的税务机关

E. 征税人的权利与义务

『解析』ABD 对：企业生产经营所得是企业所得税的征税对象，属于权利客体；个人所得税纳税人是双主体中的纳税人，征收税款的税务机关双主体中的征税人，均属于权利主体。CE 错：纳税人与征税人的权利与义务属于内容，这是税法法律关系中最实质的东西，也是税法的灵魂。

『答案』ABD。

2. 中央政府与地方政府共享收入划分比例

中央政府与地方政府共享收入的税种包括增值税、企业所得税、个人所得税、城市维护建设税、资

源税和印花税。二者划分比例不同。

税种	中央收入	地方收入
增值税	海关代征的部分；铁路建设基金营改增的部分；其余部分的50%	除已列举归属中央之外部分增值税的50%
企业所得税	中国国家铁路集团、各银行总行、海洋石油企业缴纳的部分归中央；其余部分企业所得税中央为60%	除已列举归属中央之外部分企业所得税的40%
个人所得税	储蓄存款利息税归中央；其余部分企业所得税中央为60%	除储蓄存款利息税之外部分个人所得税的40%
城市维护建设税	中国国家铁路集团、各银行总行、各保险总公司集中缴纳部分	其他城建税
资源税	海洋石油企业缴纳部分	其他资源税
印花税	证券交易印花税	其他印花税

【例题10·多选题】 下列各项中，属于中央政府与地方政府的共享收入的有（　　）。

A. 土地增值税　　　　B. 资源税　　　　　　C. 企业所得税　　　　D. 个人所得税

E. 契税

『解析』BCD 对：资源税、企业所得税、个人所得税均属于中央政府与地方政府共享收入。AE 错：土地增值税、契税属于地方政府固定收入。

『答案』BCD。

3. 高考链接

年份	题型	分值	考点
2020 年	单选题	3	税收的特征：强制性、无偿性、固定性
2021 年	单选题	3	税法的构成要素：税率
2022 年	单选题	3	按征税对象不同的税收分类：流转税
2023 年	单选题	3	按计税标准不同的税收分类：从量税

【例题11·2021年单选题】 增值税税率采用的是（　　）。

A. 比例税率　　　　B. 定额税率　　　　C. 超率累进税率　　　　D. 超额累进税率

『解析』A 对：增值税、城市维护建设税、企业所得税均采用比例税率计税。BCD 错：城镇土地使用税和啤酒、黄酒、成品油的消费税均采用定额税率计税；土地增值税采用超率累进税率；个人所得税中的综合所得及经营所得的个税计算采用超额累进税率。

『答案』A。

【例题12·2023年单选题】 从量税的计税依据是（　　）。

A. 价格　　　　B. 金额　　　　C. 实物量　　　　D. 金额或数量

『解析』C 对：按照计税标准不同，税收可分为从价税、从量税和复合税。从量税是指以课税对象的实物量（重量、面积、件数）作为计税征收的一种税，一般采用定额税率。ABD 错：从价税是指以课税对象的价格作为计税依据，按一定比例计征；复合税在征税时同时使用从量、从价两种税率，对课税对象既征收从价税，又征收从量税，以两种税率计算的税额之和作为课税对象的应纳税额。

『答案』C。

┌───┐
　　考点点拨：税收收入划分属于综合性考点。要快速准确解答这类题目，就要牢记归属于中央的固定收入、地方的固定收入的税种，还要熟悉属于中央政府与地方政府共享收入的税种及其划分比例，总之，多比较记忆、多做习题训练。
└───┘

四、考点归纳

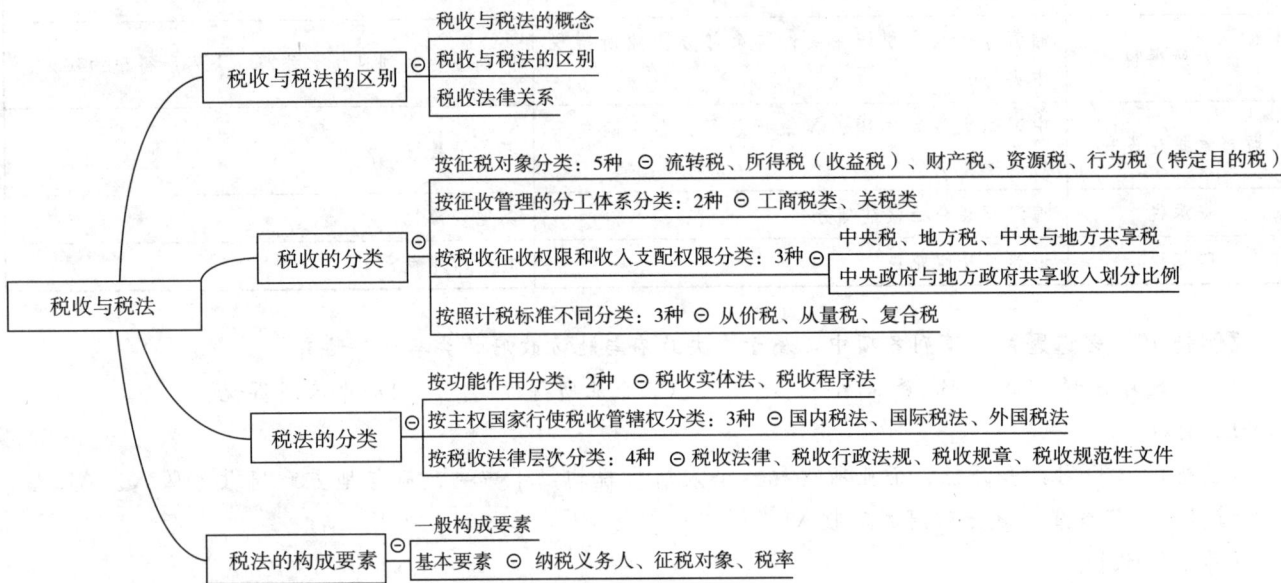

五、知识精练

——精选好题·强化能力——

1. 下列各项中，属于税收本质特征的是（　　　）。

　　A. 强制性　　　　　　B. 灵活性　　　　　　C. 无偿性　　　　　　D. 固定性

2. 下列税种中，其收入全部作为中央政府固定收入的是（　　　）。

　　A. 耕地占用税　　　　B. 个人所得税　　　　C. 企业所得税　　　　D. 车辆购置税

3. 下列税种中，属于财产税的是（　　　）。

　　A. 房产税　　　　　　B. 环境保护税　　　　C. 耕地占用税　　　　D. 契税

4. （多选题）下列税种中，属于行为税的是（　　　）。

　　A. 房产税　　　　　　B. 车船税　　　　　　C. 耕地占用税　　　　D. 车辆购置税

　　E. 城市维护建设税

5. （多选题）下列税种中，属于资源税的是（　　　）。

　　A. 车船税　　　　　　B. 房产税　　　　　　C. 城镇土地使用税　　D. 环境保护税

　　E. 烟叶税

6. （多选题）下列税种属于税收行政法规的是（　　　）。

　　A.《企业所得税法实施条例》　　　　　　B.《消费税暂行条例》

　　C.《增值税暂行条例》　　　　　　　　　D.《个人所得税法》

　　E.《土地增值税暂行条例》

7. （多选题）按税法的功能作用不同，可以将税法分为（　　　）。

　　A. 税收实体法　　　B. 税收行政法规　　　C. 税收程序法　　　D. 税收规范性文件
　　E. 税收规章

──拔高好题·突破难点──

8. 下列选项作为国家征税依据的是(　　)。

　　A. 财产权力　　　　B. 政治权力　　　　C. 分配权力　　　　D. 领导权力

9. 从价税的计税依据是(　　)。

　　A. 价格　　　　　　B. 金额和数量　　　C. 实物量　　　　　D. 金额或数量

10. (多选题)以下关于税收与税法的表述正确的是(　　)。

　　A. 税收的本质是一种分配关系

　　B. 国家征税依据的是财产权力

　　C. 国家征税要受到所提供公共产品规模和质量的制约

　　D. 税法具有权利性法规和综合性法规的特点

　　E. 税法是税收制度的核心内容,是国家法律的重要组成部分

11. 城市维护建设税采用的是(　　)。

　　A. 比例税率　　　　　　　　　　　　　B. 定额税率

　　C. 超率累进税率　　　　　　　　　　　D. 超额累进税率

12. 下列关于中央和地方共享税收收入的表述正确的是(　　)。

　　A. 企业所得税 50% 归中央,50% 归地方

　　B. 国内增值税 50% 归中央,50% 归地方

　　C. 资源税 3% 归中央,97% 归地方

　　D. 印花税 3% 归中央,97% 归地方

任务一知识精练参考答案

任务二　增值税

一、学习导航

学习能量	增值税是我国税收收入中比重最高的税种,在 2016 年 5 月"营改增"全面推进后,增值税在我国税收体系中的地位愈加显著。全面营改增是我国税制改革的一个成功范例,是改革精神的生动体现。前进的道路不会一帆风顺,我们要发扬改革精神,破解学习和生活中的难点、痛点,勇敢追梦、圆梦
学习目标	1. 初步理解增值税、增值税纳税人的概念 2. 梳理增值税的征税范围、增值税税率 3. 会求增值税一般纳税人和小规模纳税人的应纳税额
学习建议	增值税是升学考试的重要考点,在 2015 年至 2023 年的试题中,每年都有一道计算题,复习时应特别重视。因此,一方面要强化习题训练,理解把握理论知识点,另一方面要弄懂增值税微专题,能熟练准确地计算增值税的应纳税额

二、教材内容精讲

➤ 知识点 1　增值税与增值税纳税人的概念

1. 增值税的概念

增值税是以商品(含应税劳务)在流转过程中产生的增值额为征税对象而征收的一种流转税,也称为货物劳务税。

中国的增值税		
改革历程	1979 年"引进"增值税并开始试点	1982 年财政部制定了《增值税暂行办法》
	1994 年正式实施生产型增值税	2009 年修订实施《增值税暂行条例》
	2009 年转型为消费型增值税（现仍适用）	2012 年 1 月 1 日开始扩大征税范围的改革
	2016 年 5 月 1 日起，全国范围内全面推开"营改增"试点。至此，在我国实行了 60 多年的营业税完成了历史使命，增值税也实现了对国民经济三次产业的全面覆盖。在改革过程中，我国在缺乏可借鉴的国际成功经验的背景下，大胆尝试并平稳实施税制改革，这在国际上具有开创性意义		
特点	· 税收中性、普遍征收、税收负担由商品的最终消费者承担 · 实行税款抵扣制度、比例税率、价外税制度		
计算方法	间接法：应纳增值税额＝应税销售额×增值税税率－法定扣除项目已纳税额＝销项税额－进项税额		

2. 增值税纳税人的概念

增值税纳税人是在中华人民共和国境内销售货物、销售劳务、销售服务、销售无形资产或者销售不动产以及进口货物的<u>单位和个人</u>。其中，个人是指个体工商户和其他个人。

增值税纳税人的分类		
划分标准	经营规模大小、会计核算是否健全、能否提供准确税务资料	
时效	一般纳税人	小规模纳税人
2018 年 5 月 1 日前	年应税销售额在标准以上	按行业划分年应税销售额确定：50 万元、80 万元、500 万元及以下
2018 年 5 月 1 日起		统一为年应征增值税销售额 500 万元及以下
转登记规定	①小规模纳税人会计核算健全、能提供准确税务资料可申请认定为一般纳税人 ②按原规定已登记为增值税一般纳税人的单位和个人，在 2020 年 12 月 31 日前，可转登记为小规模纳税人，或选择继续作为一般纳税人（国家税务总局公告 2020 年第 9 号）	
注意事项	年应征增值税销售额超过 500 万元的非企业单位、不经常发生应税行为的单位和个体工商户，可选择按小规模纳税人纳税，而其他个人，只能作为小规模纳税人	

3. 增值税的扣缴义务人

中华人民共和国境外的单位或者个人在境内发生应税行为，在<u>境内未设有经营机构的</u>，以其境内代理人为扣缴义务人；在境内没有代理人的，以购买方为扣缴义务人。扣缴义务人应扣缴税额＝接受方支付的价款÷（1＋税率）×税率。增值税扣缴义务人的判定如下图所示。

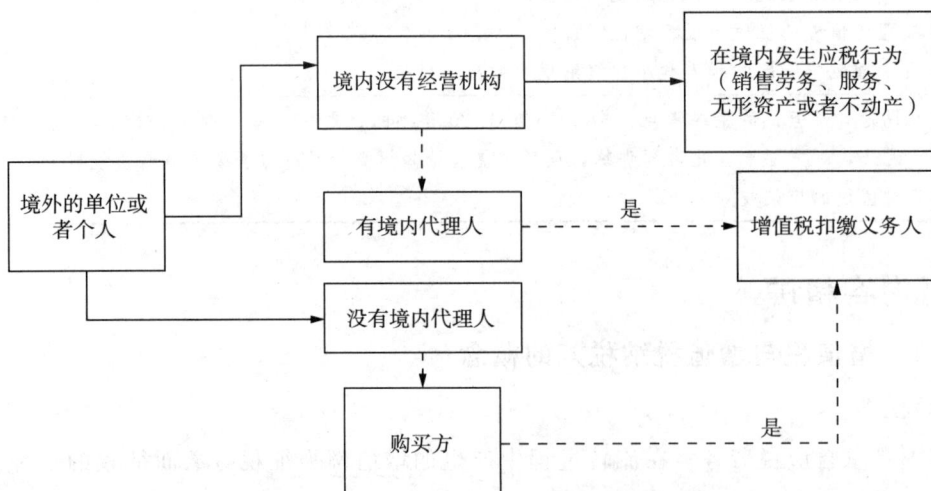

【例题1・单选题】　下列增值税纳税人划分规定表述正确的是(　　)。

A. 个体工商户不需要登记成为增值税一般纳税人

B. 年应税销售额在是指纳税人从 1 月 1 日到 12 月 31 日的年度销售额

C. 年应税销售额 480 万元的从事货物销售的纳税人是一般纳税人

D. 年应税销售额 500 万元的从事餐饮服务的纳税人是一般纳税人

『解析』B 对：一般规定纳税人在一个公历年度内累计应征增值税销售额为年应税销售额。ACD 错：个体工商户可以成为增值税一般纳税人，但其他个人无须办理增值税一般纳税人资格登记。自 2018 年 5 月 1 日起，应征增值税销售额在 500 万元及以下的是小规模纳税人。

『答案』B。

➢ 知识点 2　增值税的征税范围

增值税的征税范围包括基本规定和特殊规定。基本规定是概括性的结论，是共性知识，也是增值税征税范围的核心知识。特殊规定是基本规定下更具个性的特征，是个性知识。基本规定与特殊规定共同构成了增值税征税范围的内容，二者具有辩证关系，在学习过程中要学会具体问题具体分析，在一般性中寻找特殊性。

1. 征税范围的基本规定：5 个项目

征税项目	注意事项
销售或进口的货物	①销售是指有偿转移所有权，包含生产、批发、零售环节的销售 ②货物指有形动产，包括电力、热力、气体在内
销售劳务	①限于对有形动产的加工、修理修配劳务 ②不包括单位或者个体工商户聘用的员工，为本单位或者雇主提供加工、修理修配劳务等非经营活动
销售服务	7 项：交通运输服务、邮政服务、电信服务、建筑服务、金融服务、现代服务、生活服务 提示：同"营改增"改革试点先后顺序
销售无形资产	①销售范围：无形资产所有权转让、使用权转让 ②无形资产：技术、商标、著作权、自然资源使用权等 ③自然资源使用权：土地使用权、海域使用权、探矿权、采矿权等
销售不动产	销售范围：转让不动产所有权 共性：销售不动产与租赁不动产，适用税率相同，均为 9% 个性：租赁不动产使用权属于销售服务中的现代服务

2. 征税范围的特殊规定：视同销售、混合销售、兼营 3 种类型

类别		特殊行为	
视同销售	货物	将货物交付他人代销	
		销售代销货物	
		货物移送（不在同一县市之间）	
		自产、委托加工的货物	非增值税应税项目
			集体福利、个人消费
		自产、委托加工、购进的货物	投资
			分配
			赠送

（续表）

类别		特殊行为	
视同销售	营改增应税行为	无偿提供服务、无偿转让无形资产、不动产的用途及征税	
		用途	征税情况
		向其他单位或个人提供	·视同销售，缴纳增值税
		用于公益事业、以社会公众为对象	·不视同销售，不缴纳增值税
	货物和服务的不同税务处理	①用于公益事业或以社会公众为对象的无偿销售服务、无形资产、不动产，不缴纳增值税 ②用于公益事业或以社会公众为对象的货物，一般要缴纳增值税。但纳税人将自产、委托加工或者购进的货物通过公益性社会组织、县级及以上人民政府及其组成部门和直属机构直接无偿捐赠给目标脱贫地区的单位和个人，免征增值税。这样的税务处理有利于资源的有效配置，促进经济行为的合理化和社会经济效率的提高	
混合销售		一项销售行为：既涉及货物销售又涉及应税服务（同时、同一购买者）	
		征税类型	主营项目	举例
		按销售货物缴纳增值税	从事货物生产、批发、零售为主	钢材生产企业销售自产钢材并负责运输，按销售货物缴纳增值税
		按销售服务缴纳增值税	其他单位和个体户以销售服务为主	酒店向顾客收取的住宿费，应按"生活服务"计算缴纳增值税
		不能视为混合销售的情形	税务处理	
		销售活动板房、机器设备、钢结构件等自产货物，同时提供建筑、安装服务	分别核算货物和建筑服务的销售额，分别适用不同的税率或征收率，即按兼营业务缴纳增值税	
兼营		多项应税行为：纳税人兼有销售货物、提供加工修理修配劳务、销售服务、无形资产或者不动产，适用不同税率或者征收率（不同时发生在同一购买者身上）	
			分别核算	未分别核算
		税务处理	分别适用不同的税率或者征收率	从高适用税率或者征收率

注意区分混合销售与兼营：
①混合销售：销售货物与提供服务之间存在因果关系和内在联系
②兼营：各行为之间相互独立，不存在因果关系和内在联系

【例题2·多选题】 下列应按照销售服务计征增值税的是（　　）。

A. 交通运输服务　　B. 电信服务　　C. 建筑服务　　D. 金融服务

E. 现代服务

『解析』ABCDE对：根据增值税征税范围的基本规定，交通运输服务、邮政服务、电信服务、建筑服务、金融服务、现代服务、生活服务这7项服务，应按销售服务征收增值税。

『答案』ABCDE。

【例题3·多选题】 下列行为中，视同销售货物缴纳增值税的是（　　）。

A. 将购进的货物用于非增值税应税项目　　B. 将购进货物用于集体福利

C. 将购进的货物用于对外投资　　D. 将购进货物用于个人消费

E. 食品厂将委托加工收回的食品无偿赠送给幼儿园

『解析』CE对：委托加工、购进的货物用于赠送、对外投资，属于视同销售增值税行为。ABD错：

购进的货物用于非增值税应税项目、集体福利和个人消费，因货物进入最终消费、不再流转，不属于视同销售增值税行为。

『答案』CE。

【例题4·单选题】　下列行为中属于增值税混合销售行为的是（　　）。

A. 某大型商场既有销售货物，又有各种餐饮娱乐服务

B. 某装饰公司销售活动板房，同时提供建筑服务

C. 门窗生产企业销售自产门窗并负责施工安装

D. 某房地产中介公司，既做二手房买卖，又提供经纪代理服务

『解析』C对：门窗生产企业销售货物的同时，提供安装服务，既涉及货物，又涉及服务，属于混合销售。ABD错：商场、装饰公司、中介公司兼有销售货物、销售服务、不动产，属于兼营行为。

『答案』C。

➤ 知识点3　增值税税率

按照我国增值税的规定，一般纳税人使用增值税税率，小规模纳税人及选择简易办法计税的一般纳税人使用征收率（3%）。2019年4月1日起，现行增值税税率有三档：13%、9%、6%（零税率除外）。

税率		适用范围	
基本税率	13%	·销售或进口货物； （适用低税率、零税率、征收率的除外） ·提供加工、修理修配劳务 ·提供有形动产租赁服务（属特殊情形）	比较记忆： ①有形动产租赁服务13% ②不动产的销售、租赁，税率均为9%
低税率	9%	货物类	·粮食等农产品、食用植物油、食用盐 ·暖气、冷气、热水、煤气、石油液化气、天然气、二甲醚、沼气、居民用煤炭制品 ·图书、报纸、杂志、音像制品、电子出版物 ·饲料、化肥、农药、农机（不含农机零部件）、农膜 ·国务院规定的其他货物	农产品，是指种植业、养殖业、林业、牧业、水产业生产的各种植物、动物的初级产品，如调制乳、淀粉、环氧大豆油、氢化植物油
		服务、无形资产、不动产类	·提供交通运输服务、邮政服务、基础电信服务、建筑服务 ·不动产租赁服务（属于提供现代服务的特殊情形） ·转让土地使用权（属于销售无形资产的特殊情形） ·销售不动产	
	6%	增值电信服务、金融服务、提供现代服务（有形动产与不动产租赁除外）、生活服务、销售无形资产（转让土地使用权除外）	
零税率	0	纳税人出口货物及发生"营改增"跨境销售服务、无形资产等应税行为	

【例题5·单选题】　增值税一般纳税人发生的下列应税行为中，适用9%税率计征增值税的是（　　）。

A. 提供建筑施工服务　　　　　　　　　B. 转让商标权

C. 出租新购入的机器　　　　　　　　　D. 销售非现场制作食品

『解析』A对：提供建筑施工服务，适用9%的税率。BCD错：转让商标权属于销售无形资产，适用6%的税率。出租新购入的机器属于提供有形动产租赁服务，销售非现场制作食品属于销售货物，均适用13%的税率。

『答案』A。

➢ 知识点 4　增值税应纳税额的计算

增值税的计税方法，包括一般计税方法和简易计税方法。增值税一般纳税人发生应税行为适用一般计税方法计税，即当期购进扣税法。小规模纳税人发生应税行为适用简易计税方法计税。

1. 增值税一般纳税人应纳税额的计算

一般纳税人应纳税额的计算			
销项税额计算	销售额的确定	一般销售方式的销售额	
		视同销售的销售额	
		特殊销售方式的销售额	
		营改增业务的销售额	
	销项税额公式	销项税额＝销售额×征税对象税率	
		不含税销售额＝含税的销售收入÷（1＋征税对象税率）	
		含税收入：商品零售价、价税合并金额、价外费用、包装物押金	
进项税额计算	准予从销项税额中抵扣的进项税额		
	不得从销项税额中抵扣的进项税额		
	凭票抵扣	进项税额＝发票上注明的金额×征税对象税率	
	计算抵扣	购进农产品进项税额＝买价×扣除率（一般按9%，升级抵扣按10%）	
		航空旅客运输进项税额＝（票价＋燃油附加费）÷（1＋9%）×9%	
		铁路旅客运输进项税额＝票面金额÷（1＋9%）×9%	
		公路、水路等其他旅客运输进项税额＝票面金额÷（1＋3%）×3%	
应纳增值税额计算	应纳增值税＝当期销项税额－当期进项税额		

拓展知识 1　销售额的确定

销售类型	销售额的确定方式	
一般销售	一般销售方式销售额＝全部价款＋价外费用 1. 价外费用主要包括价外向购买方收取的手续费、补贴、奖励费、违约金、代收款项、代垫款项、包装费、包装物租金、储备费、运输装卸费等 2. 不包括：①向购买方收取的销项税额；②受托加工应征消费税的消费税所代收代缴消费税；③运输费用发票开具给购买方的代垫运费；④代收政府性基金或行政事业性收费；⑤代办保险收取的保险费、代缴车辆购置税、车辆牌照费 3. 价外费用是含税收入，应先换算成不含税收入再并入销售额计税	
视同销售	视同销售方式销售额的确定顺序： ①纳税人自己最近时期同类应税销售行为的平均销售价格 ②其他纳税人最近时期同类应税销售行为的平均销售价格 ③组成计税价格 a. 一般货物组成计税价格＝成本×（1＋成本利润率） b. 应税消费品组成计税价格＝成本×（1＋成本利润率）＋消费税税额＝成本×（1＋成本利润率）÷（1－消费税税率） c. 进口货物组成计税价格＝完税关税价格＋关税＋消费税税额	提示：①成本：销售自产货物为实际生产成本；销售外购货物，为实际采购成本。②一般成本利润率是10%。③消费税税额是以从价、从量、复合计算的总额

（续表）

销售类型	销售额的确定方式
特殊销售	**1. 折扣方式销售（商业折扣）** ①销售额和折扣额在同一张发票的金额栏上，销售额＝扣除折扣后的余额 ②不在同一张发票上，销售额＝价款（不扣除折扣额） 区别：折扣销售是先打折再销售的一种促销方式 　　　销售折扣是先卖再打折的一种回款销售方式 　　　销售折让是因质量问题或防止退货，边卖边打折或先卖再打折的销售方式
	2. 以旧换新方式销售 ①一般货物：按新货同期不含税销售价格确定销售额，不得扣减旧货收购价格 ②金银首饰：按实际收到的不含税销售价格确定销售额（扣减旧货收购价格） 【提示】金银首饰在零售环节以旧换新业务缴纳的消费税也是这样确定销售额
	3. 还本方式销售 销售额＝货物的销售价格（不能扣减还本支出）
	4. 以物易物方式销售 销售额＝货物的销售价格或采购额＝货物的收购额（按购销处理）
	5. 包装物押金的税务处理（押金含税需换算为不含税收入，适用包装货物的税率） 包装物押金是否并入销售额的判断 <table><tr><td rowspan="4">出租出借包装物押金</td><td rowspan="2">包装物单独核算</td><td>1年内且未超合同期限</td><td>不并入</td></tr><tr><td>1年内且超过合同期限</td><td>并入</td></tr><tr><td colspan="2">1年以上</td><td>并入</td></tr><tr><td colspan="2">包装物未收回</td><td>并入</td></tr><tr><td rowspan="2">酒类包装物押金（啤酒、黄酒除外）</td><td colspan="2">收取押金时或未逾期</td><td>并入</td></tr><tr><td colspan="2">逾期</td><td>不并入</td></tr><tr><td rowspan="2">啤酒、黄酒包装物押金</td><td colspan="2">收取押金时</td><td>不并入</td></tr><tr><td colspan="2">不返还或逾期时</td><td>并入</td></tr></table>
营改增业务	**全额** 贷款服务销售额＝全部利息＋利息性质的收入 直接收费金融服务销售额＝直接收取的各类费用
	差额确定销售额 金融商品转让服务销售额＝卖出价－买入价 经纪代理服务销售额＝全部价款＋价外费用－代付政府性基金或行政事业性收费 航空运输企业销售额＝全部价款＋价外费用－向客户收取并支付给其他单位或个人的结算款和相关费用 不包括：代收机场建设费、代售其他航空运输企业客票而代收转付金额 一般纳税人客运场站服务销售＝全部价款＋价外费用－支付给承运方的运费 旅游服务销售额＝全部价款＋价外费用－向购买方收取并支付费其他单位和个人的费用 建筑服务销售额（简易计税）＝全部价款＋价外费用－分包款 房企销售其开发的房地产项目销售额（简易计税、非营改增前的）＝全部价款＋价外费用－受让土地时向政府支付的土地价款

小知识："营改增"后，虽然原营业税的征税范围全部纳入增值税的征税范围，但是目前仍然有无法通过抵扣机制避免重复征税的问题，因此引入差额征税，解决了纳税人税收负担增加的问题

【例题6·单选题】　下列行为在计算增值税销项税额时，应按照差额确定销售额的是（　　　）。

A. 商业银行提供贷款服务　　　　　　　B. 转让金融商品

C. 企业将货物销售给消费者　　　　　　D. 商业银行提供直接收费金融服务

『解析』B对：金融商品转让，按照卖出价扣除买入价后的余额为销售额，是按照差额确定销售额的。ACD错：贷款服务，是以提供贷款服务取得的全部利息及利息性质的收入为销售额；企业将货物销售给消费者，是以向购买方收取的全部价款和价外费用为销售额；直接收费金融服务，以提供直接收费金融服务收取的各类费用为销售额。三项均是按照全额确定销售额。

『答案』B。

拓展知识2　准予从销项税额中抵扣的进项税额

准予从销项税额中抵扣的进项税额			
分类	抵扣方法	主要内容	
购进农产品	凭票抵扣	①农产品销售发票　②农产品收购发票 ③增值税专用发票　④海关进口增值税专用缴款书	
	计算抵扣	·计算公式 进项税额＝买价×扣除率 ·扣除率 ①一般按9%扣除率扣除，但购进后用于生产或委托加工13%税率货物的，则按10%的扣除率升级抵扣 ②如果纳税人购进农产品，既用于深加工基本税率13%的货物，又用于生产销售其他货物服务，必须分别核算，未分别核算的，按9%扣除率扣除	
支付的道路、桥、闸通行费	凭票抵扣	道路通行费：按收费公路通行费增值税电子普通发票注明的增值税抵扣额抵扣进项税	
	计算抵扣	进项税额＝桥、闸通行费发票上注明的金额÷（1＋5%）×5%	
不得抵扣且未抵扣进项税额的固定资产、无形资产、不动产发生用途改变，用于允许抵扣进项税额项目	计算抵扣＋凭票抵扣	①抵扣时间：在用途改变的次月按照公式计算抵扣 ②抵扣要求：可以抵扣的进项税额应取得合法有效的增值税税扣凭证	可以抵扣的进项税额＝固定资产、无形资产、不动产净值÷（1＋适用税率）×适用税率
提供保险服务的纳税人购进的车辆修理劳务	凭票抵扣	可抵扣规定： 以实物赔付方式承担机动车辆保险责任	发票上注明税额为可抵扣进项税
购进国内旅客运输服务	凭票抵扣	①增值税专用发票 ②增值税电子普通发票	发票上注明税额为可抵扣进项税
	计算抵扣	注明旅客身份信息的航空运输电子客票行程单	航空旅客运输进项税额＝（票价＋燃油附加费）÷（1＋9%）×9%
		注明旅客身份信息的铁路车票	铁路旅客运输进项税额＝票面金额÷（1＋9%）×9%
		注明旅客身份信息的公路、水路等其他客票	公路、水路等其他旅客运输进项税额＝票面金额÷（1＋3%）×3%
	注意：①可以抵扣进项税额：是购进国内旅客运输服务的费用，而非国际旅客运费；②旅客：限于与本单位签订劳动合同的员工，及本单位作为用工单位接受的劳务派遣员工		

拓展知识 3 不得从销项税额中抵扣的进项税额

<table>
<tr><th colspan="3">不得从销项税额中抵扣的进项税额</th></tr>
<tr><th>分类</th><th>特定项目或服务</th><th>注意事项</th></tr>
<tr>
<td>购进货物、劳务、服务、无形资产和不动产用于特定项目</td>
<td>• 简易计税方法计税项目
• 免征增值税项目
• 集体福利或个人消费</td>
<td>①个人消费包括纳税人的交际应酬消费
②涉及的固定资产、无形资产（不包括其他权益性无形资产）、不动产，仅指专用于这些项目；发生兼用于这些项目的进项税额可以抵扣
③纳税人租入固定资产、不动产，兼用于这些项目，其进项税额准予从销项税额中全额抵扣</td>
</tr>
<tr>
<td rowspan="3">非正常损失</td>
<td>购进货物：相关加工修理修配劳务、交通运输服务</td>
<td rowspan="3">• 非正常损失货物原因均具有主观性
①因管理不善造成货物被盗、丢失、霉烂变质
②因违反法律法规造成货物或者不动产被依法没收、销毁、拆除等
• 相关税务处理
非正常损失货物增值税不得抵扣，如购进时已抵扣，需作进项税额转出处理。进项税额转出时，货物、劳务、运输服务要整体考虑</td>
</tr>
<tr>
<td>在产品与产成品：耗用的购进货物、加工修理修配劳务、交通运输服务（但购进固定资产可抵扣）</td>
</tr>
<tr>
<td>不动产及不动产在建工程：耗用的购进货物、设计服务、建筑服务</td>
</tr>
<tr>
<td>购进特定服务</td>
<td>贷款服务、餐饮服务、居民日常服务、娱乐服务</td>
<td>①这些服务的主要接受对象是个人，属于最终消费，因此进行税额不可抵扣
②贷款服务中，向贷款方支付的与该笔贷款直接相关的投融资顾问费、手续费、咨询费等费用，其进项税额不得抵扣
③注意：住宿服务和旅游服务的进项税可抵扣</td>
</tr>
<tr>
<td colspan="3">小知识：为保证税负公平，因纳税人自身原因导致征税对象非正常损失，不应由国家承担，而应由纳税人自身承担相关费用，因此其购进征税对象时产生的进项税额不得抵扣</td>
</tr>
</table>

【例题 7·单选题】 增值税一般纳税人发生的下列行为中，不得抵扣进项税额的是（　　）。

A. 将外购货物无偿赠送给客户　　　　　B. 将外购货物分配给投资者

C. 将外购货物对外投资　　　　　　　　D. 将外购货物用于简易计税方法计税项目

『解析』D 对：用于简易计税方法计税项目、免征增值税项目、集体福利或个人消费的购进货物，不得抵扣进项税额。ABC 错：将外购货物无偿赠送给客户、分配给投资者、用于对外投资的行为，应视同销售，进项税额可以抵扣。

『答案』D。

【例题 8·2015 年计算题真题改编】 某企业为增值税一般纳税人，上期无留抵税额。2020 年 8 月发生购销业务如下。

（1）采购生产原料一批，取得增值税专用发票上注明价款为 120000 元。

（2）销售塑料制品，开出的普通发票上注明的价款为 266680 元。

注意：该企业适用增值税税率 13%，取得的增值税专用发票均在当月认证。要求：计算该企业 8 月应纳增值税税额。

『分析』①该企业是一般纳税人，采用当期购进扣税法计算增值税一般纳税人应纳税额。②计算当期进项税额，业务（1）属于采购类业务，购进的货物取得增值税专用发票，属于凭票抵扣，税率是 13%，则业务（1）可抵扣进项税额＝发票上注明的金额×征税对象税率＝120000×13%＝15600 元；③计算当期销项税额，业务（2）属于销售类业务开具普通发票，说明取得含税收入 266680 元，销售额做价税分离，税率为

13％，即不含税销售额＝266680÷（1＋13％）＝236000元，当期销项税额＝236000×13％＝30680元。④计算应纳增值税额，即应纳增值税额＝当期销项税额－当期进项税额＝30680－15600＝15080元。

『解题』8月准予抵扣的进项税额＝120000×13％＝15600（元）；

8月的销项税额＝266680÷（1＋13％）×13％＝30680（元）；

8月应纳增值税税额＝30680－15600＝15080（元）。

【例题9·2016年计算题真题改编】 某企业为增值税一般纳税人，适用的增值税税率为13％，2021年5月发生以下经济业务。

（1）购进饮料一批给职工发福利，取得增值税专用发票注明税额850元。

（2）购进生产用材料一批，取得增值税专用发票注明税额12000元。

（3）销售产品取得收入480928元，已开具普通发票。

取得的增值税专用发票均在当月已通过认证。

要求：计算该企业5月份应纳增值税税额。

『分析』①该企业是一般纳税人，采用当期购进扣税法计算增值税一般纳税人应纳税额。②计算当期进项税额，由于业务（1）外购货物用于集体福利，进项税不得从销项税额中抵扣的进项税额；业务（2）属于采购类业务，购进的货物取得增值税专用发票，属于凭票抵扣，已告知进项税额为12000元。③计算当期销项税额，业务（3）属于销售类业务开具普通发票，说明取得含税收入480928元，销售额做价税分离，税率为13％，即不含税销售额＝480928÷（1＋13％）＝425600元，当期销项税额＝425600×13％＝55328元。④计算应纳增值税额，即应纳增值税额＝当期销项税额－当期进项税额＝55328－12000＝43328（元）。

『解题』当月应纳销项税额＝480928÷（1＋13％）×13％＝55328（元）；

当月准予抵扣的进项税额＝12000（元）；

当月应纳增值税税额＝55328－12000＝43328（元）；

『另解』当月应纳增值税税额＝480928÷（1＋13％）×13％－12000＝43328（元）。

『拓展』近年来国内经济下行压力加大，经济增速逐步放缓，为进一步减轻企业负担，推动高质量发展，我国增值税改革不断深化，增值税基本税率从17％调整为16％再调到现在的13％。大规模的减税覆盖国民经济各个行业，惠及所有企业和广大居民，对激活国内需求、促进行业发展和刺激经济增长均有积极影响。以本题为例，我们可以看到，税率下降后企业应纳增值税税额大幅减少。

2016年与2021年增值税税额对比（单位：元）					
年份	销售收入	税率	销项税额	进项税	增值税税额
2016年	480928	17％	69878.43	12000	57878.43
2021年	480928	13％	55328	12000	43328
对比变化	不变	下降4％	减少14550.43	不变	减少14550.43

2. 简易计税方法应纳税额的计算

简易计税方法应纳税额的计算	
计算公式	应纳税额＝（不含税）销售额×征收率（法定3％） （不含税）销售额＝含税销售额÷（1＋征收率）
相关要求	一般纳税人销售或提供或者发生财政部和国家税务总局规定的特定的货物、应税劳务、应税行为，一经选择适用简易计税方法计税，36个月内不得变更
提示	为了平衡一般计税方法和简易计税方法的税负，对简易计税方法规定了较低的征收率，因此，简易计税方法在计算应纳税额时不得抵扣进项税额

【例题 10·2020 年计算题真题】　某企业为增值税小规模纳税人，2019 年第四季度取得含增值税销售收入 288400 元，增值税征收率为 3%。要求：

（1）计算该企业当季应纳增值税销售额；

（2）计算该企业当季应纳增值税税额。

『分析』①该企业是小规模纳税人，适用简易计税方法计算应纳税额。②计算当期销项税额，第四季度取得含增值税销售收入 288400 元，做价税分离，征收率为 3%，则不含税销售额＝288400÷（1＋3%）＝280000 元，销项税额＝280000×3%＝8400（元）。

『解题』（1）该企业当季应纳增值税销售额＝288400÷（1＋3%）＝280000（元）。

（2）该企业当季应纳增值税税额＝280000×3%＝8400（元）。

➤ 知识点 5　增值税的征收管理

1. 纳税义务的发生时间

一般情况下，纳税人发生应税销售行为，其纳税义务发生时间为收讫销售款项或者取得索取销售款项凭据当天；先开具发票的，为开具发票当天。纳税人进口货物，其纳税义务发生时间为报关进口当天。增值税扣缴义务发生时间为纳税人增值税纳税义务发生当天。但是因销售货款结算方式不同，增值税纳税义务发生时间的规定也不同。

增值税纳税义务发生时间的具体规定		
货款结算方式	增值税纳税义务发生时间	提示
直接收款方式销售货物	收到销售额或取得索取销售额的凭据	不论货物是否发出
托收承付和委托银行收款方式销售货物	发出货物并办妥托收手续的当天	不论货款是否收到
赊销和分期收款方式销售货物	①书面合同约定的收款日期的当天②无书面合同的或者书面合同没有约定收款日期的，为货物发出的当天	不论款项是否收到
预收货款方式销售货物、提供服务	①货物发出的当天②生产销售生产工期超过 12 个月的大型机械设备、船舶、飞机等货物：为收到预收款或者书面合同约定的收款日期的当天③提供建筑服务、租赁服务：为收到预收款当天	不是收到预收款时
委托其他纳税人代销货物	①收到代销单位销售的代销清单或收到全部（部分）货款，二者中的较早者②对于发出代销商品超过 180 天仍未收到代销清单及货款：视同销售实现，一律征收增值税，其纳税义务发生时间为发出代销商品满 180 天的当天	•不是在发出代销商品时•不是只有收到代销款时
金融商品转让	金融商品所有权转移的当天	—
视同销售货物、服务、无形资产、不动产	①货物移送当天②服务、无形资产转让完成的当天，或者不动产权属变更的当天	—

2. 纳税期限

增值税纳税期限及规定		
纳税期限	具体规定	报缴税款时间
1 日、3 日、5 日、10 日、15 日、1 个月	由主管税务机关根据纳税人应纳税额的大小分别核定	自期满之日起 5 日内预缴税款，于次月 1 日起 15 日内申报纳税并结清上月应纳税款
1 个月	小规模纳税人可以选择	自期满之日起 15 日内申报纳税
1 个季度	适用于小规模纳税人、银行、财务公司、信托投资公司、信用社、财政部和国家税务总局规定的其他纳税人	提示：①不能按照固定期限纳税，可以按次纳税。②纳税人进口货物，应当自海关填发进口增值税专用缴款书之日起 15 日内缴纳税款

3. 纳税地点

纳税人	申报纳税地点		提示
固定业户	本地经营	机构所在地，即注册登记地	①进口货物：报关地海关申报纳税 ②扣缴义务人：其机构所在地或居住地主管税务机关申报缴纳其扣缴税款
	外县市经营	总机构和分支机构不在同一县（市）： ①一般：分别向各自所在地主管税务机关申报纳税 ②特殊：经财政部和国家税务总局批准，可以由总机构汇总，向总机构所在地的主管税务机关申报纳税	
非固定业户	①销售地或者劳务发生地纳税 ②未在销售地或者劳务发生地纳税：机构所在地或居住地补交		

【例题 11·多选题】　下列表述正确的有（　　）。

A. 视同销售的货物，为货物移送当天

B. 预收款方式销售货物，为货物发出当天

C. 托收承付方式销售货物，为发出货物并办妥托收手续的次日

D. 委托他人代销货物，为收到代销单位销售的代销清单

E. 分期收款方式销售货物，为书面的合同约定的收款日期当天

『解析』ABDE 对：视同销售的货物，为货物移送当天；预收款方式销售货物，一般为货物发出当天；委托他人代销货物，一般为收到代销单位销售的代销清单或收到全部（部分）货款，二者中的较早者，如果发出代销商品超过 180 天仍未收到，则其纳税义务发生时间为发出代销商品满 180 天的当天；分期收款方式销售货物，为书面的合同约定的收款日期当天，如果没有书面合同的或者书面合同没有约定收款日期，则为货物发出当天。C 错：托收承付方式销售货物，为发出货物并办妥托收手续的当天。

『答案』ABDE。

三、疑难解答

1. 增值税征税范围的基本条件

缴纳增值税的情形：纳税人的应税行为发生在中华人民共和国境内，且提供有偿的经营性活动，但有两种情况例外：①单位或个人向其他单位或者个人无偿提供服务、无偿转让无形资产或者不动产，是无偿且具备经营性的行为要缴纳增值税。②用于公益事业或者以社会公众为对象的相同无偿行为，是无偿但不具备经营性的行为不缴纳增值税。不需要缴纳增值税的情形有 7 种。

不缴纳增值税的特殊项目	注释
行政单位收取的同时满足条件的政府性基金或者行政事业性收费	主要包括：①由国务院或者财政部批准设立的政府性基金；②由国务院或者省级人民政府及其财政、价格主管部门批准设立的行政事业性收费；③收取时开具省级以上（含省级）财政部门监制的财政票据；④所收款项全额上缴财政
纳税人取得的与销售收入或数量不直接挂钩的财政补贴收入	均不是纳税人发生应税行为取得的收入
存款利息	
被保险人获得的保险赔付	
房地产主管部门或者其指定机构或单位代收的住宅专项维修资金	属于政府行政事业行为
执法部门和单位查处的商品被拍卖的收入作为罚没收入上缴财政	
单位或者个体工商户与员工之间互相提供的服务	属于纳税人自我服务：①单位或者个体工商户聘用的员工为本单位或者雇主提供取得工资的服务（如员工为老板维修手表）。②单位或者个体工商户为聘用的员工提供服务（如公司为员工无偿搬家）

【例题 12·单选题】 企业下列行为中，需要缴纳增值税的是（ ）。

A. 获得保险赔偿　　　　　　　　　B. 取得存款利息

C. 收取机器设备租金　　　　　　　D. 取得与销售收入无关的中央财政补贴

『解析』C 对：销售服务是增值税的征税范围，出租机器设备提供的是现代服务中的租赁服务，获取租金需要缴纳增值税。ABD 错：取得保险赔偿、存款利息、与销售收入无关的中央财政补贴，均不是纳税人发生应税行为取得的收入，不缴纳增值税。

『答案』C。

2. 征税范围的基本规定：销售服务

销售服务是增值税征税范围的基本规定之一，内容多且重要，包括 7 项：交通运输服务、邮政服务、电信服务、建筑服务、金融服务、现代服务、生活服务。

销售服务	数量	税率	具体项目	
交通运输服务	4 项	9%	陆路运输、水路运输、航空运输、管道运输服务	
邮政服务	3 项	9%	邮政普遍服务、邮政特殊服务、其他邮政服务	
电信服务	2 项	9%	基础电信服务	
		6%	增值电信服务	
建筑服务	5 项	9%	工程服务、安装服务、修缮服务、装饰服务、其他建筑服务	
金融服务	4 项	6%	贷款服务、直接收费金融服务、保险服务、金融商品转让	
现代服务	9 项	13%	动产租赁服务	租赁服务包括融资租赁和经营租赁，其中经营租赁的范围：不动产或飞机、车辆等动产的广告位出租；车辆停放服务；道路通行服务，包括过路费、过桥费、过闸费等
		9%	不动产租赁服务	
		6%	研发和技术服务、信息技术服务、文化创意服务、物流辅助服务、鉴证咨询服务、广播影视服务、商务辅助服务、其他现代服务	
生活服务	6 项	6%	文化体育服务、教育医疗服务、旅游娱乐服务、餐饮住宿服务、居民日常服务、其他生活服务	
延伸知识：融资租赁是出租人出资购买租赁物件并租给承租人使用的租赁行为。特点是该租赁物件是出租人根据承租人的特定要求向供货人购买。在租期内，承租人分期支付租金，租赁物件的所有权属于出租人，承租人拥有使用权				

由于销售服务的不同服务项目适用的税率不同，且 7 个项目中的每一个项目又包含了具体项目和内容，为便于深入学习掌握，下面采用思维导图进行分别标注。

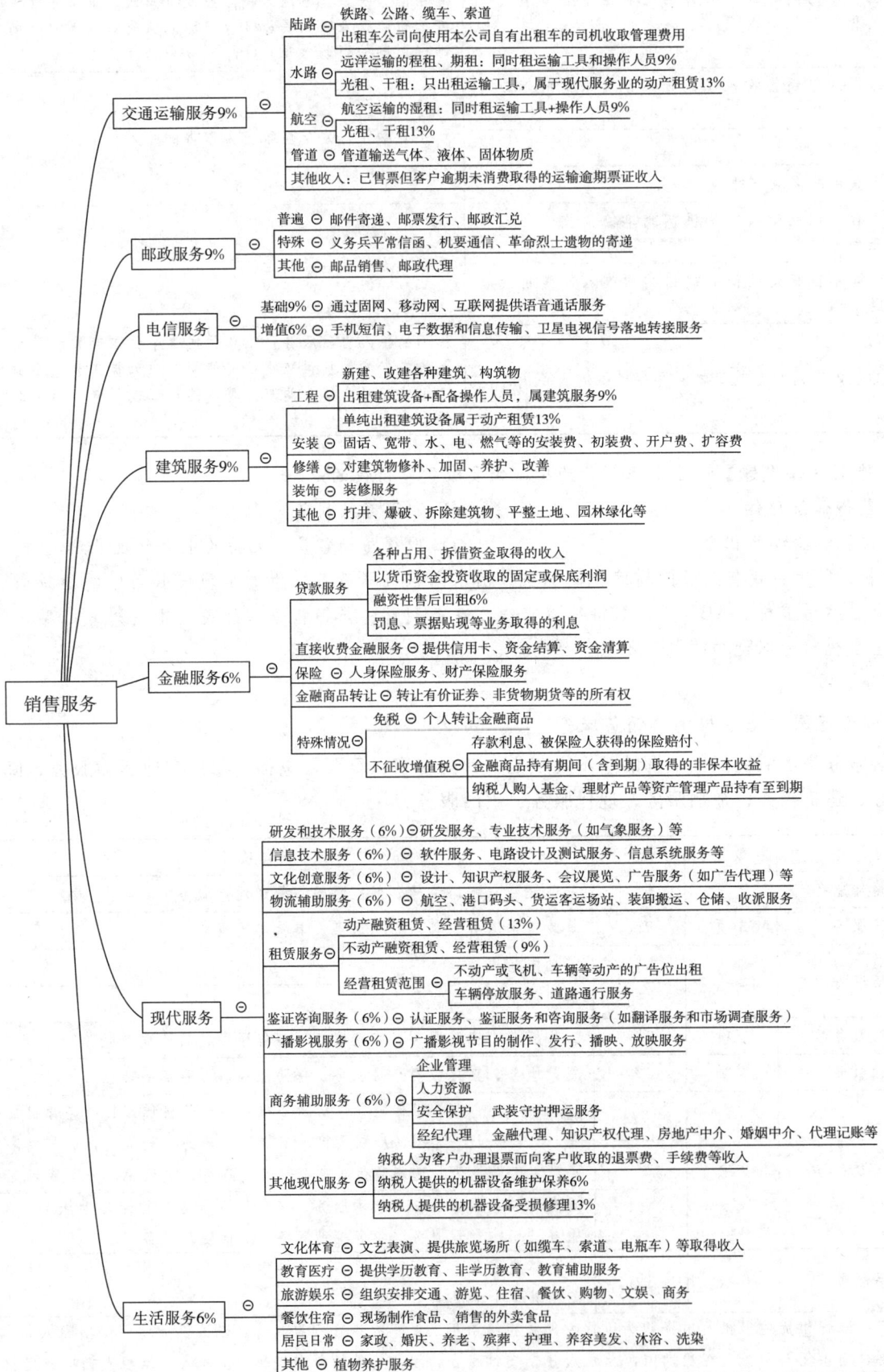

交通运输服务9% ⊖
- 陆路 ⊖ 铁路、公路、缆车、索道
  - 出租车公司向使用本公司自有出租车的司机收取管理费用
- 水路 ⊖ 远洋运输的程租、期租：同时租运输工具和操作人员9%
  - 光租、干租：只出租运输工具，属于现代服务业的动产租赁13%
- 航空 ⊖ 航空运输的湿租：同时租运输工具+操作人员9%
  - 光租、干租13%
- 管道 ⊖ 管道输送气体、液体、固体物质
- 其他收入：已售票但客户逾期未消费取得的运输逾期票证收入

邮政服务9% ⊖
- 普遍 ⊖ 邮件寄递、邮票发行、邮政汇兑
- 特殊 ⊖ 义务兵平常信函、机要通信、革命烈士遗物的寄递
- 其他 ⊖ 邮品销售、邮政代理

电信服务 ⊖
- 基础9% ⊖ 通过固网、移动网、互联网提供语音通话服务
- 增值6% ⊖ 手机短信、电子数据和信息传输、卫星电视信号落地转接服务

建筑服务9% ⊖
- 工程 ⊖ 新建、改建各种建筑、构筑物
  - 出租建筑设备+配备操作人员，属建筑服务9%
  - 单纯出租建筑设备属于动产租赁13%
- 安装 ⊖ 固话、宽带、水、电、燃气等的安装费、初装费、开户费、扩容费
- 修缮 ⊖ 对建筑物修补、加固、养护、改善
- 装饰 ⊖ 装修服务
- 其他 ⊖ 打井、爆破、拆除建筑物、平整土地、园林绿化等

金融服务6% ⊖
- 贷款服务
  - 各种占用、拆借资金取得的收入
  - 以货币资金投资收取的固定或保底利润
  - 融资性售后回租6%
  - 罚息、票据贴现等业务取得的利息
- 直接收费金融服务 ⊖ 提供信用卡、资金结算、资金清算
- 保险 ⊖ 人身保险服务、财产保险服务
- 金融商品转让 ⊖ 转让有价证券、非货物期货等的所有权
- 特殊情况 ⊖
  - 免税 ⊖ 个人转让金融商品
  - 不征收增值税 ⊖
    - 存款利息、被保险人获得的保险赔付、
    - 金融商品持有期间（含到期）取得的非保本收益
    - 纳税人购入基金、理财产品等资产管理产品持有至到期

销售服务

现代服务 ⊖
- 研发和技术服务（6%）⊖ 研发服务、专业技术服务（如气象服务）等
- 信息技术服务（6%）⊖ 软件服务、电路设计及测试服务、信息系统服务等
- 文化创意服务（6%）⊖ 设计、知识产权服务、会议展览、广告服务（如广告代理）等
- 物流辅助服务（6%）⊖ 航空、港口码头、货运客运场站、装卸搬运、仓储、收派服务
- 租赁服务 ⊖
  - 动产融资租赁、经营租赁（13%）
  - 不动产融资租赁、经营租赁（9%）
  - 经营租赁范围 ⊖
    - 不动产或飞机、车辆等动产的广告位出租
    - 车辆停放服务、道路通行服务
- 鉴证咨询服务（6%）⊖ 认证服务、鉴证服务和咨询服务（如翻译服务和市场调查服务）
- 广播影视服务（6%）⊖ 广播影视节目的制作、发行、播映、放映服务
- 商务辅助服务（6%）⊖
  - 企业管理
  - 人力资源
  - 安全保护　武装守护押运服务
  - 经纪代理　金融代理、知识产权代理、房地产中介、婚姻中介、代理记账等
- 其他现代服务 ⊖
  - 纳税人为客户办理退票而向客户收取的退票费、手续费等收入
  - 纳税人提供的机器设备维护保养6%
  - 纳税人提供的机器设备受损修理13%

生活服务6% ⊖
- 文化体育 ⊖ 文艺表演、提供旅览场所（如缆车、索道、电瓶车）等取得收入
- 教育医疗 ⊖ 提供学历教育、非学历教育、教育辅助服务
- 旅游娱乐 ⊖ 组织安排交通、游览、住宿、餐饮、购物、文娱、商务
- 餐饮住宿 ⊖ 现场制作食品、销售的外卖食品
- 居民日常 ⊖ 家政、婚庆、养老、殡葬、护理、美容美发、沐浴、洗染
- 其他 ⊖ 植物养护服务

【例题 13·单选题】 出租车公司向使用本公司自有出租车的司机收取管理费用，应缴纳增值税，该业务属于增值征税范围中的（ ）。

A. 鉴证咨询服务　　　B. 研发和技术服务　　C. 居民日常服务　　　D. 交通运输服务

『解析』D 对：出租车公司向使用本公司自有出租车的出租车司机收取的管理费用，按照陆路运输服务缴纳增值税。ABC 错：鉴证咨询服务、研发和技术服务属于现代服务；居民日常服务属于生活服务。

『答案』D。

【例题 14·单选题】 下列应税服务中，应按照现代服务计征增值税的是（ ）。

A. 商务辅助服务　　　B. 文化体育服务　　　C. 人身保险服务　　　D. 教育医疗服务

『解析』A 对：商务辅助服务属于现代服务，如企业管理、人力资源、安全保护服务等。BCD 错：文化体育服务、教育医疗服务属于生活服务；人身保险服务属于金融服务。

『答案』A。

【例题 15·多选题】 金融企业提供金融服务取得的下列收入中，按"贷款服务"缴纳增值税的有（ ）。

A. 以货币资金投资收取的保底利润

B. 融资性售后回租业务取得的利息收入

C. 买入返售金融商品利息收入

D. 金融商品持有期间取得的非保本收益

E. 购入基金持有至到期取得收益

『注释』融资性售后回租是指承租方以融资为目的，向从事融资性售后回租业务的企业出售资产后，购买企业又将该资产出租给承租方的业务活动。

『解析』ABC 对：各种占用、拆借资金取得的收入、以货币资金投资收取的保底利润、融资性售后回租取得的利息收入，以及罚息、票据贴现、买入返售金融商品等业务取得的利息，按"贷款服务"缴纳增值税。DE 错：非保本收益不征收增值税；纳税人购入基金、信托、理财产品等各类资产管理产品持有至到期取得收益，不征收增值税。

『答案』ABC。

3. 零税率、免税、征收率的适用范围及举例

零税率是指按照增值税暂行条例规定，某些应税的特殊销售项目整体税负为零，不等同于免税。小规模纳税人及一般纳税人在简易计税办法下适用征收率计税。增值税的征收率法定为 3%，"营改增"后增加了 5%。

税率	适用范围	举例
零税率	纳税人出口货物及发生"营改增"跨境销售服务、无形资产等应税行为	·境内单位和个人提供的国际运输服务 ·航天运输服务 ·境内单位向境外单位提供的完全在境外消费的特定服务，如研发服务、信息系统服务、离岸服务外包业务、转让技术等
免税	·《增值税暂行条例》规定的免税项目 ·"营改增通知"规定的税收优惠政策 ·财政部、税务总局规定的增值税减免	·农业生产者销售的自产农产品 ·由残疾人组织直接进口供残疾人专用的物品 ·销售自己使用过的物品 ·养老机构提供的养老服务 ·国家助学贷款 ·社会团体收取的会费

（续表）

税率	适用范围	举例
征收率	· 小规模纳税人销售货物、提供应税劳务或应税行为 · 一般纳税人发生的特定应税行为	· 小规模纳税人缴纳增值税（3%） · 小规模纳税人销售、出租取得的不动产（5%） · 一般纳税人采用简易办法缴纳增值税（3%） · 一般纳税人销售、出租其 2016 年 4 月 30 日前取得的不动产、土地使用权，选择适用简易计税方法的不动产经营租赁（5%）
注意：2023 年 1 月 1 日起，小规模纳税人不含增值税的月应税销售额超过 10 万元，季度销售额未超过 30 万元的，免征增值税		

4. 高考链接

年份	题型	分值	考点
2015 年	计算题	4	1. 取得含税销售收入：需要转化为不含税销售收入 2. 一般纳税人应纳增值税额＝当期销项税额－当期进项税额
2016 年	计算题	4	1. 不得抵扣的进项税额：外购商品发放职工福利 2. 不含税销售额＝含税的销售收入÷（1＋征税对象税率） 3. 一般纳税人应纳增值税额＝当期销项税额－当期进项税额
2017 年	计算题	4	1. 不得抵扣的进项税额：购进用于免税项目的货物 2. 取得含税零售收入：需要转化为不含税销售收入 3. 购进农产品进项税额＝买价×扣除率（9%） 4. 一般纳税人应纳增值税额＝当期销项税额－当期进项税额
2018 年	计算题	8	1. 取得含税销售收入，需要转化为不含税销售收入 2. 不得抵扣的进项税额：购进时取得普通发票 3. 非正常损失：需转出已抵扣进项税额 4. 一般纳税人应纳增值税额＝当期销项税额－当期进项税额
2019 年	计算题	8	一般纳税人应纳增值税额＝当期销项税额－当期进项税额
2020 年	计算题	8	1. 不含税销售额＝含税的销售收入÷（1＋3%） 2. 小规模纳税人应纳税额＝当期销项税额×3%
2021 年	计算题	8	一般纳税人应纳增值税额＝当期销项税额－当期进项税额
2022 年	计算题	8	一般纳税人应纳增值税额＝当期销项税额－当期进项税额
2023 年	计算题	8	一般纳税人应纳增值税额＝当期销项税额－当期进项税额

【例题 16 · 2017 年计算题真题改编】　某企业为增值税一般纳税人，适用增值税税率 13%，2020 年 9 月发生如下业务：

（1）购进用于免税项目的 10000 元原材料，取得增值税专用发票。

（2）向消费者销售货物，取得零售收入 28928 元。

（3）向农业生产者购进农产品，收购价 1000 元。

取得的增值税专用发票均在当月已通过认证。

要求：计算该企业当月应纳增值税税额。

『分析』①该企业是一般纳税人，采用当期购进扣税法计算增值税一般纳税人应纳税额。②计算当期进项税额，业务（1）（3）属于采购类业务，其中业务（1）购进用于免税项目的原材料，属于不得从销项税额中抵扣的进项税的情形，不能凭票抵扣；业务（3）向农业生产者购进农产品未用于深加工基本税率为13％的货物，其扣除率为9％，则业务（3）可抵扣进项税额＝1000×9％＝90（元）。③计算当期销项税额，业务（2）属于销售类业务，取得含税零售收入28928元，销售额做价税分离，税率为13％，即不含税销售额＝28928÷（1＋13％）＝25600（元），当期销项税额＝25600×13％＝3328（元）。④计算应纳增值税额，即应纳增值税额＝当期销项税额－当期进项税额＝3328－90＝3238（元）。

『解题』当月准予扣除的进项税额＝1000×9％＝90（元）；

当月应纳销项税额＝28928÷（1＋13％）×13％＝3328（元）；

当月应纳增值税税额＝3328－90＝3238（元）。

『另解』当月应纳增值税税额＝28928÷（1＋13％）×13％－1000×9％＝3238（元）。

四、考点归纳

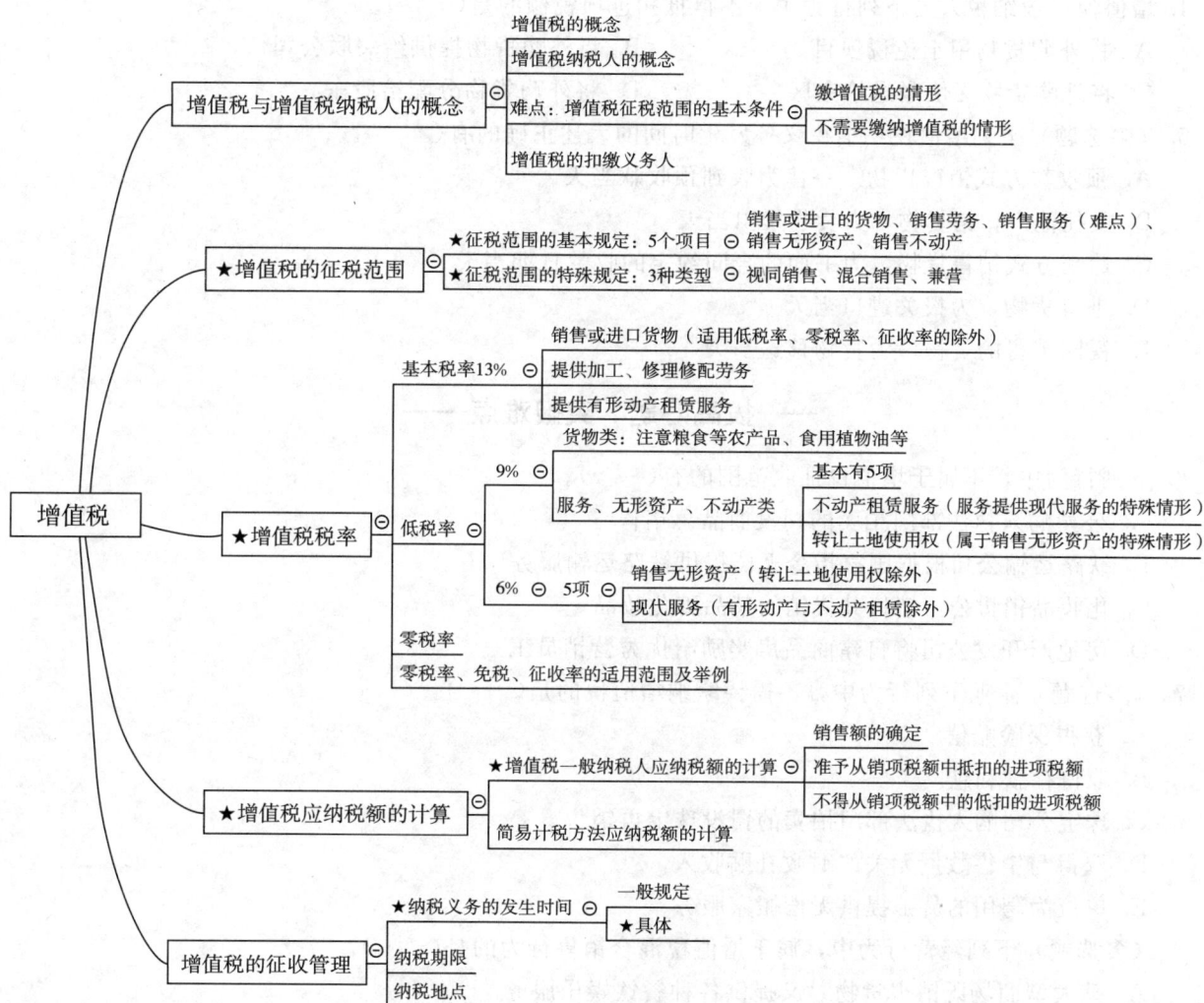

五、知识精练

———精选好题·强化能力———

1. 下列应税服务中，不属于增值税征税范围基本规定的是（　　　）。

　　A. 为本单位或者雇主提供加工、修理修配劳务等非经营活动

　　B. 提供电力、热力、气体服务

C. 转让土地使用权

D. 销售房子

2. (多选题) 下列属于视同销售货物或服务缴纳增值税的是( )。

　A. 将自产的货物用于集体福利

　B. 将委托加工的货物用于个人消费

　C. 将外购的食品无偿赠送给福利院

　D. 将外购的货物用于对外投资

　E. 单位无偿为公益事业提供餐饮服务

3. 下列应税服务中，不应按照现代服务计征增值税的是( )。

　A. 研发和技术服务　　　　　　　B. 信息技术服务

　C. 工程服务　　　　　　　　　　D. 文化创意服务

4. 增值税一般纳税人的下列行为中，不得抵扣进项税额的是( )。

　A. 将外购货物用于免税项目　　　B. 将外购货物提供给关联公司

　C. 将外购货物无偿赠送给灾区　　D. 将外购货物分配给股东

5. (多选题) 下列增值税纳纳税义务发生时间的表述正确的有( )。

　A. 预收款方式销售货物，一律为收到预收款当天

　B. 委托他人代销货物，为货物发出当天

　C. 赊销方式销售货物，为书面的合同约定的收款日期当天

　D. 进口货物，为报关进口当天

　E. 视同销售的货物，为货物移送当天

——拔高好题·突破难点——

6. 下列行为中，不属于增值税征收范围的有( )。

　A. 公司购入执法部门拍卖的罚没商品再销售

　B. 铁路运输公司根据国家指令无偿提供铁路运输服务

　C. 化妆品销售公司销售其代销的某品牌化妆品

　D. 房地产开发公司将自建商品房奖励给优秀营销员工

7. (多选题) 企业下列行为中，不需要缴纳增值税的是( )。

　A. 获得保险赔偿

　B. 取得存款利息

　C. 珠宝公司购入执法部门拍卖的罚没珠宝再销售

　D. 取得与销售数量无关的财政补贴收入

　E. 单位为聘用的员工提供无偿搬家服务

8. (多选题) 下列经营行为中，属于增值税混合销售行为的是( )。

　A. 某大型商场既销售货物，又提供各种餐饮娱乐服务

　B. 某房地产公司既做新房买卖，又提供装饰服务

　C. 某机械制造公司销售机器设备，同时提供安装服务

　D. 门窗生产企业销售自产门窗并负责施工安装

　E. 钢材生产企业销售自产钢材并负责运输

9. 一般纳税人的下列应税行为适用6%税率计征增值税的是( )。

　A. 转让土地使用权　　　　　　　B. 提供生活服务

　C. 出租新购入的房产　　　　　　D. 出租小汽车

10. （2019 年真题）某企业为增值税一般纳税人，2018 年 11 月增值税销项税额 1600000 元，增值税进项税额 1400000 元（其中 1250000 元当月已通过认证）。

要求：计算该企业当月应纳增值税税额。

11. （2016 年真题改编）某企业为增值税一般纳税人，适用的增值税税率为 13%，2023 年 6 月发生以下经济业务。

（1）购进月饼给职工发福利，取得增值税专用发票注明税额 900 元。

（2）购进办公设备一批，取得增值税专用发票注明税额 7800 元。

（3）销售主营产品取得收入 565000 元，已开具普通发票。

取得的增值税专用发票均在当月已通过认证。

要求：计算该企业 6 月份应纳增值税税额。

12. （2020 年真题改编）某企业为增值税小规模纳税人，2023 年第三季度取得含增值税销售收入 463500 元，增值税征收率为 3%。要求：

（1）计算该企业当季应纳增值税销售额；

（2）计算该企业当季应纳增值税税额。

13. （2023 年真题）某企业为增值税一般纳税人，适用增值税税率为 9%。2022 年 11 月取得不含税销售收入 3500000 元，当月发生进项税额 198000 元（其中 18000 元不符合抵扣条件）。

要求：

（1）计算该企业当月增值税销项税额；

（2）计算该企业当月允许抵扣增值税进项税额；

（3）计算该企业当月应纳增值税税额。

任务二知识精练参考答案

微专题　增值税应纳税额的计算

销项税额的计算

【必备基础知识】

销项税额的计算公式＝不含税销售收入×征税对象税率。其中，不含税的销售收入＝含税的销售收入÷（1＋征税对象的税率）。

解题通法：求解销项税，就是由不含税销售收入及征税对象的税率计算出销项税额。求解思路与方法：①确定销售收入是否含税→②找到征税对象的税率→③按步骤运用计算公式求解。

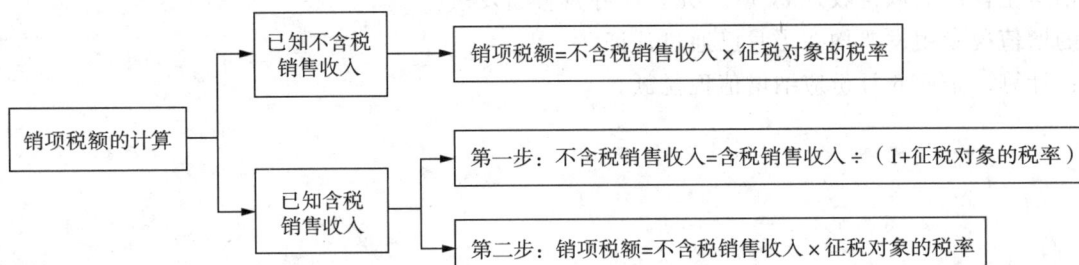

【典型例题剖析】

题型1　视同销售方式销售计算销项税

【例1】　某商场为增值税一般纳税人，2023年12月将本月采购入库的不含税价为300000元的食品的60%赠送受灾地区。

要求：计算商场赠送食品的销项税额。

『思路』确定销售收入是否含税→确定征税对象的税率→运用计算公式求解。

『分析』①题目中，商场将购进的货物捐赠给灾区属于视同销售，销售收入为不含税价300000元。②商场为一般纳税人，销售货物的税率为13%。③按照解题通法，直接采用销项税额公式计算税额，即销项税额＝不含税销售收入×征税对象税率＝300000×60%×13%＝23400（元）。

『解题』销项税额＝300000×60%×13%＝23400（元）。

题型2　折扣方式销售计算销项税

【例2】　某设备生产企业为增值税一般纳税人，2023年2月销售一批设备不含税价款3000000元，考虑到与购买方长期合作，给予不含税价款5%的价格优惠，并将折扣额和价款开一张发票且在金额栏分别注明。

要求：计算企业该笔业务的销项税额。

『思路』确定销售收入是否含税→确定征税对象的税率→运用计算公式求解。

『注意』折扣方式销售：①销售额和折扣额在同一张发票上，销售额＝扣除折扣后的销售额。②不在同一张发票上，销售额＝价款，即不扣除折扣额。

『分析』①题目中，销售设备的销售收入为不含税价，并给予销售折扣。因销售额和折扣额在同一张发票上，不含税销售收入为扣除折扣后的收入，即销售额＝3000000×（1－5%）＝2850000元。②设备生产企业为一般纳税人,销售货物的税率为13%。③按照解题通法,直接采用销项税额公式计算税额,即销项税额=不含税销售收入×征税对象税率=2850000×13%=370500(元)。

『解题』销项税额=3000000×(1-5%)×13%=370500(元)。

题型3 以旧换新销售计算销项税

【例3】 某工业企业为增值税一般纳税人,2023年6月,以旧换新方式销售电机500台,每台旧电机作价160元,按照出厂价扣除旧货价,实际取得不含税收入310000元。该电机同期含税销售单价为734.5元/台。

要求:计算企业该笔业务的销项税额。

『思路』确定销售收入是否含税→确定征税对象的税率→运用计算公式求解。

『注意』以旧换新销售:一般货物按新货同期不含税销售价格确定销售额,不得扣减旧货收购价格。本题按电机同期不含税销售单价650元/台计算销售额。

『分析』①题目中,以旧换新方式销售电机的单价为含税价,销售单价做价税分离,即不含税销售单价=734.5÷(1+13%)=650(元/台)。②工业企业为一般纳税人,销售货物的税率为13%。③按照解题通法,第一步计算不含税销售收入=650×500=325000(元);第二步采用销项税额公式计算税额,即销项税额=不含税销售收入×征税对象税率=325000×13%=42250(元)。

『解题』不含税销售收入=734.5÷(1+13%)×500=325000(元);

销项税额=325000×13%=42250(元)。

题型4 包装物押金的销项税计算

【例4】 某酒厂为增值税一般纳税人,2023年3月向小规模纳税人销售白酒,并开具普通发票上注明金额92800元,同时收取单独核算的包装物押金2000元。

要求:计算酒厂该业务应确认的销项税额。

『思路』确定销售收入是否含税→确定征税对象的税率→运用计算公式求解。

『注意』①收取一般包装物及啤酒、黄酒产品包装物的押金,不缴纳增值税。②收取除啤酒、黄酒外的其他酒类产品包装物押金,应缴纳增值税。

『分析』①题目中,酒厂销售白酒并开具普通发票,说明销售收入92800为含税价,另收取白酒包装物押金2000元,应并入销售额征税,包装物押金也是含税价,可合并做价税分离。②酒厂为一般纳税人,销售货物的税率为13%。③按照解题通法,第一步计算不含税销售收入=(92800+2000)÷(1+13%)=83893.81(元);第二步采用销项税额公式计算税额,即销项税额=不含税销售收入×征税对象税率=83893.81×13%=10906.19(元)。

『解题』不含税销售收入=(92800+2000)÷(1+13%)=83893.81(元);

销项税额=83893.81×13%=10906.19(元)。

进项税额的计算

【必备基础知识】

➢ 知识点1 准予从销项税额中抵扣的进项税额

抵扣方式	发票类型
凭票抵扣	增值税专用发票
	进项税额=发票上注明的增值税(或=发票金额×征税对象税率)
	海关进口增值税专用缴款书
	进项税额=缴款书上注明的增值税(或=发票金额×征税对象税率)

（续表）

抵扣方式	发票类型
凭票抵扣	境外购进服务等取得的解缴税款的完税凭证 进项税额＝完税凭证上注明的增值税（或＝发票金额×征税对象税率）
计算抵扣	农产品收购发票或销售发票 进项税额＝买价×扣除率 注意：所购农产品用于生产销售或委托加工 13％税率的货物，按 10％扣除率抵扣，除此以外的其他货物、服务，按 9％的扣除率抵扣
	注明旅客身份信息的国内旅客运输服务 航空旅客运输进项税额＝（票价＋燃油附加费）÷（1＋9％）×9％ 铁路旅客运输进项税额＝票面金额÷（1＋9％）×9％ 公路、水路等其他旅客运输进项税额＝票面金额÷（1＋3％）×3％

➤ 知识点 2　不能从销项税额中抵扣进项税额的特定情形

分类	特定项目或服务
购进货物或服务等 用于特定项目	用于简易计税方法计税项目
	用于免征增值税项目
	用于集体福利或个人消费
非正常损失	购进货物：相关加工修理修配劳务、交通运输服务
	在产品与产成品：耗用的购进货物、加工修理修配劳务、交通运输服务（但购进固定资产可抵扣）
	不动产及不动产在建工程：耗用的购进货物、设计服务、建筑服务
购进特定服务	贷款服务、餐饮服务、居民日常服务、娱乐服务

解题通法：求解进项税，就是由采购支付的不含税金额及征税对象的税率计算出进项税额，做题时先判断该进项税额能否从销项税额中抵扣。求解思路与方法：①判断进项税额是否可抵扣→②确定可抵扣的类型→③找到征税对象的税率或扣除率→④运用公式求解。

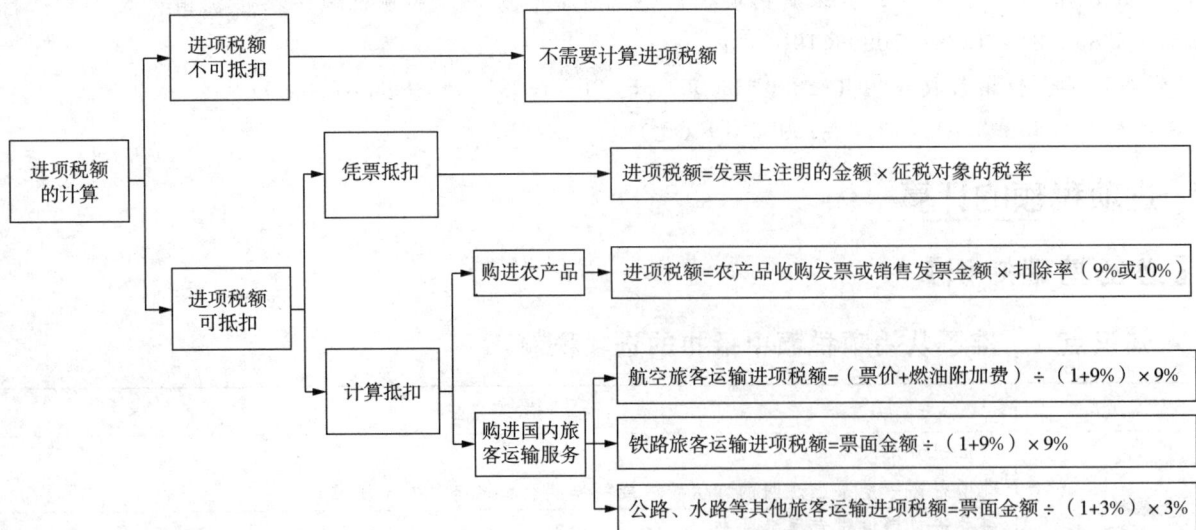

【典型例题剖析】

题型 1　购入货物、劳务或服务计算进项税

【例1】　某公司购入 A 材料一批，取得增值税专用发票上注明的价款为 500000 元，增值税税率为 13%。该批材料的运费由买方承担，取得的运输公司开具的增值税专用发票上注明运费为 20000 元，增值税税率为 9%。要求：计算公司该笔业务的进项税额。

『思路』判断进项税额是否可抵扣→确定进项税额可抵扣的类型→确定征税对象的税率→运用公式求解。

『注意』购入材料税率与销售材料税率相同，都是 13%；购进交通运输服务的税率与提供运输服务的税率相同，都是 9%。

『分析』①公司购入材料和运输服务取得增值税专用发票，该进项税可以从销项税额中抵扣。②属于凭票抵扣。③购入材料税率是 13%；购进交通运输服务的税率是 9%。④按照解题通法，直接采用进项税额公式计算税额，即进项税额＝发票上注明的金额×征税对象税率，购入材料进项税＝500000×13%＝65000（元）；购进交通运输服务进项税＝20000×9%＝1800（元）。

『解题』进项税＝500000×13%＋20000×9%＝66800（元）。

【例2】　某企业在写字楼租入房屋两套并支付了租金，取得增值税专用发票上注明的租金为 90000 元。要求：计算该笔业务的进项税额。

『思路』判断进项税额是否可抵扣→确定进项税额可抵扣的类型→确定征税对象的税率→运用公式求解。

『注意』购进不动产租赁服务与提供不动产租赁服务的税率相同，都是 9%。

『分析』①企业租入房屋取得增值税专用发票，该进项税可以从销项税额中抵扣。②属于凭票抵扣。③购进不动产租赁服务的税率是 9%。④按照解题通法，直接采用进项税额公式计算税额，即进项税额＝发票上注明的金额×征税对象税率，租入房屋进项税＝90000×9%＝8100（元）。

『解题』租入房屋进项税＝90000×9%＝8100（元）。

题型 2　购进农产品计算进项税

【例3】　2021 年 10 月食品厂从农业生产者手中购进小麦，并在当月全部用于生产儿童奶豆，收购凭证上注明买价 50000 元；支付运费，取得运输企业开具的增值税专用发票上注明运费 2000 元。要求：计算食品厂的进项税额。

『思路』判断进项税额是否可抵扣→确定进项税额可抵扣的类型→确定征税对象的税率→运用公式求解。

『注意』从农业生产者手中购进农产品取得农产品销售发票或收购发票，其进项税额可按 9% 或 10% 的扣除率计算抵扣。

『分析』①食品厂从农业生产者手中购进小麦取得收购凭证，同时购进交通运输服务取得增值税专用发票，该笔业务进项税可以从销项税额中抵扣。②从农业生产者手中购进小麦的进项税属于计算抵扣，购进交通运输服务的进项税属于凭票抵扣。③购进小麦全部用于生产 13% 税率的儿童奶豆，计算抵扣按照 10% 的扣除率；购进交通运输服务的税率是 9%。④按照解题通法，采用购进农产品的进项税额公式计算税额，即进项税额＝农产品销售发票或收购发票上注明的买价×扣除率＝50000×10%＝5000（元）；采用凭票抵扣的进项税额公式计算运费的进项税额＝2000×9%＝180（元）。

『解题』进项税额＝50000×10%＋2000×9%＝5180（元）。

题型 3　购进国内旅客运输服务计算进项税

【例4】　某企业员工小王 2021 年 12 月乘坐飞机到国内某地出差，来回机票 2000 元，燃油附加费

200元，没有取得增值税发票，只有注明身份信息的航空运输电子客票行程单。要求：计算该笔业务的进项税额。

『思路』判断进项税额是否可抵扣→确定进项税额可抵扣的类型→确定征税对象的税率→运用公式求解。

『注意』购进国内旅客运输服务可计算抵扣进项税额的情况：①取得注明旅客身份信息的航空运输电子客票行程单；②注旅客身份信息的铁路车票；③注明旅客身份信息的公路、水路等其他客票。

『分析』①小王取得注明旅客身份信息的航空运输电子客票行程单，该笔业务的进项税可以从销项税额中抵扣。②属于计算抵扣。③国内旅客运输服务属于交通运输服务，税率为9%。④按照解题通法，采用购进航空旅客运输服务的进项税额公式计算税额，即航空旅客运输进项税额＝（票价＋燃油附加费）÷（1+9%）×9%＝（2000+200）÷（1+9%）×9%＝181.65（元）。

『解题』进项税额＝（2000+200）÷（1+9%）×9%＝181.65（元）。

增值税应纳税额的计算

【必备基础知识】

➤ 知识点1　不同类型的应纳税额的计算

类型	适用范围	计算公式
增值税一般纳税人应纳税额计算	增值税一般纳税人	应纳增值税＝当期销项税额－当期进项税额
简易计税方法应纳税额计算	1. 增值税小规模纳税人 2. 一般纳税人发生特殊业务：提供公共交通服务、电影放映服务、仓储服务等	应纳税额＝不含税销售额×征收率 注意：不含税销售额＝含税销售额÷（1+征收率），小规模纳税人的征收率为3%，进项税额不能抵扣

　　解题通法： 求解一般纳税人的增值税，就是从当期销项税额中扣除当期可抵扣的进项税额计算出应纳税额；求解小规模纳税人的增值税，就是用简易计税方法，按不含税销售额和征收率计算应纳税额。求解思路与方法：①判断增值税纳税人类别→②确定应纳税额计算类型→③找到征税对象的税率或征收率→④运用公式求解。

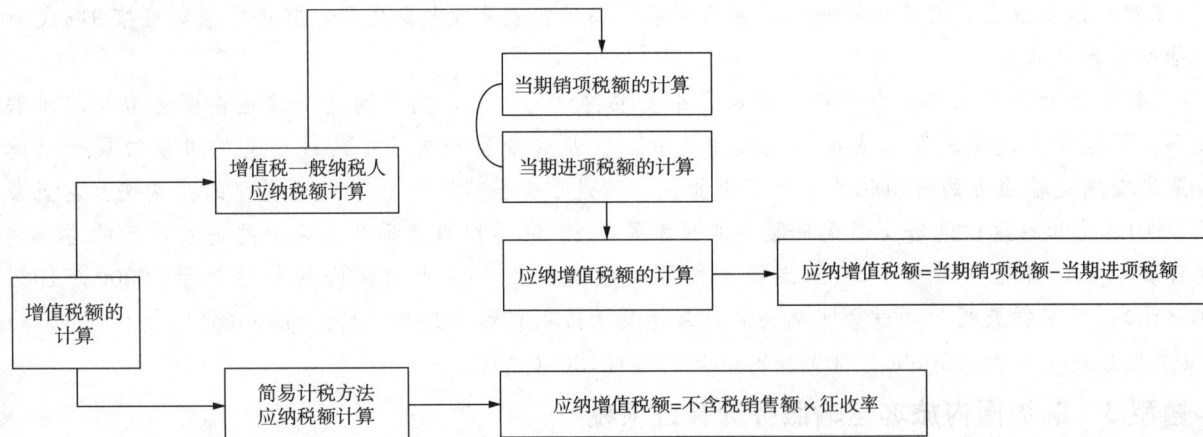

【典型例题剖析】

题型 1　增值税一般纳税人应纳税额的计算

【例 1·2018 年计算题真题改编】　某生产企业为增值税一般纳税人，增值税税率为 13%，2022 年 3 月发生如下业务：

（1）销售甲产品取得收入 161590 元，开具普通发票；

（2）购进生产材料 20000 元，已取得普通发票；

（3）购进生产设备，取得增值税专用发票上注明价款 30000 元；

（4）因工作人员失误造成材料损毁，该批材料已抵扣进项税 1700 元。

取得的增值税专用发票均在当月已通过认证。

要求：计算该企业 3 月应纳增值税额。

『思路』判断增值税纳税人类别→确定应纳税额计算类型→找到征税对象的税率或征收率→按业务运用公式求解应纳增值税。

『注意』货物发生非正常损毁，进项税额不能从销项税额中抵扣。

『分析』①生产企业是一般纳税人。②采用增值税一般纳税人应纳税额计算增值税额。③计算当期进项税额，业务（2）（3）属于采购类业务，其中业务（2）购入的货物取得普通发票，其进项税额不得抵扣；业务（3）购进的货物，取得增值税专用发票，属于凭票抵扣，税率是 13%，则业务（3）可抵扣进项税额＝发票上注明的金额×征税对象税率＝30000×13%＝3900（元）；业务（4）属于货物发生非正常损，进项税额不能从销项税额中抵扣，但该批材料已抵扣进项税额 1700 元，应从当期可抵扣进项税额中扣除，则当期进项税额＝3900－1700＝2200（元）。④计算当期销项税额，业务（1）属于销售类业务，开具普通发票，说明取得含税收入 161590 元，销售额做价税分离，税率为 13%，即不含税销售额＝161590÷（1＋13%）＝143000（元），当期销项税额＝143000×13%＝18590（元）。⑤计算应纳增值税额，按照解题通法，即应纳增值税额＝当期销项税额－当期进项税额＝18590－2200＝16390（元）。

『解题』（1）当期销项税额＝161590÷（1＋13%）×13%＝18590（元）；

（2）取得普通发票的进项税额不能抵扣；

（3）准予抵扣的进项税额＝30000×13%＝3900（元）；

（4）应转出因非正常损失已抵扣的进项税额＝1700（元）；

当期准予抵扣的进项税额＝3900－1700＝2200（元）；

3 月应纳增值税税额＝当期销项税额－当期进项税额＝18590－2200＝16390（元）。

【例 2】　食品公司为一般纳税人，2022 年 3 月发生如下经济业务：

（1）购进用于生产花生油的农产品，收购凭证上注明买价为 56500 元。

（2）以 2 元/千克的价格向农业生产者收购 2000 千克草莓，有收购凭证。

（3）购置一台设备，取得普通发票，注明价款 34000 元。

（4）销售月饼和水果，分别取得含税收入 849760 元和 28363 元。

要求：计算食品公司 3 月的增值税进项税额、销项税额及应纳增值税。

『思路』判断增值税纳税人类别→确定应纳税额计算类型→找到征税对象的税率或征收率→按计算要求运用公式求解当期进项税额、当期销项税额和应纳增值税。

『分析』①食品公司是一般纳税人。②采用增值税一般纳税人应纳税额计算增值税额。③计算当期进项税额，业务（1）（2）（3）属于采购类业务，其中业务（1）（2）都是购进农产品，属于计算抵扣，区别在于业务（1）购进的农产品全部用于生产 13% 税率的花生油，计算扣除率为 10%，而业务（2）购进的草莓没有用于其他用途，计算扣除率为 9%，则业务（1）可抵扣进项税额＝56500×10%＝5650（元），业务（2）可抵扣进项税额＝（2000×2）×9%＝360（元）；业务（3）购入的货物，但取得普通发票，其进项税额不得抵扣。④计算当期销项税额，业务（4）属于销售类业务，取得含税收入 849760 元和 28363 元，可合并销售额做价税分离，销售货物的税率为 13%，即不含税销售额＝（849760＋28363）÷（1＋13%）＝777100（元），则销项税额＝777100×13%＝101023（元）。⑤计算应纳增值税额，按照解题通法，直接采用公式计算，即应纳增值税额＝当期销项税额－当期进项税额＝101023－5650－360＝95013（元）。

『解题』当期进项税额＝56500×10%＋（2000×2）×9%＝5650＋360＝6010（元）；

当期销项税额＝（849760＋28363）÷（1＋13%）×13%＝101023（元）；

应纳增值税＝101023－5650－360＝95013（元）。

『提示』在解题时也可按照业务（1）（2）（3）（4）的顺序，依次列式计算进项税额和销项税额，注意说明业务（3）进项税不能抵扣的原因，再合并计算当期进项税、当期销项税和应纳增值税。

题型 2 简易计税方法应纳税额的计算

【例 3】 某超市为增值税小规模纳税人。2022 年 6 月发生业务如下：

（1）该超市取得货物零售收入 159650 元；

（2）向困难群体捐赠外购商品，该批商品市场零售价 22660 元；

（3）将外购商品给员工作为节日福利，该批商品市场售价为 3700 元；

（4）购进冰柜一台，取得增值税专用发票，注明价款 4000 元。

要求：计算该超市当月应纳增值税。

『思路』判断增值税纳税人类别→确定应纳税额计算类型→找到征税对象的税率或征收率→按业务运用公式求解应纳税额。

『注意』小规模纳税人的征收率为 3%，其进项税额不能抵扣。

『分析』①超市是小规模纳税人。②简易计税方法计算应纳税额。③征收率为 3%。④计算当期销项税额，业务（1）（2）（3）（4）属于销售类业务，其中业务（1）取得零售收入 159650 元是含税收入，业务（2）向困难群体捐赠外购商品 22660 元是视同销售，业务（1）（2）可合并销售额做价税分离，征收率为 3%，则不含税销售额＝（159650＋22660）÷（1＋3%）＝177000（元），销项税额＝177000×3%＝5310（元）；业务（3）外购商品作为集体福利，不能视同销售，不计算销项税；业务（4）属于采购类业务，小规模纳税人采购业务的进项税额不能抵扣，不计算进项税。⑤计算应纳增值税额，按照解题通法，应纳税额＝不含税销售额×征收率＝177000×3%＝5310（元）。

『解题』不含税销售额＝（159650＋22660）÷（1＋3%）＝177000（元）；

该超市当月应纳税额＝177000×3%＝5310（元）。

『提示』在解题时也可按照业务（1）（2）（3）（4）的顺序，依次列式计算销项税额，注意说明业务（3）外购商品作为集体福利，不能视同销售，以及业务（4）进项税不能抵扣的原因，再计算应纳税额。

题型精练

———精选好题·强化能力———

1. 某经营金融业务的公司是一般纳税人。2023 年第四季度转让股票，卖出价为含税价 700 万元，该股票是 2022 年 10 月购入的，买入价为含税价 600 万元。

要求：计算第四季度公司转让股票的计税销售额、销项税额。

2. 某公司从某房地产开发商处购入办公用房一套，取得增值税专用发票注明买价为 600000 元。

要求：计算房地产开发商的进项税额。

3. 某公司购入一台机器设备，取得增值税专用发票注明买价 80000 元。

要求：计算该公司购进设备的进项税额。

——拔高好题·突破难点——

4. 某纺织厂为一般纳税人，税率为 13%，2023 年 3 月发生下列经济业务：

（1）缴纳电费取得增值税专用发票注明价款 51900 元；

（2）购买染料一批，增值税专用发票注明价款 80000 元；

（3）从农民手中直接收购棉花，收购凭证上注明买价 64000 元；

（4）当月实现不含税销售收入 234000 元。

取得的增值税专用发票均在当月已通过认证。

要求：计算纺织厂本月应纳增值税额。

327

u112OK

....

5. 某企业为一般纳税人，税率13%，2023年10月发生如下经济业务：

（1）购进原材料一批取得增值税专用发票注明价款40000元，已经验收入库，款未付，发票经认证不符；

（2）购进低值易耗品取得增值税专用发票注明的价款为50000元；

（3）将企业自产的新产品用于发放职工福利，该批产品成本价为100000元，成本利润率为10%，该新产品无同类产品市场销售价格；

（4）销售产品一批135600元，收到货并开具普通发票。

要求：计算本月应纳增值税额（注意：该企业月初无留抵税额）。

6. 某连锁火锅店为增值税小规模纳税人。2023年12月发生业务如下：

（1）取得经营收入2884794元；

（2）向市运动会捐赠自制火锅底料，该批商品市场价678800元；

（3）外购啤酒给员工发放福利，该批商品市场售价为3700元；

（4）购进餐具一批，取得增值税专用发票，注明价款4000元。

要求：计算该超市当月应纳增值税。

微专题题型精练参考答案

任务三　消费税

一、学习导航

学习能量	消费税作为国家贯彻消费政策、调节消费结构从而引导产业结构的重要手段，在经济社会发展中一直发挥着引导消费、调节收入、增加财政收入等重要作用。随着时代不断变化，现行消费税制度在税目、税率、纳税环节等方面也进行了多次调整完善。由此，我们可以感受到"世上唯一不变的事就是变化本身"。在瞬息万变的社会环境中，我们要懂得及时调整，补齐短板，不断完善，提高适应社会的能力
学习目标	1. 初步理解消费税、消费税纳税人的概念 2. 识别消费税税目与税率、消费税的征税范围 3. 会按从价定率、从量定额和复合征收方法，计算不同环节消费品的应纳消费税额
学习建议	消费税是升学考试的重要考点，在 2015 年至 2023 年的试题中，每年都有一道计算题，复习时应特别重视。因此，一方面要强化习题训练，理解把握理论知识点，另一方面要弄懂消费税微专题，能熟练准确地计算出消费税应纳税额

二、教材内容精讲

➤ 知识点 1　消费税与消费税纳税人的概念

1. 消费税的概念

消费税是对在我国境内从事生产、委托加工和进口应税消费品的单位和个人，就其应税消费品征收的一种税。

中国的消费税		
改革历程	1950 年统一全国税政，开征特种消费行为税	1988 年 2 月 22 日国务院针对社会上存在的不合理消费现象开征筵席税
	1989 年 2 月 1 日为缓解彩色电视机、小轿车的供求矛盾开征彩色电视机特别消费税和小轿车特别消费税	1993 年 12 月 13 日国务院颁布《消费税暂行条例》，2008 年 11 月 10 日修订
	2008 年 12 月 15 日政部国家税务总局发布《消费税暂行条例实施细则》	2006 年、2015 年、2016 年，财政部国家税务总局为了引导合理消费、促进节能环保、节能减排，经国务院批准，调整了消费税若干具体政策，并对电池、涂料、超豪华小汽车加征消费税
	我国消费税是在对货物普遍征收增值税的基础上，对特定的消费品和消费行为在特定环节征收的一种流转税。消费税在我国有悠久的历史，早在公元前 81 年，汉昭帝为避免酒的专卖"与商人争市利"，改酒专卖为普遍征税，允许各地的地主、商人自行酿酒卖酒，每升缴税款四文，酒销售之后纳税，这是我国较早的消费税。1994 年分税制改革时，正式设立消费税。随后，消费税历经多次调整完善，才形成现行的消费税制度	
特点	价内税、征收范围有选择性（15 项）、征税环节有单一性（一般在生产、委托加工、进口环节）、平均税率水平比较高且税负差异大（1%～56%）、征收方法具有灵活性	
方法	从价定率征收、从量定额征收、从价定率和从量定额复合征收	

2. 消费税纳税人的概念

消费税纳税义务人是指起运地或者所在地在我国境内，从事生产、委托加工和进口应税消费品的单位和个人，以及国务院确定的销售《消费税暂行条例》规定的应税消费品的其他单位和个人。

消费税纳税义务人	
纳税环节	纳税义务人
生产销售环节	生产（含视为生产行为）应税消费品的单位和个人
进口环节	进口应税消费品的单位和个人
委托加工环节	委托方是消费税纳税人、受托方是消费税扣缴义务人
零售环节	①零售金银（含镶嵌）首饰、铂金首饰和钻石（含镶嵌）饰品的单位和个人 ②零售超豪华小汽车的单位、进口自用超豪华小汽车的单位和个人
批发环节	批发卷烟、电子烟的单位
注意：批发、零售环节一般不缴纳消费税，另有规定的除外	

【例题1·单选题】　下列单位中，不属于消费税纳税人的是（　　　　）。

A. 摩托车生产企业　　　　　　　　B. 委托加工烟丝的卷烟厂

C. 进口成品油的外贸公司　　　　　D. 受托加工木地板的加工厂

『解析』D 对：委托加工环节，委托方才是消费税纳税义务人，受托方只是消费税扣缴义务人。ABC 错：生产应税消费品的单位和个人、委托加工的委托方和进口应税消费品的单位和个人都是消费税纳税义务人。

『易错点』判断是否属于消费税纳税人，首先判断该商品是不是应税消费品，再判断应税消费品是否属于生产、进口、委托加工环节或属于特别规定的零售、批发环节中的应纳消费税的情形，最后再确定应纳税的单位和个人。其中特别易错的是委托加工环节，委托方才是消费税纳税人，受托方只是消费税扣缴义务人。

『答案』D。

➤ 知识点 2　消费税的税目与税率

我国现行消费税制始于 1994 年，经过 2006 年和 2008 年两次大的政策调整，目前消费税税制日趋成熟，形成了烟、酒、高档化妆品、游艇等 15 个消费税税目，适用比例税率、定额税率、比例税率加定额税率复合的税率 3 种形式。消费税的改革作为财税体制改革中的重要一环，将高耗能、高污染产品及部分高档消费品和消费行为纳入征收范围，体现了我国倡导低碳消费、健康消费的理念和勤劳节俭的优良品德，有利于化解我国经济增长造成的资源环境压力。

1. 税目及税率的具体规定

消费税的税目及税率				注释
一、烟	卷烟	生产、进口、委托加工环节	甲类卷烟	56%加 0.003 元/支	①甲类卷烟的每标准条（200 支）调拨价≥70 元（不含增值税），否则为乙类卷烟。②卷烟每标准条是 200 支，每箱 250 条。③批发环节不区分甲类、乙类。④卷烟复合计税，其他为从价计税
			乙类卷烟	36%加 0.003 元/支	
		批发环节		11%加 0.005 元/支	
	电子烟（新）	生产（进口）环节		36%	
		批发环节		11%	
	雪茄烟			36%	
	烟丝			30%	

（续表）

消费税的税目及税率				注释
二、酒	白酒	20%加0.5元/500克（或500毫升）		①白酒复合计税，每斤0.5元，注意吨、公斤（千克）换算：1吨＝1000千克＝1000元；1千克＝1000克＝1元 ②黄酒、啤酒，从量计税，果啤属于啤酒 ③其他酒，如葡萄酒、配制酒，从价计税 ④甲类啤酒：每吨出厂价格在3000元以上 ⑤乙类啤酒：每吨出厂价格不足3000元的 ⑥出厂价格含包装物及包装物押金，包装物押金不包括重复使用的塑料周转箱的押金
	黄酒	240元/吨		
	啤酒	甲类啤酒	250元/吨	
		乙类啤酒	220元/吨	
	其他酒	10%		
三、高档化妆品	15%			①是指不含增值税价格在10元/毫升或15元/片及以上的化妆品 ②包括：高档美容、修饰类化妆品、高档护肤类化妆品和成套化妆品 ③不包括：舞台、戏剧、影视演员化妆用的上妆油、卸妆油、油彩
四、贵重首饰及珠宝玉石	金银首饰、铂金首饰和钻石及钻石饰品	零售环节	5%	包括：各种纯金银首饰及镶嵌首饰和经采掘、打磨、加工的各种珠宝玉石
	其他贵重首饰和珠宝玉石	生产、进口、委托加工环节	10%	
五、鞭炮、焰火	15%			不包括：体育上用的发令纸、鞭炮药引线
六、成品油	汽油	1.52元/升		①7项均从量计税 ②航空煤油暂缓征收 ③不征收消费税：变压器油、导热类油等绝缘油类产品 ④免征消费税：纳税人利用废矿物油为原料生产的润滑油基础油、汽油、柴油等工业油料
	柴油	1.20元/升		
	航空煤油	1.20元/升		
	石脑油	1.52元/升		
	溶剂油	1.52元/升		
	润滑油	1.52元/升		
	燃料油	1.20元/升		
七、摩托车	气缸容量（排气量，下同）为250毫升的	3%		不包括：气缸容量250毫升（不含）以下的小排量摩托车
	气缸容量在250毫升以上的	10%		
八、小汽车	乘用车	气缸容量在1.0升（含1.0升）以下的	1%	①乘用车不超过9座，中轻型商用客车为10~23座 ②每辆零售价格＜130万元的小汽车，即乘用车和中轻型商用客车，只在生产（进口）环节按气缸容量计征（1%~40%）的消费税 ③每辆零售价格≥130万元（不含增值税）的小汽车，即超豪华小汽车，在生产（进口）环节按现行税率（1%~40%）征收消费税基础上，在零售环节加征10%的消费税 ④超豪华小汽车零售环节纳税人，消费税率采用零售环节税率10%；如果是国内汽车生产企业直接销售超豪华小汽车，消费税率采用生产环节税率＋零售环节税率的总和
		气缸容量在1.0升以上至1.5升（含1.5升）的	3%	
		气缸容量在1.5升以上至2.0升（含2.0升）的	5%	
		气缸容量在2.0升以上至2.5升（含2.5升）的	9%	
		气缸容量在2.5升以上至3.0升（含3.0升）的	12%	
		气缸容量在3.0升以上至4.0升（含4.0升）的	25%	
		气缸容量在4.0升以上	40%	
	中轻型商用客车	5%		
	超豪华小汽车	零售环节	10%	

（续表）

消费税的税目及税率		注释
九、高尔夫球及球具	10%	包括：高尔夫球及其球杆、球包（袋）、杆头、杆身和握把
十、高档手表	20%	销售价格（不含增值税）每只在10000元（含）以上的各类手表
十一、游艇	10%	①8米≤艇身长度≤90米 ②主要用于水上运动和休闲娱乐等非营利活动的各类机动艇
十二、木制一次性筷子	5%	木材为原料且一次性使用
十三、实木地板	5%	各种规格的实木地板、实木指接地板、实木复合地板及用于装饰墙壁、天棚侧端面的实木装饰板、未经涂饰的素板
十四、电池	4%	①包括原电池、蓄电池、燃料电池、太阳能电池、铅蓄电池和其他电池 ②免征消费税的电池：对无汞原电池、镍氢蓄电池、锂原电池、锂离子蓄电池、太阳能电池、燃料电池、全钒液流电池
十五、涂料	4%	免征消费税的涂料：施工状态下挥发性有机物（VOC）含量≤420克/升

【例题2·单选题】　下列选项中，不需要征收消费税的是（　　）。

A. 卷烟　　　　　　B. 白酒　　　　　　C. 鞭炮　　　　　　D. 电动汽车

『解析』D对：电动汽车不属于消费税的征收范围，不需要缴纳消费税。ABC错：卷烟、白酒、鞭炮均属于消费税的征收范围，需要缴纳消费税。

『注意』摩托车、小汽车属于消费税的征收范围，需要缴纳消费税，容易记混。

『答案』D。

【例题3·多选题】　根据现行税法，下列消费品既征收增值税又征收消费税的有（　　）。

A. 批发环节销售的白酒　　　　　　　　　B. 零售环节销售的铂金首饰

C. 加油站销售的成品油　　　　　　　　　D. 申报进口的高尔夫球具

E. 批发环节销售的卷烟和电子烟

『解析』BDE对：纳税人在销售和进口货物时，均需要缴纳增值税。我国消费税是在对货物普遍征收增值税的基础上，对特定的消费品和消费行为在特定环节征收的一种流转税。根据现行税法，只有金银首饰、铂金首饰和钻石及钻石饰品，以及超豪华小汽车，在零售环节征收消费税；只有卷烟和电子烟在批发环节征税；高尔夫球具在生产、进口、委托加工环节缴纳消费税。AC错：白酒不属于指定在批发环节征收消费税的应税消费品，成品油不属于指定在零售环节征收消费税的应税消费品，二者均在生产、进口、委托加工环节缴纳消费税。

『答案』BDE。

2. 税率的基本形式

税率形式	适用税目	举例		
比例税率	适用于大多数应税消费品	雪茄烟	36%	
		气缸容量在1.0升（含1.0升）以下的乘用车	1%	
定额税率	只适用于啤酒、黄酒、成品油	啤酒	甲类啤酒	250元/吨
			乙类啤酒	220元/吨
		黄酒	240元/吨	
		成品油	7项	汽油	1.52元/升

（续表）

税率形式	适用税目	举例		
定额税率加比例税率复合计税	只适用于白酒、卷烟	卷烟	甲类卷烟	56%加 0.003 元/支
			乙类卷烟	36%加 0.003 元/支
			批发环节	11%加 0.005 元/支
		白酒		20%加 0.5 元/500 克（或 500 毫升）

【例题 4·单选题】 下列应税消费品应当采用"从量定额"方式计税的是（　　）。

A. 乙类卷烟　　　　B. 金银首饰　　　　C. 乙类啤酒　　　　D. 高档手表

『解析』C 对：啤酒、黄酒、成品油适用定额税率，乙类啤酒的单位定额税率为 220 元/吨。ABD 错：卷烟、白酒适用定额税率加比例税率复合计税，乙类卷烟按 36%的比例税率加 0.003 元/支的单位定额税率计税；大多数应税消费品适用比例税率计税，金银首饰适用 5%的比例税率，高档手表适用 20%的比例税率。

『提示』不需要熟记全部消费税目对应的税率，考试一般会告知，但要熟知常见且容易混淆的卷烟、白酒、啤酒、黄酒、成品油的计税形式。

『答案』C。

➤ 知识点 3 消费税应纳税额的计算

按现行《消费税暂行条例》，对征税范围内的应税消费品采用从价定率、从量定额，或者从价定率和从量定额复合计税（简称复合计税）的办法计算应纳税额。不同的应税消费品，根据征税目的和征税项目的类别，具体确定不同的计税方式。这种处理方法避免了一概而论和一刀切，有利于不断完善消费税制度，促进税制公平统一，更好地发挥消费税在我国绿色税制建设中的重要作用，引导全民低碳消费、健康消费、合理消费。

消费税应纳税额的计算			
计税依据	销售额的确定	一般应税消费品	
		自产自用应税消费品	
		委托加工应税消费品	
		进口应税消费品	
		"换、投、抵"应税消费品	
		卷烟、白酒、金银首饰、电子烟	
	销售数量的确定	销售应税消费品	
		自产自用应税消费品	
		委托加工应税消费品	
		进口应税消费品	
应纳税额计算	计税方法	从价定率计税	应纳税额=销售额×比例税率
		从量定额计税	应纳税额=销售数量×单位税额
		复合计税	应纳税额=销售额×比例税率+销售数量×单位税额
	不同环节应税消费品应纳税额计算	直接对外销售应税消费品应纳税额	
		自产自用应税消费品应纳税额	
		委托加工应税消费品应纳税额	
		进口应税消费品应纳消费税	

1. 消费税的计税依据

(1) 销售额的确定

消费品类型	销售额的确定方式
一般 应税消费品	一般应税消费品销售额＝全部价款＋价外费用 1. 全部价款中包含消费税税额，但不包括增值税税额 2. 价外费用是含税收入，内容与增值税规定相同。主要包括：价外向购买方收取的手续费、补贴、基金、集资费、返还利润、奖励费、违约金、滞纳金、延期付款利息、赔偿金、代收款项、代垫款项、包装费、包装物租金、储备费、优质费、运输装卸费以及其他各种性质的价外收费 3. 不包括：运输费用发票开具（转交）给购买方的代垫运费，以及符合特定条件的代为收取的政府性基金或者行政事业性收费 4. 含增值税销售额的换算：应税消费品的销售额＝含增值税的销售额（含价外费用）÷（1＋增值税税率或征收率）

<table>
<tr><td rowspan="2">自产自用
应税消费品</td><td colspan="3">1. 用于本企业连续生产应税消费品：不缴消费税
2. 用于生产非应税消费品、在建工程、管理部门、非生产机构、提供劳务、馈赠、赞助、集资、广告、样品、职工福利、奖励等方面：移送使用时缴消费税
销售额确定方法如下：</td></tr>
<tr>
<td>

确定条件	确定销售价格	确定销售额
有同类消费品 的销售价格	纳税人生产的同类 消费品的销售价格 按销售数量计算的 平均销售价格 同类消费品上月或者 最近月份的销售价格	销售额＝销售价格×销售数量
无同类消费品 的销售价格	从价计税	组成计税价格＝（成本＋利润）÷（1－比例税率）
	复合计税	组成计税价格＝（成本＋利润＋自产自用数量×定额税率）÷（1－比例税率）

</td>
</tr>
<tr><td colspan="3">3. 纳税人通过自设非独立核算门市部销售的自产应税消费品
销售额＝门市部对外销售额</td></tr>
</table>

<table>
<tr><td rowspan="2">委托加工应税
消费品</td><td colspan="3">1. 源泉控制管理：除受托方为个人（含个体工商户）外，由受托方代收代缴税款</td></tr>
<tr>
<td>

确定条件	确定销售价格	确定销售额
受托方代收 代缴消费税	有同类消费品 的销售价格	按受托方同类应税 消费品的售价	销售额＝销售价格×销售数量
	没有同类消费品 的销售价格	从价计税	组成计税价格＝（材料成本＋加工费）÷（1－比例税率）
		复合计税	组成计税价格＝（材料成本＋加工费＋委托加工数量×定额税率）÷（1－比例税率）

</td>
</tr>
<tr><td colspan="3">2. 委托方将收回的应税消费品（受托方已代收代缴消费税）销售
①销售价格≤受托方的计税价格，不再缴纳消费税
②销售价格＞受托方的计税价格，按规定缴纳消费税，准予扣除受托方代收代缴消费税</td></tr>
</table>

（续表）

消费品类型	销售额的确定方式
委托加工应税消费品	3. 委托方连续加工应税消费品后销售 ①为避免消费税在生产环节重复征税，在出厂环节缴纳消费税 ②按当期生产领用量计算抵扣已缴纳的消费税

	按照组成计税价格确定销售额：
进口应税消费品	适用计税方法 确定销售额 从价计税：组成计税价格＝（关税完税价格＋关税）÷（1－消费税比例税率） 复合计税：组成计税价格＝（关税完税价格＋关税＋进口数量×消费税定额税率）÷（1－消费税比例税率）

进口应税消费品 — 按照组成计税价格确定销售额：

适用计税方法	确定销售额
从价计税	组成计税价格＝（关税完税价格＋关税）÷（1－消费税比例税率）
复合计税	组成计税价格＝（关税完税价格＋关税＋进口数量×消费税定额税率）÷（1－消费税比例税率）

"换、投、抵"应税消费品	1. "换、投、抵"应税消费品：纳税人用于换取生产资料和消费资料、投资入股和抵偿债务等方面的应税消费品 2. 销售额＝同类应税消费品的最高销售价格×销售数量

卷烟、白酒、金银首饰、电子烟

1. 卷烟的销售额
核定计税价格与生产企业实际销售价格，孰高原则，确定计税销售额
2. 白酒的销售额
①核定计税价格与生产企业实际销售价格，孰高原则，确定计税销售额
②白酒生产企业向商业销售单位收取的"品牌使用费"并入白酒的销售额
3. 金银首饰的销售额

确定经营业务		确定销售额
同时经营金银首饰、非金银首饰	分别核算	①金银首饰 a. 生产、进口、委托加工环节，不征消费税 b. 零售环节加征消费税（适用税率5%） ②非金银首饰 a. 生产、进口环节，征收消费税（适用税率10%） b. 零售环节，不征消费税
	不分别核算	生产环节销售：一律从高适用税率收消费税（10%） 零售环节销售：一律按金银首饰征收消费税（5%） 金银首饰与其他产品组成成套消费品销售：按销售额全额征收消费税
	销售额	销售额＝应税消费品销售数量×单价
包装物		①包装物连同金银首饰销售：无论包装是否单独计价与会计上如何核算，均并入金银首饰的销售额 ②销售额＝全部价款（含包装物）＋价外费用
带料加工的金银首饰		销售额确定顺序： ①销售额＝受托方销售同类金银首饰的销售价格×单价 ②销售额＝组成计税价格
以旧换新（含翻新改制）的金银首饰		销售额＝实际收取的不含增值税的全部价款（同增值税规定）

（续表）

消费品类型	销售额的确定方式
卷烟、白酒、金银首饰、电子烟	4. 电子烟的销售额 ①纳税人在电子烟批发环节，缴纳增值税 ②纳税人既代销，又代加工，应分开核算持有商标电子烟的销售额和代加工电子烟的销售额，未分开核算的，一并缴纳消费税 ③销售额＝批发电子烟的数量×单价

应税消费品的包装物：包装物押金含税，需换算为不含税收入，注意其计税规则

应税消费品包装物的计税规则			
包装物随同产品销售		不论包装物是否单独计价与会计上如何核算	并入销售额，征税（按应税消费品税率，下同）
只收取押金	非酒类产品	单独核算、未逾期	不并入销售额，不征税
		逾期未收回、不再退还的包装物	并入销售额，征税
		已收取1年以上的押金	
	酒类产品	一般酒类：无论是否返还与会计上如何核算	并入酒类产品销售额（按酒类产品适用税率）
		啤酒、黄酒（成品油适用）：无论是未逾期，还是已经逾期	因为从量征收，此类商品的押金均不缴纳消费税
包装物随同产品销售＋收取押金		规定期限内不退还的包装物	并入销售额，征税

【例题5·多选题】　消费税纳税人销售货物一并收取的下列款项中，应计入消费税计税依据的有（　　）。

A. 手续费　　　　　　　　　　　　B. 包装物租金

C. 运输装卸费　　　　　　　　　　D. 运输费用发票开具给购买方的代垫运费

E. 违约金

『解析』ABCE对：消费税的计税依据包括销售额和销售数量。纳税人销售一般应税消费品的销售额，包括向购买方收取的全部价款和价外费用。消费税价外费用的内容与增值税规定相同。手续费、包装物租金、运输装卸费、违约金均是价外费用，应并入当期销售额缴纳消费税。D错：虽然代收款项、代垫款项是价外费用，但是运输费用发票开具给购买方的代垫运费，以及符合特定条件的代为收取的政府性基金或者行政事业性收费不是价外费用，不能并入销售额。

『答案』ABCE。

【例题6·单选题】　销售下列酒类产品而收取的包装物押金，无论是否单独作价，均应并入当期销售额缴纳消费税的是（　　）。

A. 甲类啤酒　　　　B. 乙类啤酒　　　　C. 黄酒　　　　　D. 葡萄酒

『解析』D对：一般酒类的包装物押金（啤酒、黄酒除外）无论是否返还与会计上如何核算，并入酒类产品销售额，按酒类产品适用税率征税，也就是说，葡萄酒包装物押金，应计入销售额。ABC错：啤酒、黄酒、成品油均采用从量征收消费税，计算依据是销售数量，包装物的押金均不缴纳消费税，因此甲类、乙类啤酒和黄酒收取的包装物押金，不计入销售额。

『答案』D

【例题7·多选题】　下列关于应税消费品消费税计税依据的表述中，符合税法规定的有（　　）。

A. 委托加工且受托方无同类应税消费品售价，按组成计税价格计税

B. 自产自用且生产非应税消费品，按销售数量计算的平均价格计税

C. 金银首饰与其他产品组成成套消费品销售，按销售额全额征税

D. 金银首饰连同包装物销售的，包装物价款应并入销售额

E. 一般应税消费品销售额的全部价款中包含消费税和增值税

『解析』ABCD 对：委托加工的应税消费品，如果受托方无同类应税消费品售价，按组成计税价格计税；自产自用应税消费品，如有同类消费品的销售价格，按照顺序确定销售价格：①纳税人生产的同类消费品的销售价格；②销售数量计算的平均销售价格；③同类消费品上月或者最近月份的销售价格。如无同类消费品的销售价格，按照组成计税价格计税。金银首饰与其他产品组成成套消费品销售，按销售额全额征税；金银首饰连同包装物销售的，包装物价款应并入销售额。E 错：一般应税消费品销售额的全部价款中包含消费税税额，但不包括增值税税额。

『答案』ABCD。

（2）销售数量的确定

适用范围	从量定额计税的应税消费品只有啤酒、黄酒、成品油	
不同环节的应税消费品	销售应税消费品	销售数量＝应税消费品的销售数量
	自产自用应税消费品	销售数量＝应税消费品的移送使用数量
	委托加工应税消费品	销售数量＝纳税人收回的应税消费品数量
	进口应税消费品	销售数量＝海关核定的应税消费品的进口数量
注意：委托加工应税消费品的销售数量，为纳税人收回的应税消费品数量，而不是加工完成的应税消费品数量		

2. 消费税应纳税额的计算

（1）计税方法

计税方法	计税依据	适用范围	计税公式
从价定率计税	销售额	除从量、复合计税之外的应税消费品	应纳税额＝销售额×比例税率
从量定额计税	销售数量	啤酒、黄酒、成品油	应纳税额＝销售数量×单位税额
复合计税	销售额、销售数量	白酒、卷烟	应纳税额＝销售额×比例税率＋销售数量×单位税额

【例题 8·2016 年计算题真题改编】 某化妆品生产企业为增值税一般纳税人，适用的增值税税率为 13%，2021 年 10 月销售一批高档化妆品，开具普通发票，取得收入 317078 元。

要求：计算该企业当月应缴纳消费税税额。（高档化妆品适用的消费税率为 15%）

『分析』①该企业是一般纳税人，销售高档化妆品，采用从价定率计算消费税应纳税额。②高档化妆品以销售额为计税依据，销售开具普通发票，说明取得含税收入 317078 元，销售额做价税分离，税率为 13%，则不含税销售额＝317078÷（1＋13%）＝280600（元）。③计算应纳消费税税额，即应纳消费税税额＝销售额×比例税率＝280600×15%＝42090（元）。

『解题』当月应纳消费税税额＝317078÷（1＋13%）×15%＝42090（元）。

『补充』为引导消费者合理消费，自 2016 年 10 月 1 日起，我国取消对普通美容、修饰类化妆品征消费税，将"化妆品"税目名称更名为"高档化妆品"，征收范围包括高档美容、修饰类化妆品、高档护肤类化妆品和成套化妆品，税率由原来的 30% 调整为 15%。

【例题9·2017年计算题真题】　某啤酒厂2016年10月销售甲类啤酒100吨，每吨销售价格1000元。

要求： 计算该企业当月应纳消费税税额。（甲类啤酒适用的单位税额为250元/吨）

『注意』题目中既有甲类啤酒的销售数量又有每吨销售价格，需确定计税依据。

『分析』①该企业销售啤酒，采用从量定率计算消费税应纳税额。②甲类啤酒以销售数量为计税依据，而不是以销售金额为计税依据，销售数量为100吨，单位"吨"与甲类啤酒适用单位税额中的"吨"一致，不需要单位换算。③计算应纳消费税税额，即应纳消费税税额＝销售数量×单位税额＝100×250＝25000（元）。

『解题』应纳消费税税额＝100×250＝25000（元）。

【例题10·2018年计算题真题】　某白酒生产企业为增值税一般纳税人，2017年2月销售粮食白酒2吨，取得不含增值税销售额300000元。（白酒适用比例税率20%，定额税率0.5元/500克）

要求： 计算该企业2月应纳消费税税额。

『注意』①题目中既有白酒的销售数量又有销售额，需确定计税依据。②白酒销售数量的单位与单位税额中的计量单位不一致，需要做单位换算。计量单位的换算标准：白酒1吨＝1000000克＝2000个500克）。

『分析』①该白酒生产企业销售白酒，采用从价定率加从量定率复合的方式计算消费税应纳税额。②白酒既以销售数量为计税依据，又以销售额为计税依据，销售数量为2吨，单位"吨"与白酒适用单位税额中的"500克"不一致，需要单位换算，按1吨＝2000个500克，则白酒销售数量＝2×2000＝4000个500克；销售额为不含增值税收入300000元。③计算应纳消费税税额，即应纳消费税税额＝销售额×比例税率＋销售数量×单位税额＝300000×20%＋2×2000×0.5＝62000（元）。

『解题』该企业2月应纳消费税税额＝300000×20%＋2×2000×0.5＝62000（元）。

『另解』①从价计征的消费税税额＝300000×20%＝60000（元）；

②从量计征的消费税税额＝2×2000×0.5＝2000（元）；

③该企业2月应纳消费税税额＝60000＋2000＝62000（元）。

（2）不同环节的应税消费品应纳税额计算

不同环节	适用情形	消费税应纳税额计算方法		
直接对外销售应税消费品	有同类消费品的销售价格	方法：按同类消费品的销售价格计算应纳税额（下同）		
		计税方法	应纳消费税税额公式	
		从价定率计税	应纳税额＝销售额×比例税率	
		从量定额计税	应纳税额＝销售数量×单位税额	
		复合计税	应纳税额＝销售额×比例税率＋销售数量×单位税额	
自产自用应税消费品	有同类消费品的销售价格	方法：按同类消费品的销售价格计算应纳税额		
	无同类消费品的销售价格	方法：按组成计税价格计算应纳税额		
		计税方法	计税依据及公式	应纳消费税税额公式
		从价定率计税	组成计税价格＝（成本＋利润）÷（1－比例税率）	应纳税额＝组成计税价格×比例税率
		复合计税	组成计税价格＝（成本＋利润＋自产自用数量×定额税率）÷（1－比例税率）	应纳税额＝组成计税价格×比例税率＋自产自用数量×定额税率

（续表）

不同环节	适用情形	消费税应纳税额计算方法		
委托加工应税消费品	有同类消费品的销售价格	方法：按受托方同类消费品的销售价格计算应纳税额		
	无同类消费品的销售价格	方法：按组成计税价格计算纳税		
		计税方法	计税依据及公式	应纳消费税税额公式
		从价定率计税	组成计税价格＝（材料成本＋加工费）÷（1－比例税率）	应纳税额＝组成计税价格×比例税率
		复合计税	组成计税价格＝（材料成本＋加工费＋委托加工数量×定额税率）÷（1－比例税率）	应纳税额＝组成计税价格×比例税率＋委托加工数量×定额税率
进口应税消费品	均适用	方法：按组成计税价格计算应纳税额		
		计税方法	计税依据及公式	应纳消费税税额公式
		从价定率计税	组成计税价格＝（关税完税价格＋关税）÷（1－比例税率）	应纳税额＝组成计税价格×比例税率
		复合计税	组成计税价格＝（关税完税价格＋关税＋进口数量×定额税率）÷（1－比例税率）	应纳税额＝组成计税价格×比例税率＋进口数量×定额税率

【例题 11・计算题】 某日化企业是一般纳税人。2022 年 4 月，生产了一批高档护肤类化妆品发放给本企业女职工作为节日福利。企业无同类产品销售价格，生产成本为 16 万元，核定的成本利润率为 6.25%。（注意：高档化妆品适用消费税税率为 15%）

要求：计算该企业 4 月应纳消费税税额。

『注意』①日化企业将高档护肤类化妆品赠送给职工，属于自产自用应税消费品用于职工福利，视同销售，需在移送使用时缴消费税。②高档护肤类化妆品属于高档化妆品，适用从价定率计税，题目中没有高档化妆品的销售额，需计算组成计税价格作为计税依据。③利润＝成本×成本利润率。

『分析』①本题中高档化妆品是没有同类消费品销售价格的自产自用应税消费品，按组成计税价格计算应纳税额，高档化妆品适用消费税税率为 15%。②高档化妆品采用从价定率计税，适用从价定率计税的组成计税价格为计税依据，其中生产成本 16 万元、成本利润率为 6.25%，则利润＝成本×成本利润率＝16×6.25%＝1（万元），由此得出从价定率计税自产自用高档化妆品的组成计税价格＝（成本＋利润）÷（1－比例税率）＝（16＋1）÷（1－15%）＝20（万元）。③高档化妆品采用从价定率计税，即应纳消费税税额＝组成计税价格×比例税率＝（16＋1）÷（1－15%）×15%＝3（万元）。

『解题』（1）组成计税价格＝（16＋16×6.25%）÷（1－15%）＝20（万元）；

（2）该企业 4 月应纳消费税税额＝（16＋1）÷（1－15%）×15%＝3（万元）。

【例题 12・计算题】 某卷烟厂为增值税一般纳税人，2022 年 7 月受托为某外地烟厂加工甲类卷烟 1500 标准条（规格为 10 盒/条、20/盒），外地烟厂提供烟丝的成本为 320 万元，该卷烟厂代垫辅助材料 20 万元，加工费支出 50 万元，加工费专用发票经过认证。（注意：甲类卷烟适用消费税税率为 56% 加 0.003 元/支。结果保留 2 位小数）

要求：计算该卷烟厂当月应代收代缴的消费税税额。

『注意』①甲类卷烟是由委托单位提供原料，受托方只收取加工费加工的消费品，属于委托加工应税消费品，由卷烟厂代收代缴消费税。②甲类卷烟是复合计税应税消费品，题目中只有委托加工数量，没有销售额，需计算组成计税价格。③甲类卷烟委托加工数量的单位与单位税额中的计量单位不一致，需要单位换算。

『分析』本题中甲类卷烟是没有同类消费品销售价格的委托加工应税消费品，按组成计税价格计算应纳税额，甲类卷烟适用消费税税率为56%加0.003元/支。②甲类卷烟采用复合计税，既以委托加工数量为计税依据，又以复合计税的组成计税价格为计税依据，其中委托加工数量为1500条，与甲类卷烟适用单位税额中的"支"不一致，需要单位换算，按卷烟10盒/条、20支/盒换算，甲类卷烟的委托加工数量＝1500×10×20＝300000（支）。而委托加工甲类卷烟的材料成本为烟丝320万元加代垫辅助材料20万元、加工费50万元，由此得出复合计税委托加工的甲类卷烟的组成计税价格＝（材料成本＋加工费＋委托加工数量×定额税率）÷（1－比例税率）＝［（320＋20＋50）＋300000×0.003÷10000］÷（1－56%）＝886.57（万元）。③甲类卷烟采用复合计税，即应纳消费税税额＝组成计税价格×比例税率＋委托加工数量×定额税率＝886.57×56%＋300000×0.003÷10000＝496.57（万元）。

『解题』（1）组成计税价格 ＝［（320＋20＋50）＋300000×0.003÷10000］÷（1－56%）＝886.57（万元）；（2）该卷烟厂当月应代收代缴消费税税额＝886.57×56%＋300000×0.003÷10000＝496.57（万元）。

『补充』为了规范税收征收和缴纳行为，避免应缴税款的流失，保障国家税收收入，对委托加工应税消费品应纳的消费税实行源泉控制管理，现行《消费税暂行条例》规定：委托加工的应税消费品，除受托方为个人（含个体工商户）外，由受托方在向委托方交货时代收代缴税款。也就是说，受托方在向委托方交货时代收代缴税款是法定义务。如果受托方没有履行代收代缴义务，税务机关会向委托方补征税款，并对受托方处应代收代缴税款50%以上3倍以下的罚款。因此，不论是纳税人还是扣缴义务人，都要增强法治观念，必须依照法律、行政法规的规定缴纳税款、代扣代缴、代收代缴税款，让遵法守法成全社会的共同追求和自觉行动。

【例题13·计算题】　某外贸公司为增值税一般纳税人，2022年12月进口一批烟丝，关税完税价格为230万元，关税税率为10%。（注意：烟丝适用消费税税率为30%）

要求：计算该公司当月应纳消费税税额。（结果保留2位小数）

『注意』①题目中的烟丝是进口应税消费品，在报关进口时缴纳消费税。②烟丝是从价计税应税消费品，需计算组成计税价格。③关税＝关税完税价格×关税税率。

『分析』本题中进口烟丝适用关税税率10%、消费税30%。②进口烟丝采用从价计税，以组成计税价格为计税依据，其中，关税完税价格为230万元，关税＝230×10%＝23（万元），由此得出从价计税进口烟丝的组成计税价格＝（关税完税价格＋关税）÷（1－比例税率）＝（230＋23）÷（1－30%）＝361.43（万元）。③进口烟丝采用从价计税，即应纳消费税税额＝组成计税价格×比例税率＝361.43×30%＝108.43（万元）。

『解题』（1）组成计税价格＝（230＋230×10%）÷（1－30%）＝361.43（万元）；（2）该公司当月应纳消费税税额＝361.43×30%＝108.43（万元）。

『拓展』关税是海关依法对进出境货物、物品征收的一种税。关税一方面可以增加我国财政收入，另一方面起着保护本国产业的作用。通过征收关税，可以抬高进口商品的价格，降低其市场竞争力，减少在市场上对本国产品的不良影响。但在经济全球化的今天，关税也成为贸易保护措施和反倾销的制裁措施，其不利影响也在逐步显现。为进一步扩大改革开放，2018年7月，国务院关税税则委员会发布了《关于降低汽车整车及零部件进口关税的公告》，推动供给侧结构性改革，促进汽车产业转型升级，以满足人民群众消费需求。

进口应税消费品的关税对消费税的影响非常大，因为进口应税消费品的组成计税价格与进口应税消费品的关税完税价格、关税及其适用的消费税比例税率相关，所以要保证关税计算的准确性。按照现行

《进出口关税条例》规定：对进口货物在一定期限内可以实行暂定税率，完税价格以成交价格以及该货物运抵中华人民共和国境内输入地点起卸前的运输及其相关费用、保险费为基础审查确定。进口货物关税以从价计征、从量计征或者国家规定的其他方式征收。

纳税义务人（进口货物的收货人、进境物品的所有人）应当自海关填发税款缴款书之日起 15 日内向指定银行缴纳税款。纳税义务人未按期缴纳税款的，从滞纳税款之日起，按日加收滞纳税款万分之五的滞纳金。

➢ 知识点 4　消费税的征收管理

1. 纳税义务的发生时间

不同情形		消费税纳税义务发生时间
销售应税消费品	赊销和分期收款方式	①有书面合同：合同约定的收款当天 ②有合同无约定日期或无书面合同：发出应税消费品的当天
	预收货款方式	发出应税消费品的当天
	托收承付和委托银行收款方式	发出应税消费品并办妥托收手续的当天
	其他结算方式	收讫销售款或取得索取销售款凭据的当天
自产自用应税消费品		移送使用的当天
委托加工应税消费品		纳税人提货的当天
进口应税消费品		报关进口的当天

2. 纳税期限

消费税纳税期限及规定		
纳税期限	具体规定	报缴税款时间
1 日、3 日、5 日、10 日、15 日	由主管税务机关根据纳税人应纳税额的大小分别核定，可按次纳税	自期满之日起 5 日内预缴税款，于次月 1 日起 15 日内申报纳税并结清上月应纳税款
1 个月或 1 个季度		自期满之日起 15 日内申报纳税
提示：纳税人进口货物，应当自海关填发进口消费税专用缴款书之日起 15 日内缴纳税款		

3. 纳税地点

不同情形		申报纳税地点
销售或自产自用应税消费品	一般规定	纳税人机构所在地或者居住地主管税务机关申报纳税
	到外县市	应税消费品销售或（代销）后，向机构所在地或者居住地的主管税务机关申报纳税
	提示：纳税人销售的应税消费品，因质量等原因发生退货时，其已缴消费税可退还	
总机构和分支机构不在同一县（市）	不在同一省	分别在各自所在地的主管税务机关申报纳税
	在同一省内	经省（自治区、直辖市）财政厅（局）、税务总局批准，可由总机构汇总，向总机构所在地的主管税务机关申报纳税
委托加工应税消费品		受托方向机构所在地或居住地主管税务机关解缴消费税税款，受托方为个人的除外
进口应税消费品		进口人或者其代理人向报关地海关申报纳税

【例题 14·单选题】　某企业从境外进口一批高档化妆品，下列关于该业务缴纳消费税表述中不正确的是（　　）。

A. 企业应向报关地海关申报缴纳消费税

B. 企业应当自海关填发进口消费税专用缴款书之日起 15 日内缴税

C. 海关代征的消费税应分别入中央库和地方库

D. 企业使用该化妆品生产高档化妆品，准许扣除进口环节缴纳消费税

『解析』选 C：海关代征的消费税属于中央税的征收范围，应入中央库。ABD 不选：表述正确。进口应税消费品，由收货人或办理报关手续的单位和个人，在报关进口时缴消费税，由海关代征；纳税人进口货物，应当自海关填发进口增值税专用缴款书之日起 15 日内缴纳税款。按照外购应税消费品抵扣规则，外购已税高档化妆品生产的高档化妆品，可按当期生产领用数量扣除其已纳消费税；企业进口已税高档化妆品生产高档化妆品，准许扣除进口环节已纳消费税。

『答案』C。

三、疑难解答

1. 消费税征税的特殊规定

生产、委托加工应税消费品、不同类型的应税消费品，缴纳消费税的规定有所不同，应加以仔细区分。

应税消费品		缴纳消费税的特殊规定
生产（含视为生产行为）应税消费品	直接销售	纳税人销售时纳税
	自产自用	①用于连续生产应税消费品，不纳税 ②用于其他：生产非应税消费品、在建工程、管理部门、非生产机构、提供劳务、馈赠、赞助、集资、广告、样品、职工福利、奖励等方面，移送使用时纳税
委托加工应税消费品	连续生产	委托方是消费税纳税人，且委托方收回后用于连续生产应税消费品时，其加工环节所纳消费税准予抵扣
	直接出售	①委托加工的应税消费品直接出售，不再缴纳消费税 ②以不高于（≤）委托方计税价格出售，不再缴纳消费税 ③以高于（＞）委托方计税价格出售，要缴纳消费税，且受托方代收代缴消费税准予扣除
	受托方不同	①受托方为企业，受托方是消费税扣缴义务人 ②受托方为个人，委托方收回后缴纳消费税
进口应税消费品		①收货人或办理报关手续的单位和个人是消费税纳税人，报关进口时纳税 ②进口消费税由海关代征
贵重首饰及珠宝	金银（含镶嵌）首饰、铂金首饰、钻石（含镶嵌）饰品	①生产、进口、委托加工环节，不征消费税 ②零售环节加征消费税（适用税率 5%），且不得抵扣外购珠宝玉石的已纳税款
	其他珠宝首饰、钻石以外的珠宝玉石	生产、进口、委托加工环节（适用税率 10%），缴纳消费税
超豪华小汽车		双环节计税： ①生产（进口）环节按现行税率征收消费税，生产单位（收货人或报关人）为纳税人 ②零售环节加征消费税，且不得抵扣其生产环节缴纳的消费税，销售单位（如汽销中心）为纳税人

（续表）

应税消费品	缴纳消费税的特殊规定
卷烟、电子烟	①消费税纳税人具体规定 一般计税环节纳税：生产、进口、委托加工的单位和个人 特殊计税环节纳税：从事批发卷烟、电子烟的单位和个人 ②批发环节加征消费税。批发环节的卷烟、电子烟不得抵扣其生产环节缴纳的消费税 ③纳税人（批发商）之间销售卷烟、电子烟，不缴纳消费税

[延伸知识]　视为生产行为的判断：①主体为非工业企业；②将外购非应税消费品改为应税消费品销售；③将外购低税率应税消费品以高税率应税消费品销售

【例题15•多选题】　纳税人的下列行为中应征收消费税的有（　　）。

A. 白酒厂将自产的白酒赠送给客户

B. 烟厂将委托加工的烟丝用于连续生产应税消费品

C. 珠宝店销售金银（含镶嵌）首饰

D. 化妆品公司将进口的高档化妆品作为福利发给职工

E. 家具厂将自产应税实木地板用于连续生产应税实木地板

『解析』ABCD对：自产自用应税消费品用于生产非应税消费品、在建工程、馈赠、职工福利、奖励等方面，移送使用时纳税；委托加工的产品收回后用于连续生产应税消费品，加工环节由受托方代收代缴消费税，且准予抵扣；金银（含镶嵌）首饰、铂金首饰、钻石（含镶嵌）饰品在零售环节征收消费税，且不得抵扣外购已税金银首饰生产的贵重首饰；进口应税消费品，由收货人或办理报关手续的单位和个人，在报关进口时向海关缴纳消费税。E错：自产自用应税消费品于连续生产应税消费品，不纳税。

『答案』ABCD。

2. 从高适用税率征收消费税的情形

从高适用税率征收消费税，有两种情况：（1）纳税人兼营不同税率应税消费品，应当分别核算不同税率应税消费品的销售额、销售数量。未分别核算销售额、销售数量，从高适用税率。（2）将不同税率应税消费品组成成套消费品销售的，即使分别核算，也从高适用税率。

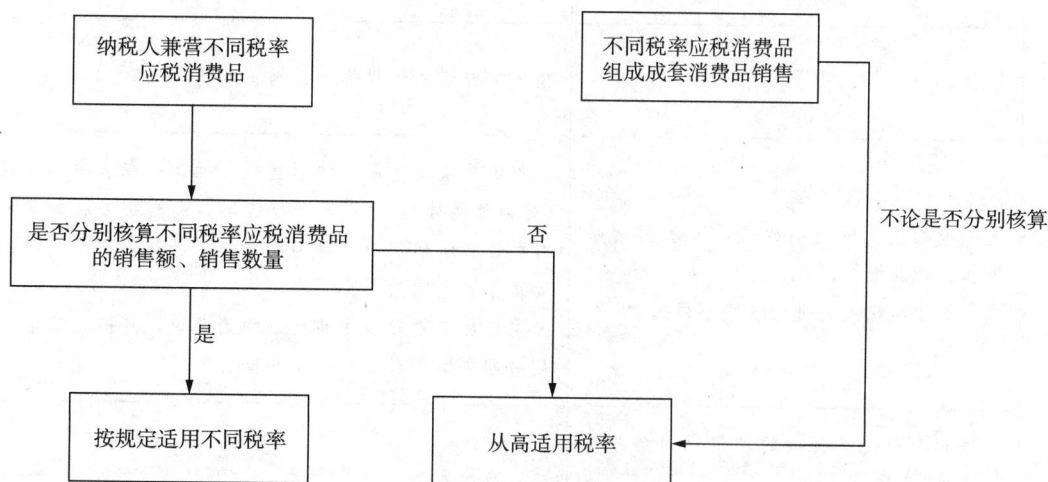

3. 增值税与消费税的比较

比较法是归纳思维方法中用于分类、收集和整理材料的重要方法。我们要善于运用比较法从个别或特殊的经验事实出发，概括得出一般性原理、原则，认清事物的本质。增值税、消费税内容多且重要，相互之间存在联系，两个税种有一些相似知识点，但处理方法却完全相同，容易混淆，我们要学会运用比较法巧学这些知识。

区别	增值税	消费税
特点	• 价外税 • 普遍征收 • 多环节征税 • 比例税率，增值税税率有13%、9%、6%（零税率）及征收率3%、5% • 从价定率征收	• 价内税 • 征收范围有选择性 • 征税环节有单一性，一般在生产、委托加工、进口环节 • 比例税率、定额税率、定额税率加比例税率，且平均税率水平比较高且税负差异大（1%~56%） • 征收方法有从价、从量、复合3种计税方式，具有灵活性
征税范围	• 基本规定：5个项目（销售或进口的货物、劳务、服务、无形资产和不动产） • 特殊规定：3种类型（视同销售、混合销售、兼营）	共15项：烟、酒、高档化妆品、贵重首饰及珠宝玉石、高尔夫球及球具、高档手表、游艇、鞭炮焰火、电池、涂料、成品油、木制一次性筷子、实木地板、小汽车、摩托车
纳税环节	同一货物在生产、批发、零售、进口多环节征收	• 直接对外销售应税消费品，销售时纳税 • 自产自用应税消费品，用于连续生产应税消费品，不纳税；用于其他方面，移送使用时纳税 • 委托加工应税消费品，受托方代扣代缴加工环节的消费税 • 进口应税消费品，报关进口时纳税 • 特定消费品：①金银（含镶嵌）首饰、铂金首饰、钻石（含镶嵌）饰品，在零售环节加征消费税，生产、进口、委托加工环节不征消费税；②超豪华小汽车：既在生产（进口）环节按现行税率征收消费税，又在零售环节加征消费税；③卷烟、电子烟在批发环节加征消费税
计税方法	• 一般计税方法 • 简易计税方法	• 从价定率计税 • 从量定额计税 • 复合计税
计税依据	销售额	销售额或组成计税价格、销售数量
税额抵扣	• 一般纳税人的进项税额，可采用凭票抵扣、计算抵扣 • 小规模纳税人的进项税额不得抵扣	• 外购应税消费品已纳消费税可抵扣：在消费税税目中，除酒（葡萄酒例外）、小汽车、摩托车、高档手表、游艇、电池、涂料在计算缴纳消费税时不允许扣除，其余均按当期生产领用数量扣除其已纳消费税 • 委托加工收回消费品已纳的消费税，可按当期生产领用数量从当期应纳消费税税额中扣除
税收归属	• 进口环节海关征收的增值税的全部属于中央 • 其他环节税务机关征收的增值税收入由中央、地方共享	消费税全部属于中央

【易混淆事项对比】

（1）组成计税价格的对比

增值税与消费税组成计税价格的对比				
应税货物	货物类别	对比事项	增值税	消费税
应交消费税的消费品	自产自用应税消费品	从价计税组成计税价格	成本×（1＋成本利润率）÷（1－消费税税率）＝（成本＋利润）÷（1－比例税率）	
		从量计税组成计税价格	成本×（1＋成本利润率）＋消费税＝成本＋利润＋消费税	不组价
		复合计税组成计税价格	（成本＋利润＋自产自用数量×定额税率）÷（1－比例税率）	
	进口应税消费品	从价计税组成计税价格	完税关税价格＋关税＋消费税	（关税完税价格＋关税）÷（1－消费税比例税率）
		从量计税组成计税价格	完税关税价格＋关税＋消费税	不组价
		复合计税组成计税价格	（关税完税价格＋关税＋进口数量×消费税定额税率）÷（1－消费税比例税率）	
不交消费税的消费品		组成计税价格	成本×（1＋成本利润率）	不征收消费税

（2）自产应税消费品计税依据的对比

自产自用应税消费品用途	增值税	消费税
连续生产应税消费品	不计税	不计税
连续生产非应税消费品	不计税	・有同类消费品的销售价格：按纳税人生产的同类消费品的销售价格或同类平均价格计税
用于馈赠、赞助、职工福利等其他方面	・有同类应税销售行为：按纳税人或其他纳税人的近期同类应税销售行为的平均销售价格计税	・无同类消费品的销售价格：按组成计税价格计税
用于"换、抵、投"方面	・无同类应税销售行为：按组成计税价格计税	按同类应税消费品的最高销售价格计税

（3）包装物的对比

包装物的不同情形			增值税	消费税
包装物随同产品销售			不论包装物是否单独计价与会计上如何核算，并入销售额，征税	
只收取押金	非酒类产品	押金单独核算	收取押金时，不征税	
			1年内且未超合同期限，不并入销售额；1年内且超过合同期限，并入销售额	未逾期，不并入销售额，不征税
		1年以上的押金	并入销售额，征税	
		逾期未收回、不再退还包装物		
	酒类产品	一般酒类	无论是否返还或逾期，收到即并入	无论是否返还与会计上如何核算，并入酒类产品销售额（按酒类产品适用税率）

（续表）

包装物的不同情形			增值税	消费税
只收取押金	酒类产品	啤酒、黄酒	收取押金时，不并入销售额	无论是否逾期，因为从量征收消费税，此类商品的押金均不纳税（成品油也适用）
			逾期时，并入销售额	

4. 应税消费品已纳消费税的扣除

主要包括外购应税消费品已纳税额的扣除，以及委托加工收回的应税消费品已纳税额的扣除。

类型	主要内容
外购应税消费品已纳税额的扣除	1. 税法规定：对外购已税消费品连续生产应税消费品销售时，可按当期生产领用数量计算准予扣除外购应税消费品已纳的消费税税款 2. 扣税范围 ①外购已税烟丝生产的卷烟 ②外购已税高档化妆品生产的高档化妆品 ③外购已税珠宝玉石生产的贵重首饰及珠宝玉石（不含金银首饰） ④外购已税鞭炮焰火生产的鞭炮焰火 ⑤外购已税杆头、杆身和握把为原料生产的高尔夫球杆 ⑥外购已税木制一次性筷子为原料生产的木制一次性筷子 ⑦外购已税实木地板为原料生产的实木地板 ⑧外购已税汽油、柴油、石脑油、燃料油、润滑油用于连续生产应税成品油 ⑨从葡萄酒生产企业购进、进口葡萄酒连续生产应税葡萄酒 3. 扣税方法：按当期生产领用数量扣除其已纳消费税 4. 扣税环节：扣税范围内的项目在生产环节缴纳消费税，可扣除已纳消费税 5. 特别规定 ①在零售环节纳税的金银首饰（含镶嵌首饰）、钻石及钻石饰品，已纳消费税不得扣除；②双环节纳税的卷烟、电子烟、超豪华小汽车，已纳消费税不得扣除
委托加工收回的应税消费品已纳税额的扣除	1. 税法规定：对委托加工收回消费品已纳的消费税，可按当期生产领用数量从当期应纳消费税税额中扣除 2. 扣税范围、扣税方法：与外购已税消费品连续生产应税消费品基本相同 3. 扣税环节：生产环节计算应纳消费税

【例题 16·多选题】　　下列产品中，在计算缴纳消费税时准许扣除外购应税消费品已纳消费税的是（　　）。

A. 外购已税烟丝连续生产的卷烟

B. 外购已税摩托车生产的应税摩托车

C. 外购已税高档手表生产的应税高档手表

D. 外购已税游艇生产的应税游艇

E. 外购葡萄酒连续生产应税葡萄酒

『解析』AE 对：外购已税烟丝生产的卷烟，可按当期生产领用数量扣除其已纳消费税；从葡萄酒生产企业购进、进口葡萄酒连续生产应税葡萄酒的，准予从葡萄酒消费税应纳税额中扣除所耗用应税葡萄酒已纳消费税税款。BCD 错：在消费税 15 个税目中，酒（葡萄酒例外）、小汽车、摩托车、高档手表、游艇、电池、涂料在计算缴纳消费税时不允许扣除外购应税消费品已纳消费税。

『注意』外购已税汽油、柴油、石脑油、燃料油、润滑油用于连续生产应税成品油，可按当期生产领用数量扣除其已纳消费税，但不包括溶剂油、航空煤油。

『答案』AE。

5. 高考链接

年份	题型	分值	应税消费品	计税方法	考点
2015 年	计算题	4	白酒	复合计税	1. 自产自用的白酒用于其他用途 2. 确定计税依据：销售额、销售数量 3. 单位换算：白酒 1 吨＝2000×500 克
	计算题	4	黄酒	从量计税	
2016 年	计算题	4	高档化妆品	从价计税	1. 确定计税依据：销售额 2. 将含税收入换算为不含税收入
2017 年	计算题	4	甲类啤酒	从量计税	确定计税依据：销售数量
2018 年	计算题	8	白酒	复合计税	1. 确定计税依据：销售数量 2. 单位换算：白酒 1 吨＝2000×500 克
2019 年	计算题	8	黄酒	从量计税	确定计税依据：销售数量
2020 年	计算题	8	批发环节卷烟	复合计税	1. 确定计税依据：销售额、销售数量 2. 单位换算：1 条卷烟＝200 支
2021 年	计算题	8	甲类啤酒	从量计税	确定计税依据：销售数量
2022 年	计算题	8	白酒	复合计税	1. 确定计税依据：销售额、销售数量 2. 计算销售额＝销售单价×销售数量 3. 单位换算：白酒 1 吨＝2000×500 克
2023 年	计算题	8	甲类卷烟	复合计税	1. 确定计税依据：销售额、销售数量 2. 单位换算：1 条卷烟＝200 支

【例题 17·2022 年计算题真题】　某企业 2021 年 11 月销售白酒 2.5 吨，不含税单价为 40 元/500 克，该企业白酒适用的消费税税率为 20％加 0.5 元/500 克。

（1）计算该企业当月从价计征的消费税税额；

（2）计算该企业当月从量计征的消费税税额；

（3）计算该企业当月应纳消费税税额。

『注意』①题目中既有白酒的销售数量，又有销售单价，需确定计税依据。②白酒销售数量的单位与单位税额中的计量单位不一致，需要做单位换算。计量单位的换算标准：白酒 1 吨＝1000000 克＝2000 个 500 克）。

『分析』①该白酒生产企业销售白酒，采用从价定率加从量定率复合的方式计算消费税应纳税额。②白酒既以销售数量为计税依据，又以销售额为计税依据，销售数量为 2.5 吨，单位"吨"与白酒适用单位税额中的"500 克"不一致，需要单位换算，按 1 吨＝2000 个 500 克，则白酒销售数量＝2.5×2000＝5000 个 500 克；销售额＝不含税单价×数量＝40×5000＝200000（元）。③计算应纳消费税税额，即应纳消费税税额＝销售额×比例税率＋销售数量×单位税额＝200000×20％＋5000×0.5＝42500（元）。

『解题』（1）从价计征的消费税＝2.5×2000×40×20％＝40000（元）；

（2）从量计征的消费税＝2.5×2000×0.5＝2500（元）；

（3）企业当月应纳消费税税额＝40000＋2500＝42500（元）。

【例题18·2015年计算题真题改编】　　某酒厂2021年8月销售黄酒20吨，销售价400000元。另将自产薯类白酒1吨作为中秋节礼品发放给职工，其市场价为5250元/吨。

注意：黄酒适用的单位税额为240元/吨，白酒适用消费税税率为20%加0.5元/500克。

要求：计算该企业8月应纳消费税税额。

『注意』①酒厂将自产薯类白酒作为中秋节礼品发放给职工，属于自产自用应税消费品用于职工福利，视同销售，需在移送使用时缴消费税。②题目中有黄酒、白酒两种应税消费品，既有应税消费品的销售数量又有销售额，均需确定计税依据。③自产自用应税消费品有同类消费品的销售价格，则销售额＝纳税人生产的同类消费品的销售价格×销售数量。④白酒销售数量的单位与单位税额中的计量单位不一致，需要做单位换算。计量单位的换算标准：白酒1吨＝1000000克＝2000个500克）。

『分析』①该酒厂销售黄酒，采用从量定率计算消费税应纳税额。销售白酒，采用从价定率加从量定率复合的方式计算消费税应纳税额。②黄酒以销售数量为计税依据，而不是以销售金额为计税依据，销售数量为20吨，单位"吨"与黄酒适用单位税额中的"吨"一致，不需要单位换算。白酒既以销售数量为计税依据，又以销售额为计税依据，视同销售数量为1吨，单位"吨"与白酒适用单位税额中的"500克"不一致，需要单位换算，按1吨＝2000个500克，则白酒销售数量＝1×2000＝2000个500克；按照纳税人生产的同类消费品的销售价格5250元/吨计算白酒的销售额，则白酒销售额＝5250×1＝5250（元）。③计算应纳消费税税额，即黄酒应纳消费税税额＝销售数量×单位税额＝20×240＝4800（元）；白酒应纳消费税税额＝销售额×比例税率＋销售数量×单位税额＝5250×20%＋2000×0.5＝2050（元）；应纳消费税税额＝4800＋2050＝6850（元）。

『解题』黄酒应纳消费税税额＝20×240＝4800（元）；

白酒应纳消费税税额＝5250×20%＋1×1000×1000÷500×0.5＝2050（元）；

该企业8月应纳消费税税额＝4800＋2050＝6850（元）。

四、考点归纳

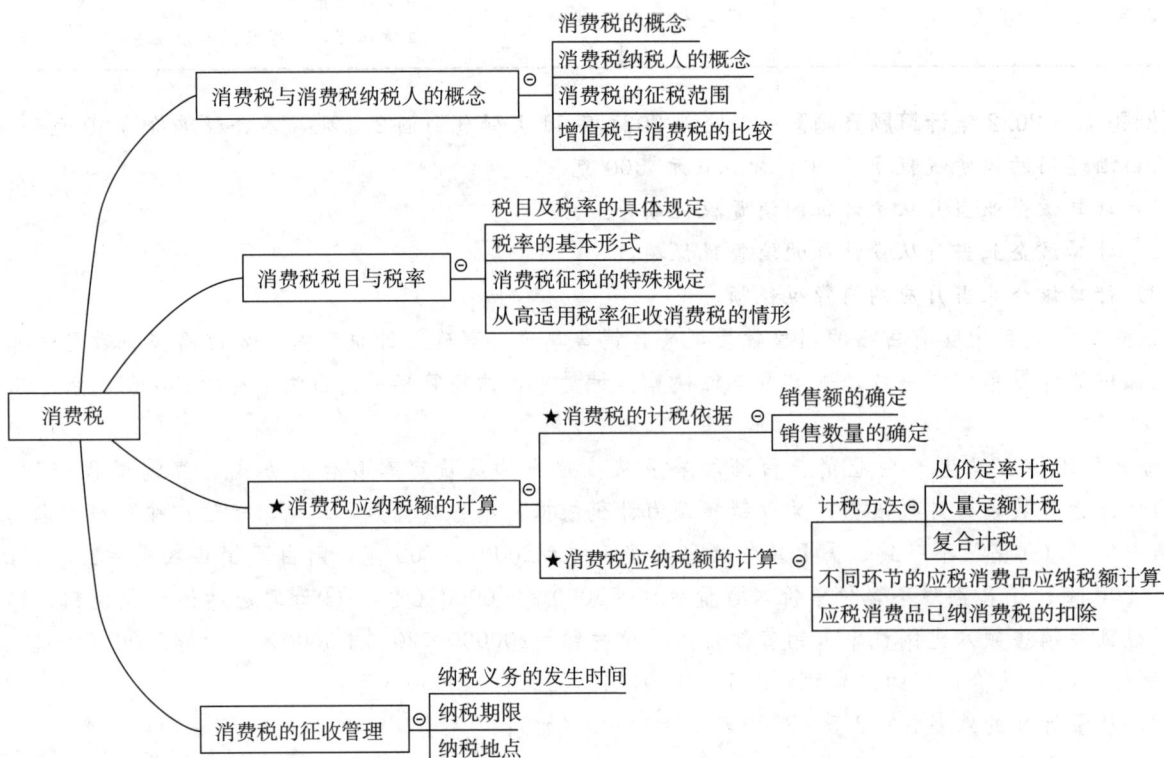

五、知识精练

——精选好题·强化能力——

1.（多选题）下列单位中，属于消费税纳税人的是（　　）。
   A. 高档手表车生产企业
   B. 委托加工烟丝的卷烟厂
   C. 进口高档化妆品的外贸公司
   D. 受托加工木质一次性筷子的加工厂
   E. 批发卷烟、电子烟的单位

2. 下列选项中，需要征收消费税的是（　　）。
   A. 鞭炮药引线
   B. 电动汽车
   C. 电池
   D. 载客 30 座的商用客车

3. 消费税应税消费品生产企业收取的下列款项中，不应计入消费税计税依据的有（　　）。
   A. 葡萄酒包装物押金
   B. 随同高档手表销售收取的包装盒费用
   C. 白酒品牌使用费
   D. 运输费用发票开具给购买方的代垫运费

4.（多选题）关于应税消费品消费税计税依据符合税法规定的有（　　）。
   A. 自产自用且用于馈赠，无同类消费品的售价，按组成计税价格计税
   B. 带料加工的金银首饰，按受托方销售同类金银首饰的销售额确定
   C. 以旧换新销售金银首饰，按实际收取的不含增值税价款确定
   D. "换、投、抵"应税消费品，按同类应税消费品最高售价确定
   E. 委托加工应税消费品，按受托方同类应税消费品的售价计税

5.（2019 年真题）某黄酒厂 2018 年 11 月销售黄酒 80 吨，取得不含增值税的销售额 3200000 元。黄酒适用的单位税额为 240 元/吨。

要求：计算该厂当月应纳消费税税额。

6.（2021 年真题）某啤酒厂 2020 年 11 月销售甲类啤酒 200 吨，不含增值税单价 6000 元/吨，甲类啤酒消费税税率为 250 元/吨。

要求：计算该厂当月应纳消费税税额。

7. （2020年真题）某卷烟批发企业2019年11月批发销售卷烟260条（规格为10盒/条、20支/盒），取得不含增值税的销售额78000元，卷烟批发环节的消费税税率为11%加0.005元/支。

要求：

（1）计算该企业当月从价计征的消费税税额；

（2）计算该企业当月从量计征的消费税税额；

（3）计算该企业当月应纳消费税税额。

8. （2023年真题）某卷烟厂2022年11月生产销售甲类卷烟10000条（规格为200支/标准条），取得不含增值税的销售额1000000元，甲类卷烟生产环节的消费税税率为56%加0.003元/支。

要求：

（1）计算该甲类卷烟当月从价计征的消费税税额；

（2）计算该甲类卷烟当月从量计征的消费税税额；

（3）计算该甲类卷烟当月应纳消费税税额。

——拔高好题·突破难点——

9. 某烟草生产企业为增值税一般纳税人，适用的增值税税率为13%，2023年10月销售一批烟丝，开具普通发票，取得收入657660元；销售一批雪茄烟，取得不含增值税销售额346000元。

要求：计算该企业当月应缴纳消费税税额。（烟丝适用的消费税税率为30%，雪茄烟消费税税率为36%）

10. 某化工厂为增值税一般纳税人，2023年3月销售汽油20吨，柴油8吨。已知汽油1吨＝1388升，柴油1吨＝1176升；汽油适用的单位税额为1.52元/升，柴油适用的单位税额为1.2元/升。

要求：计算该厂当月应纳消费税税额。

11. 某白酒生产企业为增值税一般纳税人，2023 年 1 月销售薯类白酒 3 吨，取得不含增值税销售额 450000 元。

注意：白酒适用比例税率 20％，定额税率 0.5 元/500 克。

要求：计算该企业 1 月应纳消费税税额。

12. 某钟表生产企业 2023 年 2 月举办职工运动会，将公司最新生产高档手表作为奖品发放给职工，该批高档手表生产成本 50000 元，目前无同类消费品的销售价格，高档手表的成本利润率为 20％。（高档手表适用消费税税率为 20％）

要求：计算该企业 2 月应纳消费税税额。

13. 某白酒生产企业 2023 年 6 月受托为某酒厂加工 2 吨粮食白酒，酒厂提供的原材料成本为 60 万元，白酒生产企业收取酒厂不含增值税的加工费 15 万元，白酒生产企业无同类产品市场价格。（注意：白酒适用消费税税率为 20％加 0.5 元/500 克）（结果保留 2 位小数）

要求：计算该白酒生产企业当月应代收代缴的消费税税额。

14. 某外贸进出口公司 2023 年 6 月从海外进口 140 辆小轿车，每辆车的关税完税价格为 8 万元。（注意：假定小轿车适用关税税率为 25％，消费税税率为 9％）

要求：计算该公司当月应纳消费税税额。

任务三知识精练参考答案

微专题　消费税应纳税额的计算

一般应税消费品应纳消费税的计算

【必备基础知识】

➤ 知识点 1　消费税计税依据与适用税目、税率

消费税计税依据包括销售额和销售数量。销售额是不含税的销售收入，即不含税销售额＝含税销售收入÷（1＋征税对象的增值税税率）。

计税方法	计税依据	税目		税率
从价定率计税	销售额	电子烟（新）	生产（进口）环节	36％
			批发环节	11％
		雪茄烟（36％）、烟丝（30％）、其他酒（10％）		
		高档化妆品		15％
		贵重首饰及珠宝玉石	零售环节	5％
			生产、进口等其他环节	10％
		鞭炮、焰火		15％
		摩托车（气缸容量250毫升3％；气缸容量250毫升以上10％）		
		小汽车	乘用车、中轻型商用客车（零售价＜130万元）	1％～40％
			超豪华小汽车（零售价≥130万元不含增值税）	在生产（进口）环节按现行税率（1％～40％）征收消费税基础上，在零售环节加征10％的消费税
		高尔夫球及球具（10％）、高档手表（20％）、游艇（10％）、木制一次性筷子（5％）、实木地板（5％）、电池（4％）、涂料（4％）		
从量定额计税	销售数量	黄酒		240元/吨
		啤酒	甲类啤酒	250元/吨
			乙类啤酒	220元/吨
		成品油		汽油（1.52元/升）、柴油（1.20元/升）、航空煤油（1.20元/升）、石脑油（1.52元/升）、溶剂油（1.52元/升）、润滑油·（1.52元/升）、燃料油（1.20元/升）
复合计税	销售额、销售数量	卷烟	甲类卷烟	56％加0.003元/支
			乙类卷烟	36％加0.003元/支
			批发环节	11％加0.005元/支
		白酒		20％加0.5元/500克（或500毫升）

➤ 知识点2 消费税的计税方法

计税方法	计税依据	适用范围	计税公式
从价定率计税	销售额	除从量、复合计税之外的应税消费品	应纳税额＝销售额×比例税率
从量定额计税	销售数量	啤酒、黄酒、成品油	应纳税额＝销售数量×单位税额
复合计税	销售额、销售数量	白酒、卷烟	应纳税额＝销售额×比例税率＋销售数量×单位税额

　　解题通法：求解一般应税消费品的消费税，就是按照应税消费品的计税方法、计税依据及征税对象的消费税税率计算出应纳税额。求解思路与方法：①确定应税消费品及其计税方法→②确定计税依据→③找到应税消费品的消费税税率→④运用相应计算公式求解。

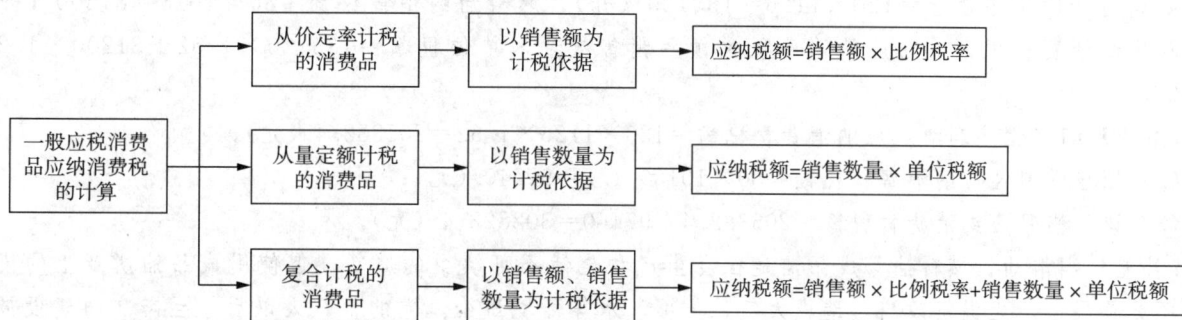

【典型例题剖析】

题型1 从价定率计税计算消费税应纳税额

　　【例1】 某企业生产实木地板，是增值税一般纳税人，适用的增值税税率为13％，2023年10月发生如下经济业务：

　　(1) 10月15日向某商场销售一批实木地板，开具增值税专用发票，取得不含增值税销售额110万元、增值税额14.3万元；

　　(2) 10月28日向某公司销售一批实木地板，开具普通发票，取得含增值税销售额24.86万元。计算该实木地板生产企业上述业务应缴纳的消费税额。（注意：实木地板适用的消费税税率为5％）

　　要求：(1) 计算实木地板的应税销售额；

　　(2) 计算某企业应缴纳的消费税税额。

　　『思路』确定应税消费品及其计税方法→确定计税依据→运用计算公式求解。

　　『注意』销售额＝全部价款＋价外费用，其中全部价款中包含消费税税额，但不包括增值税税额。本题没有价外费用，因此销售额为不包含增值税的全部价款。

　　『分析』①该企业是一般纳税人，销售实木地板，采用从价定率计算消费税应纳税额。②实木地板以销售额为计税依据，业务(1)销售实木地板开具增值税专用发票，取得不含税收入110万元，增值税额14.3万元不计入销售额；业务(2)销售实木地板开具普通发票，说明取得含税收入24.86万元，销售额做价税分离，税率为13％，则不含税销售额＝24.86÷(1+13％)＝22(万元)；业务(1)(2)实木地板的应税销售额总额＝110+22＝132(万元)。③计算应纳消费税税额，即应纳消费税税额＝销售额×比例税率＝132×5％＝6.6(万元)。

　　『解题』(1) 实木地板的应税销售额＝110+24.86÷(1+13％)＝132(万元)；

（2）该企业应缴纳的消费税额＝132×5%＝6.6（万元）。

题型2　从量定额计税计算消费税应纳税额

【例2】　某化工厂为增值税一般纳税人，2023年5月销售润滑油120吨，燃料油80吨。已知润滑油1吨＝1126升，燃料油1吨＝1015升；润滑油的消费税税率为1.52元/升，燃料油的消费税税率为1.2元/升。

要求：计算该厂当月应纳消费税税额。

『思路』　确定应税消费品及其计税方法→确定计税依据→运用计算公式求解。

『注意』　题目中润滑油和燃料油销售数量的单位与单位税额中的计量单位不一致，要单位换算。按已知条件换算，润滑油1吨＝1126升，燃料油1吨＝1015升。

『分析』　①该化工厂为增值税一般纳税人，销售润滑油和燃料油，采用从量定额计税计算消费税应纳税额。②润滑油和燃料油均以销售数量为计税依据，润滑油销售数量为120吨，燃料油销售数量为80吨，销售数量的单位"吨"与润滑油和燃料油适用单位税额中的计量单位"升"不一致，要做单位换算，则润滑油的销售数量＝120×1126＝135120（升），燃料油的销售数量＝80×1015＝81200（升）。③计算应纳消费税税额，则应纳消费税税额＝销售数量×单位税额＝135120×1.52＋81200×1.2＝302822.4（元）。

『解题』（1）销售润滑油应纳消费税税额＝120×1126×1.52＝205382.4（元）；

（2）销售燃料油应纳消费税税额＝80×1015×1.2＝97440（元）；

（3）该厂当月应纳消费税税额＝205382.4＋97440＝302822.4（元）。

『补充』　润滑油、燃料油等成品油是社会生产和生活不可缺少的原料。但使用成品油所产生的废气会破坏臭氧层、产生温室效应，造成大气、土壤、水等环境污染。党的十八大以后，生态文明建设被放在了更加突出的地位。2014年至2015年，国家3次提高汽油等成品油的消费税税率，单位税额由1元/升提高到1.52元/升。成品油的消费税税率的调整，聚焦我国绿色低碳发展，有利于形成绿色发展方式和生活方式，落实"双碳"目标，推动美丽中国建设。

题型3　复合计税计算消费税应纳税额

【例3】　某企业生产烟草，是增值税一般纳税人。2023年7月批发销售卷烟2500标准条，取得含增值税的销售收入115825元。（注意：批发卷烟适用比例税率11%，定额税率0.005元/支）

要求：计算企业当月应纳消费税额。

『思路』　确定应税消费品及其计税方法→确定计税依据→运用计算公式求解。

『注意』　①题目中既有批发卷烟的销售数量，又有销售额，需确定计税依据。②批发卷烟销售数量的单位与单位税额中的计量单位不一致，要做单位换算。③卷烟每标准条为200支。

『分析』　①该烟草生产企业是增值税一般纳税人，批发销售卷烟，采用从价定率加从量定额复合的方式计算消费税应纳税额。②批发卷烟即以销售数量为计税依据，又以销售额为计税依据，销售数量为2500标准条，单位"条"与批发卷烟适用单位税额中的"支"不一致，需要单位换算；卷烟每标准条有200支，批发卷烟的销售数量＝2500×200＝500000（支）；销售额为含增值税收入115825元，要做价税分离，税率为13%，则不含税销售额＝115825÷（1＋13%）＝102500（元）。③计算应纳消费税税额，即应纳消费税税额＝销售额×比例税率＋销售数量×单位税额＝102500×11%＋500000×0.005＝13775（元）。

『解题』　企业当月应纳消费税税额＝115825÷（1＋13%）×11%＋2500×200×0.005＝13775（元）。

题型4　从量定额计税＋复合计税计算消费税应纳税额

【例4】　某酒厂2023年9月，销售甲类啤酒25吨，销售价500000元。另将自产粮食白酒2吨作为国庆节礼品发放给员工，其市场价为6450元/吨。（注意：甲类啤酒适用的单位税额为250元/吨，白酒适用消费税税率为20%加0.5元/500克）

要求：计算该企业 9 月应纳消费税税额。

『思路』确定应税消费品及其计税方法→确定计税依据→运用计算公式求解。

『注意』①酒厂将自产粮食白酒作为国庆节礼品发放给员工，属于自产自用应税消费品用于职工福利，视同销售，需在移送使用时缴消费税。②题目中有甲类啤酒、白酒两种应税消费品，既有应税消费品的销售数量，又有销售额，均需确定计税依据。③自产自用应税消费品有同类消费品的销售价格，则销售额＝纳税人生产的同类消费品的销售价格×销售数量。④白酒销售数量的单位与单位税额中的计量单位不一致，需要做单位换算。计量单位的换算标准：白酒 1 吨＝1000000 克＝2000 个 500 克。

『分析』①该酒厂销售甲类啤酒，采用从量定额计算消费税应纳税额。销售白酒，采用从价定率加从量定额复合的方式计算消费税应纳税额。②甲类啤酒以销售数量为计税依据，而不是以销售金额为计税依据，销售数量为 25 吨，单位"吨"与甲类啤酒适用单位税额中的"吨"一致，不需要单位换算。白酒既以销售数量为计税依据，又以销售额为计税依据，视同销售数量为 2 吨，单位"吨"与白酒适用单位税额中的"500 克"不一致，需单位换算，按 1 吨＝2000 个 500 克，则白酒销售数量＝2×2000＝4000 个 500 克；按纳税人生产的同类消费品的销售价格 6450 元/吨计算白酒的销售额，则白酒销售额＝6450×2＝12900（元）。③计算应纳消费税税额，即甲类啤酒应纳消费税税额＝销售数量×单位税额＝25×250＝6250（元）；白酒应纳消费税税额＝销售额×比例税率＋销售数量×单位税额＝12900×20％＋2×2000×0.5＝4580（元）；应纳消费税税额＝6250＋4580＝10830（元）。

『解题』甲类啤酒应纳消费税税额＝25×250＝6250（元）；

白酒应纳消费税税额＝12900×20％＋2×1000×1000÷500×0.5＝4580（元）；

该企业 9 月应纳消费税税额＝6250＋4580＝10830（元）。

题型 5　从价定率计税＋复合计税计算消费税应纳税额

【例5】　某商贸公司为增值税一般纳税人，适用的增值税税率为 13％。2023 年 8 月销售一批高档化妆品，开具普通发票，取得收入 348605 元。批发销售卷烟 280 条（规格为 10 盒/条、20 支/盒），取得不含增值税的销售额 8680 元。（注意：高档化妆品适用消费税税率为 15％，批发环节卷烟适用消费税税率为 11％加 0.005 元/支）

要求：计算该公司 8 月应纳消费税税额。

『思路』确定应税消费品及其计税方法→确定计税依据→运用计算公式求解。

『注意』①题目中有高档化妆品、卷烟两种应税消费品，既有应税消费品的销售额，又有销售数量，均需确定计税依据。②批发卷烟销售数量的单位与单位税额中的计量单位不一致，需要单位换算。③卷烟每标准条为 200 支或按已知换算。

『分析』①该商贸公司是增值税一般纳税人，销售高档化妆品，采用从价定率计算消费税应纳税额；批发销售卷烟，采用从价定率加从量定额复合的方式计算消费税应纳税额。②高档化妆品以销售额为计税依据，销售开具普通发票，说明取得含增值税收入 348605 元，销售额做价税分离，税率为 13％，则不含税销售额＝348605÷（1+13％）＝308500（元）。批发环节卷烟即以销售数量为计税依据，又以销售额为计税依据，销售数量为 280 条，单位"条"与批发卷烟适用单位税额中的"支"不一致，需单位换算；按卷烟 10 盒/条、20 支/盒或每标准条 200 支算，批发环节卷烟的销售数量＝280×10×20＝56000（支）（或 280×200＝56000（支））；销售额为不含增值税收入 8680 元。③计算应纳消费税税额，即高档化妆品应纳消费税税额＝销售额×比例税率＝308500×15％＝46275（元）；批发环节卷烟应纳消费税税额＝销售额×比例税率＋销售数量×单位税额＝8680×11％＋56000×0.005＝1234.8（元）；应纳消费税税额＝46275＋1234.8＝47509.8（元）。

『解题』高档化妆品应纳消费税税额＝348605÷（1+13％）×15％＝46275（元）；

批发的卷烟应纳消费税税额＝8680×11％＋280×10×20×0.005＝1234.8（元）；

该企业 8 月应纳消费税税额＝46275＋1234.8＝47509.8（元）。

题型6　从价定率计税＋从量定额计税计算消费税应纳税额

【例6】　某商场为增值税一般纳税人，适用的增值税税率为13％。2023年6月销售10只高档手表，取得不含增值税收入328万元、增值税额42.64万元。销售黄酒200吨，销售价40000元。（注意：高档手表适用的单位税率为20％，黄酒适用的单位税额为240元/吨）

要求：计算该商场6月应纳消费税税额。

『思路』确定应税消费品及其计税方法→确定计税依据→运用计算公式求解。

『注意』①题目中有高档手表、黄酒两种应税消费品，既有应税消费品的销售额，又有销售数量，需确定计税依据。②高档手表的销售额为不包含增值税的全部价款。③题目中存在"万元"和"元"两种计量单位，需统一单位，不能直接相加。

『分析』①该商场是增值税一般纳税人，销售高档手表，采用从价定率计算消费税应纳税额；销售黄酒，采用从量定额计算消费税应纳税额。②高档手表以销售额为计税依据，不含税销售额为328万元，增值税额42.64万元不计入销售额。②黄酒以销售数量为计税依据，而不是以销售金额为计税依据，只需考虑销售数量，无需考虑销售额，黄酒销售数量200吨与适用单位税额中的单位一致，不需单位换算。③计算应纳消费税税额，即高档手表应纳消费税税额＝销售额×比例税率＝328×20％＝65.6（万元）；黄酒应纳消费税税额＝销售数量×单位税额＝200×240＝48000（元）；应纳消费税税额＝65.6×10000＋48000＝704000（元）。

『解题』高档手表应纳消费税税额＝328×20％×10000＝656000（元）；

黄酒应纳消费税税额＝200×240＝48000（元）；

该商场6月应纳消费税税额＝656000＋48000＝704000（元）。

特殊环节应税消费品应纳消费税的计算

【必备基础知识】

➤ 知识点1　无同类消费品销售价格的应税销售额的确定

无同类消费品销售价格的自产自用、委托加工、进口环节的应税消费品，按照从价计税、复合计税的组成计税价格确定应税销售额。

计税方法	自产自用应税消费品	委托加工应税消费品	进口应税消费品
从价计税	组成计税价格＝（成本＋利润）÷（1－比例税率）	组成计税价格＝（材料成本＋加工费）÷（1－比例税率）	组成计税价格＝（关税完税价格＋关税）÷（1－比例税率）
复合计税	组成计税价格＝（成本＋利润＋自产自用数量×定额税率）÷（1－比例税率）	组成计税价格＝（材料成本＋加工费＋委托加工数量×定额税率）÷（1－比例税率）	组成计税价格＝（关税完税价格＋关税＋进口数量×定额税率）÷（1－比例税率）

➤ 知识点2　特殊环节应税消费品应纳税额的计算

计税方法	计税依据	适用范围	应纳税额计算公式
从价计税	组成计税价格	除从量、复合计税之外的应税消费品	1. 自产自用应税消费品 应纳税额＝组成计税价格×比例税率 2. 委托加工应税消费品 应纳税额＝组成计税价格×比例税率 3. 进口应税消费品 应纳税额＝组成计税价格×比例税率

（续表）

计税方法	计税依据	适用范围	应纳税额计算公式
从量计税	销售数量	啤酒、黄酒、成品油	应纳税额＝销售数量×单位税额
复合计税	组成计税价格、销售数量	白酒、卷烟	1. 自产自用应税消费品 应纳税额＝组成计税价格×比例税率＋自产自用数量×定额税率 2. 委托加工应税消费品 应纳税额＝组成计税价格×比例税率＋委托加工数量×定额税率 3. 进口应税消费品 应纳税额＝组成计税价格×比例税率＋进口数量×定额税率

解题通法：求解特殊环节应税消费品的消费税，就是按照不同环节应税消费品的计税方法、计税依据及其税率计算出应纳税额。求解思路与方法：①确定特殊环节应税消费品及其计税方法→②确定计税依据→③找到应税消费品的消费税税率→④运用计算公式求解。

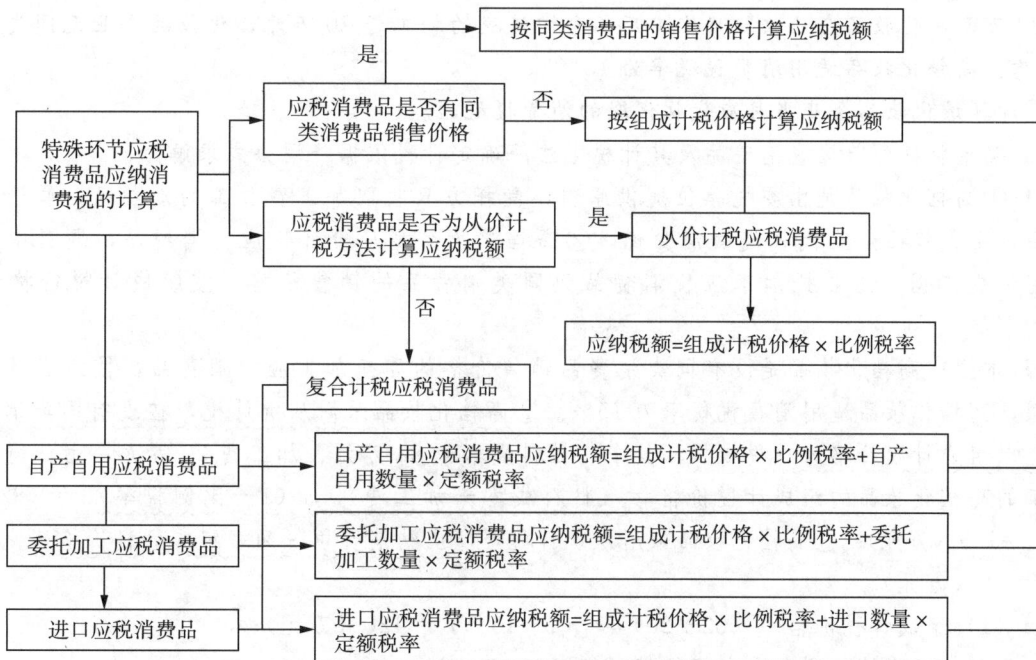

特殊环节应税消费品应纳消费税的计算

应税消费品是否有同类消费品销售价格——是——按同类消费品的销售价格计算应纳税额

——否——按组成计税价格计算应纳税额

应税消费品是否为从价计税方法计算应纳税额——是——从价计税应税消费品——应纳税额＝组成计税价格×比例税率

——否——复合计税应税消费品

自产自用应税消费品——自产自用应税消费品应纳税额＝组成计税价格×比例税率+自产自用数量×定额税率

委托加工应税消费品——委托加工应税消费品应纳税额＝组成计税价格×比例税率+委托加工数量×定额税率

进口应税消费品——进口应税消费品应纳税额＝组成计税价格×比例税率+进口数量×定额税率

【典型例题剖析】

题型1　自产自用应税消费品应纳消费税的计算

【例1】　某白酒生产企业2023年5月举办商品洽谈会，将自制120斤新品薯类白酒赠送给参与来宾，该批白酒生产成本60000元，目前无同类消费品的销售价格，白酒的成本利润率为10%。（白酒适用消费税税率为20%加0.5元/500克）

要求：计算该企业5月应纳消费税税额。

『思路』确定特殊环节应税消费品及其计税方法→确定计税依据→用公式求解。

『注意』①白酒生产企业将自产白酒赠送来宾，属于自产自用应税消费品用于馈赠，视同销售，在移送使用时缴消费税。②白酒是复合计税应税消费品，题目中只白酒的销售数量，没有销售额，需确定计税依据。③利润＝成本×成本利润率。

『分析』①本题中白酒是没有同类消费品销售价格的自产自用应税消费品，按组成计税价格计算应纳税额，白酒适用消费税税率为20％加0.5元/500克。②白酒采用复合计税，既以自产自用数量为计税依据，又以复合计税的组成计税价格为计税依据，其中自产自用数量为120斤，单位"斤"与白酒适用单位税额中的"500克"一致，不需要单位换算；而白酒生产成本60000元、成本利润率为10％，则利润＝成本×成本利润率＝60000×10％＝6000（元），由此得出复合计税自产自用白酒的组成计税价格＝（成本＋利润＋自产自用数量×定额税率）÷（1－比例税率）＝（60000＋6000＋120×0.5）÷（1－20％）＝82575（元）。③白酒采用复合计税，即应纳消费税税额＝组成计税价格×比例税率＋自产自用数量×定额税率＝（60000＋60000×10％＋120×0.5）÷（1－20％）×20％＋120×0.5＝16575（元）。

『解题』

（1）组成计税价格＝［60000＋6000＋120×0.5］÷（1－20％）＝82575（元）；

（2）该企业5月应纳消费税税额＝［60000×（1＋10％）＋120×0.5］÷（1－20％）×20％＋120×0.5＝16575（元）。

题型2　委托加工应税消费品应纳消费税的计算

【例2】　某化妆品企业2023年8月受托为某日化工厂加工一批高档化妆品，日化工厂提供的原材料成本为82万元，化妆品企业收取日化工厂不含增值税的加工费20万元，化妆品企业无同类产品市场价格。（注意：高档化妆品适用消费税税率为15％）

要求：计算该化妆品企业当月应代收代缴的消费税税额。

『思路』确定特殊环节应税消费品及其计税方法→确定计税依据→用公式求解。

『注意』①高档化妆品是由委托单位提供原料，受托方只收取加工费加工的消费品，属于委托加工应税消费品，由化妆品企业代收代缴消费税。②高档化妆品是从价计税应税消费品，题目中没有销售额，需确定计税依据。③委托加工应税消费品无同类消费品的销售价格，按组成计税价格计算应纳税额。

『分析』本题中高档化妆品是没有同类消费品销售价格的委托加工应税消费品，按组成计税价格计算应纳税额，高档化妆品适用消费税税率为15％。②高档化妆品采用从价计税，在没有同类消费品的销售价格时，以组成计税价格为计税依据。其中，材料成本为82万元、加工费20万元，由此得出从价计税委托加工的高档化妆品的组成计税价格＝（材料成本＋加工费）÷（1－比例税率）＝（82＋20）÷（1－15％）＝120（万元）。③高档化妆品采用从价计税，即应纳消费税税额＝组成计税价格×比例税率＝120×15％＝18（万元）。

『解题』（1）组成计税价格＝（82＋20）÷（1－15％）＝120（万元）；

（2）当月代收代缴消费税税额＝120×15％＝18（万元）。

题型3　进口应税消费品应纳消费税的计算

【例3】　外贸进出口公司2023年11月从海外进口2000瓶（500毫升/瓶）的白酒，每瓶白酒的关税完税价格为300元。［注意：白酒适用关税税率为50％，消费税税率为20％加0.5元/500克（或500毫升）］

要求：计算该公司当月应纳消费税税额。

『思路』确定特殊环节应税消费品及其计税方法→确定计税依据→用公式求解。

『注意』①本题白酒属于进口应税消费品，在报关进口时缴纳消费税，由海关代征。②进口白酒是复合计税应税消费品，需计算组成计税价格。③关税完税价格＝关税完税价格单价×进口数量，关税＝关税完税价格×关税税率。

『分析』本题中白酒是进口应税消费品，按组成计税价格计算应纳税额，白酒适用关税税率为50％、消费税税率为20％加0.5元/500毫升。②进口白酒采用复合计税，以组成计税价格为计税依据。其中，每瓶白酒的关税完税价格300元、进口数量2000瓶，则关税完税价格＝300×2000＝600000（元），关税＝600000×50％＝300000（元），由此得出复合计税进口白酒的组成计税价格＝（关税完税价格＋关税＋进口数量×定额税率）÷（1－比例税率）＝［（600000＋300000）＋2000×0.5］÷（1－20％）＝1126250（元）。③进口白酒用复合计税，即应纳消费税税额＝组成计税价格×比例税率＋进口数量×定额税率＝1126250×20％＋2000×0.5＝226250（元）。

『解题』（1）组成计税价格＝［（600000＋300000）＋2000×0.5］÷（1－20％）＝1126250（元）；（2）该公司当月应纳消费税税额＝1126250×20％＋2000×0.5＝226250（元）。

题型精练

——精选好题·强化能力——

1. 某汽车制造企业为增值税一般纳税人，2023年2月销售中轻型商用客车20台，取得不含增值税销售额16000000元；销售气缸容量250毫升以上的摩托车50台，开具普通发票，取得收入6780000元。

注意：中轻型商用客车适用的消费税税率为5％，摩托车（气缸容量250毫升以上）消费税税率为10％。

要求：计算该企业当月应缴纳消费税税额。

2. 某酒厂2023年6月销售黄酒30吨，每吨20000元。另将自产乙类啤酒12吨作为端午节礼品发放给员工，其市场售价为每吨600元。

注意：黄酒适用的单位税额为240元/吨，乙类啤酒适用的单位税额为220元/吨。

要求：计算该企业6月应纳消费税税额。

3. 某商品批发企业 2023 年 9 月销售粮食类白酒 5 吨，取得不含增值税销售额 750000 元。另外批发销售卷烟 350 条（规格为 10 盒/条、20 支/盒），取得不含增值税的销售额 105000 元。

注意：白酒适用消费税税率为 20% 加 0.5 元/500 克，卷烟批发环节的消费税税率为 11% 加 0.005 元/支。

要求：计算该企业当月应纳消费税税额。

4. 某酒厂为增值税一般纳税人，2023 年 5 月销售黄酒 35 吨，每吨 15000 元。另销售粮食白酒 4 吨，取得不含增值税销售额 600000 元。

注意：黄酒适用的单位税额为 240 元/吨，白酒的消费税税率为 20% 加 0.5 元/500 克）。

要求：计算该企业 5 月应纳消费税税额。

——拔高好题·突破难点——

5. 某商贸公司 2023 年 2 销售高档化妆品 600 套，每套含税价 3390 元，开具普通发票；另外销售白酒 6 吨，取得不含增值税收入 900000 元。

注意：高档化妆品适用消费税税率为 15%，白酒适用消费税税率为 20% 加 0.5 元/500 克。

要求：计算该企业当月应纳消费税税额。

6. 某贸易公司为增值税一般纳税人，2023 年 10 月销售高档化妆品 800 套，取得含增值税销售额 2712000 元。另外销售甲类啤酒 8 吨，取得不含增值税销售额 25600 元。

注意：高档化妆品适用消费税税率为 15%，甲类啤酒适用的单位税额为 250 元/吨。

要求：计算该企业当月应纳消费税税额。

7. 某卷烟厂 2023 年 11 月宴请长期往来客户，将自制 100 条（规格为 10 盒/条、20 支/盒）甲类卷烟送给参与来宾，该批甲类卷烟生产成本 30000 元，目前无同类消费品的销售价格，甲类卷烟的成本利润率为 10%。（甲类卷烟适用消费税税率为 56% 加 0.003 元/支）

　　要求：计算卷烟厂 11 月应纳消费税税额。（结果保留 2 位小数）

8. 某卷烟生产企业 2023 年 3 月受托为某烟厂加工一批烟丝，烟厂提供的原材料成本为 78 万元，卷烟生产企业收取烟厂不含增值税的加工费 6 万元，卷烟生产企业无同类产品市场价格。（注意：烟丝适用消费税税率为 30%）

　　要求：计算该卷烟生产企业当月应代收代缴的消费税税额。

9. 某外贸进出口公司 2023 年 1 月从海外进口 46000 支甲类卷烟，每支甲类卷烟的关税完税价格为 0.5 元。（注意：甲类卷烟适用关税税率为 50%，消费税税率为 56% 加 0.003 元/支）

　　要求：计算该公司当月应纳消费税税额。（结果保留 2 位小数）

10. 某电商公司 2023 年 12 月从海外进口 520 片高档护肤面膜，每片面膜的关税完税价格为 20 元。（注意：1 片面膜完税价格超过 15 元的关税税率为 50%，高档化妆品适用消费税税率为 15%）

　　要求：计算该公司当月应纳消费税税额。（结果保留 2 位小数）

微专题题型精练参考答案

任务四　企业所得税

一、学习导航

学习能量	企业所得税作为我国财政收入的重要支柱，不仅推动整体经济发展，也对国家主导宏观调控发挥着举足轻重的作用。改革开放以后，我国企业所得税法根据社会发展需要而不断变更，企业所得税税率，无论在税率类型还是税率水平上都发生了很大的变化。因此，会计人员要熟悉最新的税收政策，促进产业高质量发展
学习目标	1. 初步理解企业所得税、企业所得税纳税人的概念 2. 熟记需计算调整的可扣除的企业所得税纳税调整项目的标准，会求其调整金额 3. 会运用间接法求企业所得税的应纳税所得额、应纳税额
学习建议	企业所得税是升学考试的重要考点，2015 年至 2023 年的试题基本每年或间隔一年出一道计算题，在复习中应特别重视。因此，一方面要强化习题训练，理解把握基础理论，另一方面要弄懂企业所得税微专题，能熟练准确计算企业应纳所得税税额

二、教材内容精讲

➤ 知识点 1　企业所得税的概念

1. 企业所得税的概念

企业所得税是对我国境内的企业和其他取得收入的组织就其生产经营所得、其他所得和清算所得征收的一种税。

中国的企业所得税		
改革历程	1936 年国民政府公布《所得税暂行条例》	标志中国企业所得税诞生
	1991 年 4 月 9 日第七届全国人民代表大会第四次会议通过《外商投资企业和外国企业所得税法》	完成外资企业所得税法统一
	1993 年 12 月 13 日国务院发布《企业所得税暂行条例》	完成内资企业所得税法统一
	2007 年 3 月 16 日第十届全国人民代表大会第五次会议通过《企业所得税法》，2017 年、2018 年做过两次修正，至此建立起内外资统一的企业所得税制度	
	征收所得税，最早产生于英国。近代以来，我国长期处于落后状态，缺乏实行所得税制度的社会经济条件。中华人民共和国成立后，随着国家政治、经济形势的发展，先后完成 1958 年、1973 年的工商税制改革，1994 年的税收制度改革，所得税制度日益健全，初步建立起较为完善的税制体系，初步实现了税制的简化和统一。为保持税收入稳定较快增长，适应新的经济形势和国家宏观调控的需要，新一轮税制改革已经开启	

2. 纳税义务人的概念

在我国境内的企业和其他取得收入的组织为企业所得税的纳税人。个人独资企业、合伙企业不适用企业所得税法。企业所得税的纳税义务人分为居民企业和非居民企业。

企业所得税纳税人的分类	
划分类型	具备条件
居民企业	满足其中1个条件即可： ①依法在中国境内成立：注册法人 ②依照外国（地区）法律成立但实际管理机构在中国境内的企业
非居民企业	满足其中1个条件即可： ①依外国（地区）法律成立且实际管理机构不在中国境内，但在中国境内设立机构、场所 ②依外国（地区）法律成立且实际管理机构不在中国境内、在中国境内未设立机构、场所，但有来源于中国境内所得的企业
注意事项	实际管理机构，是指对企业的生产经营、人员、账务、财产等实施实质性全面管理和控制的机构

➤ 知识点 2　企业所得税的征税对象

企业所得税的征税对象是就居民企业和非居民企业源于中国境内、境外的所得，或者发生在中国境外但与其在中国境内所设机构、场所有实际联系的所得征税。《企业所得税法》对此也做了具体规定。

企业类型	征税对象	
居民企业	·来源于中国境内、境外的所得	注释
非居民企业	3种情形： ①非居民企业在中国境内设立机构、场所且有实际联系 ·来源于中国境内的所得 ·发生在中国境外但与其所设机构、场所有实际联系的所得 ②非居民企业在中国境内未设立机构、场所 ③非居民企业在中国境内设立机构、场所，但取得的所得与其所设机构、场所没有实际联系 ·源于中国境内的所得	①居民企业是就其世界范围的所得征税 ②实际联系，是指非居民企业在中国境内设立的机构、场所拥有据以取得所得的股权、债权，以及拥有、管理、控制据以取得所得的财产等

【例题 1·单选题】　下列单位中，应缴纳企业所得税的是（　　）。

A. 个人独资企业　　　B. 合伙企业　　　　　C. 国有企业　　　　　D. 个体工商户

『解析』C 对：《企业所得税法》规定：在中华人民共和国境内，企业和其他取得收入的组织为企业所得税的纳税人，依照本法的规定缴纳企业所得税。个人独资企业、合伙企业不适用本法。个体工商户属于个人，ABD 错。

『答案』C。

【例题 2·单选题】　　下列属于居民企业的是（　　）。

A. 在中国境内依法成立的合伙企业

B. 在中国境内依法成立的公司

C. 实际管理机构不在中国，但在中国境内设立有机构场所的外资企业

D. 在中国境内未设机构、场所，但在中国境内取得收入的贸易公司

『解析』B 对：居民企业，是指依法在中国境内成立，或者依照外国（地区）法律成立但实际管理机构在中国境内的企业。ACD 错：个人独资企业、合伙企业不缴纳企业所得税；登记注册地和实际管理机构不在中国的企业，不是居民企业。

『答案』B。

➤ 知识点 3　企业所得税的税率

企业所得税的基本税率为 25%。为促进技术创新和科技进步，支持小型微利企业、高新技术企业和科技型中小企业发展，鼓励外国资本、投资以及专有技术引进，《企业所得税法》对符合条件的技术转让所得、研究开发费用、从事国家需要重点扶持和鼓励的创业投资、由于技术进步确需加速折旧的企业的固定资产，以及小型微利企业和高新技术企业、非居民企业的预提税所得等方面，给予税收优惠。

种类	税率	适用范围
基本税率	25%	1. 居民企业 2. 在中国境内设有机构、场所且其所得与机构、场所有实际关联的非居民企业
优惠税率	20%	符合条件的小型微利企业
	15%	1. 国家重点扶持的高新技术企业 2. 经认定的技术先进型服务企业（服务贸易类） 3. 设在西部地区的鼓励类产业企业 4. 注册在海南自由贸易港并实质性运营的鼓励类产业企业
预扣缴所得税税率	10%	1. 在中国境内未设立机构、场所的非居民企业 2. 虽设立机构、场所但取得的所得与其所设机构、场所无实际联系的非居民企业

【例题 3·单选题】　以下适用 15% 企业所得税税率的企业是（　　　）。

A. 符合条件的小型微利企业　　　　　　　B. 国家重点扶持的高新技术企业

C. 中国境内的居民企业　　　　　　　　　D. 在中国境内未设立机构的非居民企业

『解析』B 对：国家重点扶持的高新技术企业减按 15% 的税率征收企业所得税。ACD 错：符合条件的小型微利企业减按 20% 的税率征收；居民企业适用 25% 的基本税率征收；在中国境内未设立机构、场所的非居民企业适用 10% 的税率征收。

『答案』B。

➤ 知识点 4　企业所得税应纳税所得额

企业所得税的计税依据是应纳税所得额。企业以每一纳税年度的收入总额，减除不征税收入、免税收入、各项扣除及允许弥补的以前年度亏损后的余额，为应纳税所得额。计算方法有直接法和间接法。

1. 直接法计算应纳税所得额

应纳税所得额＝收入总额－不征税收入－免税收入－各项扣除－允许弥补的以前年度亏损。

2. 间接法计算应纳税所得额

企业所得税应纳税额的计算			
利润总额计算	收入总额的确定	一般收入 （9 项）	销售货物收入，提供劳务收入，转让财产收入，股息、红利等权益性投资收益，利息收入，租金收入，特许权使用费收入，接受捐赠收入，其他收入
		特殊收入	分期收款销售、以旧换新销售、商业折扣销售、现金折扣销售、折让方式销售和销售退回、视同销售
	支出总额的确定	可扣除支出	与取得收入有关的、合理的支出；成本、费用、税金、损失和其他支出
		不可扣除支出	资本性支出、企业所得税、缴纳的增值税和可抵扣的增值税等

（续表）

企业所得税应纳税额的计算		
纳税调整项目金额计算	4 类纳税调减项目	不征税收入、免税收入、亏损弥补、加计扣除等税收优惠
	9 项纳税调增项目	• 向投资者支付的股息、红利等权益性投资收益款项；企业所得税税款；税收滞纳金；罚金、罚款和被没收财物的损失；超过规定标准的捐赠支出；赞助支出；未经核定的准备金支出；企业之间支付的管理费、企业内营业机构之间支付的租金和特许权使用费，以及非银行企业内营业机构之间支付的利息；与取得收入无关的其他支出
	6 类计算调整项目	职工福利费、工会经费和职工教育经费；业务招待费；广宣费和业务宣传费；公益性捐赠；利息费用；手续费和佣金
应纳税所得额计算	应纳税所得额＝利润总额＋纳税调整增加额－纳税调整减少额	

拓展知识1　收入总额

企业以货币形式和非货币形式从各种来源取得的收入，为收入总额。

收入类型	收入确认的规定
销售货物收入	1. 定义：指企业销售商品、产品、原材料、包装物、低值易耗品以及其他存货取得的收入 2. 特殊销售方式及收入确认时点 <table><tr><td>销售方式</td><td>收入确认时点</td></tr><tr><td>托收承付方式</td><td>办妥托收手续时确认</td></tr><tr><td>预收款方式</td><td>在发出商品时确认</td></tr><tr><td>需要安装和检验的商品</td><td>在购买方接受商品以及安装和检验完毕时确认收入；如果安装程序比较简单，可在发出商品时确认</td></tr><tr><td>委托代销商品</td><td>收到代销清单时确认</td></tr></table>
提供劳务收入	1. 定义：指企业从事建筑安装、修理修配、交通运输、金融保险、咨询经纪、文化体育、科学研究、加工等劳务服务活动取得的收入 2. 一般规定：企业在各个纳税期末，提供劳务交易的结果能够可靠估计的，应采用完工进度（完工百分比）确认提供劳务收入。如安装费、广告的制作费、软件费等
转让财产收入	1. 定义：指企业转让固定资产、生物资产、无形资产、股权、债权等财产取得收入 2. 举例：企业转让股权收入，即转让股权收入扣除为取得该股权所发生的成本后，为股权转让所得
股息、红利等权益性投资收益	1. 定义：指企业因权益性投资从被投资方取得的收入 2. 确认时点：除规定外，按照被投资方做出利润分配决定的日期确认收入的实现 3. 规则：①按应享有的净利润确认的投资收益；②按应分担的净亏损确认的投资损失
利息收入	1. 定义：指企业将资金提供他人使用但不构成权益性投资，或者因他人占用本企业资金取得的收入 2. 确认时点：按照合同约定的债务人应付利息的日期确认收入的实现 3. 包括：存贷款利息、债券利息、欠款利息等
租金收入	1. 定义：指企业提供固定资产、包装物或者其他有形资产的使用权取得的收入 2. 确认时点：按照合同约定的承租人应付租金的日期确认收入的实现 3. 特殊情形：租赁期限跨年度，且租金提前一次性支付的，出租人可对上述已确认的收入，在租赁期内分期均匀计入相关年度收入

(续表)

收入类型	收入确认的规定
特许权使用费收入	1. 定义：指企业提供专利权、非专利技术、商标权、著作权以及其他特许权的使用权取得的收入 2. 确认时点：按合同约定的特许权使用人应付特许权使用费的日期确认收入的实现
接受捐赠收入	1. 定义：是指企业接受的来自其他企业、组织或者个人无偿给予的货币性资产、非货币性资产 2. 确认时点：按照实际收到捐赠资产的日期确认收入的实现 3. 企业接受捐赠的非货币性资产，计入应纳税所得额的内容包括：①受赠资产价值；②由捐赠企业代为支付的增值税。不包括受赠企业另外支付或应付的相关税费
其他收入	1. 涵盖内容：企业资产溢余收入、逾期未退包装物押金收入、确实无法偿付的应付款项、已作坏账损失处理后又收回的应收款项、债务重组收入、补贴收入、违约金收入、汇兑收益等 2. 注意：不论是以货币形式还是非货币形式体现，除另有规定外，均应一次性计入确认收入的年度计算缴纳企业所得税

【例题4·多选题】 按我国企业所得税规定，"特许权使用费收入"包括（ ）。

A. 转让不动产取得的财产转让所得 B. 购入某公司股票后取得的红利

C. 转让著作权给出版社取得的收入 D. 提供资金贷款取得的利息收入

E. 转让专有技术给互联网公司取得的所得

『解析』CE 对：特许权使用费收入是指企业提供专利权、非专利技术、商标权、著作权以及其他特许权的使用权取得的收入。ABD 错：转让不动产取得的财产转让所得属于转让财产收入；购入某公司股票后取得的红利属于股息、红利等权益性投资收益；提供资金贷款取得的利息收入属于利息收入。

『答案』CE。

【例题5·多选题】 在计算企业所得税应纳税所得额时，应计入收入总额的有（ ）。

A. 转让固定资产收入 B. 接受捐赠收入

C. 逾期未退包装物押金收入 D. 债务重组收入

E. 企业已作坏账损失处理后又收回的应收款项

『解析』ABCDE 对：转让固定资产收入属于转让财产收入，接受捐赠收入都是应税收入；逾期未退包装物押金收入、债务重组收入、已作坏账损失处理后又收回的应收款项属于其他收入，也是总收入的组成部分。

『答案』ABCDE。

拓展知识2 不征税收入与免税收入

收入总额中的有3类收入为不征税收入，有4类收入为免税收入。

收入类型	适用范围	
不征税收入	1. 不征税收入类型：3种	
	不征税收入类型	**注释**
	财政拨款	• 各级政府对纳入预算管理的事业单位、社会团体等组织拨付的财政资金
	依法收取并纳入财政管理的行政事业性收费、政府性基金	①企业按照规定缴纳的、由国务院或财政部批准设立的政府性基金；②由国务院和省、自治区、直辖市人民政府及其财政、价格主管部门批准设立的行政事业性收费
	国务院规定的其他不征税收入	• 企业取得的由国务院财政、税务主管部门规定专项用途并经国务院批准的财政性资金
	2. 注意：企业的不征税收入用于支出所形成的费用或者财产，不得扣除或者计算对应的折旧、摊销扣除	

(续表)

收入类型	适用范围
免税收入	1. 免税收入类型：4 种 表格如下： 2. 注意：①免税投资收益不包括连续持有居民企业公开发行并上市流通的股票不足 12 个月取得的投资收益（存在明显投机行为）。但如果被投资方是非上市公司，没有持股期限的要求，免征企业所得税 ②以投资回报作为利息收入的债权性投资，取得的利息收入按规定缴纳企业所得税

免税收入类型	注释
国债利息收入	• 注意：国债转让收入要征税
符合条件的居民企业之间的股息、红利等权益性投资收益	• 权益性投资收益：是指居民企业直接投资于其他居民企业取得的投资收益
在中国境内设立机构、场所的非居民企业从居民企业取得与该机构、场所有实际联系的股息、红利收入	—
符合条件的非营利组织的收入	• 非营利组织从事营利性活动取得的收入不属于免税收入

【例题 6 · 多选题】　按优惠政策，下列收入属于免税收入的有（　　）。

A. 企业购买国债取得的利息收入

B. 企业购买当年发行的地方政府债券取得的利息收入

C. 在境内设机构的非居民企业从居民企业取得有实际联系的股息

D. 非营利组织从事营利性活动取得的收入

E. 居民企业直接投资于其他居民企业取得的投资收益

『解析』ABCE 对：免税收入，包括企业购买国债取得的利息收入，在中国境内设立机构、场所的非居民企业从居民企业取得与该机构、场所有实际联系的股息、红利收入，符合条件的居民企业之间的股息、红利等权益性投资收益。D 错：非营利组织从事营利性活动取得的收入不属于免税收入。

『答案』ABCE。

拓展知识 3　支出总额

支出，是指符合生产经营活动常规，应当计入当期损益或者有关资产成本的必要和正常的支出。企业实际发生的与取得收入有关的、合理的支出，包括成本、费用、税金、损失和其他支出等，准予在计算应纳税所得额时扣除，但不得重复扣除。

支出类型	具体规定
成本	1. 定义：指企业在生产经营活动中发生的销售成本、销货成本、业务支出以及其他耗费 2. 注意：销售成本与销售收入相匹配
费用	定义：指企业在生产经营活动中发生的销售费用、管理费用和财务费用，已经计入成本的有关费用除外
税金	1. 定义：指企业发生的除企业所得税和允许抵扣的增值税以外的各项税金及其附加 税金表格如下

	允许扣除的税金	不允许扣除的税金
发生当期直接扣除	消费税、城建税、教育费附加和地方教育附加、资源税、土地增值税（房地产开发企业）、房产税、车船税、城镇土地使用税、印花税、环境保护税、出口关税	• 允许抵扣的增值税 • 企业所得税
分期扣除或者计入有关资产成本扣除	契税、车辆购置税、耕地占用税、按规定不得抵扣的增值税、进口关税	

（续表）

支出类型	具体规定
税金	2.《企业所得税法》规定：企业发生的支出应当区分收益性支出和资本性支出 · 收益性支出在发生当期可直接扣除 · 资本性支出应当分期扣除或者计入有关资产成本，不得在发生当期直接扣除
损失	1. 定义：指企业在生产经营活动中发生的固定资产和存货的盘亏、毁损、报废损失，转让财产损失，呆账损失，坏账损失，自然灾害等不可抗力因素造成的损失及其他损失 2. 注意：①税前可以扣除的损失是净损失，即企业发生的损失减除责任人赔偿和保险赔款后的余额；②企业已经作为损失处理的资产的处理，在以后纳税年度又全部收回或者部分收回时，应当计入当期收入
其他支出	定义，指除成本、费用、税金、损失外，企业在生产经营活动中发生的与生产经营活动有关的、合理的支出
不得扣除项目	1. 与取得收入有关的、合理的成本、费用、税金、损失和其他支出准予扣除，但以下9项支出不可扣除 （见下表）
亏损弥补	企业某纳税年度的亏损可以用下一年度的所得弥补，下一年度的所得不足弥补的，可以逐年延续弥补，最长不得超过5年

范围	注释
· 向投资者支付的股息、红利等权益性投资收益款项	①合同违约金、赔偿金、加息、罚息等允许扣除 ②赞助支出，指企业发生的与生产经营活动无关的各种非广告性质支出 ③准备金支出，如资产减值准备、风险准备等
· 企业所得税税款	
· 税收滞纳金	
· 罚金、罚款和被没收财物的损失	
· 超过规定标准的捐赠支出	
· 赞助支出	
· 未经核定的准备金支出	
· 企业之间支付的管理费、企业内营业机构之间支付的租金和特许权使用费，以及非银行企业内营业机构之间支付的利息	—
· 与取得收入无关的其他支出	—

【例题7·单选题】　　企业按照规定缴纳的下列税金中，在计算企业所得税应纳税所得额时不得扣除的是（　　）。

A. 关税　　　　　　　　　　　　B. 城镇土地使用税

C. 消费税　　　　　　　　　　　D. 允许抵扣的增值税

『解析』选D：允许抵扣的增值税、企业所得税不得在计算企业所得税应纳税所得额时扣除。ABC选项均可以在计算应纳税所得额时扣除。

『答案』D。

【例题8·单选题】　　下列支出中，在计算企业所得税应纳税所得额时准予扣除的是（　　）。

A. 向投资者分配的红利　　　　　B. 企业之间支付的管理费

C. 被工商局没收的财物损失　　　D. 企业生产经营发生的业务支出

『解析』D对：企业在生产经营活动中发生的销售成本、销货成本、业务支出以及其他耗费，准予扣除。ABC错：向投资者支付的股息、红利等权益性投资收益款项，企业之间支付的管理费，罚金、罚款和被没收财物的损失不得在税前扣除。

『答案』D。

拓展知识 4　计算调整可扣除项目及其标准

需计算调整的可扣除的企业所得税纳税调整项目有 6 类。包括职工福利费、工会经费和职工教育经费；业务招待费；广宣费和业务宣传费；公益性捐赠；利息费用；手续费和佣金。

扣除项目	扣除标准的确定
职工福利费、工会经费和职工教育经费	1. 三项费用的经费来源 ①**职工福利费**：《劳动法》规定，用人单位应当创造条件，改善集体福利，提高劳动者的福利待遇 · 职工福利支出包括养老保险、医疗保险、失业保险、工伤保险（这四类险企业必须为员工提供）、住房津贴、供暖费补贴、职工困难补贴、食堂经费补贴等。 ②**工会经费**：《工会法》规定，建立工会组织的企业、事业单位、机关按每月全部职工工资总额的 2%向工会拨缴经费。 ③**职工教育经费**：《职业教育法》规定，企业应当根据国务院规定的标准，按照职工工资总额一定比例提取和使用职工教育经费。 2. 扣除标准：计算扣除限额的基数为工资薪金总额 内部表格： <table><tr><td>项目</td><td>扣除规定</td></tr><tr><td>职工福利费支出</td><td>不超过工资薪金总额 14%的部分，准予扣除 · 职工福利费扣除限额＝工资薪金总额×14%</td></tr><tr><td>工会经费支出</td><td>不超过工资薪金总额 2%的部分，准予扣除 · 工会经费扣除限额＝工资薪金总额×2%</td></tr><tr><td>职工教育经费支出</td><td>①不超过工资薪金总额 8%的部分，准予扣除 · 职工教育经费扣除限额＝工资薪金总额×8% ②超过部分，准予在以后纳税年度结转扣除（无限期） ③两个特殊企业全额税前扣除 · 软件生产企业发生的职工教育经费中的职工培训费用 · 核力发电企业为培养核电厂操纵员发生的培养费用 注意：企业必须单独核算、准确划分职工教育经费中的职工培训费用，否则按工资薪金总额 8%扣除</td></tr></table> 3. 准予据实扣除的费用支出 ①企业发生的合理的工资、薪金支出 ②企业为职工缴纳的基本养老保险费、基本医疗保险费、失业保险费、工伤保险费、生育保险费等基本社会保险费和住房公积金 4. 拓展：其他保险费用的扣除规定 ①补充养老、补充医疗保险在不超过职工工资、薪金 5%的限额内扣除，超过部分不得扣除 ②依照国家有关规定为特殊工种职工支付的人身安全保险费和国务院财政、税务主管部门规定可以扣除的商业保险费，可以扣除 ③企业参加财产保险，按照规定缴纳的保险费，准予扣除
业务招待费	1. 扣除标准：①最高不得超过当年销售（营业）收入的 5‰；②有合法票据的，实际发生额的 60%扣除。计算扣除限额的基数为销售（营业）收入、实际发生的业务招待费 2. 税法规定税前限额扣除采用孰低原则：2 个扣除标准的较小者 3. 注意：①销售（营业）收入包括主营业务收入、其他业务收入和视同销售收入，但不包括营业外收入和投资收益等；②企业筹建期间，与筹办有关的业务招待费支出，按实际发生额的 60%计入筹办费，按规定税前扣除

（续表）

扣除项目	扣除标准的确定
广告费和业务宣传费	1. 扣除标准：计算扣除限额的基数为销售（营业）收入 **适用情形 / 扣除规定** **一般企业** ①不超过当年销售（营业）收入15%的部分，准予扣除 • 一般企业广告费和业务宣传费扣除限额＝销售（营业）收入×15% ②超过部分，准予结转以后纳税年度扣除(无限期) **特殊行业** 化妆品制造或销售、医药制造和饮料制造（不含酒类制造）企业： ①不超过当年销售（营业）收入30%的部分，准予扣除 化妆等行业广告费和业务宣传费扣除限额＝销售（营业）收入×30% ②超过部分，准予在以后纳税年度结转扣除 注意：烟草企业一律不得在计算应纳税所得额时扣除 **特殊期间** 企业筹建期间：按实际发生额计入企业筹办费，按规定税前扣除；扣除不完的可以结转以后年度继续扣除 • 筹建期间广告费和业务宣传费扣除限额＝实际发生额 2. 拓展：业务招待费与业务宣传费用的比较 ①性质不同：业务招待费是因各部门业务需要发生的交际应酬费用，属于管理费用，而业务宣传费用是因开展业务宣传活动支付的费用，属于销售费用 ②超过扣除限额标准部分的处理不同 • 业务招待费的超标准部分不能向以后纳税年度结转扣除 • 广告费和业务宣传费的超标准部分可无限期向以后纳税年度结转扣除 ③相同点：广告费和业务宣传费、业务招待费税前扣除限额的计算基数相同
公益性捐赠	1. 公益性捐赠的界定：企业通过公益性社会团体或县级（含县级）以上人民政府及其部门，用于《公益事业捐赠法》规定的公益事业的捐赠 • 注意：直接捐赠不属于公益性捐赠，除另有规定外，税前不能扣除 2. 扣除标准：不超过年度利润总额12%的部分，准予扣除。计算扣除限额的基数为年度利润总额 • 注意：超标准的公益性捐赠，准予以后3年内在计算应纳税所得额时结转扣除
利息费用	1. 利息支出及扣除规定 **利息支出类型 / 扣除规定** 企业经批准发行债券的利息支出 金融企业的各项存款利息支出和同业拆借利息支出 非金融企业向金融企业借款 ——据实扣除 非金融企业向非金融企业借款的利息支出 ①不超过按照金融企业同期同类贷款利率计算的数额的部分可据实扣除 ②超过部分不许扣除 注意：金融企业同期同类贷款利率，一是金融企业公布的同期同类平均利率；二是金融企业对某些企业提供的实际利率
手续费和佣金	1. 手续费和佣金的支付对象：具有合法经营资格的中介服务或个人 2. 不同企业的扣除规定 ①保险企业：自2019年1月1日起，不超过当年全部保费收入扣除退保金等后余额的18%（含本数）的部分，准予扣除；超过部分，允许结转以后年度扣除 ②其他企业：按服务协议或合同确认的收入金额的5%计算限额 ③从事代理服务、主营业务收入为手续费、佣金的企业：据实扣除

【例题 9・多选题】 根据企业所得税法规定，可以税前扣除的有（ ）。

A. 企业参加财产保险，按照规定缴纳的保险费

B. 企业为投资者支付的商业养老分红型保险费

C. 企业为职工支付的家庭财产保险费

D. 企业依照有关规定为特殊工种职工支付的人身安全商业保险费

E. 企业为职工缴纳的基本社会保险费和住房公积金

『解析』ADE 对：企业参加财产保险，按照规定缴纳的保险费，企业依照有关规定为特殊工种职工支付的人身安全商业保险费，以及企业为职工缴纳的基本养老保险费、基本医疗保险费、失业保险费、工伤保险费、生育保险费等基本社会保险费和住房公积金，准予据实扣除。BC 错：企业为投资者或者职工支付的商业保险费、家庭财产保险费不得扣除。

『答案』ADE。

【例题 10・计算题】 某居民企业 2023 年支付给职工的工资薪金总额 300 万元，发生职工福利费支出 48 万元，拨缴工会经费 5 万元（已取得工会经费收入专用收据），发生职工教育经费支出 28 万元。

要求：计算该企业职工福利费、工会经费、职工教育经费分别准予扣除的限额。

『分析』①工资总额 300 万元，可以税前扣除。②职工福利费扣除限额＝300×14％＝42（万元），实际发生 48 万元，可以扣除 42 万元，纳税调增 6 万元。③工会经费扣除限额＝300×2％＝6（万元），但实际取得收据的是 5 万元，无须纳税调整。④职工教育经费扣除限额＝300×8％＝24（万元），实际发生 28 万元，可以扣除 24 万元，纳税调增 4 万元。

『解题』（1）职工福利费扣除限额＝300×14％＝42（万元），纳税调增 6 万元；

（2）工会经费扣除限额＝300×2％＝6（万元），无须纳税调整；

（3）职工教育经费扣除限额＝300×8％＝24（万元），纳税调增 4 万元。

【例题 11・计算题】 某汽车制造厂 2023 年实现主营业务收入 2000 万元，其他业务收入 3000 万元，发生管理费用 200 万元（其中：业务招待费 40 万元）。

要求：计算该企业 2023 年业务招待费支出的扣除限额。

『分析』税法规定，业务招待费税前限额扣除采用执低原则，即在最高不得超过当年销售（营业）收入的 5‰ 与实际发生额的 60％ 扣除两个标准中，选择较小者。

①限额扣除标准 A＝销售（营业）收入×5‰＝（2000＋3000）×5‰＝25（万元）；②限额扣除标准 B＝实际发生额×60％＝40×60％＝24（万元）。

『解题』业务招待费支出扣除限额 A＝（2000＋3000）×5‰＝25（万元）；

业务招待费支出扣除限额 B＝40×60％＝24（万元）；

扣除限额 B＜扣除限额 A，业务招待费扣除限额＝24（万元）。

【例题 12・计算题】 某电子元器件生产企业 2023 年全年取得商品销售收入 2000 万元，转让生产设备取得收入 400 万元，国债利息收入 30 万元，接受捐赠收入 150 万元，支付与生产经营活动有关的广告费 320 万元，业务宣传费 80 万元，不存在以前年度结转的广告费和业务宣传费支出。

要求：计算该企业 2023 年广告费和业务宣传费支出的扣除限额。

『分析』接受捐赠收入计入营业外收入、国债利息收入计入投资收益，不作为销售（营业）收入。一般企业的广告费和业务宣传费支出，不超过当年销售（营业）收入 15％ 的部分，准予扣除。

『解题』广告费和业务宣传费扣除限额＝（2000＋400）×15％＝360（万元）；

广告费和业务宣传费实际发生额＝320＋80＝400（万元）；

扣除限额＜实际发生额，可税前扣除的广告费和业务宣传费为 360（万元）。

【例题 13・计算题】 某企业 2023 年利润总额为 600 万元，实际发生捐赠支出 100 万元。其中，通过公益性社会团体向受灾地区捐赠 50 万元；通过市人民政府部门向体育卫生事业捐赠 40 万元；直接向当

地希望小学捐赠 10 万元。

要求：计算该企业 2023 年公益性捐赠支出扣除限额。

『分析』税法规定不超过年度利润总额 12% 的公益性捐赠，准予扣除；超标准的公益性捐赠，准予以后 3 年内在计算应纳税所得额时结转扣除。通过公益性社会团体向受灾地区捐赠 50 万元、通过市人民政府部门向体育卫生事业捐赠 40 万元，属于公益性捐赠支出，合计 90 万元。直接捐赠给希望小学的 10 万元属于直接捐赠支出，税前不能扣除，应全额调增应纳税所得额。

『解题』公益性捐赠的扣除限额＝600×12%＝72（万元）；

公益性捐赠实际发生额 90 万元＞扣除限额，纳税调增额＝90－72＝18（万元）。

公益性捐赠支出扣除限额为 72 万元，剩余 18 万元的公益性捐赠准予以后 3 年内结转扣除。直接捐赠的 10 万元不得在税前扣除，全额调增应纳税所得额。

【例题 14 · 综合计算题】 某工厂 2023 年全年实现销售收入 80000000 元，国债利息收入 20000 元。销售成本 50000000 元、税金及附加 500000 元、管理费用 1000000 元（其中：业务招待费 400000 元）、销售费用和财务费用 800000 元，直接向革命老区捐赠 600000 元，支付税收滞纳金 300000 元。该企业适用所得税税率为 25%。

要求：计算该企业 2023 年应纳税所得额。

『分析』本题是计算企业应纳税所得额的综合题。按照企业所得税法规定，应纳税所得额＝利润总额＋纳税调整增加额－纳税调整减少额。因此应分别计算利润总额，以及纳税调整项目的增加额或减少额。

『解题』（1）利润总额＝80000000＋20000－50000000－500000－1000000－800000－600000－300000＝26820000（元）。

（2）①计算调整：业务招待费扣除限额 A＝80000000×5‰＝400000（元），业务招待费扣除限额 B＝400000×60%＝240000（元）。

扣除限额 B＜扣除限额 A，税前准予扣除的业务招待费为 240000（元）。

业务招待费调整增加金额＝400000－240000＝160000（元）。

②纳税调增的支出：直接向革命老区的捐赠不得在税前扣除，调增 600000 元，税收滞纳金不得税前扣除，调增应纳税所得额 300000 元。

③纳税调减的收入：国债利息收入免税，调减应纳税所得额 20000 元。

（3）应纳税所得额＝26820000＋160000＋600000＋300000－20000＝27860000（元）。

➤ 知识点 5　居民企业所得税应纳税额的计算

企业所得税按纳税年度计算。纳税年度自公历 1 月 1 日起至 12 月 31 日止。居民企业所得税应纳税额与其应纳税所得额及税收优惠有关。税收优惠方式包括免税、减税、加计扣除、税额抵免等。

居民企业所得税应纳税额的计算		
计算公式	应纳税额＝应纳税所得额×适用税率－减免税额－抵免税额 其中：应纳税所得额＝利润总额＋纳税调整增加额－纳税调整减少额	
税收优惠	1. 减免税额：主要是针对某些纳税人和征税对象采取减少征税或免予征税的特殊规定 2. 税额抵免：是指企业购置并实际使用《优惠目录》规定的环境保护、节能节水、安全生产等专用设备，对该专用设备的投资额给予应纳税额抵免的特殊规定 3. 主要优惠项目及规定	
	项目	优惠规定
	农、林、牧、渔业项目	• 大部分免税：蔬菜、水果、中药等种植；农作物新品种的选育等 • 减半征税：花卉、饮料、香料作物的种植；海水养殖、内陆养殖

（续表）

居民企业所得税应纳税额的计算			
税收优惠	国家重点扶持的公共基础设施项目与环境保护、节能节水项目		"3免3减半"：自取得第一笔生产经营收入所属纳税年度起，第1年至第3年免税，第4年至第6年减半征收
	技术转让所得		・基本规定：一个纳税年度内不超过500万元的部分，免税；超过500万元的部分，减半征税 ・特殊优惠（新增）：在中关村国家自主创新示范区特定区域内注册的居民企业，符合条件的技术转让所得，一个纳税年度内不超过2000万元的部分，免税；超过2000万元部分，减半征税
	加计扣除（纳税调减）	安置残疾人所支付的工资：加计100%扣除	
		研发费用	一般企业：未形成无形资产，按实际发生额75%加计扣除；已形成的，按无形资产成本的175%税前摊销 （新增：在2022.10.1至2022.12.31期间，适用加计扣除比例75%的企业，税前加计扣除比例提高至100%）
			制造企业、科技型中小企业：按实际发生额的100%加计扣除；已形成的，按照无形资产成本的200%在税前摊销
			企业出资给非营利性科学技术研究开发机构、高等学校和政府性自然科学基金用于基础研究的支出：在计算应纳税所得额时可按实际发生额在税前扣除，并可按100%在税前加计扣除
		高新技术企业新购设备、器具：加计100%扣除（2022.10.1—2022.12.31）	
		不适用税前加计扣除政策的行业（新增）：烟草制造业、住宿和餐饮业、批发和零售业、房地产业、租赁和商务服务业、娱乐业	
	4. 政策意义 在一定时期内，为配合国家政治、经济和社会发展总目标，政府利用税收制度，按预定目的，在税收方面给予纳税人税收优惠，可以减轻其纳税义务、补贴纳税人		

【例题15・2015年计算题真题】 某电子元器件生产企业2014年全年取得的收入总额为2000000元，其中：国债利息收入20000元，财政拨款180000元，其余为产品销售收入。全年产品销售成本1200000元，支付税收滞纳金10000元，支付广告费280000元。

注意：该企业适用所得税税率为25%。

要求：计算该企业全年应纳所得税税额。

『分析』应纳税额＝应纳税所得额×适用税率－减免税额－抵免税额。本题可采用间接法与直接法两种方法计算该企业应纳税所得额。其中，间接法计算应纳税所得额＝利润总额＋纳税调整增加额－纳税调整减少额；直接计算法应纳税所得额＝收入总额－不征税收入－免税收入－各项扣除（各项限额扣除金额）－准以弥补的以前年度亏损额。

『解题』本题采用间接法计算该企业全年应纳所得税税额过程如下：

（1）利润总额＝2000000－1200000－10000－280000＝510000（元）。

（2）①计算调整：广告费扣除限额＝（2000000－20000－180000）×15%＝270000（元）；广告费的调整增加金额＝280000－270000＝10000（元）；

②纳税调增的支出：税收滞纳金不得在税前扣除，调增10000元；

③纳税调减的收入：国债利息收入调减 20000 元、财政拨款调减 180000 元。

（3）应纳税所得额＝510000－20000－180000＋10000＋10000＝330000（元）。

（4）应纳所得税税额＝330000×25％＝82500（元）。

『另解』本题采用直接法计算该企业全年应纳所得税税额过程如下：

（1）广告费扣除限额＝（2000000－180000－20000）×15％＝270000（元）。

（2）国债利息收入 20000 元是免税收入，财政拨款 180000 元为不征税收入，销售成本 1200000 元，均可税前扣除；税收滞纳金不得在税前扣除。

（3）应纳税所得额＝收入总额－不征税收入－免税收入－各项扣除（各项限额扣除金额）－准以弥补的以前年度亏损额＝2000000－20000－180000－1200000－270000＝330000（元）。

（4）应纳所得税税额＝330000×25％＝82500（元）。

➤ 知识点 6　企业所得税的征收管理

企业所得税的征收管理应依照《企业所得税法》《税收征收管理法》的规定执行。企业所得税以人民币计算。所得以人民币以外的货币计算的，应当折合成人民币计算并缴纳税款。

1. 纳税地点

纳税人	申报纳税地点	
居民企业	1. 不同企业的纳税地点的规定	
	适用情形	纳税地点
	一般的居民企业	以企业登记注册地为纳税地点（登记注册的住所地）
	登记注册地在境外的	以实际管理机构所在地为纳税地点
	在境内不具有法人资格的分支或营业机构的	由该居民企业汇总计算并缴纳企业所得税
非居民企业	1. 情形一：以机构、场所所在地为纳税地点 ①在中国境内设立机构、场所，取得来源中国境内的所得 ②在中国境内设立机构、场所，取得发生在境外与机构、场所有实际联系的所得 2. 情形二：以扣缴义务人所在地为纳税地点 ①在中国境内未设立机构、场所 ②虽设立机构、场所但取得的所得与其机构、场所没有实际联系的所得	

2. 纳税期限与申报

企业所得税的纳税期限与申报规定		
纳税期限	征纳方法：按年计算、按月或按季预缴、年终汇算清缴、多退少补	
报缴税款时间	按月或按季预缴	• 自月份或季度终了之日起 15 日内，报送预缴企业所得税纳税申报表，预缴税款
	年终汇算清缴	• 年度终了之日起 5 个月内，报送年度企业所得税纳税申报表，并汇算清缴，结清应缴应退税款
注意：企业在报送企业所得税纳税申报表时，应当按照规定附送财务会计报告和其他有关资料		

三、疑难解答

1. 特殊销售方式的收入确定

为实现预期目标，企业可能采用分期收款、售后回购、以旧换新、销售折扣、销售折让等销售方式，则其销售收入的确认方式也不相同。

特殊销售方式	收入的确认
分期收款销售	按合同约定的收款日期确认收入的实现
售后回购	销售商品按售价确认收入，回购的商品作为购进商品处理
以旧换新	按销售商品收入确认条件确认收入，回购的商品作为购进商品处理
商业折扣销售	·商业折扣是为促进商品销售而在商品价格上给予的价格扣除 ·按扣除商业折扣后的金额确定销售商品收入金额
现金折扣销售	·现金折扣是为鼓励债务人在规定的期限内付款而向债务人提供的债务扣除 ·按扣除现金折扣前的金额确定销售商品收入金额，现金折扣在实际发生时作为财务费用扣除
销售折让与销售退回	·销售折让是因售出商品的质量不合格等原因而在售价上给予的减让 ·销售退回是因售出商品质量、品种不符合要求等原因发生的退货 ·企业已经确认销售收入的售出商品发生销售折让和销售退回，应当在发生当期冲减当期销售商品收入
视同销售	企业发生非货币性资产交换，以及将货物、财产、劳务用于捐赠、偿债、赞助、集资、广告、样品职工福利或者利润分配等用途的，应当视同销售货物、转让财产或者提供劳务，但国务院财政、税务主管部门另有规定的除外

2. 企业所得税、增值税、消费税的比较

企业所得税、增值税、消费税三者的税收体系和纳税人不同。企业所得税是对我国境内的企业和其他取得收入的组织就其生产经营所得、其他所得和清算所得征收的一种税。增值税和消费税都是流转税。以下采用比较法，进一步厘清三大税种的特点及其计算方法。

区别	特点		计算方法
企业所得税	以应纳税所得额征税，是所得税；纳税义务人分为居民企业和非居民企业，同时是负税人；税收由企业承担，不能直接转嫁给消费者，是直接税；税收与成本有关，受成本规模影响		①直接法 应纳税所得额＝收入总额－不征税收入－免税收入－各项扣除－允许弥补的以前年度亏损 ②间接法 应纳税额＝应纳税所得额×适用税率－减免税额－抵免税额 其中：应纳税所得额＝利润总额＋纳税调整增加额－纳税调整减少额
增值税	以增值额为征税对象的一种流转税，为价外税	增值税和消费税的纳税义务人是发生应税行为的单位和个人；纳税人与负税人不同；税收一般转嫁给消费者，是间接税；税收与商品销售收入有关，不受成本高低影响	①一般计税方法 应纳增值税＝当期销项税额－当期进项税额 ②简易计税方法 应纳税额＝（不含税）销售额×征收率（3%）
消费税	以应税消费品征收的一种流转税，为价内税		①从价定率计税 应纳税额＝销售额×比例税率 ②从量定额计税 应纳税额＝销售数量×单位税额 ③复合计税 应纳税额＝销售额×比例税率＋销售数量×单位税额

3. 高考链接

年份	题型	分值	考点
2015 年	计算题	4	1. 调整项目：国债利息收入、财政拨款、税收滞纳金、广告费 2. 企业年应纳所得税税额＝（利润总额＋纳税调整项目金额）×25%
2016 年	计算题	4	1. 调整项目：国债利息收入、税收罚款、公益性捐赠支出 2. 计算：利润总额、公益性捐赠支出扣除限额、应纳税所得额 3. 应纳所得税税额＝应纳税所得额×25%
2017 年	计算题	4	1. 计算：职工福利费、工会经费、职工教育经费可扣除限额 2. 企业年应纳所得税税额＝（利润总额＋纳税调整项目金额）×25%
2018 年	计算题	8	1. 调整项目：国债利息收入、业务招待费、业务宣传费、被没收财物的损失 2. 企业年应纳所得税税额＝（利润总额＋纳税调整项目金额）×25%
2019 年	计算题	8	1. 调整项目：业务招待费、税金及附加 2. 计算：利润总额、业务招待费应纳税调整金额、应纳税所得额 3. 应纳所得税税额＝应纳税所得额×25%
2021 年	计算题	8	1. 调整项目：国债利息收入、罚款 2. 计算：利润总额、应纳税所得额、应纳所得税税额 3. 应纳所得税税额＝应纳税所得额×25%
2023 年	计算题	8	1. 调整项目：国债利息收入 2. 计算：利润总额、应纳税所得额、应纳所得税税额 3. 应纳所得税税额＝应纳税所得额×25%

【例题 16 · 2019 年计算题真题】　某企业为居民企业，2018 年实现销售收入 35000000 元，发生销售成本 20000000 元、销售费用 5000000 元、财务费用 600000 元、管理费用 2000000 元（其中业务招待费 300000 元），当期准予税前扣除的税金及附加 500000 元，取得营业外收入 200000 元。该企业适用所得税税率为 25%。

要求：

（1）计算该企业 2018 年利润总额；

（2）计算该企业 2018 年业务招待费纳税调整金额；

（3）计算该企业 2018 年应纳税所得额；

（4）计算该企业 2018 年企业所得税。

『分析』利润总额＝总收入－总支出。税法规定，业务招待费税前限额扣除采用孰低原则，即最高不得超过当年销售（营业）收入的 5‰ 与实际发生额的 60% 两个扣除标准中的较小者。企业应纳税所得额可用间接法计算，即应纳税所得额＝利润总额＋纳税调整增加额－纳税调整减少额，应纳税额＝应纳税所得额×适用税率－减免税额－抵免税额。

『解题』（1）利润总额＝35000000－20000000－5000000－600000－2000000－500000＋200000＝7100000（元）。

（2）①计算调整：业务招待费扣除限额 A＝300000×60%＝180000（元）；

业务招待费扣除限额 B＝35000000×5‰＝175000（元）。

扣除限额 B＜扣除限额 A，税前准予扣除的业务招待费＝175000（元）。

业务招待费纳税调整增加金额＝300000－175000＝125000（元）。

（3）应纳税所得额＝7100000＋125000＝7225000（元）。

（4）应纳所得税税额＝7225000×25％＝1806250（元）。

四、考点归纳

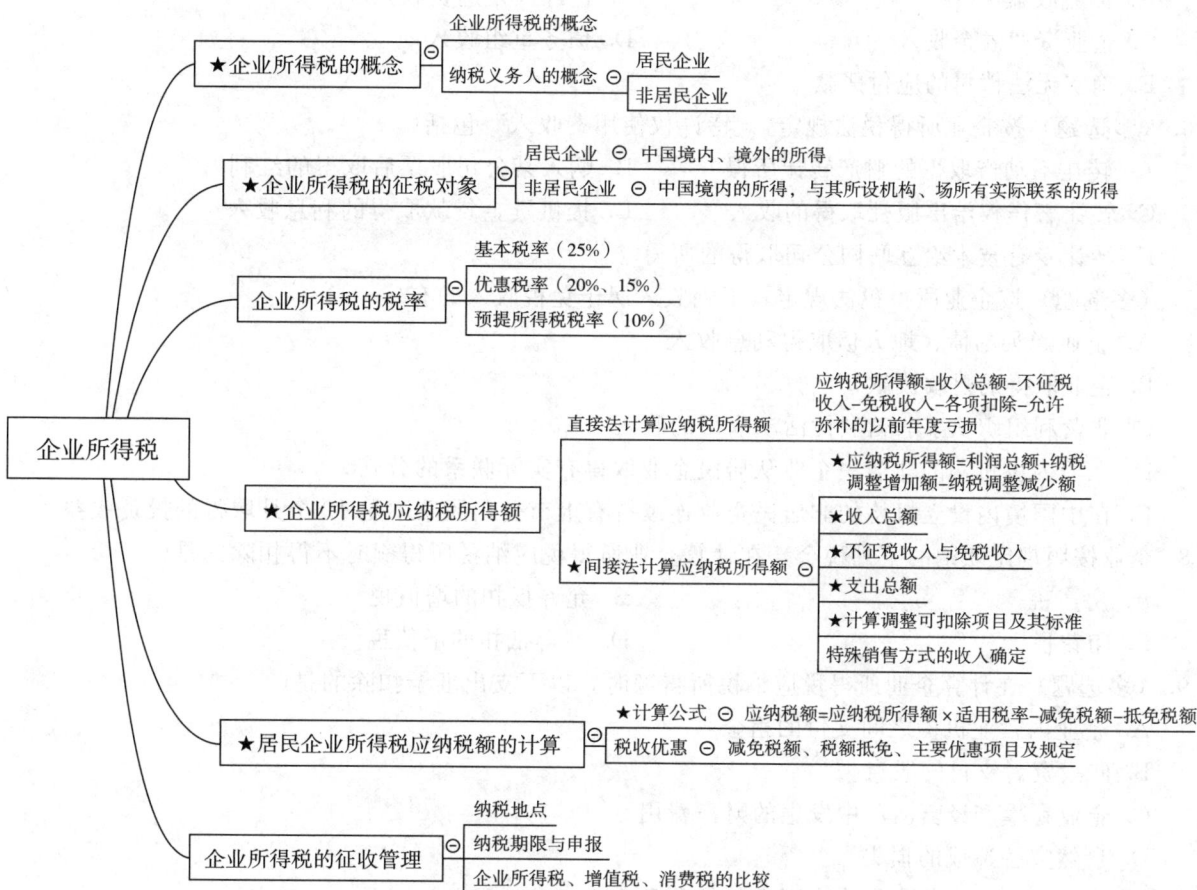

五、知识精练

——精选好题・强化能力——

1.（多选题）根据企业所得税法规定，应缴纳企业所得税的有（　　）。

    A. 合伙企业　　　　B. 有限责任公司　　　C. 股份有限公司　　　D. 个体工商户

    E. 个人独资企业

2.（判断题）在中国境内设立机构、场所的非居民企业，取得发生在中国境外但与其境内所设机构、场所有实际联系的所得，无须缴纳企业所得税。（　　）

3.（多选题）下列企业中，属于居民企业的有（　　）。

    A. 依法在中国境内设立的企业

    B. 依法在中国境内设立的事业单位

    C. 依法在中国境内设立的从事经营活动的组织

    D. 依照外国法律成立，但实际管理机构在中国境内的企业

    E. 依照外国法律成立，实际管理机构不在中国境内但有来源于境内所得的公司

4. （多选题）以下适用 25％企业所得税税率的企业是（   ）。

　　A. 中国境内的居民企业　　　　　　　B. 经认定的技术先进型服务企业

　　C. 符合条件的小型微利企业　　　　　D. 国家重点扶持的高新技术企业

　　E. 在中国境内设有机构且其所得与机构有实际关联的非居民企业

5. （多选题）在计算企业所得税应纳税所得额时，应计入收入总额的有（   ）。

　　A. 汇兑收益　　　　　　　　　　　　B. 特许权使用费收入

　　C. 企业资产溢余收入　　　　　　　　D. 债务重组收入

　　E. 确实无法偿付的应付账款

6. （多选题）按企业所得税法规定，"特许权使用费收入"包括（   ）。

　　A. 转让不动产取得的财产转让所得　　B. 购入某公司股票后取得的红利

　　C. 转让著作权给出版社取得的收入　　D. 提供资金贷款取得的利息收入

　　E. 转让专有技术给互联网公司取得的所得

7. （多选题）按企业所得税法规定，下列收入属于免税收入的有（   ）。

　　A. 企业购买国债、地方债取得利息收入

　　B. 企业取得的财政拨款

　　C. 非营利组织从事非营利性活动取得的收入

　　D. 在境内设机构的非居民企业从居民企业取得有实际联系的分红

　　E. 在中国境内设立机构的非居民企业连续持有上市公司股票不足 12 个月取得的投资收益

8. 企业按照规定缴纳的下列税金，在计算企业所得税应纳税所得额时不得扣除的是（   ）。

　　A. 房产税　　　　　　　　　　　　　B. 允许抵扣的增值税

　　C. 印花税　　　　　　　　　　　　　D. 不得抵扣的增值税

9. （多选题）在计算企业所得税应纳税所得额时，以下支出准予扣除的是（   ）。

　　A. 企业内营业机构之间支付的租金

　　B. 向投资者支付的股息

　　C. 企业在生产经营活动中发生的财务费用

　　D. 自然灾害造成的损失

　　E. 非银行企业内营业机构之间支付的利息

10. （多选题）按企业所得税法规定，准予在以后年度结转扣除的有（   ）。

　　A. 职工教育经费　　　　　　　　　　B. 业务招待费

　　C. 广告费　　　　　　　　　　　　　D. 公益性捐赠

　　E. 业务宣传费

——拔高好题·突破难点——

11. 某居民企业 2023 年全年实现销售收入 800000 元，国债利息收入 20000 元，发生销售成本 300000 元、管理费用 20000 元、销售费用 6000 元、财务费用 5000 元、税金及附加 10000 元、罚款支出 10000 元。支付给职工的工资薪金总额 2000000 元，发生的职工福利费 200000 元、工会经费 100000 元、职工教育经费 180000 元。该企业适用所得税税率为 25％。

要求：计算该企业 2023 年应纳所得税税额。

12. 某居民企业 2023 年度实现不含税销售收入 20000000 元，取得国债利息收入 180000 元，接受捐赠收入 200000 元，发生各项支出 4000000 元，其中业务招待费 110000 元，广告费和业务宣传费 1500000 元，当期准予税前扣除的税金及附加 60000 元。该企业适用所得税税率为 25%。

要求：计算企业 2023 年应纳所得税税额。

13. 某电子配件生产企业 2023 年取得销售收入 2800000 元，国债利息收入 120000 元，财政拨款 60000 元。发生销售成本 200000 元、管理费用 200000 元、财务费用 300000 元、公益性捐赠支出 280000 元、支付税收滞纳金 40000 元。该企业适用所得税税率为 25%。

要求：

（1）计算该企业 2023 年利润总额；

（2）计算该企业 2023 年应纳税所得额；

（3）计算该企业 2023 年应纳所得税税额。

14. 某企业为居民企业 2023 年实现销售收入 2900000 元，取得国债利息收入 60000 元，发生销售成本 650000 元，管理费用 300000 元，销售费用 600000 元（其中：业务宣传费 470000 元），另支出增值税 6000 元，缴纳城建税及教育费附加 20000 元，取得营业外收入 200000 元，预缴所得税 50000 元。该企业适用所得税税率为 25%。要求：

（1）计算该企业 2023 年利润总额；

（2）计算该企业 2023 年应纳税所得额；

（3）计算该企业 2023 年应纳所得税税额。

15.（2023 年真题）某企业为居民企业，适用所得税税率为 25%。2022 年实现销售收入 4800000 元，取得银行存款利息收入 16000 元、国债利息收入 20000 元，发生销售成本 2800000 元，各项费用共计 220000 元（均可抵扣）。

要求：

（1）计算该企业 2022 年利润总额；

（2）计算该企业 2022 年应纳税所得额；

（3）计算该企业 2022 年应纳所得税税额。

任务四知识精练参考答案

微专题　企业所得税应纳税额的计算

应纳税所得额的计算

【必备基础知识】

直接法公式：应纳税所得额＝收入总额－不征税收入－免税收入－各项扣除－允许弥补的以前年度亏损。间接法公式：应纳税所得额＝利润总额＋纳税调整增加额－纳税调整减少额

> ### 知识点 1　利润总额计算公式

会计口径利润指标	公式
营业利润	营业利润＝营业收入－营业成本－税金及附加－销售费用－管理费用－研发费用－财务费用－信用减值损失－资产减值损失＋公允价值变动收益（－公允价值变动损失）＋投资收益（－投资损失）＋其他收益＋资产处置收益（－资产处置损失）
利润总额	利润总额＝营业利润＋营业外收入－营业外支出
净利润	净利润＝利润总额－所得税费用

> ### 知识点 2　常考可扣除的纳税调整项目及标准

项目	计算基数	扣除标准
职工福利费	工资薪金总额	不超过工资薪金总额 14％的部分，准予扣除 • 职工福利费扣除限额＝工资薪金总额×14％
工会经费		不超过工资薪金总额 2％的部分，准予扣除 • 工会经费扣除限额＝工资薪金总额×2％
职工教育经费		①不超过工资薪金总额 8％的部分，准予扣除 • 职工教育经费扣除限额＝工资薪金总额×8％ ②超过部分，准予在以后纳税年度结转扣除（无限期） ③两个特殊企业全额税前扣除（要求单独核算、准确划分） • 软件生产企业发生的职工教育经费中的职工培训费用 • 核力发电企业为培养核电厂操纵员发生的培养费用
业务招待费	销售（营业）收入	采用孰低原则：两个扣除标准的较小者 ①最高不得超过当年销售（营业）收入的 5‰ ②有合法票据的，按照实际发生额的 60％扣除
广告费和业务宣传费		①一般不超过当年销售收入 15％的部分，准予扣除 ②超过部分，准予结转以后纳税年度扣除（无限期） • 一般企业广告费和业务宣传费扣除限额＝销售（营业）收入×15％ • 化妆等行业广告费和业务宣传费扣除限额＝销售（营业）收入×30％ • 烟草企业一律不得在计算应纳税所得额时扣除
公益性捐赠	年度利润总额	①不超过年度利润总额 12％的部分，准予扣除 ②超标准的公益性捐赠，准予以后 3 年内结转扣除

➤ 知识点3　应纳税所得额的计算

项目	计算公式	
利润总额	收入总额－支出总额	
纳税调整增加额	4种常考计算调整项目	职工福利费、工会经费和职工教育经费；业务招待费；广告费和业务宣传费；公益性捐赠
	9项纳税调增项目	• 向投资者支付的股息、红利等权益性投资收益款项；企业所得税税款；税收滞纳金；罚金、罚款和被没收财物的损失；超过规定标准的捐赠支出；赞助支出；未经核定的准备金支出；企业之间支付的管理费、企业内营业机构之间支付的租金和特许权使用费，以及非银行企业内营业机构之间支付的利息；与取得收入无关的其他支出
纳税调整减少额	4类纳税调减项目	不征税收入、免税收入、亏损弥补、加计扣除等税收优惠
应纳税所得额计算	应纳税所得额＝利润总额＋纳税调整增加额－纳税调整减少额	

解题通法：通常我们采用间接法计算应纳税所得额，就是通过计算出利润总额、纳税调整项目的增加额、纳税调整项目的减少额计算出所得额。求解思路与方法：①确定利润总额→②计算纳税调整项目→③确定纳税调减的收入、纳税调增的支出→④运用公式求解。

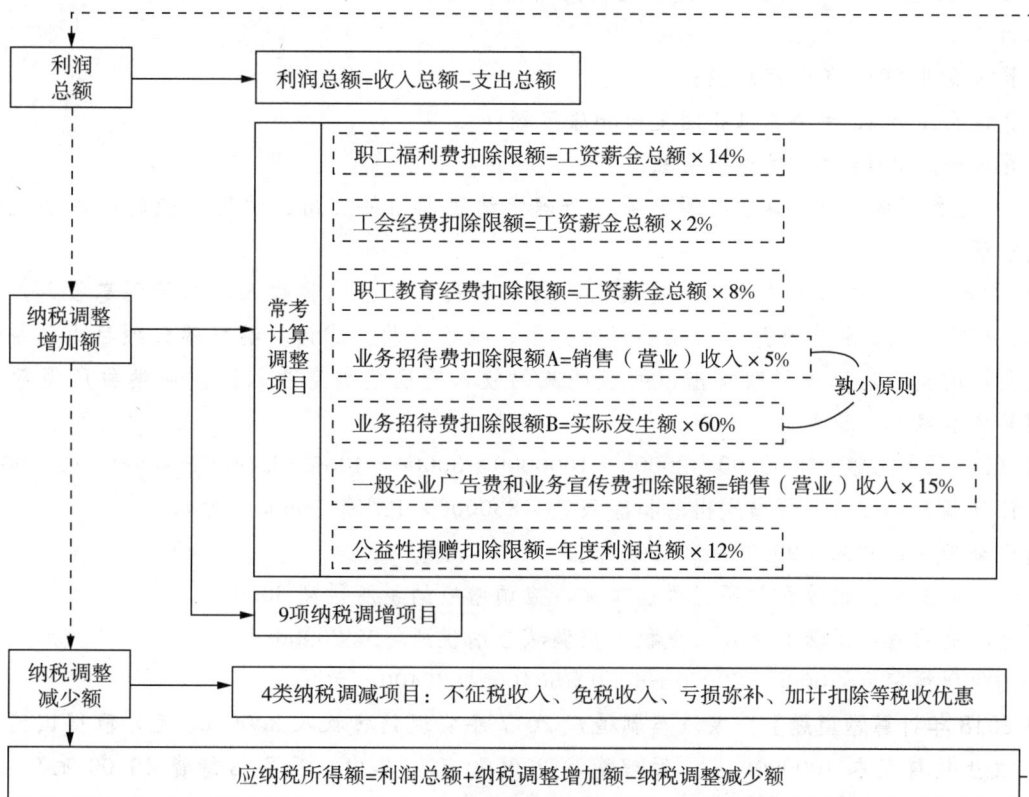

利润总额 → 利润总额=收入总额–支出总额

常考计算调整项目：
- 职工福利费扣除限额=工资薪金总额×14%
- 工会经费扣除限额=工资薪金总额×2%
- 职工教育经费扣除限额=工资薪金总额×8%
- 业务招待费扣除限额A=销售（营业）收入×5‰
- 业务招待费扣除限额B=实际发生额×60%　　孰小原则
- 一般企业广告费和业务宣传费扣除限额=销售（营业）收入×15%
- 公益性捐赠扣除限额=年度利润总额×12%

纳税调整增加额 → 9项纳税调增项目

纳税调整减少额 → 4类纳税调减项目：不征税收入、免税收入、亏损弥补、加计扣除等税收优惠

应纳税所得额=利润总额+纳税调整增加额–纳税调整减少额

【典型例题剖析】

题型1　无计算调整项目的应纳税所得额的计算

【例1•2021年计算题真题】　某企业为居民企业，2020年实现销售收入6000000元，取得国债利

息收入 180000 元，发生销售成本 3000000 元、管理费用 100000 元、销售费用 660000 元、营业外支出 80000 元（其中罚款支出 20000 元）。该企业适用所得税税率为 25%。

要求：

（1）计算该企业 2020 年利润总额；

（2）计算该企业 2020 年应纳税所得额。

『思路』确定利润总额→确定纳税调增的支出、纳税调减的收入→运用公式求解。

『分析』①确定利润总额＝总收入－总支出，其中总收入包括销售收入、国债利息收入，总支出包括销售成本、管理费用、销售费用、营业外支出。②纳税调增的支出有罚款支出，纳税调减的收入有国债利息收入；③应纳税所得额＝利润总额＋纳税调整增加额－纳税调整减少额。

『解题』

（1）利润总额＝6000000＋180000－3000000－100000－660000－80000＝2340000（元）。

调整项目：①纳税调增的支出：罚款支出不得扣除，调增 20000 元；②纳税调减的收入：国债利息收入是免税收入，调减 180000 元。

（2）应纳税所得额＝2340000－180000＋20000＝2180000（元）。

题型 2　有计算调整项目的应纳税所得额的计算

【例 2 · 2016 年计算题真题】　某企业 2015 年取得产品销售收入 2000000 元，发生产品销售成本 1000000 元，管理费用 30000 元，财务费用 4000 元，取得国债利息收入 20000 元，发生公益性捐赠支出 150000 元，支付税收罚款 6000 元。该企业适用的所得税税率为 25%。

要求：

（1）计算该企业 2015 年利润总额；

（2）计算该企业 2015 年公益性捐赠支出扣除限额；

（3）计算该企业 2015 年应纳税所得额。

『思路』确定利润总额→计算纳税调整项目→确定纳税调增的支出、纳税调减的收入→运用应纳税所得额公式求解。

『分析』①确定利润总额＝总收入－总支出，其中总收入包括销售收入、国债利息收入，总支出包括销售成本、管理费用、销售费用、公益性捐赠支出、税收罚款。②计算纳税调整项目为公益性捐赠支出。③纳税调增的支出是税收罚款支出，纳税调减的收入是国债利息收入。④应纳税所得额＝利润总额＋纳税调整增加额－纳税调整减少额。

『解题』（1）利润总额＝2000000＋20000－1000000－30000－4000－150000－6000＝830000（元）。

（2）①计算调整：公益性捐赠支出的扣除限额＝830000×12%＝99600（元）；

纳税调增金额＝150000－99600＝50400（元）。

②纳税调增的支出：税收罚款不得税前扣除，应调增应纳税所得额 6000 元。

③纳税调减的收入：国债利息收入免税，应调减应纳税所得额 20000 元。

（3）应纳税所得额＝830000－20000＋6000＋50400＝866400（元）。

【例 3 · 2018 年计算题真题】　某汽车制造厂 2017 年实现销售收入 3000000 元，取得国债利息收入 300000 元，发生销售成本 1000000 元，管理费用 200000 元（其中：业务招待费 40000 元），销售费用 600000 元（其中：业务宣传费 470000 元），营业外支出 200000 元（其中：被工商局没收财物损失 100000 元）。该厂适用所得税税率为 25%。

要求：计算该厂 2017 年应纳税所得额。

『思路』确定利润总额→计算纳税调整项目→确定纳税调增的支出、纳税调减的收入→运用应纳税所得额公式求解。

『分析』①确定利润总额＝总收入－总支出，其中总收入包括销售收入、国债利息收入，总支出包括销售成本、管理费用、销售费用、营业外支出。②计算纳税调整项目为业务招待费、业务宣传费。③纳税调增的支出是被工商局没收财物损失，纳税调减的收入是国债利息收入。④应纳税所得额＝利润总额＋纳税调整增加额－纳税调整减少额。

『解题』（1）利润总额＝3000000＋300000－1000000－200000－600000－200000＝1300000（元）。

（2）①计算调整：业务招待费扣除限额 A＝3000000×5‰＝15000（元）；业务招待费扣除限额 B＝40000×60％＝24000（元），税前准予扣除的业务招待费为 15000 元，纳税调整增加金额＝40000－15000＝25000（元）。

业务宣传费扣除限额＝3000000×15％＝450000（元），纳税调整增加金额＝470000－450000＝20000（元）。

②纳税调增的支出：被工商局没收财物损失不得税前扣除，应调增 100000 元。

③纳税调减的收入：国债利息收入免税，应调减应纳税所得额 300000 元。

（3）应纳税所得额＝1300000＋25000＋20000＋100000－300000＝1145000（元）。

居民企业所得税应纳税额的计算

【必备基础知识】

一般居民企业所得税的税率为 25％。应纳税额＝应纳税所得额×适用税率－减免税额－抵免税额。其中，应纳税所得额＝利润总额＋纳税调整增加额－纳税调整减少额。

➤ 知识点 1 主要税收优惠及规定

项目	优惠规定	
农、林、牧、渔业项目	·大部分免税：蔬菜、水果、中药等种植；农作物新品种的选育等 ·减半征税：花卉、饮料、香料作物的种植；海水养殖、内陆养殖	
国家重点扶持的公共基础设施项目与环境保护、节能节水项目	"3 免 3 减半"：自取得第一笔生产经营收入所属纳税年度起，第 1 年至第 3 年免税，第 4 年至第 6 年减半征收	
技术转让所得	·基本规定：一个纳税年度内不超过 500 万元的部分，免税；超过 500 万元的部分，减半征税 ·特殊优惠（新增）：在中关村国家自主创新示范区特定区域内注册的居民企业，符合条件的技术转让所得，一个纳税年度内不超过 2000 万元的部分，免税；超过 2000 万元部分，减半征税	
加计扣除	安置残疾人所支付的工资：加计 100％扣除	
	研发费用	一般企业：未形成无形资产，按实际发生额 75％加计扣除；已形成的，按无形资产成本的 175％税前摊销。 （新增：在 2022.10.1 至 2022.12.31 期间，适用加计扣除比例 75％的企业，税前加计扣除比例提高至 100％。）
		制造企业、科技型中小企业：按实际发生额的 100％加计扣除；已形成的，按照无形资产成本的 200％在税前摊销
		企业出资给非营利性科学技术研究开发机构、高等学校和政府性自然科学基金用于基础研究的支出：在计算应纳税所得额时可按实际发生额在税前扣除，并可按 100％在税前加计扣除
	高新技术企业新购设备、器具：加计 100％扣除（2022.10.1—2022.12.31）	
	不适用税前加计扣除政策的行业（新增）：烟草制造业、住宿和餐饮业、批发和零售业、房地产业、租赁和商务服务业、娱乐业	

解题通法：求解企业所得税应纳税额，就是通过企业的应纳税所得额及其适用税率、减免、抵免等税收优惠计算出应纳税额。求解思路与方法：①确定应纳税所得额→②确定适用的税率→③考虑税收优惠→④运用公式求解。

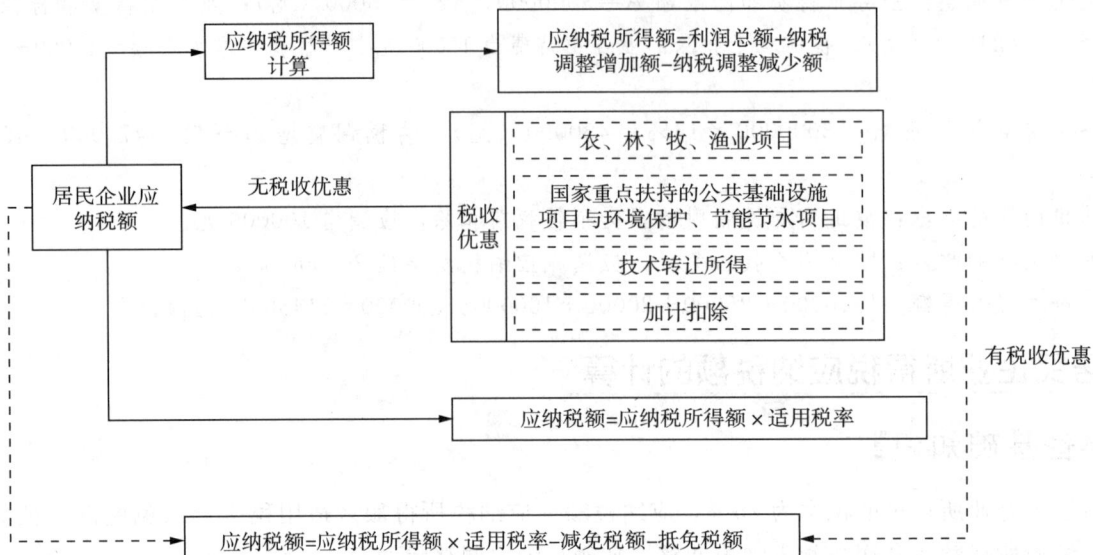

【典型例题剖析】

题型 1　无税收优惠的企业所得税应纳税额的计算

【例 1·2017 年计算题真题改编】　某居民企业 2016 年实现营业收入 2000000 元，发生各项支出 1200000 元（其中：职工合理工资 300000 元，职工福利费 45000 元，工会经费 7000 元，职工教育经费 8000 元）。要求：

（1）计算该企业职工福利费、工会经费、职工教育经费分别准予扣除的限额（三项经费准予扣除的比例分别为 14％、2％、8％）；

（2）计算该企业 2016 年应纳所得税税额。（该企业适用的所得税税率为 25％）

『思路』按步骤确定应纳税所得额→确定企业适用的税率→运用公式求解。

『分析』①确定利润总额＝总收入－总支出。②计算纳税调整项目是职工福利费、工会经费、职工教育经费。③应纳税所得额＝利润总额＋纳税调整增加额－纳税调整减少额。④本题不涉及税收优惠，应纳所得税额＝应纳税所得额×适用税率。

『解题』

（1）利润总额＝2000000－1200000＝800000（元）；

职工福利费扣除限额＝300000×14％＝42000（元），纳税调增 3000 元；

工会经费扣除限额＝300000×2％＝6000（元），纳税调增 1000 元；

职工教育经费扣除限额＝300000×8％＝24000（元），无须纳税调整。

（2）应纳税所得额＝800000＋3000＋1000＝804000（元）；

应纳所得税税额＝804000×25％＝201000（元）。

【例 2·2018 年计算题真题改编】　某居民企业 2023 年销售收入 5000000 元，发生销售成本 3500000 元，管理费用 280000 元（其中：业务招待费 80000 元），销售费用 600000 元（其中：广告费和业务宣传费 380000 元），营业外支出 300000（其中：公益性捐赠支出 150000 元、税收滞纳金 40000 元、合同违约金支出 60000 元）。该企业适用所得税税率为 25%。

要求：计算该企业 2023 年应纳所得税税额。

『思路』按步骤确定应纳税所得额→确定企业适用的税率→运用公式求解。

『注意』本题中的税收滞纳金税前不得扣除，合同违约金可以税前据实扣除。

『分析』①确定利润总额＝总收入－总支出，其中总收入包括销售收入，总支出包括销售成本、管理费用、销售费用、营业外支出。②计算纳税调整项目是业务招待费、广告费和业务宣传费、公益性捐赠支出。③应纳税所得额＝利润总额＋纳税调整增加额－纳税调整减少额。④本题不涉及税收优惠，应纳所得税额＝应纳税所得额×适用税率。

『解题』（1）利润总额＝5000000－3500000－280000－600000－300000＝320000（元）。

（2）计算调整：①业务招待费扣除限额 A＝5000000×5‰＝25000（元）；

业务招待费扣除限额 B＝80000×60%＝48000（元）；

扣除限额 A＜扣除限额 B，调整增加金额＝80000－25000＝55000（元）。

广告费和业务宣传费扣除限额＝5000000×15%＝750000（元），全额扣除不调整。

公益性捐赠扣除限额＝320000×12%＝38400 元，调整增加金额＝150000－38400＝111600（元）。

②纳税调增的支出：税收滞纳金不得税前扣除，应调增 40000 元。

（3）应纳税所得额＝320000＋55000＋111600＋40000＝526600（元）。

（4）应纳所得税税额＝526600×25%＝131650（元）。

题型2 有税收优惠的企业所得税应纳税额的计算

【例3·2018 年计算题真题改编】 某机械制造企业 2023 年取得产品销售收入 10000000 元，国债利息收入 200000 元，发生销售成本 450000 元，管理费用 5000000 元（其中：业务招待费 400000 元，尚未形成无形资产的新技术的研究开发费用 180000 元），销售费用 1600000 元（其中：广告费 1200000 元），营业外支出 100000 元（其中：环保罚款 20000 元），另按税法规定可免税 100000 元。

要求：计算该企业 2023 年度应纳所得税额。（适用税率为 25%）

『思路』按步骤确定应纳税所得额、适用税率→考虑税收优惠→运用公式求解。

『注意』按税法规定，制造企业的新技术的研究开发费用，尚未形成无形资产的，按实际发生额的 100% 加计扣除。

『分析』①确定利润总额＝总收入－总支出，其中总收入包括销售收入、国债利息收入，总支出包括销售成本、管理费用、销售费用、营业外支出。②计算纳税调整项目是业务招待费、尚未形成无形资产的新技术的研究开发费用、广告费。③纳税调减的收入有国债利息收入，纳税调增的支出有环保罚款。④应纳税所得额＝利润总额＋纳税调整增加额－纳税调整减少额。⑤本题有研发费用加计扣除、免税的税收优惠，应纳所得税额＝应纳税所得额×适用税率－减免税额－抵免税额。

『解题』（1）利润总额 10000000＋200000－450000－5000000－1600000－100000＝3050000（元）。

（2）计算调整：①业务招待费扣除限额 A＝10000000×5‰＝50000（元）；

业务招待费扣除限额 B＝400000×60%＝240000（元）。

扣除限额 A＜扣除限额 B，业务招待费调整增加金额＝400000－50000＝350000（元）。

广告费扣除限额＝10000000×15%＝1500000（元），可全额扣除不调整。

②加计扣除：该企业属于制造业企业，尚未形成无形资产的新技术的研究开发费用允许 100% 加计扣除，纳税调整减少额＝180000×100%＝180000（元）。

③纳税调增的支出：环保罚款不允许扣除，应调增应纳税所得额 20000 元。

④纳税调减的收入：国债利息收入免税，应调减应纳税所得额 200000 元。

（3）应纳税所得额＝3050000＋350000＋20000－180000－200000＝3040000（元）。

（4）应纳所得税税额＝3040000×25%－100000＝660000（元）。

题型精练

——精选好题·强化能力——

1. 某居民企业 2023 年实现销售收入 3600000 元，取得国债利息收入 120000 元，财政拨款 260000 元，发生销售成本 400000 元，管理费用 200000 元，销售费用 580000 元，环保罚款支出 40000 元，被工商局没收财物损失 100000 元，合同违约金支出 20000 元。该企业适用所得税税率为 25％。

要求：计算该企业 2023 年企业所得税。

2. 某企业 2023 年取得产品销售收入 6500000 元，取得国债利息收入 16000 元，发生产品销售成本 1000000 元，管理费用 600000 元（其中：业务招待费 420000 元），销售费用 900000 元（其中：业务宣传费 520000 元），营业外支出 200000 元（其中：税收滞纳金 50000 元）。该企业适用所得税税率为 25％。

要求：计算该企业 2023 年企业所得税。

3. 某居民企业 2023 年取得产品销售收入 12000000 元，厂房租金收入 2000000 元，发生销售成本 450000 元，销售费用 800000 元，管理费用 300000 元（其中：业务招待费 150000 元），财务费用 100000 元，营业外支出 60000 元（其中：公益性捐赠支出 20000 元，被没收财物的损失 10000 元），按税法规定缴纳增值税 800000 元，其他税金 200000 元。该企业适用所得税税率为 25％。

要求：计算该企业 2023 年企业所得税。

——拔高好题·突破难点——

4. 某汽车制造企业2023年产品销售收入6000000元，取得债券利息收入200000元（其中：国债利息收入150000元），发生销售成本3100000元，销售费用1500000元（其中：业务宣传费1200000元），财务费用200000元，管理费用900000元（其中：未形成无形资产计入当期损益的研究开发费用60000元）。按税法规定缴纳增值税800000元，2022年度经税务机关确认的亏损100000元。该企业适用的所得税税率为25%。

要求：计算该企业2023年企业所得税。

5. 某居民企业2023年实现营业收入15000000元，取得国债利息收入380000元，财政拨款108000元，发生销售成本1600000元、管理费用1000000元、销售费用800000元、营业外支出100000元（其中：公益性捐赠支出50000元）。实际发生合理工资800000元（其中：安置残疾人员支付工资150000元），发生职工福利费230000元、工会经费200000元、职工教育经费63000元。该企业适用的所得税税率为25%。

要求：计算该企业2023年企业所得税。

微专题题型精练参考答案

任务五 个人所得税

一、学习导航

学习能量	税收作为国家财政重要来源之一，同时具有组织收入和调节分配的作用，对缩小贫富差距的、实现社会公平、提高居民生活水平、促进社会稳定、优化资源配置等具有重要作用。在工作和生活中，注意与企业单位配合，根据自己的薪资水平缴纳税款，履行纳税义务，思考个人所得税纳税筹划，促进自身与行业发展
学习目标	1. 初步理解个人所得税、居民个人和非居民个人、扣缴义务人的概念 2. 熟记个人所得税的征税对象及其个人所得税的税率 3. 会求全年综合所得应纳税所得额及应纳税额 4. 会求居民个人综合所得预扣预缴应纳税所得额及应纳税额 5. 会求利息、股息、红利所得，财产租赁所得等分类所得的应纳税额
学习建议	个人所得税是升学考试的重要考点。2015 年考了一个单选题，2020 年、2022 年都考了计算题，重要性逐渐凸显，在复习中应特别重视。因此，不仅要强化习题训练，巩固理论知识，还要弄懂个人所得税微专题，能熟练、准确地计算应纳税额

二、教材内容精讲

➤ 知识点 1 个人所得税及其纳税人的概念

1. 个人所得税的概念

个人所得税是以个人（自然人）取得的各类应税所得为征税对象而征收的一种税。个人所得税已经成为我国的主要税种之一。

《个人所得税法》		
改革历程	1980 年 9 月 10 日	由第五届全国人民代表大会第三次会议通过并颁布实施
	1993 年 10 月 31 至 2018 年 8 月 31 日	先后修订 7 次，最新修订由第十三届全国人民代表大会常务委员会第五次会议修改并公布
	2019 年 1 月 1 日	我国个人所得税初步建立分类与综合相结合的征收模式
	个人所得税起源于英国，自 1799 年起开征，至今已有 200 多年的历史。为深化税制改革，简化税制，公平税负，我国《个人所得税法》经过 7 次修正后，建立了综合与分类相结合的税收体制，提高了基本减除费用标准，优化、调整了税率结构，扩大了基本扣除及专项扣除，有利于降低人民的生活成本及税收负担，进而有更多的可支配性收入改善生活。随着经济的发展，税制将不断完善，现代个人所得税制度也将发挥更为重要的收入及调节作用		

2. 个人所得税纳义务税人的概念

《个人所得税法》按照个人在中国境内是否有住所和居住时间两个标准，将个人所得税纳义务税人分为居民个人和非居民个人，分别承担不同的纳税义务。二者存在明显的纳税差异。

个人所得税纳税义务人的分类			
分类	住所标准	居住时间标准	纳税差异
居民个人	有住所	无住所而一个纳税年度内在中国境内居住累计满 183 天	无限纳税义务，对其来源于中国境内和境外的所得征税
非居民个人	无住所、不居住	无住所且一个纳税年度内在中国境内居住累计不满 183 天	有限纳税义务，仅对其来源于中国境内的所得征税
注意事项	按照《出境入境管理法》，"中国境内"通常指的是中国大陆地区，目前还不包括中国香港、澳门和台湾地区		
	《个人所得税法实施条例》规定，除国务院财政、税务主管部门另有规定外，下列所得，不论支付地点是否在中国境内，均为来源于中国境内的所得： • 因任职、受雇、履约等在中国境内提供劳务取得的所得； • 将财产出租给承租人在中国境内使用而取得的所得； • 许可各种特许权在中国境内使用而取得的所得； • 转让中国境内的不动产等财产或者在中国境内转让其他财产取得的所得； • 从中国境内企业、事业单位、其他组织以及居民个人取得的利息、股息、红利所得		

【例题 1·多选题】　下列所得中，属于来源于中国境内所得的有（　　）。

A. 转让境内房产取得的所得

B. 许可各种特许权在中国境内使用而取得的所得

C. 因任职而在中国境内提供劳务取得的工资收入

D. 将机器设备出租给承租人在中国境内使用而取得的租金

E. 从境外上市公司取得的利息、股息、红利所得

『解析』ABCD 对：除国务院财政、税务主管部门另有规定外，下列所得，不论支付地点是否在中国境内，均为来源于中国境内的所得：①转让中国境内的不动产等财产或者在中国境内转让其他财产取得的所得；②许可各种特许权在中国境内使用而取得的所得；③因任职、受雇、履约等而在中国境内提供劳务取得的所得；④将财产出租给承租人在中国境内使用而取得的所得。E 错：为境外所得。

『答案』ABCD。

3. 个人所得税的扣缴义务人

个人所得税以所得人为纳税人，以支付所得的单位或者个人为扣缴义务人。扣缴义务人扣缴税款时，纳税人应当向扣缴义务人提供纳税人识别号（中国居民身份号码或税务机关赋予）。

➢ **知识点 2　个人所得税的征税对象**

个人所得税的征税对象是个人所得。2018 年修订的《个人所得税法》，确定了个人所得税分类计征与综合计征的模式。对工资、薪金所得，劳务报酬所得，稿酬所得，特许权使用费所得采用综合计征；对经营所得，利息、股息、红利所得，财产租赁所得，财产转让所得，偶然所得依然采用分类计征的方式，逐步建立起综合与分类相结合的税制。

1. 综合计征的所得：4 类

征税项目	注释
工资、薪金所得	1. 定义：是指个人因任职或者受雇而取得的工资、薪金、奖金、年终加薪、劳动分红、津贴、补贴以及与任职或者受雇有关的其他所得

（续表）

征税项目	注释
工资、薪金所得	**2. 范围** 表格： 收入分类 / 特别说明 主要收入形式 — 工资和薪金 其他收入形式 — 基本奖金、双薪制奖金、年薪制奖金、实物奖金、年终加薪、劳动分红、津贴、补贴 ①奖金是指具有工资性质的奖金，不包括免税奖金 ②年终加薪、劳动分红不分种类和取得情况，一律按工资、薪金所得课税 ③工资薪金不包括个人取得特定的津贴、补贴：独生子女补贴；执行公务员工资制度未纳入基本工资总额的补贴、津贴差额和家属成员的副食品补贴；托儿补助费；差旅费津贴、误餐补助；外国来华留学生领取的生活津贴费、奖学金 ④超过规定标准的误餐费应按照工资、薪金所得项目征收个人所得税 **3. 小知识**：为适应对外开放，根据国际上将工人的劳动收入称为"工资"，职员的劳动收入称为"薪金"的习惯，我国税法把工资、薪金并列相称
劳务报酬所得	1. 定义：指个人独立从事非雇用的各种劳务所取得的所得 2. 内容：从事设计、装潢、安装、制图、化验、测试、医疗、法律、会计、咨询、讲学、翻译、审稿、书画、雕刻、影视、录音、录像、演出、表演、广告、展览、技术服务、介绍服务、经纪服务、代办服务以及其他劳务取得的所得
稿酬所得	1. 定义：是指个人因其作品以图书、报刊形式出版、发表而取得的所得 2. 注意：与图书、报刊相关的翻译、审稿、书画所得，属于劳务报酬所得
特许权使用费所得	1. 定义：是指个人提供专利权、商标权、著作权、非专利技术以及其他特许权的使用权取得的所得 2. 注意：①作者将自己的文字作品手稿原件或复印件拍卖取得的所得是特许权使用费所得；②提供著作权的使用权取得的所得，不包括稿酬所得 3. 拓展：著作权和稿酬 著作权和稿酬是两个概念。作品如果取得著作权，著作人转让给别人使用取得报酬，是类似提供专利权取得的报酬，即特许权使用费。稿酬一般都是出版机构给作者的劳动报酬，不包含著作权（版权）

2. 分类计征的所得：5类

征税项目	注释
经营所得	1. 定义：是指个体工商户、个人独资企业投资人、合伙企业的个人合伙人或个人因从事生产、经营活动或其他有偿服务活动取得的所得 2. 范围 纳税义务人 / 收入来源 / 特别说明 个体工商户 — 生产、经营活动 个人独资企业投资人 — 境内个人独资企业生产、经营的所得 合伙企业的个人合伙人 — 境内合伙企业生产、经营的所得 个人 — 办学、医疗、咨询以及其他有偿服务活动；承包经营、承租经营、转包、转租；其他生产、经营活动 ①体工商户若取得的股息所得，应按"利息、股息、红利所得"税目计征 ②个人独资企业，是指依法在中国境内设立，由一个自然人投资，财产为投资人个人所有，投资人以其个人财产对企业债务承担无限责任的经营实体 ③合伙企业，是指自然人、法人和其他组织依法在中国境内设立的普通合伙企业和有限合伙企业

（续表）

征税项目	注释
利息、股息、红利所得	1. 定义：是指个人拥有债权、股权等而取得的利息、股息、红利所得 2. 拓展：个人投资者向企业借款不归还又未用于企业生产经营的处理 ①除个人独资企业、合伙企业以外的其他企业的个人投资者，以企业资金为本人、家庭成员及其相关人员支付的与生产经营无关的消费性支出及购买汽车、住房等财产性支出，视为对个人投资者的分配，依照"利息、股息、红利所得"项目计征个人所得税 ②个人投资者从其投资企业（个人独资企业、合伙企业除外）借款，在纳税年度终了后既不归还又未用于企业生产经营的，其未归还的借款可视为企业对个人投资者的红利分配，依照"利息、股息、红利所得"项目计征个人所得税
财产租赁所得	1. 定义：是指个人出租不动产、机器设备、车船以及其他财产取得的所得 2. 比较租赁与转租：①租赁是指财产所有权人作为出租人将其财产出租给承租人使用，由承租人向出租人支付租金的行为；②转租是指承租人在租赁期内将租入资产出租给第三方的行为
财产转让所得	1. 定义：是指个人转让有价证券、股权、合伙企业中的财产份额、不动产、机器设备、车船以及其他财产取得的所得 2. 注意：转让不动产先考虑增值税、再考虑个人所得税

销售不动产	税务处理
购买不足 2 年的住房对外销售	按 5% 的征收率，全额缴纳增值税
购买≥2 年的住房对外销售	北、上、广、深 4 个城市：普通住房对外销售，免征增值税；非普通住房对外销售，按 5% 的征收率，差额缴纳增值税
	除北、上、广、深 4 个城市外：免征增值税
个人转让自用达 5 年以上并且是唯一的家庭生活居住用房	取得所得，免税

| 偶然所得 | 1. 定义：是指个人得奖、中奖、中彩以及其他偶然性质的所得
2. 注意：单位或他人提供担保获得收入；受赠人因无偿受赠房屋取得的受赠收入（法定继承人、遗嘱继承人、受遗赠人除外）；企业对累积消费达到一定额度的顾客给予额外抽奖机会的个人获奖所得，按照"偶然所得"项目计征个人所得税 |

【例题 2·单选题】 下列应纳入综合所得计征个人所得税的是（   ）。

A. 偶然所得   B. 稿酬所得   C. 财产转让所得   D. 经营所得

『解析』B 对：居民个人取得工资薪金、劳务报酬、稿酬、特许权使用费四项所得为综合所得。ACD 错：偶然所得、财产转让所得、经营所得，为分类计征。

『答案』B。

【例题 3·单选题】 根据个人所得税法律制度的规定，从事生产、经营的个人取得的下列所得中，应按"经营所得"计征个人所得税的是（   ）。

A. 出租闲置轿车取得的所得

B. 提供有偿咨询服务的所得

C. 参加超市累积消费满额的额外抽奖取得的所得

D. 国债利息所得

『解析』B 对：属于经营所得。ACD 错：A 属于财产租赁所得；C 属于偶然所得；D 属于利息、股息、红利所得，并享受免税优惠。

『答案』B。

『破题』注意从事生产、经营的个人依法从事办学、医疗、咨询以及其他有偿服务活动取得的所得，应按照"经营所得"项目计征个人所得税；而个人从事设计、医疗、咨询、法律、会计等劳务取得的所得，应按照"劳务报酬所得"项目计征个人所得税。因此，对于类似题目，要重点看提供服务活动的个人是否为从事生产、经营的个人，并以此判断该服务活动取得的收入应计征个人所得税的项目。

➤ 知识点3　个人所得税的税率

按照现行《个人所得税法》的规定，居民个人所得税按照不同所得的类别和项目，分别采用超额累进税率、比例税率两种税率形式。

项目	税率		
工资、薪金所得	预扣预缴时		年终汇算清缴时
工资、薪金所得	按月预扣率：7级超额累进税率，3%~45%		按年适用税率：7级超额累进税率，3%~45%
劳务报酬所得	按次预扣率：3级超额累进税率，20%、30%、40%		按年适用税率：7级超额累进税率，3%~45%
稿酬所得	按次预扣率：20%		按年适用税率：7级超额累进税率，3%~45%
特许权使用费所得	按次预扣率：20%		按年适用税率：7级超额累进税率，3%~45%
经营所得	按年适用税率：5级超额累进税率，5%~35%		
财产租赁所得	按月适用税率：20% 注意：个人按市场价格出租住房取得的所得减按10%的比例税率征税		
利息、股息、红利所得，财产转让所得，偶然所得	按次适用比例税率：20%		

注意：非居民个人在我国取得工资、薪金所得，或者劳务报酬所得、稿酬所得、特许权使用费所得，实行按月或者按次分项计算个人所得税，由扣缴义务人代扣代缴，不办理年度汇算清缴

拓展知识1　综合所得年度个人所得税税率表（同居民个人工资、薪金所得预扣率表）

级数	全年应纳税所得额	税率/%	速算扣除数/元
1	不超过36000元的部分	3	0
2	超过36000元至144000元的部分	10	2520
3	超过144000元至300000元的部分	20	16920
4	超过300000元至420000元的部分	25	31920
5	超过420000元至660000元的部分	30	52920
6	超过660000元至960000元的部分	35	85920
7	超过960000元的部分	45	181920

注：依照《个人所得税法》规定，全年应纳税所得额是指居民个人取得综合所得以每一纳税年度收入额减除费用6万元以及专项扣除、专项附加扣除和依法确定的其他扣除后的余额。

拓展知识2　居民个人综合所得月度税率表（同非居民个人工资、薪金所得，劳务报酬所得，稿酬所得，特许权使用费所得适用税率表）

级数	应纳税所得额（按月）	税率/%	速算扣除数/元
1	不超过3000元的部分	3	0
2	超过3000元至12000元的部分	10	210
3	超过12000元至25000元的部分	20	1410
4	超过25000元至35000元的部分	25	2660
5	超过35000元至55000元的部分	30	4410
6	超过55000元至80000元的部分	35	7160
7	超过80000元的部分	45	15160

拓展知识 3　个人所得税预扣率表（劳务报酬所得适用）

级数	全"月"（或次）应纳税所得额	税率/%	速算扣除数/元
1	不超过 20000 元	20	0
2	超过 20000 元至 50000 元的部分	30	2000
3	超过 50000 元的部分	40	7000

拓展知识 4　个人所得税税率表（经营所得适用）

级数	全年应纳税所得额	税率/%	速算扣除数/元
1	不超过 30000 元的部分	5	0
2	超过 30000 元至 90000 元的部分	10	1500
3	超过 90000 元至 300000 元的部分	20	10500
4	超过 300000 元至 500000 元的部分	30	40500
5	超过 500000 元的部分	35	65500

➤ 知识点 4　应纳税所得额的确定

应纳税所得额是计算个人所得税的依据。计算应纳税所得额的总体思路是用纳税人取得的总收入额减除纳税人可以扣除的总金额。

1. 居民个人全年综合所得应纳税所得额的计算

工资、薪金所得，劳务报酬所得，特许权使用费所得，稿酬所得，称为综合所得。居民个人取得综合所得，按纳税年度合并计算个人所得税，并以每一纳税年度收入额减除费用 6 万元以及专项扣除、专项附加扣除和依法确定的其他扣除后的余额，为应纳税所得额。

\multicolumn{3}{c}{确定居民个人全年综合所得应纳税所得额的步骤（年度汇算时）}		
1	综合所得收入	综合所得收入=工资薪金所得+劳务报酬所得+稿酬所得+特许权使用费所得
2	综合所得收入额的确定	工资、薪金所得收入额　=工资薪金所得收入全额
		劳务报酬所得收入额　=劳务报酬所得收入×（1-20%）
		特许权使用费所得收入额　=特许权使用费所得收入×（1-20%）
		稿酬所得收入额　=稿酬所得收入×（1-20%）×70%
		综合所得收入额=工资、薪金所得收入额+劳务报酬所得收入额+特许权使用费所得收入额+稿酬所得收入额
3	扣除额的确定	基本减除费用　60000 元/年
		专项扣除　"三险一金"：基本养老保险、基本医疗保险、失业保险等社会保险费和住房公积金等
		专项附加扣除　3 岁以下婴幼儿照护、子女教育、继续教育、大病医疗、住房贷款利息或者住房租金、赡养老人
		依法确定的其他扣除　个人缴付符合国家规定的公益捐赠支出（一般以应纳税所得额的 30% 为限扣除，而向特定事项和特定公益机构的捐赠可全额扣除）、企业（职业）年金（以缴费工资计税基数的 4% 为限扣除）、商业健康保险（200 元/月，2400 元/年）、个人养老金递延纳税（12000 元/年限额扣除）（新）

（续表）

确定居民个人全年综合所得应纳税所得额的步骤（年度汇算时）		
4	全年综合所得应纳税所得额	全年应纳税所得额＝收入额－扣除额 ＝综合所得收入额－60000－专项扣除－专项附加扣除－依法确定的其他扣除

拓展知识　专项附加扣除：7 项

专项附加扣除	扣除标准	具体规定
3 岁以下婴幼儿照护（新增）	按月扣除：2023 年 1 月 1 日起每个婴幼儿子女 2000 元/月（新）	• 范围：照护 3 岁以下婴幼儿子女的支出 • 时间：婴幼儿出生的当月至年满 3 周岁的前 1 个月 • 扣除：夫妻一人扣或两人各扣 50%
子女教育	按月扣除：2023 年 1 月 1 日起每个子女 2000 元/月（新）	• 范围：年满 3 岁至小学入学前处于学前教育阶段，以及接受全日制学历教育的子女的支出 • 时间：①学前教育阶段，是指子女年满 3 周岁当月至小学入学前一月；②学历教育，是指子女境内外的全日制义务教育（小学和初中）、高中阶段教育（普通高中、中等职业、技工教育）和高等教育阶段（大学专科、大学本科、硕士研究生、博士研究生教育） • 扣除：夫妻一人扣或两人各扣 50%
继续教育	按月扣除：400 元/月 按年扣除：4800 元/年	• 范围：在境内接受非全日制学历继续教育的支出 • 时间：入学当月至学历（学位）继续教育结束当月，同一学历（学位）继续教育扣除期不得超过 48 个月 • 扣除：本科及以下学历（学位）继续教育，可选择由父母扣除，也可选择由本人扣除
	按年一次性定额扣除：3600 元/年	• 范围：接受技能人员职业资格继续教育、专业技术人员职业资格继续教育的支出 • 时间：取得相关证书的当年
大病医疗	按年在限额内据实扣除：80000 元/年	• 范围：扣除医保报销后个人负担的累计超过基本医保 15000 元的医药费用支出 • 时间：医保系统记录的医药费用实际支出的当年 • 扣除：纳税人发生的医药费用支出可选择由本人或者其配偶扣除，未成年子女发生的医药费用支出可选择由其父母一方扣除。也就是纳税人及其配偶、未成年子女发生的医药费用支出，依法分别计算扣除额
住房贷款利息	按月扣除：1000 元/月	• 范围：本人或者配偶（单独或者共同）使用商业银行或者住房公积金购买住房，发生的首套住房贷款利息支出 • 时间：还款的当月至贷款全部归还或贷款合同终止的当月，扣除期限最长不得超过 240 个月 • 扣除：经夫妻双方约定，可选择由其中一人扣除，只能享受一套首套住房贷款利息扣除

（续表）

专项附加扣除	扣除标准	具体规定
住房租金	按地区扣除：①直辖市等一类城市：1500元/月；②除一类城市外，市辖区户籍人口＞100万的城市：1100元/月；③除一类城市外，市辖区户籍人口≤100万的城市：800元/月	·范围：在主要工作城市没有自有住房而发生的住房租金支出 ·时间：租赁合同约定的租赁期开始的当月至租赁期结束的当月，提前终止合同，以实际租赁期为准 ·扣除：夫妻双方主要工作城市相同，只能由一人扣 ·特定要求：住房租金支出由签订租赁住房合同的承租人扣除；一个纳税年度内，纳税人及其配偶不能同时分别享受住房贷款利息和住房租金专项附加扣除
赡养老人	按月扣除：2023年1月1日起 ①独生子女：3000元/月 ②非独生子女：与其兄弟姐妹分摊每月3000元，每人最多扣1500元/月（新）	·范围：年满60岁的父母以及子女均已去世的年满60岁的祖父母、外祖父母 ·时间：赡养人年满60周岁的当月至赡养义务终止的年末 ·扣除：独生子女由本人扣除；非独生子女可以平均分摊，或由赡养人指定分摊或者赡养人约定分摊

【例题4·单选题】 居民个人取得的下列所得中，在计算每一纳税年度的应纳税所得额时，可享受专项附加扣除的是（ ）。

A. 利息、股息、红利所得　　　　　　　B. 财产租赁所得

C. 财产转让所得　　　　　　　　　　　D. 经营所得

『解析』D对：《个人所得税法》规定，居民个人取得综合所得，以每一纳税年度收入额减除费用6万元以及专项扣除、专项附加扣除和依法确定的其他扣除后的余额，为应纳税所得额。取得经营所得的个人，没有综合所得的，计算其每一纳税年度的应纳税所得额时，应当减除基本费用6万元、专项扣除、专项附加扣除以及依法确定的其他扣除，且专项附加扣除在办理汇算清缴时减除。ABC错：计算应纳税所得额时，不享受专项附加扣除。

『答案』D。

【例题5·计算题】 张某是LP公司职工，2023年全年在LP公司取得工资薪金收入57912元、劳务报酬收入42000元、稿酬收入38000元，特许权使用费收入20000元，个人负担缴纳社保费用和住房公积金15000元，可享受的专项附加扣除24000元。已知，基本减除费用为60000元/年，假设张某未取得其他所得。

要求：计算张某2023年的综合所得的收入额、应纳税所得额。

『分析』居民个人取得综合所得，按年计算个人所得税。计算公式：①张某的综合所得的收入额＝工资薪金所得收入全额＋劳务报酬所得收入×（1－20%）＋稿酬所得收入×（1－20%）×70%＋特许权使用费所得收入×（1－20%）；②应纳税所得额＝综合所得收入额－60000－专项扣除－专项附加扣除－依法确定的其他扣除。

『解题』（1）综合所得收入额＝57912＋42000×（1－20%）＋38000×（1－20%）×70%＋20000×（1－20%）＝128792（元）。

（2）应纳税所得额＝128792－60000－15000－24000＝29792（元）。

2. 居民个人综合所得预扣预缴应纳税所得额的计算

居民个人取得工资、薪金所得，由扣缴义务人按照累计预扣法计算预扣税款，并按月办理扣缴申报；居民个人取得劳务报酬所得、稿酬所得、特许权使用费所得时，由扣缴义务人按照规定方法按次或按月预扣预缴税款。

居民个人综合所得预扣预缴应纳税所得额的确定（预扣预缴时）	
类型	公式
工资、薪金所得（累计预扣法）	累计预扣预缴应纳税所得额＝累计收入－累计免税收入－累计减除费用（5000元/月）－累计专项扣除－累计专项附加扣除－累计依法确定的其他扣除

类型	收入金额标准	
	每次收入不超过4000元的	每次收入4000元以上的
劳务报酬所得 特许权使用费所得	预扣预缴应纳税所得额＝每次收入－800元	预扣预缴应纳税所得额＝每次收入×（1－20%）
稿酬所得	预扣预缴应纳税所得额＝（每次收入－800元）×70%	预扣预缴应纳税所得额＝每次收入×（1－20%）×70%

【例题6·计算题】　　中国公民谭某在北京工作，2023年每月取得工资收入25000元，每月缴纳社会保险和住房公积金2800元，支付住房租金3000元。已知，基本减除费用为5000元/月，住房租金专项附加扣除标准为1500元/月，由谭某按扣除标准的100%扣除。

要求：计算1月、12月谭某工资薪金累计预扣预缴应纳税所得额。

『分析』①《个人所得税法》规定，扣缴义务人向居民个人支付工资、薪金所得时，应当按照"累计预扣法"计算预扣税款，并按月办理扣缴申报。②计算公式：工资、薪金累计预扣预缴应纳税所得额＝累计收入－累计免税收入－累计基本减除费用－累计专项扣除－累计专项附加扣除－累计依法确定的其他扣除。

『解题』（1）2023年1月：累计预扣预缴应纳税所得额＝25000－5000－2800－1500＝15700（元）。

（2）2023年12月：累计预扣预缴应纳税所得额＝25000×12－5000×12－2800×12－1500×12＝188400（元）。

【例题7·2020年计算题真题】　　某企业邀请专家对管理干部进行半天的能力提升培训，双方约定税前报酬为3800元。

要求：计算该劳务报酬的应纳税所得额。

『分析』①劳务报酬所得有扣缴义务人的，由扣缴义务人按次预扣预缴税款。②计算公式：劳务报酬所得每次收入不超过4000元的，预扣预缴应纳税所得额＝每次收入－800元；③劳务报酬所得每次收入4000元以上的，预扣预缴应纳税所得额＝每次收入×（1－20%）。专家的劳务报酬所得没有超过4000元。

『解题』该企业支付专家劳务报酬时按次预扣预缴税款：该劳务报酬的应纳税所得额＝3800－800＝3000（元）。

【例题8·计算题】　　某出版社与吴某签约，2023年2月出版书画作品一本，双方约定税前报酬为48000元。

要求：计算该稿酬的应纳税所得额。

『分析』①稿酬所得有扣缴义务人的，由扣缴义务人按次预扣预缴税款。②计算公式：稿酬所得每次收入不超过4000元的，预扣预缴应纳税所得额＝（每次收入－800元）×70%；③稿酬所得每次收入4000元以上的，预扣预缴应纳税所得额＝每次收入×（1－20%）×70%。吴某的稿酬所得已超过4000元。

『解题』出版社支付吴某稿酬所得时按次预扣预缴税款：预扣预缴应纳税所得额＝48000×（1－20%）×70%＝26880（元）。

【例题9·计算题】　某企业经关某许可后，将其发明的一项专利技术用于生产经营，双方约定支付的使用费为5000元。

要求：计算该特许权使用费的应纳税所得额。

『分析』①特许权使用费所得有扣缴义务人的，由扣缴义务人按次预扣预缴税款。②计算公式：特许权使用费所得每次收入不超过4000元的，预扣预缴应纳税所得额＝每次收入－800元；③特许权使用费所得每次收入4000元以上的，预扣预缴应纳税所得额＝每次收入×（1－20％）。关某取得的所得已超过4000元。

『解题』该公司支付关某特许权使用费所得时按次预扣预缴税款：预扣预缴应纳税所得额＝5000×（1－20％）＝4000（元）。

3. 非居民个人综合所得应纳税所得额的计算

《个人所得税法》规定，非居民个人取得工资、薪金所得，劳务报酬所得，稿酬所得和特许权使用费所得，有扣缴义务人的，由扣缴义务人按月或者按次代扣代缴税款，不办理汇算清缴。

非居民个人综合所得应纳税所得额的确定（分类分项计算）		
工资、薪金所得	应税所得额＝每月收入－5000元	注意：工资薪金所得无专项扣除、专项附加扣除等；其他3项所得也无定额扣除
劳务报酬所得	应税所得额＝每次收入×（1－20％）	
稿酬所得	应税所得额＝每次收入×（1－20％）×70％	
特许权使用费所得	应税所得额＝每次收入×（1－20％）	

4. 分类所得应纳税所得额的计算

《个人所得税法》规定，纳税人取得经营所得，按年计算个人所得税，且需按月或按季预缴税款，并在次年办理汇算清缴；取得利息、股息、红利所得，财产租赁所得，财产转让所得和偶然所得，由扣缴义务人按月或按次代扣代缴税款。

分类所得应纳税所得额的确定	
经营所得	1. 同时取得综合所得和经营所得的公式 应纳税所得额＝收入总额－成本－费用－税金－损失－其他支出－允许弥补的以前年度亏损 2. 没有综合所得时的公式 应纳税所得额＝收入总额－成本、费用以及损失－5000×实际经营月份－个人承担的"三险一金"－其他扣除 注意：①可扣除的税金，不包括个人所得税、允许抵扣的增值税；②同时取得综合所得和经营所得的纳税人，可在综合所得或经营所得中申报减除基本费用6万元、专项扣除、专项附加扣除以及依法确定的其他扣除，但不得重复申报减除；③个体工商户、个人独资企业、合伙企业的投资者经营所得的应纳税所得额计算公式相同
财产租赁所得	1. 每次（月）收入不足4000元的 应纳税所得额＝每次（月）收入额－财产租赁过程中缴纳的税费（准予扣除项目）－修缮费用（800元为限）－800元 2. 每次（月）收入4000元以上的 应纳税所得额＝[每次（月）收入额－财产租赁过程中缴纳的税费（准予扣除项目）－修缮费用（800元为限）]×（1－20％）

（续表）

分类所得应纳税所得额的确定	
财产转让所得	1. 应纳税所得额＝收入总额－财产原值－合理费用 2. 个人转让房屋的规定：①取得的应税收入不含增值税；②房产原值是实际支付的住房价款和相关税费；③计算转让所得可扣除的税金是实际缴纳的城市维护建设税、教育费附加、土地增值税、印花税等，不包括转让时缴纳的增值税；④合理费用是实际支付的住房装修费用、住房贷款利息、手续费、公证费等 3. 个人股权转让的规定：①个人股权转让的情形，包括出售、公司回购、强制过户、以股权对外投资或进行其他非货币性交易、以股权抵偿债等；②个人转让非上市公司股权所得、个人转让新三板原始股，应按照"财产转让所得"征税；③个人转让境内上市公司股票所得，免征个人所得税
利息、股息、红利所得	1. 利息、股息、红利所得的基本规定 应纳税所得额＝每次收入额全额 2. 个人持有从公开发行和转让市场取得的上市公司股票而取得的股息红利规定 ①持股期限≤1个月的，全额计入应纳税所得额，即应纳税所得额＝每次收入额 ②1个月＜持股期限＜1年的，暂减按50％计入应纳税所得额，即应纳税所得额＝每次收入额×50％ ③持股期限＞1年的，暂免征收个人所得税 3. 个人持有有限责任公司股权分得的股息红利规定 应纳税所得额＝每次收入额全额
偶然所得	1. 偶然所得以每次收入额为应纳税所得额 应纳税所得额＝每次收入额 2. 购买社会福利有奖募捐奖券、中国体育彩票中奖所得的规定 ①个人购买社会福利有奖募捐奖券、中国体育彩票，一次中奖收入≤10000元的，免征个人所得税；一次中奖收入＞10000元的，应以全额按偶然所得项目计税 ②单张有奖发票奖金所得≤800元的，暂免征收个人所得税；个人取得单张有奖发票奖金所得＞800元的，应以全额按偶然所得项目计税

拓展知识1　个体工商户应纳税所得额计算中扣除项目的规定：按照个体工商户个人所得税与企业所得税的可扣除项目差异，分2大类。

类型	准予扣项目	扣除规定
与企业所得税相同的可扣除项目	从业人员工资	已计入相关费用，可据实扣除
	为从业人员缴纳的基本养老保险费、基本医疗保险费、失业保险费、工伤保险费和住房公积金	已计入相关费用，可据实扣除
	向工会组织拨缴的工会经费	不超过工资薪金总额2％的部分，准予扣除
	职工福利费	不超过工资薪金总额14％的部分，准予扣除
	广告费和业务宣传费	• 不超过当年销售（营业）收入15％的部分，准予扣除 • 超过部分准予结转以后纳税年度扣除
	业务招待费	比较当年销售（营业）收入的5‰与发生额的60％这两个限额，按两者中的较小者扣除

（续表）

类型	准予扣项目	扣除规定
与企业所得税不同的可扣除项目	商业健康保险产品	按照 200 元/月，2400 元/年，限额扣除
	个人养老金递延纳税（新）	按照 12000 元/年，限额扣除
	补充养老保险费、补充医疗保险费	·为从业人员缴纳的，在不超过从业人员工资总额 5% 标准内的部分据实扣除；超过部分，不得扣除 ·个体工商户业主本人缴纳的，以当地（地级市）上年度社会平均工资的 3 倍为计算基数，分别在不超过该计算基数 5% 标准内的部分据实扣除；超过部分，不得扣除
	难以分清的生产经营费用和个人、家庭费用	费用的 40% 视为与生产经营有关的费用，准予扣除
	职工教育经费	在工资薪金总额 2.5% 的部分，准予扣除
	摊位费、行政性收费、协会会费等	按实际发生额扣除
	公益性捐赠	捐赠额不超过其应纳税所得额 30% 的部分，可以据实扣除
	研究开发新产品、新技术、新工艺的开发费用，及其购置单台 10 万元以下的测试仪器和试验装置费用	·准予直接全额据实扣除 ·但是，购置单台超出 10 万元以上的此类设备，按固定资产管理，不得在当期直接扣除

拓展知识 2　个体工商户应纳税所得额计算中不得扣除项目：3 类

类型	不准扣除项目
不得扣除的项目	个体工商户业主的工资薪金支出
	代从业人员或其他人负担的税款
	其他不得扣除项目：个人所得税税款；税收滞纳金；罚金、罚款和被没收财物的损失；不符合扣除规定的捐赠支出；赞助支出；用于个人和家庭的支出；与生产经营无关的支出；业主为本人或从业人员支付的商业保险（特殊工种从业人员的人身安全保险费和按规定可扣除的其他商业保险费除外）

【例题 10·计算题】　陈某有一个上高中的儿子，2023 年开办一所幼儿园，登记为个体工商户。当年幼儿园取得总收入 300000 元，发生合理的成本、费用及损失等共 150000 元，其中包含陈某每月从幼儿园领取的工资 4000 元。假设陈某只有经营所得，没有综合所得，也没有可扣的三险一金，但其子女教育专项附加扣除由他 100% 扣除。

要求：计算 2023 年陈某经营所得的应纳税所得额。

『分析』①经营所得，以每一纳税年度的收入总额减除成本、费用以及损失后的余额，为应纳税所得额。②可扣除项目：2023 年陈某只有经营所得，没有综合所得，以及专项扣除以及依法确定的其他扣除，他在经营所得办理年度汇算清缴时，可减除全年基本费用 60000 元（即 5000 元/月）；他有子女教育项专项附加扣除（每个子女 2000 元/月），全年可扣除 24000 元。③不可扣除项目：陈某作为个体工商户业主每月 4000 元的工资薪金（全年合计 4000×12＝48000 元）不得在税前扣除。④计算公式：应纳税所得额＝收入总额－成本、费用以及损失－5000×实际经营月份－个人承担的三险一金－其他扣除。

『解题』2023 年陈某经营所得的应纳税所得额：应纳税所得额＝300000－（150000－48000）－5000×12－2000×12＝114000（元）。

『关键点』个体工商户业主的工资不能在计算经营所得应纳税所得额时扣除。

➤ 知识点 5　应纳税额的计算

《个人所得税法》规定，居民个人从中国境内和境外取得的综合所得、经营所得，应当分别合并计算应纳税额；从中国境内和境外取得的其他所得，应当分别单独计算应纳税额。应纳税额以应纳税所得额为计算依据，各税目应纳税额的计算公式及适用税率有一定差异。

1. 居民个人全年综合所得应纳税额的计算

居民个人办理年度汇算清缴时，应按规定计算工资、薪金所得，劳务报酬所得，稿酬所得，特许权使用费所得的收入额，并入年度综合所得计算应纳税额，税款多退少补，但有 4 种情形不需要汇算清缴。

居民个人全年综合所得应纳税所得额确定的步骤（年度汇算时）		
计算步骤	1. 综合所得收入的公式 综合所得收入＝工资薪金所得＋劳务报酬所得＋稿酬所得＋特许权使用费所得 2. 综合所得收入额的公式 综合所得收入额＝工资薪金所得收入全额＋劳务报酬所得收入×（1－20%）＋稿酬所得收入×（1－20%）×70%＋特许权使用费所得收入×（1－20%） （说明：综合所得收入、综合所得收入额均指的是年收入，但公式和含义不同，要能区分） 3. 应纳税所得额的公式 应纳税所得额＝综合所得收入额－60000－专项扣除－专项附加扣除－依法确定的其他扣除 4. 应纳税额的公式 应纳税额＝应纳税所得额×适用税率－速算扣除数 （适用税率：7 级超额累进税率，3%～45%，查找综合所得年度个人所得税税率表）		
汇算清缴	拓展：不需要办理年度汇算的四种情形		
	类型	同时满足的条件
	情形 1	①只有一处工资薪金所得 ②综合所得年收入额－专项扣除的余额≤6 万元 ③预缴税额＝年度应纳税额的
	情形 2	①取得劳务报酬、稿酬所得、特许权使用费所得中一项或者多项所得 ②综合所得年收入额－专项扣除的余额≤6 万元 ③预缴税额＞年度应纳税额，且纳税人如果不申请退税的
	情形 3	①有两处以上工资薪金所得 ②综合所得年收入≤12 万元
	情形 4	①综合所得年收入＞12 万元 ②预缴税额＜年度应纳税额，且年度补税金额≤400 元的纳税人

【例题11·计算题】　王某 2023 年每月取得工资 12000 元，每月缴纳社会保险和住房公积金共 2200 元，全年取得劳务报酬收入 60000 元，稿酬收入 100000 元。该居民个人作为独生子独立赡养自己 67 周岁的父母，女儿读小学 2 年级，每月偿还享受首套住房贷款利率的住房贷款。已知，基本减除费用为 5000 元/月，赡养老人专项附加扣除标准为 3000 元/月、子女教育专项附加扣除标准为每个子女 2000 元/月、住房贷款利息专项附加扣除标准为 1000 元/月，均由王某按扣除标准的 100% 扣除。（注意：全年应纳税所得额超过 36000 元至 144000 元的，适用税率 10%，速算扣除数 2520 元）

要求：计算王某 2023 年的应纳税额。

『分析』①王某的综合所得收入额，是以工资薪金所得收入全额为收入额，以劳务报酬所得、稿酬所得以收入减除 20% 的费用后的余额为收入额，以稿酬所得的收入额减按 70% 计算收入额，即综合所得的收入额＝工资薪金所得收入全额＋劳务报酬所得收入×（1－20%）＋稿酬所得收入×（1－20%）×70%。②应纳税所得额＝综合所得收入额－60000－专项扣除－专项附加扣除－依法确定的其他扣除。③王某可扣除费用：基本减除费用 60000 元/年；专项扣除全年 26400 元（即 2200 元/月）；专项附加扣除为赡养老人全年 36000 元（即 3000 元/月），子女教育全年 24000 元（即每个子女 2000 元/月），住房贷款利息全年 12000 元（即 1000 元/月）。④应纳税额＝应纳税所得额×适用税率－速算扣除数。

『解题』（1）综合所得年收入额＝12000×12＋100000×（1－20%）×70%＋60000×（1－20%）＝248000（元）；

（2）应纳税所得额＝248000－60000－26400－36000－24000－12000＝89600（元）；

（3）应纳税额＝89600×10%－2520＝6440（元）。

2. 居民个人综合所得预扣预缴应纳税额的计算

在综合所得中，工资、薪金所得按月预扣预缴应纳税额，劳务报酬所得、特许权使用费所得及稿酬所得按次预扣预缴应纳税额。

应税所得	适用税率	预扣预缴应纳税所得额	预扣预缴应纳税额
工资、薪金所得	7 级超额累进税率，3%～45%	＝累计收入－累计免税收入－累计减除费用（5000 元/月）－累计专项扣除－累计专项附加扣除－累计依法确定的其他扣除	＝（累计预扣预缴应纳税所得额×预扣率－速算扣除数）－累计减免税额－累计已预扣预缴税额
劳务报酬所得	3 级超额累进税率，20%、30%、40%	（≤4000）＝每次收入－800 元	＝预扣预缴应纳税所得额×20%
		（>4000）＝每次收入×（1－20%）	＝预扣预缴应纳税所得额×适用预扣率－速算扣除数
特许权使用费所得	20%	（≤4000）＝每次收入－800 元	＝预扣预缴应纳税所得额×20%
		（>4000）＝每次收入×（1－20%）	＝预扣预缴应纳税所得额×20%
稿酬所得	20%	（≤4000）＝（每次收入－800 元）×70%	＝预扣预缴应纳税所得额×20%
		（>4000）＝每次收入×（1－20%）×70%	＝预扣预缴应纳税所得额×20%

【例题 12·计算综合题】　中国公民李某是一名大学教授，2023 年 5 月收入情况如下。

（1）每月工资收入 15000 元，每月缴纳社会保险和住房公积金 3000 元，专项附加扣除额 1000 元，1～4 月份已累计预扣预缴工资薪金个人所得税 720 元。已知，基本减除费用为 5000 元/月。（注意：全年应纳税所得额不超过 36000 元的，预扣率 3%，速算扣除数 0 元）

（2）每月到公司做一次管理咨询，每次收入 8000 元。

（3）出版专著一本，取得税前稿酬 15000 元。

（4）公司将其拥有的专利权用于生产经营，取得使用费 50000 元。

要求：（1）计算李某 5 月份工资、薪金所得预扣预缴应纳税额；

（2）计算李某 5 月份劳务报酬所得预扣预缴应纳税额；

（3）计算李某 5 月份稿酬所得预扣预缴应纳税额；

（4）计算李某 5 月份特许权使用费所得预扣预缴应纳税额。

『分析』①应纳税额以应纳税所得额为计算依据，因此，应先计算各项所得的预扣预缴应纳税所得额，再计算各项所得的预扣预缴应纳税额。②工资、薪金累计预扣预缴应纳税所得额＝累计收入－累计免税收入－累计基本减除费用－累计专项扣除－累计专项附加扣除－累计依法确定的其他扣除；工资、薪金预扣预缴应纳税额＝（累计预扣预缴应纳税所得额×预扣率－速算扣除数）－累计减免税额－累计已预扣预缴税额。③劳务报酬所得每次收入 4000 元以上的，预扣预缴应纳税所得额＝每次收入×（1－20％）；预扣预缴应纳税额＝预扣预缴应纳税所得额×适用预扣率－速算扣除数，其中预扣预缴应纳税所得额不超过 20000 元，预扣率 20％，速算扣除数 0 元。④稿酬所得每次收入 4000 元以上的，预扣预缴应纳税所得额＝每次收入×（1－20％）×70％；预扣预缴应纳税额＝预扣预缴应纳税所得额×20％。⑤特许权使用费所得每次收入 4000 元以上的，预扣预缴应纳税所得额＝每次收入×（1－20％）；预扣预缴应纳税额＝预扣预缴应纳税所得额×20％。

『解题』（1）5 月份工资、薪金所得预扣预缴应纳税额：

①预扣预缴应纳税所得额＝75000－25000－15000－5000＝30000（元）；

②预扣预缴应纳税额＝（30000×3％－0）－720＝180（元）。

（2）5 月份劳务报酬所得预扣预缴应纳税额：

①预扣预缴应纳税所得额＝8000×（1－20％）＝6400（元）；

②预扣预缴应纳税额＝6400×20％－0＝1280（元）。

（3）5 月份稿酬所得预扣预缴应纳税额：

①预扣预缴应纳税所得额＝15000×（1－20％）×70％＝8400（元）；

②预扣预缴应纳税额＝8400×20％＝1680（元）。

（4）5 月份特许权使用费所得预扣预缴应纳税额：

①预扣预缴应纳税所得额＝50000×（1－20％）＝40000（元）；

②预扣预缴应纳税额＝40000×20％＝8000（元）。

3. 非居民个人综合所得应纳税额的计算

非居民个人取得综合所得，采用分类分项计税，不适用综合征收。各项所得适用居民个人综合所得月度税率表，为 7 级超额累进税率。

应税所得	适用税率	应纳税所得额	应纳税额
工资、薪金所得	7 级超额累进税率，3％～45％	＝每月收入－5000	＝应纳税所得额×适用预扣率－速算扣除数
劳务报酬所得、特许权使用费所得		＝每次收入×（1－20％）	
稿酬所得		＝每次收入×（1－20％）×70％	

【例题 13·计算题】　某外国专家为非居民个人，2023 年 8 月取得由所在的中外合资企业发放的工资收入 32000 元人民币，此外，境内 KL 公司经许可使用其拥有的注册商标，取得使用费 4000 元。（注意：全年应纳税所得额，每月超过 3000 元至 12000 元的，税率 10％，速算扣除数 210 元；每月超过 25000 元至 35000 元的，税率 25％，速算扣除数 2660 元）

要求：计算当月该专家应纳个人所得税税额。

『分析』①非居民个人取得工资、薪金所得、劳务报酬所得、稿酬所得、特许权使用费所得，有扣缴义务人的，由扣缴义务人按月或按次代扣代缴税款，不办理汇算清缴。②该专家工资、薪金所得应纳税所得额＝每月收入－5000＝27000（元），工资、薪金所得应纳税额＝应纳税所得额×适用预扣率－速算扣除数，适用税率为 25％，速算扣除数为 2660 元。③该专家特许权使用费所得应纳税所得额＝每次收入×（1－20％）＝3200 元，特许权使用费所得应纳税额＝应纳税所得额×适用预扣率－速算扣除数，适用税率为 10％，速算扣除数 210 元。

『解题』 （1）该非居民个人当月工资、薪金所得应纳税额＝（32000－5000）×25％－2660＝4090（元）。

（2）该非居民个人当月特许权使用费所得应纳税额＝4000×（1－20％）×10％－210＝110（元）。

4. 分类所得应纳税额的计算

纳税人取得经营所得，按年计算个人所得税，且需预缴税款，并办理汇算清缴；取得利息、股息、红利所得，财产租赁所得，财产转让所得和偶然所得，由扣缴义务人按月或按次代扣代缴税款。

分类所得应纳税额的计算	
经营所得	1. 应纳税额的公式 应纳税额＝应纳税所得额×适用税率－速算扣除数 或应纳税额＝（全年收入总额－成本、费用以及损失）×适用税率－速算扣除数（适用税率：5级超额累进税率5％～35％，查找经营所得个人所得税税率表） 2. 税收优惠：①对个体工商户年应纳税所得额≤100万元的部分，在现行优惠政策基础上，减半征税。个体工商户不区分征收方式，均可享受。（2021.1.1至2024.12.31）。②对个体工商户或个人，以及个人独资企业和合伙企业从事种植业、养殖业、饲养业、捕捞业取得的所得，暂不征收个人所得税
财产租赁所得	1. 应纳税额的公式：应纳税额＝应纳税所得额×适用税率 （一般适用税率：20％；个人出租住房适用税率：10％） ①每次（月）收入不足4000元的 应纳税额＝［每次（月）收入额－财产租赁过程中缴纳的税费（准予扣除项目）－修缮费用（800元为限）－800元］×适用税率 ②每次（月）收入4000元以上的 应纳税额＝｛［每次（月）收入额－财产租赁过程中缴纳的税费（准予扣除项目）－修缮费用（800元为限）］×（1－20％）｝×适用税率 2. 税收优惠：2001年1月1日起，对个人按市场价格出租的居民住房取得的所得，暂减按10％的税率征收个人所得税
财产转让所得	应纳税额＝（收入总额－财产原值－合理税费）×适用税率（20％）
利息、股息、红利所得	1. 应纳税额的公式 应纳税额＝每次收入额×适用税率（20％） 2. 个人持有从公开发行和转让市场取得的上市公司股票而取得的股息红利规定 ①持股期限≤1个月的，应纳税所得额＝每次收入额×适用税率（20％） ②1个月＜持股期限＜1年的，暂减按50％计入应纳税所得额，则应纳税额＝每次收入额×50％×适用税率（20％） ③持股期限＞1年的，暂免征收个人所得税 3. 个人持有有限责任公司股权分得的股息红利规定 应纳税所得额＝每次收入额全额×适用税率（20％） 4. 税收优惠：3项利息免税 国债和地方政府债券利息、国家发行的金融债券利息、储蓄存款利息免税
偶然所得	应纳税额＝每次收入额×适用税率（20％）

【例题14·计算题】　孙某是独生子，女儿14岁上中学，儿子5岁读幼儿园，父母68岁。2023年孙某承包经营某中学食堂，登记为个体工商户，当年取得收入总额400000元，准予扣除的成本、费用及损失等合计100000元（含其每月从食堂领取的工资4500元），孙某一家人都住在食堂，当年难以分清的经

营食堂与家庭生活混用的费用为 90000 元。假设孙某只有经营所得，没有综合所得，也没有可扣的三险一金，但赡养老人专项附加扣除、子女教育专项附加扣除由他 100% 扣除。（注意：全年应纳税所得额超过 90000 元至 300000 元的，税率为 20%，速算扣除数为 10500 元。）

要求：计算 2023 年孙某经营所得的应纳个人所得税税额。

『分析』①应纳税额以应纳税所得额为计算依据，因此，先计算经营所得的应纳税所得额，再计算经营所得的应纳税额。②可扣除项目：孙某只有经营所得，没有综合所得、专项扣除以及依法确定的其他扣除，他在经营所得办理年度汇算清缴时，可减除全年基本费用 60000 元（即 5000 元/月）；他有赡养老人专项附加扣除，全年可扣除 36000 元（即 3000 元/月）；子女教育项专项附加扣除，2 个子女全年可扣除 48000 元（即每个子女 2000 元/月）。③不得扣除项目：孙某作为个体工商户业主每月 4500 元的工资薪金 [全年合计 4500×12＝54000（元）] 不得在税前扣除；按规定个体工商户业主难以分清的生产经营费用和个人、家庭费用，按照费用的 40% 作为与生产经营有关费用准予扣除，则不得扣除金额为＝90000×（1−40%）＝54000（元）。④计算公式：应纳税所得额＝收入总额－成本、费用以及损失－5000×实际经营月份－个人承担的"三险一金"－其他扣除；应纳税额＝应纳税所得额×适用税率－速算扣除数。

『解题』2023 年孙某经营所得的应纳税所得额：

（1）应纳税所得额＝400000－（100000－4500×12）＋90000×（1−40%）－5000×12－3000×12－2×2000×12＝264000（元）；

（2）经营所得应纳税额＝264000×20%－10500＝42300（元）。

【例题 15·计算综合题】　王某是一名医生，2023 年 2 月收入情况如下。

（1）出租自有住房取得不含增值税租金收入 3900 元，缴纳税前扣除税费 200 元，当月发生修缮费 600 元。

（2）转让一处原值 300000 元的店铺，取得不含增值税收入 450000 元，发生合理费用为 80000 元。

（3）当月取得储蓄存款利息 3000 元，公司债券利息收入 5000 元。

（4）参加商场有奖销售活动获得奖金 2000 元。

要求：计算王某 2 月份各项所得应缴纳的个人所得税税额。

『分析』①本题为个人所得税计算的综合题目，应分别计算王某财产租赁所得，财产转让所得，利息、股息、红利所得，偶然所得的应纳税额。②财产租赁所得，每次（月）收入不足 4000 元的，应纳税额＝[每次（月）收入额－财产租赁过程中缴纳的税费（准予扣除项目）－修缮费用（800 元为限）－800 元]×适用税率，个人出租住房暂减按 10% 的税率征收个人所得税。③财产转让所得应纳税额＝（收入总额－财产原值－合理税费）×20%。④利息、股息、红利所得，王某取得储蓄存款利息免税，公司债券利息应纳税额＝每次收入额×20%。⑤王某取得的有奖销售活动中奖收入为偶然所得，应纳税额＝每次收入额×20%。

『解题』（1）租金收入应纳税额＝（3900−200−600−800）×10%＝230（元）。

（2）店铺转让收入应纳税额＝（450000−300000−80000）×20%＝14000（元）。

（3）储蓄存款利息免收个人所得税，企业债券利息收入＝5000×20%＝1000（元）。

（4）销售活动中奖收入应纳税额＝2000×20%＝400（元）。

➢ 知识点 6　个人所得税的征收管理

1. 纳税申报

依法纳税是每个公民应尽的义务。每个人都应严格遵守税法规定，依法诚信纳税，共同营造和维护法治公平的市场环境。纳税人可以委托扣缴义务人或者其他单位和个人办理汇算清缴。扣缴义务人应按照国家规定办理全员全额扣缴申报，并向纳税人提供其个人所得和已扣缴税款等信息。有下列情形之一的，纳税人应依法办理纳税申报。

类型	应依法办理纳税申报的情形
居民个人综合所得	情形1：取得综合所得需要办理汇算清缴 （见下表） 注意：纳税人申请退税，应当提供其在中国境内开设的银行账户，并在汇算清缴地就地办理税款退库。如果纳税人有下列情形之一的，税务机关可以不予办理退税：①纳税申报或者提供的汇算清缴信息，经税务机关核实为虚假信息，并拒不改正的；②法定汇算清缴期结束后申报退税的
应扣未扣	情形2：取得应税所得没有扣缴义务人 情形3：取得应税所得，扣缴义务人未扣缴税款
境外所得	情形4：取得境外所得
移居境外	情形5：因移居境外注销中国户籍 注意：如果纳税人属于这种情形，应当在注销中国户籍前办理税款清算
非居民个人两处以上工资、薪金所得	情形6：非居民个人在中国境内从两处以上取得工资、薪金所得
其他	情形7：国务院规定的其他情形

情形1中的汇算清缴情形：

种类	需要办理汇算清缴的情形
第1种	①从两处以上取得综合所得 ②综合所得年收入额减除专项扣除后的余额＞6万元
第2种	①取得劳务报酬所得、稿酬所得、特许权使用费所得中一项或者多项所得 ②综合所得年收入额减除专项扣除的余额＞6万元
第3种	纳税年度内预缴税额＜应纳税额（需补税）
第4种	纳税人申请退税

2. 纳税期限

为保证税款及时足额入库，扣缴义务人应依照法律、行政法规的规定履行个人所得税代扣代缴的义务。纳税人应按照法律、行政法规规定期限缴纳税款。税务机关按规定付给扣缴义务人2%手续费。

不同情形		预缴纳税申报时间	汇算清缴时间	申报地点
居民个人综合所得		按月或按次预扣预缴税款，时间为次月15日内	次年3月1日至6月30日	任职、受雇单位所在地主管税务机关
经营所得		按月或按季预缴税款，时间为月度或季度终了后15日内	次年3月31日前	经营管理所在地主管税务机关
应扣未扣税款	利息、股息、红利所得，财产租赁所得，财产转让所得和偶然所得	不预扣预缴，由扣缴义务人按月或按次代扣代缴税款	次年6月30日前	扣缴义务人所在地主管税务机关
	非居民个人取得工资、薪金所得，劳务报酬所得，稿酬所得，特许权使用费所得			

（续表）

不同情形	预缴纳税申报时间	汇算清缴时间	申报地点
取得所得没有扣缴义务人	自行申报纳税	次月15日内	户籍所在地、经常居住地或主要收入来源地主管税务机关
居民个人从中国境外取得所得	不预扣预缴	次年3月1日至6月30日	任职、受雇单位所在地主管税务机关
移居境外注销中国户籍	按税法规定预缴税款和申报	注销中国户籍前	户籍所在地主管税务机关
非居民个人在境内取得两处以上工资、薪金所得	次月15日内申报	不汇算清缴	其中一处任职、受雇单位所在地主管税务机关

三、疑难解答

1. 每次收入的确定

劳务报酬所得，稿酬所得，特许权使用费所得，财产租赁所得，利息、股息、红利所得和偶然所得，由扣缴义务人按次代扣代缴税款。《个人所得税法实施条例》对每次收入中的"次"做了明确的规定。

征税项目	关于"次"的具体规定		
劳务报酬所得、稿酬所得、特许权使用费所得	1. 三项所得共同适用的规定 ①属于一次性的收入，以每次提供劳务取得的收入为一次；②属于同一项目连续性收入的，以一个月内取得的收入为一次 2. 稿酬所得的特殊规定		
	稿酬所得"次"的规定		具体内容
	一般规定		一般以每次出版、发表取得的收入为一次
	两种特殊方式	作为一次稿酬所得，合并扣除费用	①加印后再付稿酬，应合并稿酬所得按一次计征 ②以预付稿酬或分次支付稿酬等形式取得的稿酬收入 ③同一作品在报刊上连载取得收入，以连载完成后取得的所有收入合并为一次
		作为另一次稿酬所得，分别扣除费用	①同一作品再版取得的所得 ②同一作品先在报刊上连载、再出版，或先出版、再在报刊上连载的，应视为两次稿酬所得征税 ③在两处或两处以上出版、发表同一作品而取得稿酬所得
财产租赁所得	以一个月内取得的收入为一次		
利息、股息、红利所得	以支付利息、股息、红利时取得的收入为一次		
偶然所得	以每次取得该项收入为一次		

2. 个人所得税的优惠

随着个人所得税从分类征收向综合征收转换，以及专项附加扣除范围及标准的调整，居民税收负担大幅降低，收入再分配效应提高，税负更加公平，人民的获得感增强，我国个人所得税向现代税制转换。

《个人所得税法》对免征、减征个人所得税的适用情形做了明确规定。

税收优惠	适用情形
免征个人所得税	1. 省级人民政府、国务院部委和中国人民解放军军以上单位，以及外国组织、国际组织颁发的科学、教育、技术、文化、卫生、体育、环境保护等方面的奖金 2. 国债和国家发行的金融债券利息 3. 按照国家统一规定发给的补贴、津贴 4. 福利费、抚恤金、救济金 5. 保险赔款 6. 军人的转业费、复员费、退役金 7. 按照国家统一规定发给干部、职工的安家费、退职费、基本养老金或者退休费、离休费、离休生活补助费 8. 依照有关法律规定应予免税的各国驻华使馆、领事馆的外交代表、领事官员和其他人员的所得 9. 中国政府参加的国际公约、签订的协议中规定免税的所得 10. 国务院规定的其他免税所得 注意：①个人领取原提存的住房公积金、医疗保险金、基本养老保险金等社会保险时，免征个人所得税；②退休人员再任职取得的收入，在减除按个人所得税法规定的费用扣除标准后，按"工资、薪金所得"缴纳个人所得税
减征个人所得税	1. 残疾、孤老人员和烈属的所得 2. 因自然灾害遭受重大损失的 3. 国务院可以规定其他减税情形，报全国人民代表大会常务委员会备案 注意：以上3项减征的具体幅度和期限，由省、自治区、直辖市人民政府规定，并报同级人民代表大会常务委员会备案

【例题16·单选题】 下列各项中，应缴纳个人所得税项目的是( )。

A. 住房公积金   B. 企业发行公司债券的利息

C. 国债和地方政府债券利息   D. 个人医疗储蓄存款的利息

『解析』B对：企业发行公司债券的利息应按照"利息、股息、红利所得"征收个人所得税。ACD错：个人领取原提存的住房公积金、医疗保险金、基本养老保险金等社会保险，国债和地方政府债券利息、国家发行的金融债券利息、储蓄存款利息，免征个人所得税。

『答案』B。

3. 高考链接

年份	题型	分值	考点
2015年	单选题	2	居民纳税人的概念
2020年	计算题	8	劳务报酬的应纳税所得额、企业代扣代缴的所得税额、税后劳务报酬
2022年	计算题	8	综合年度汇算个人所得税税额

【例题17·2015年单选题】 下列属于个人所得税居民纳税人的是( )。

A. 在中国境内有住所的个人   B. 在中国境内无住所且不居住的个人

C. 在中国境内无住所，而居住不满半年的个人

D. 在中国境内无住所，而居住超过半年不满1年的个人

『解析』A对：《个人所得税法》按照住所和居住时间标准，将个人所得税纳义务税人分为居民个人和非居民个人。在中国境内有住所，或者无住所而一个纳税年度内在中国境内居住累计满一百八十三天的个人，为居民个人。BCD错：属于非居民个人，在中国境内无住所又不居住，或者无住所而一个纳税

年度内在中国境内居住累计不满一百八十三天的个人。

『答案』A。

【例题 18·2022 年计算题真题】　居民张某 2021 年应纳税所得额为 142000 元，居民个人综合所得适用个人所得税税率见下表所列。

级数	全年应纳税所得额	税率/%	速算扣除数
1	不超过 36000 元的部分	3	0
2	超过 36000 元至 144000 元的部分	10	2520
3	超过 144000 元至 300000 元的部分	20	16920
4	超过 300000 元至 420000 元的部分	25	31920
5	超过 420000 元至 660000 元的部分	30	52920
6	超过 660000 元至 960000 元的部分	35	85920
7	超过 960000 元的部分	45	181920

要求：计算张某 2021 年汇算的个人所得税税额。

『分析』①应纳税以应纳税所得额为计算依据，因此，先找到张某 2021 年的应纳税所得额。②计算公式：应纳税所得额＝综合所得收入额－60000－专项扣除－专项附加扣除－依法确定的其他扣除，应纳税额＝应纳税所得额×适用税率－速算扣除数。题干已经给出了居民个人综合所得适用个人所得税税率表，已知的应纳税所得额 142000 元对应的税率为 10％，速算扣除数 2520 元。

『解题』张某 2021 年的个人所得税税额＝142000×10％－2520＝11680（元）。

四、考点归纳

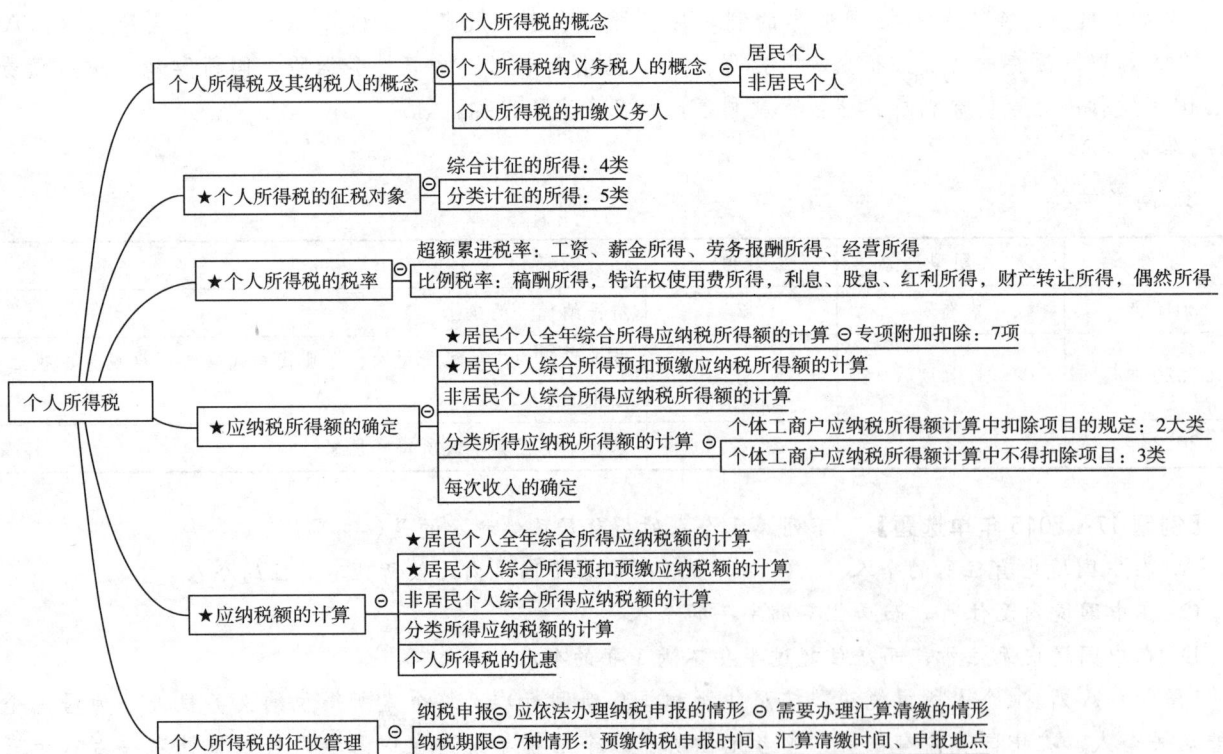

五、知识精练

——精选好题·强化能力——

1. 下列属于个人所得税居民纳税人的是(　　)。

　　A. 在中国境内无住所且不居住的个人

　　B. 在中国境内无住所且居住满 180 天的个人

　　C. 在中国境内无住所的个人且居住不满 5 个月的个人

　　D. 在中国境内有住所，且居住超过半年不满 1 年的个人

2. (多选题)个人的下列所得中，属于来源于中国境内所得的有(　　)。

　　A. 转让中国境外的房产取得的所得

　　B. 在境外某中外合资企业受雇取得的工资

　　C. 从境内上市公司取得的股息、红利所得

　　D. 将房产出租给承租人在中国境内使用而取得的所得

　　E. 许可各种特许权在中国境内使用而取得的所得

3. (多选题)下列应纳入综合所得计征个人所得税的是(　　)。

　　A. 工资、薪金所得　　　　　　　　　B. 特许权使用费所得

　　C. 劳务报酬所得　　　　　　　　　　D. 稿酬所得

　　E. 财产租赁所得

4. 根据个人所得税法律制度的规定，居民个人取得的下列所得中，应按"工资薪金所得"计缴个人所得税的是(　　)。

　　A. 资金存入银行的利息所得　　　　　B. 转让闲置住宅取得的所得

　　C. 提供翻译、审稿服务取得的所得　　D. 雇员兼任董事获得的董事费收入

5. (多选题)居民取得的下列所得中，属于专项附加扣除的有(　　)。

　　A. 失业保险　　　　　　　　　　　　B. 基本养老保险

　　C. 子女教育　　　　　　　　　　　　D. 住房公积金

　　E. 大病医疗

——拔高好题·突破难点——

6. 李某是 AK 公司职工，2023 年全年在 AK 公司取得工资薪金收入 54312 元、劳务报酬收入 30000 元、稿酬收入 20000 元，个人负担缴纳社保费用和住房公积金 10980 元，专项附加扣除 12000 元。已知，基本减除费用为 60000 元/年，假设李某未取得其他综合所得。(注意：全年应纳税所得额不超过 36000 元的，适用税率 3%，速算扣除数 0 元)

　　要求：计算李某当年的综合所得收入额、应纳税所得额、应纳税额。

7. 孙某每月取得工资 14000 元，每月按国家标准缴纳的"三险一金"合计 3000 元，全年取得稿酬收入 80000 元，特许权使用费收入 50000 元。该居民个人的儿子在读高中，女儿 2023 年 1 月出生，每月需偿还享受首套住房贷款利率的住房贷款。已知，全年基本减除费用为 60000 元，子女教育专项附加扣除标准为每个子女 2000 元/月，3 岁以下婴幼儿照护专项附加扣除标准为每个婴幼儿子女 2000 元/月，住房贷款利息专项附加扣除标准为 1000 元/月，均由孙某按扣除标准的 100% 扣除。（注意：全年应纳税所得额超过 36000 元至 144000 元的，适用税率 10%，速算扣除数 2520 元）

要求：计算孙某的综合所得收入额、应纳税所得额、应纳税额。

8. 中国公民李某是设计师，2023 年 1 月女儿刚满月。2023 年该居民个人每月取得工资收入 20000 元，每月缴纳社会保险和住房公积金 2500 元，支付首套住房贷款本息 3800 元，支付女儿照护费用 1500 元，1~2 月份已累计预扣预缴工资薪金个人所得税 570 元。已知，基本减除费用为 5000 元/月，住房贷款利息专项附加扣除标准为 1000 元/月，3 岁以下婴幼儿照护专项附加扣除标准为 2000 元/月，均由李某按扣除标准的 100% 扣除。（注意：全年应纳税所得额不超过 36000 元的，预扣率 3%，速算扣除数 0 元）

要求：（1）计算 3 月李某工资薪金累计预扣预缴应纳税所得额；

（2）计算企业应为李某预扣预缴的所得税额。

9. （2020 年真题）某企业邀请专家对管理干部进行半天的能力提升培训，双方约定税前报酬为 3800 元。

要求：（1）计算该劳务报酬的应纳税所得额；

（2）计算该企业应代扣代缴的所得税额；

（3）计算该企业支付给专家的所得税后劳务报酬。

10. 某出版社与何某签约，出版书一部长篇小说，双方约定税前报酬为 80000 元。

要求：（1）计算该稿酬的应纳税所得额；

（2）计算该企业应代扣代缴的所得税额；

（3）计算该企业支付给何某的所得税后稿酬。

11. 某影视娱乐公司经知名作家任某同意，改编其撰写的小说并拍成电视剧，双方约定支付的使用费为 35000 元。

要求：（1）计算该特许权使用费的应纳税所得额；

（2）计算该企业应代扣代缴的所得税额；

（3）计算该企业支付给任某的所得税后特许权使用费。

12. 陈某是一名律师，2023 年 5 月收入情况如下。

（1）按市场价将自有公寓出租取得不含增值税租金收入 5000 元，缴纳税前扣除税费 500 元，当月发生修理费用 900 元。

（2）出售闲置住房取得不含增值税收入 1600000 元，该房产原值为 1400000 元，交易实际缴纳增值税 80000 元，支付的其他可税前扣除的合理费用 20000 元（均取得合法票据）。

（3）取得国家发行的金融债券利息 3000 元，取得境内 LG 上市公司股票股息 3000 元，已持有该股票 6 个月。

（4）在商场累积消费达到规定额度获得抽奖并抽中 3000 元的手机。

要求：计算陈某 5 月份各项所得应缴纳的个人所得税额。

任务五知识精练参考答案

微专题　个人所得税应纳税额的计算

综合所得应纳税额的计算

【必备基础知识】

➤ 知识点1　综合所得预扣率表、年度税率表

综合所得，即工资、薪金所得，劳务报酬所得，稿酬所得，特许权使用费所得，计算各项所得应纳税额适用的税率不同。在计算综合所得4项预扣预缴应纳税额时，工资、薪金所得预扣率适用7级超额累计进税率、劳务报酬所得预扣率适用3级超额累进税率，而稿酬所得、特许权使用费所得适用的预扣率为20%的比例税率。在计算全年综合所得应纳税额时，适用税率参照综合所得年度个人所得税税率。

综合所得年度个人所得税税率表（同居民个人工资、薪金所得预扣率表）			
级数	全年应纳税所得额	税率/%	速算扣除数/元
1	不超过36000元的部分	3	0
2	超过36000元至144000元的部分	10	2520
3	超过144000元至300000元的部分	20	16920
4	超过300000元至420000元的部分	25	31920
5	超过420000元至660000元的部分	30	52920
6	超过660000元至960000元的部分	35	85920
7	超过960000元的部分	45	181920

综合所得月度个人所得税税率表（同非居民个人工资、薪金所得，劳务报酬所得，稿酬所得，特许权使用费所得适用税率表）			
级数	应纳税所得额	税率/%	速算扣除数/元
1	不超过3000元的部分	3	0
2	超过3000元至12000元的部分	10	210
3	超过12000元至25000元的部分	20	1410
4	超过25000元至35000元的部分	25	2660
5	超过35000元至55000元的部分	30	4410
6	超过55000元至80000元的部分	35	7160
7	超过80000元的部分	45	15160

个人所得税预扣率表（劳务报酬所得适用）			
级数	全"月"（或次）应纳税所得额	税率/%	速算扣除数/元
1	不超过 20000 元	20	0
2	超过 20000 元至 50000 元的部分	30	2000
3	超过 50000 元的部分	40	7000

➤ 知识点 2　综合所得预扣预缴应纳税额、全年应纳税额的计算

居民个人取得工资、薪金所得，劳务报酬所得，特许权使用费所得，稿酬所得，由扣缴义务人按月或者按次预扣预缴税款。工资、薪金所得按累计预扣法计算预扣税款；劳务报酬所得、稿酬所得、特许权使用费所得，按每次收入的大小，决定减除费用 800 元或减除 20％的费用，稿酬所得再减按 70％计算预扣预缴应纳税所得额。以上 4 项所得合并为综合所得，按纳税年度合并计算个人所得税。

应税所得	适用税率	预扣预缴应纳税所得额	预扣预缴应纳税额
工资、薪金所得	7 级超额累进税率，3％～45％	＝累计收入－累计减除费用（5000 元/月）－累计专项扣除－累计专项附加扣除－累计依法确定的其他扣除	＝（累计预扣预缴应纳税所得额×预扣率－速算扣除数）－累计减免税额－累计已预扣预缴税额
劳务报酬所得	3 级超额累进税率，20％、30％、40％	（≤4000）＝每次收入－800 元	＝预扣预缴应纳税所得额×20％
		（＞4000）＝每次收入×（1－20％）	＝预扣预缴应纳税所得额×适用预扣率－速算扣除数
特许权使用费所得	20％	（≤4000）＝每次收入－800 元	＝预扣预缴应纳税所得额×20％
		（＞4000）＝每次收入×（1－20％）	＝预扣预缴应纳税所得额×20％
稿酬所得	20％	（≤4000）＝（每次收入－800 元）×70％	＝预扣预缴应纳税所得额×20％
		（＞4000）＝每次收入×（1－20％）×70％	＝预扣预缴应纳税所得额×20％
全年综合所得应纳税额计算	1. 综合所得收入的计算 综合所得收入＝工资薪金所得＋劳务报酬所得＋稿酬所得＋特许权使用费所得 2. 综合所得收入额的计算 综合所得收入额＝工资薪金所得收入全额＋劳务报酬所得收入×（1－20％）＋稿酬所得收入×（1－20％）×70％＋特许权使用费所得收入×（1－20％） 3. 应纳税所得额的计算 应纳税所得额＝综合所得收入额－60000－专项扣除－专项附加扣除－依法确定的其他扣除 4. 应纳税额的计算 应纳税额＝应纳税所得额×适用税率－速算扣除数 （适用税率：7 级超额累进税率，3％～45％）		

解题通法 1：通常我们计算综合所得预扣预缴应纳税额，是通过确定预扣预缴个税项目，采用累计预扣法或规定公式计算各项所得的预扣预缴应纳税所得额，并对照适用税率求出预扣预缴应纳税额。求解思路与方法：①确定预扣预缴个税项目→②采用累计预扣法或规定公式计算各征税项目的预扣预缴应纳税所得额→③确定适用税率→④运用公式求解各征税项目的预扣预缴应纳税额。

综合所得4项：预扣预缴应纳税额=预扣预缴应纳税所得额×适用税率

| 工资、薪金所得 | ——累计预扣法—— | 预扣预缴应纳税所得额=累计收入-累计减除费用（5000元/月）-累计专项扣除-累计专项附加扣除-累计依法确定的其他扣除 |
| | | 预扣预缴应纳税额=（累计预扣预缴应纳税所得额×预扣率-速算扣除数）-累计减免税额-累计已预扣预缴税额 |

劳务报酬所得 ／ ≤4000元：
- 预扣预缴应纳税额=（每次收入-800元）×20%

每次收入 ＞4000元：
- 预扣预缴应纳税额=每次收入×（1-20%）×适用预扣率-速算扣除数

特许权使用费所得 ≤4000元：
- 预扣预缴应纳税额=（每次收入-800元）×20%

＞4000元：
- 预扣预缴应纳税额=每次收入×（1-20%）×20%

稿酬所得 ≤4000元：
- 预扣预缴应纳税额=（每次收入-800元）×70%×20%

＞4000元：
- 预扣预缴应纳税额=每次收入×（1-20%）×70%×20%

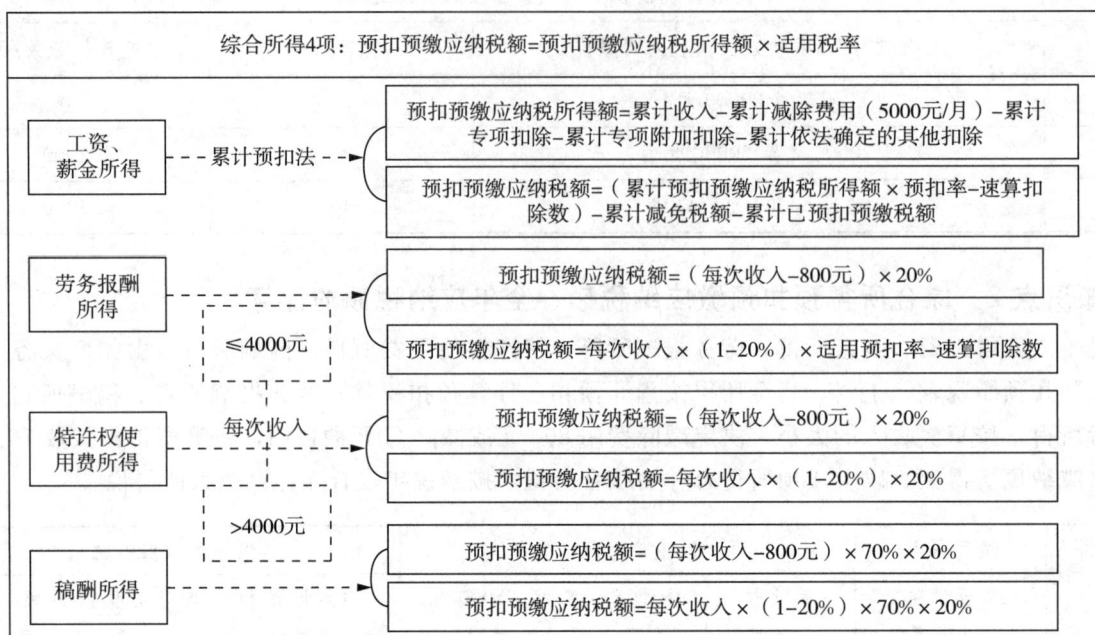

解题通法2：通常我们计算全年综合所得应纳税额，是通过确定纳税人的综合所得收入、综合所得收入额、应纳税所得额，并对照综合所得年度个人所得税税率表，查找税率及速算扣除数求出应纳税额。求解思路与方法：①确定综合所得收入、综合所得收入额→②计算应纳税所得额→③确定适用税率→④运用公式求解应纳税额。

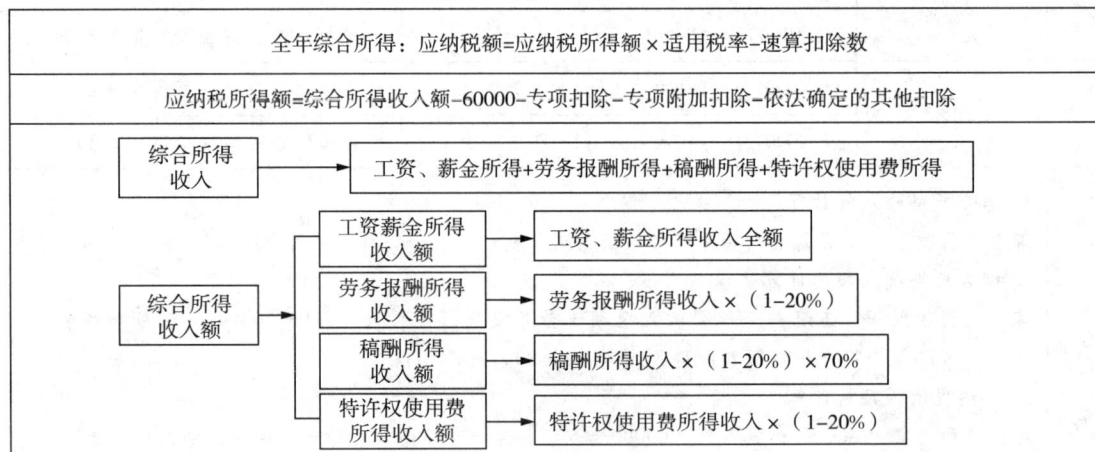

全年综合所得：应纳税额=应纳税所得额×适用税率-速算扣除数

应纳税所得额=综合所得收入额-60000-专项扣除-专项附加扣除-依法确定的其他扣除

| 综合所得收入 | 工资、薪金所得+劳务报酬所得+稿酬所得+特许权使用费所得 |

综合所得收入额	工资薪金所得收入额 → 工资、薪金所得收入全额
	劳务报酬所得收入额 → 劳务报酬所得收入×（1-20%）
	稿酬所得收入额 → 稿酬所得收入×（1-20%）×70%
	特许权使用费所得收入额 → 特许权使用费所得收入×（1-20%）

【典型例题剖析】

题型1　综合所得预扣预缴应纳税额的计算

【例题1】　卫某是数据分析处理工程技术员，2023年9月收入情况如下。

（1）每月工资收入22000元，每月缴纳社会保险和住房公积金3300元，专项附加扣除额6000元，1~8月份已累计预扣预缴工资薪金个人所得税3640元。已知，基本减除费用为5000元/月。（注意：全年应纳税所得额超过36000元至144000元的，适用税率10%，速算扣除数2520元）

（2）外出提供设计数据资源整合解决方案服务，取得收入8000元；外出提供调整、优化数据库系统服务，取得收入3600元。

（3）发表数据库逻辑设计评论文章1篇，取得税前稿酬1500元。

（4）KQ公司使用其开发的专利技术，取得使用费28000元。

要求：计算卫某9月份各项所得应预扣预缴的个人所得税税额。

『思路』确定预扣预缴个税项目→计算应税项目预扣预缴应纳税所得额→确定适用税率→运用公式求解应税项目的预扣预缴应纳税额。

『分析』①预扣预缴个税项目：每月工资收入按"工资、薪金所得"征税；提供解决方案服务，以及调整优化系统服务，按"劳务报酬所得"征税；发表文章按"稿酬所得"征税；提供专利权按"特许权使用费所得"征税。②计算工资、薪金所得预扣预缴应纳税所得额及预扣预缴应纳税额：预扣预缴应纳税所得额＝累计收入－累计减除费用－累计专项扣除－累计专项附加扣除－累计依法确定的其他扣除＝22000×9－5000×9－3300×9－6000×9－0＝69300（元），则预扣预缴应纳税额＝（累计预扣预缴应纳税所得额×预扣率－速算扣除数）－累计减免税额－累计已预扣预缴税额＝（69300×10％－2520）－0－3640＝770（元）。③计算劳务报酬所得预扣预缴应纳税所得额及预扣预缴应纳税额：提供解决方案服务每次收入4000元以上，预扣预缴应纳税额＝预扣预缴应纳税所得额×适用预扣率－速算扣除数＝每次收入×（1－20％）×适用预扣率－速算扣除数＝8000×（1－20％）×20％－0＝1280元；调整、优化系统服务每次收入没超过4000元，预扣预缴应纳税额＝预扣预缴应纳税所得额×预扣率＝（每次收入－800）×预扣率＝（3600－800）×20％＝560（元）。④计算稿酬所得预扣预缴应纳税所得额及预扣预缴应纳税额：发表评论文章每次收入没超过4000元，预扣预缴应纳税额＝预扣预缴应纳税所得额×预扣率＝（每次收入－800元）×70％×预扣率＝（1500－800）×70％×20％＝98（元）。⑤计算特许权使用费所得预扣预缴应纳税所得额及预扣预缴应纳税额：专利权使用费每次收入4000元以上，预扣预缴应纳税额＝预扣预缴应纳税所得额×预扣率＝每次收入×（1－20％）×预扣率＝28000×（1－20％）×20％＝4480（元）。

『解题』（1）9月份工资、薪金所得预扣预缴应纳税额：

①预扣预缴应纳税所得额＝198000－45000－29700－54000＝69300（元）；

②预扣预缴应纳税额＝（69300×10％－2520）－3640＝770（元）。

（2）9月份劳务报酬所得预扣预缴应纳税额：

①提供方案服务收入应预扣预缴税额＝8000×（1－20％）×20％＝1280（元）；

②提供系统服务收入应预扣预缴税额＝（3600－800）×20％＝560（元）。

（3）稿酬收入应预扣预缴税额＝（1500－800）×70％×20％＝98（元）。

（4）特许权使用费收入应预扣预缴税额＝28000×（1－20％）×20％＝4480（元）。

题型2 全年综合所得应纳税额的计算

【例题2】 霍某是北京GK公司的人工智能训练师，2023年每月取得工资28000元，每月缴纳社会保险和住房公积金共4200元，全年取得劳务报酬收入90000元，稿酬收入60000元，特许权使用费收入3800元。该居民个人独自赡养自己80周岁的父母，儿子读高中，女儿读小学，每月支付住房租金4500元。已知，基本减除费用为5000元/月，赡养老人专项附加扣除标准为3000元/月，子女教育专项附加扣除标准为每个子女2000元/月，住房租金专项附加扣除标准为1500元/月，均由王某按扣除标准的100％扣除。（注意：全年应纳税所得额超过144000元至300000元的，适用税率20％，速算扣除数16920元）

要求：计算霍某2023年的应纳税额。

『思路』确定综合所得收入额→计算应纳税所得额→确定适用税率→运用公式求解应纳税额。

『分析』①霍某的综合所得收入为工资、薪金所得，劳务报酬所得，稿酬所得，特许权使用费所得4项，工资薪金所得收入额＝工资薪金所得收入全额＝28000×12＝336000（元），劳务报酬所得收入额＝劳务报酬所得收入×（1－20％）＝90000×（1－20％）＝72000（元），稿酬所得收入额＝稿酬所得收入×（1－20％）×70％＝60000×（1－20％）×70％＝33600（元），特许权使用费所得收入额＝特许权使用费所得收入×（1－20％）＝3800×（1－20％）＝3040（元），则综合所得收入额＝336000＋72000＋33600＋3040＝444640（元）。②计算应纳税所得额：应纳税所得额＝综合所得收入额－60000－专项扣除－专项附加扣除－依法确定的其他扣除，其中霍某的专项扣除全年为4200×12＝50400（元），专项附加扣除3项合计金额为3000×12＋2000×12×2＋1500×12＝36000＋48000＋18000＝102000（元），无依法确定的其他扣除，则应纳税所得额＝444640－60000－50400－102000＝232240（元）。③计算应纳税额：应纳税额＝应纳税所得额×适用税率－速算扣除数，对照综合所得年度个人所得税税率表，霍某的全年应纳税所得额232240元在144000元至300000元之间，适用税率20％，速算扣除数16920元，则应纳税额＝232240×20％－16920＝29528（元）。

『解题』（1）综合所得年收入额＝28000×12＋90000×（1－20％）＋60000×（1－20％）×70％＋3800×（1－20％）＝444640（元）；

（2）应纳税所得额＝444640－60000－50400－36000－48000－18000＝232240（元）；

（3）应纳税额＝232240×20％－16920＝29528（元）。

【例题3】 姜某是广州BA公司的数字出版编辑，2023年每月取得工资16000元，每月缴纳社会保险和住房公积金共3800元，支付首套住房贷款本息3000元，全年取得劳务报酬收入35000元，取得年终奖金80000元。该居民个人是独生子，独立赡养年满70岁的父母，当年姜某不幸感染重病发生与基本医保相关的医药费用100000元。已知，基本减除费用为5000元/月，住房贷款利息专项附加扣除标准为1000元/月，大病医疗专项附加扣除标准为扣除医保报销后个人负担的累计超过基本医保15000元的医药费用支出在80000元/年的限额内据实扣除，均由姜某按扣除标准的100％扣除，且姜某选择将年终奖并入当年综合所得。（注意：全年应纳税所得额超过元36000元至144000元的，适用税率10％，速算扣除数2520元）

要求：计算姜某2023年的应纳税额。

『思路』确定综合所得收入额→计算应纳税所得额→确定适用税率→运用公式求解应纳税额。

『分析』①姜某的综合所得收入为工资薪金所得、劳务报酬所得两项，则工资薪金所得收入额＝工资薪金所得收入全额＝全年工资＋全年一次性奖金＝16000×12＋80000＝272000（元），劳务报酬所得收入额＝劳务报酬所得收入×（1－20％）＝35000×（1－20％）＝28000（元），则综合所得收入额＝272000＋28000＝300000（元）。②计算应纳税所得额：应纳税所得额＝综合所得收入额－60000－专项扣除－专项附加扣除－依法确定的其他扣除，其中姜某的专项扣除全年为3800×12＝45600（元），住房贷款利息专项附加扣除全年合计1000×12＝12000（元），大病医疗专项附加扣除金额为限额80000元（因为扣除医保报销后姜某个人负担的100000元费用－基本医保15000元费用支出＝85000元＞限额80000元），专项附加扣除2项合计金额为12000＋80000＝92000（元），无依法确定的其他扣除，则姜某的应纳税所得额＝300000－60000－45600－92000＝102400（元）。③计算应纳税额：应纳税额＝应纳税所得额×适用税率－速算扣除数，对照综合所得年度个人所得税税率表，姜某的全年应纳税所得额102400元在36000元至144000元之间，适用税率10％，速算扣除数2520元，则应纳税额＝102400×10％－2520＝7720（元）。

『解题』（1）综合所得年收入额＝（16000×12＋80000）＋35000×（1－20％）＝300000（元）；

（2）应纳税所得额＝300000－60000－45600－12000－80000＝102400（元）；

（3）应纳税额＝102400×10％－2520＝7720（元）。

『拓展』居民个人全年一次性奖金的计税规定及举例

全年一次性奖金包括两类：一是年终加薪；二是实行年薪制、绩效工资办法的单位根据考核情况兑现的年薪和绩效工资。对居民个人取得除全年一次性奖金以外的其他各种名目奖金，如半年奖、季度奖、加班奖、先进奖、考勤奖等，一律与当月工资、薪金收入合并，按税法规定缴纳个人所得税。居民个人取得全年一次性奖金时，由扣缴义务人代扣代缴；在办理年终汇算清缴时，由纳税人自行选择采用单独计算，或并入当年综合所得计算纳税；对全年一次性奖金采用单独计算办法的，一个纳税年度内，每一个纳税人只允许采用一次，具体规定如下。

时间	计税规定		
	两种方式		计税方法
2023 年 12 月 31 日前	方式 1：不并入当年综合所得，单独计算纳税		步骤： ①均摊奖金找商数＝取得的全年一次性奖金÷12 ②确定适用税率、速算扣除数：按其商数依照按月换算后的综合所得税率表确定 ③计算应纳税额：应纳税额＝取得的全年一次性奖金×适用税率－速算扣除数
	方式 2：并入当年综合所得计算纳税		如例题 3 姜某年终奖的计税过程
2024 年 1 月 1 日起	居民个人取得全年一次性奖金，应并入当年综合所得计算缴纳个人所得税 注意：居民个人取得全年一次性奖金，也可以选择并入当年综合所得计算纳税 （财政部 税务总局公告 2023 年第 30 号）		

举例：为深入理解居民个人全年一次性奖金单独计算纳税的过程，假如例题 3 其他条件不变，而姜某选择年终奖不并入当年综合所得，单独计税，那么姜某 2023 年的应纳税额将会出现什么变化。（注意：全年应纳税所得额不超过 36000 元的，适用税率 3%，速算扣除数 0 元；（月度）应纳税所得额超过 3000 元至 12000 元的，适用税率 10%，速算扣除数 210 元）

计算过程如下：

（1）工资、薪金所得，劳务报酬所得收入应纳税额的计算：

①综合所得年收入额＝16000×12＋35000×（1－20%）＝220000（元）；

②应纳税所得额＝220000－60000－45600－12000－80000＝22400（元）；

③应纳税额＝22400×3%－0＝672（元）。

（2）年终奖应纳税额的计算：

①均摊奖金找商数＝全年一次性奖金÷12＝80000÷12＝6666.67（元）；

②对照综合所得月度个人所得税税率表，姜某的（月度）应纳税所得额 6666.67 元在 3000 元至 12000 元之间，适用税率 10%，速算扣除数 210 元；

③应纳税额＝全年一次性奖金×税率－速算扣除数＝80000×10%－210＝7790（元）。

（3）姜某 2023 年的应纳税额＝672＋7790＝8462（元）。

经比较可以发现：姜某选择年终奖并入当年综合所得计算的应纳税额为 7720 元，将年终奖单独计算时的应纳税额为 8462 元，比年终奖单独计算时少缴税 742 元。

分类所得应纳税额的计算

【必备基础知识】

➢ 知识点 1 分类所得适用税率

分类所得，指的是经营所得，利息、股息、红利所得，财产租赁所得，财产转让所得及偶然所得。纳税人取得这 5 项所得，应依照个人所得税法规定分别计算个人所得税。在计算各项所得应纳税额时，经营所得适用 5 级超额累进税率，利息、股息、红利所得，财产租赁所得，财产转让所得和偶然所得，一般适用 20% 的比例税率。

个人所得税税率表（经营所得适用）

级数	全年应纳税所得额	税率/%	速算扣除数/元
1	不超过 30000 元的部分	5	0
2	超过 30000 元至 90000 元的部分	10	1500
3	超过 90000 元至 300000 元的部分	20	10500
4	超过 300000 元至 500000 元的部分	30	40500
5	超过 500000 元的部分	35	65500

➤ 知识点 2　分类所得应纳税额的计算

纳税人取得经营所得，减除成本、费用、损失后为应纳税所得额，适用超额累进税率，按年计算个人所得税。取得利息、股息、红利所得，财产租赁所得，财产转让所得和偶然所得，按规定减除相关费用后为应纳税所得额，一般税率为 20%，按月或者按次计算个人所得税。

分类所得	应纳税额的公式
经营所得	应纳税额＝应纳税所得额×适用税率－速算扣除数 其中，应纳税所得额的公式有两种情形： 第一种：同时取得综合所得和经营所得时，应纳税所得额＝收入总额－成本－费用－税金－损失－其他支出－允许弥补的以前年度亏损 第二种：没有综合所得时，应纳税所得额＝收入总额－成本、费用以及损失－5000×实际经营月份－个人承担的"三险一金"－其他扣除 注意：①可扣除的税金，不包括个人所得税、允许抵扣的增值税；②同时取得综合所得和经营所得的纳税人，可在综合所得或经营所得中申报减除费用 6 万元、专项扣除、专项附加扣除以及依法确定的其他扣除，但不得重复申报减除 （适用税率：5 级超额累进税率，5%～35%）
财产租赁所得	应纳税额＝应纳税所得额×适用税率 ①每次（月）收入不足 4000 元的 应纳税额＝［每次（月）收入额－财产租赁过程中缴纳的税费（准予扣除项目）－修缮费用（800 元为限）－800 元］×适用税率 ②每次（月）收入 4000 元以上的 应纳税额＝｛［每次（月）收入额－财产租赁过程中缴纳的税费（准予扣除项目）－修缮费用（800 元为限）］×（1－20%）｝×适用税率 （一般适用税率：20%；个人出租住房适用税率：10%）
财产转让所得	应纳税额＝（收入总额－财产原值－合理税费）×适用税率（20%）
利息、股息、红利所得	1. 应纳税额＝每次收入额×适用税率（20%） 2. 个人持有从公开发行和转让市场取得的上市公司股票而取得的股息红利规定 ①持股期限≤1 个月的，应纳税所得额＝每次收入额×适用税率（20%） ②1 个月＜持股期限＜1 年的，暂减按 50% 计入应纳税所得额，则应纳税额＝每次收入额×50%×适用税率（20%） ③持股期限＞1 年的，暂免征收个人所得税 3. 国债和地方政府债券利息、国家发行的金融债券利息及储蓄存款利息免税
偶然所得	应纳税额＝每次收入额×适用税率（20%）

解题通法：通常我们计算分类所得应纳税额，是通过确定分类所得个税项目、收入总额或者每次收入，以及相关成本、费用等内容，计算各征税项目的应纳税所得额，并采用适用税率求出应纳税额。求解思路与方法：①确定所属分类所得的项目→②计算应纳税所得额→③确定适用税率→④运用公式求解应纳税额。

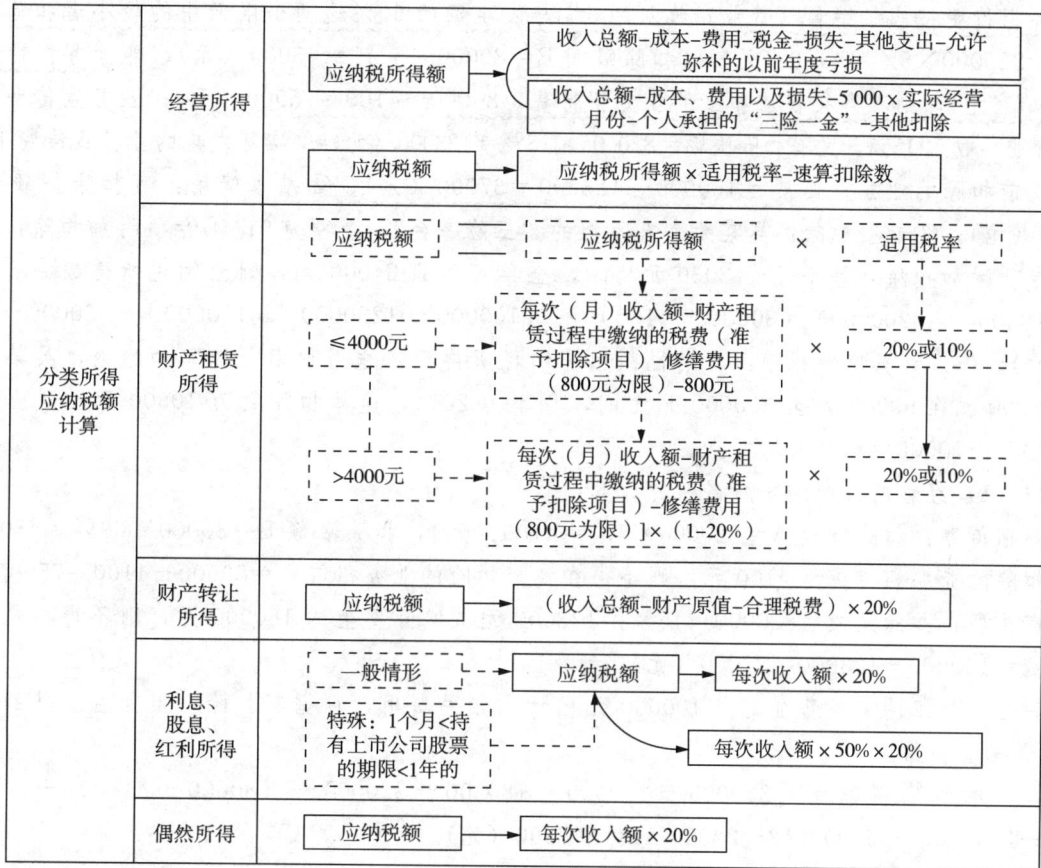

分类所得应纳税额计算	经营所得	应纳税所得额	收入总额−成本−费用−税金−损失−其他支出−允许弥补的以前年度亏损
			收入总额−成本、费用以及损失−5 000×实际经营月份−个人承担的"三险一金"−其他扣除
		应纳税额	应纳税所得额×适用税率−速算扣除数
	财产租赁所得	应纳税额 ＝ 应纳税所得额 × 适用税率	
		≤4000元 → 每次（月）收入额−财产租赁过程中缴纳的税费（准予扣除项目）−修缮费用（800元为限）−800元	× 20%或10%
		>4000元 → [每次（月）收入额−财产租赁过程中缴纳的税费（准予扣除项目）−修缮费用（800元为限）]×（1−20%）	× 20%或10%
	财产转让所得	应纳税额 → （收入总额−财产原值−合理税费）×20%	
	利息、股息、红利所得	一般情形 → 应纳税额 → 每次收入额×20%	
		特殊：1个月<持有上市公司股票的期限<1年的 → 每次收入额×50%×20%	
	偶然所得	应纳税额 → 每次收入额×20%	

【典型例题剖析】

题型1 分类所得应纳税额的计算

【例1】 吴某是室内设计师，有一个儿子在上中学。2023年1月成立装修设计工作室，登记为个体工商户，全年取得经营收入总额820000元，发生销售成本200000元，管理费用180000元（其中：业务招待费80000元），销售费用320000元（其中：业务宣传费160000元），吴某工资150000元、员工工资100000元。除经营所得外，该居民个人没有其他收入，也没有专项扣除和符合税收法律、法规和文件规定的其他扣除，且2023年全年子女教育专项附加扣除均由他100%扣除。已知：业务招待费按照实际发生额的60%扣除，但最高不得超过当年销售（营业）收入的5‰；广告费和业务宣传费不超过当年销售（营业）收入15%的部分，可以据实扣除。（注意：全年应纳税所得额，全年超过90000元至300000元的部分，税率为20%，速算扣除数10500元）

要求：计算2023年吴某经营所得的应纳个人所得税税额。

『思路』确定所属分类所得→计算应纳税所得额→确定适用税率→运用公式求解应纳税额。

『注意』经营所得，以每一纳税年度的收入总额减除成本、费用以及损失后的余额，为应纳税所得额。纳税人没有综合所得时，可在经营所得中申报减除基本费用6万元、专项扣除、专项附加扣除以及依法确定的其他扣除。

『分析』（1）确定所属分类所得：纳税人装修工作室取得收入按"经营所得"计征个人所得税，该居民个人除经营所得外，没有其他收入，也没有专项扣除和符合税收法律、法规和文件规定的其他扣除。（2）计算应纳税所得额：应纳税所得额＝收入总额－成本、费用以及损失－5000×实际经营月份－个人承担的"三险一金"－其他扣除。具体来看扣除项目：①成本、费用及损失的扣除：实际支付给员工的工资薪金支出100000元已计入相关费用，可据实扣除，但业主吴某的工资薪金150000元不得税前扣除；业务招待费按当年销售（营业）收入的5‰与发生额的60%这两个限额中的较小者扣除，又有扣除限额A＝820000×5‰＝4100（元）＜扣除限额B＝80000×60%＝48000（元），即业务招待费税前准予扣除4100（元），则不得在税前扣除的业务招待费＝80000－4100＝75900（元）；业务宣传费不超过当年销售（营业）收入15%，又有扣除限额＝820000×15%＝123000（元）＜实际发生的业务宣传费160000元，则不得在税前扣除的业务宣传费＝160000－123000＝37000（元）；②基本费用：可扣除金额为5000×12＝60000（元）；③专项扣除：吴某无个人承担的"三险一金"，金额为0；④专项附加扣除：吴某有子女教育项专项附加扣除（每个子女2000元/月），全年可扣除24000元，则应纳税所得额＝［820000－200000－180000－320000＋（80000－4100）＋（160000－123000）＋150000］－60000－24000＝298900（元）。（3）计算应纳税额：应纳税额＝应纳税所得额×适用税率－速算扣除数，吴某的应纳税所得额298900元在90000元至300000元之间，税率为20%，速算扣除数为10500元，则应纳税额＝298900×20%－10500＝49280（元）。

『解题』（1）经营所得应纳税所得额的计算：

①业务招待费：扣除限额A＝820000×5‰＝4100（元），扣除限额B＝80000×60%＝48000（元），税前准予扣除的业务招待费为4100元，则不得在税前扣除的业务招待费＝80000－4100＝75900（元）；

业务宣传费：扣除限额＝820000×15%＝123000元＜实际发生的160000元，则不得在税前扣除的业务宣传费＝160000－123000＝37000（元）；

工资薪金：员工的工资薪金支出100000元已计入相关费用，可据实扣除，但业主吴某的工资薪金150000不得税前扣除。

因此，应纳税所得额＝［820000－200000－180000－320000＋（80000－4100）＋（160000－123000）＋150000］－5000×12－2000×12＝298900（元）。

（2）应纳税额＝298900×20%－10500＝49280（元）。

题型2　综合所得与分类所得应纳税额计算综合题

【例2】　李某是一名话剧演员，2023年8月收入情况如下。

（1）每月工资收入26000元，每月缴纳社会保险和住房公积金2800元，专项附加扣除额3000元，1～7月份已累计预扣预缴工资薪金个人所得税8120元。已知，基本减除费用为5000元/月。（注意：全年应纳税所得额不超过36000元的，预扣率3%，速算扣除数0元）

（2）业余时间应邀参加文艺表演1次，取得收入6000元；应邀为KG文工团授课2次，每次课酬1500元。

（3）转租已租入的住房，收取租金5000元，原租入租金每月2500元，出租住房缴纳的税前可扣除税费500元，发生修缮费1000元。

（4）将持有的CZ有限责任公司股权出售给王某，取得转让款40000元，股权初始取得价值10000元，发生可扣除的合理费用6000元。

（5）当月卖出今年3月从境内公开发行和转让市场购入的LK上市公司股票，取得上市公司分配的股息6800元。

（6）购买中国体育彩票，一次中奖3000元。

要求：计算李某5月份各项所得应缴纳（或预扣预缴）个人所得税税额。

『思路』确定综合所得、分类所得→计算应纳税所得额（或预扣预缴）→确定适用税率→运用公式求解应纳税额（或预扣预缴）。

『注意』分类所得计税规定：①个人转让非上市公司股权所得、个人转让新三板原始股，应按照"财产转让所得"征税，但个人转让境内上市公司股票所得，免征个人所得税。②"财产租赁所得"，一般适用税率20%，个人出租住房适用税率10%。③个人持有从公开发行和转让市场取得的上市公司股票而取得的股息、红利，持股期限在1个月以上但不足1年的，暂减按50%计入应纳税所得额。

『分析』(1) 确定综合所得、分类所得：①按综合所得计征的收入有2项，即工资收入按"工资薪金"征税，文艺表演、课酬按"劳务报酬所得"征税。②按分类所得计征的收入有3项，即转租租金收入按"财产租赁所得"征税，个人转让非上市公司股权所得按"财产转让所得"征税，持有上市公司股票期间取得的股息按"利息、股息、红利所得"征税。(2) 计算各项所得预扣预缴应纳税所得额及预扣预缴应纳税额：①工资、薪金预扣预缴个税：李某工资、薪金预扣预缴应纳税所得额＝累计收入－累计免税收入－累计减除费用－累计专项扣除－累计专项附加扣除－累计依法确定的其他扣除，又因李某没有免税收入和依法确定的其他扣除，则预扣预缴应纳税所得额＝26000×8－5000×8－2800×8－3000×8＝121600（元），预扣预缴应纳税额＝（累计预扣预缴应纳税所得额×预扣率－速算扣除数）－累计减免税额－累计已预扣预缴税额＝（121600×10%－2520）－8120＝1520（元）。②劳务报酬所得预扣预缴个税：李某文艺表演的收入超过4000元，则其劳务报酬预扣预缴应纳税额＝预扣预缴应纳税所得额×适用预扣率－速算扣除数＝每次收入×（1－20%）×20%－0＝[6000×（1－20%）]×20%－0＝960（元）；李某授课收入没超过4000元，则其劳务报酬预扣预缴应纳税额＝预扣预缴应纳税所得额×预扣率＝（每次收入－800元）×20%＝（1500×2－800）×20%＝440（元）。③财产租赁所得个税计算：李某每月转租住房租金收入4000元以上，则应纳税额＝应纳税所得额×适用税率＝{[每次（月）收入额－财产租赁过程中缴纳的税费（准予扣除项目）－修缮费用（800元为限）]×（1－20%)}×10%＝(5000－500－2500－800)×10%＝120（元）。④财产转让所得个税计算：李某股权转让收入应纳税额＝应纳税所得额×适用税率＝（收入总额－财产原值－合理税费）×20%＝（40000－10000－6000）×20%＝4800（元）。⑤利息、股息、红利所得个税计算：李某持有上市公司股票时间超过1个月但不足1年，持有期间取得的股息收入暂减按50%计入应纳税所得额，则应纳税额＝应纳税所得额×适用税率＝每次收入额×50%×20%＝6800×50%×20%＝680（元）。⑥李某购买社会福利有奖募捐奖券、中国体育彩票，一次中奖收入≤10000元，按规定免征个人所得税。

『解题』(1) 8月份工资、薪金所得预扣预缴应纳税额：
①预扣预缴应纳税所得额＝208000－40000－22400－24000＝121600（元）；
②预扣预缴应纳税额＝（121600×10%－2520）－8120＝1520（元）。
(2) 8月份劳务报酬所得预扣预缴应纳税额：
①参加文艺表演预扣预缴应纳税额＝6000×（1－20%）×20%＝960（元）；
②授课应预扣预缴应纳税额＝（1500×2－800）×20%＝440（元）。
(3) 转租住房租金收入应纳税额＝（5000－500－2500－800）×10%＝120（元）。
(4) 股权转让收入应纳税额＝（40000－10000－6000）×20%＝4800（元）。
(5) 持有上市公司股票期间取得的股息应纳税额＝6800×50%×20%＝680（元）。
(6) 购买中国体育彩票一次中奖收入≤10000元，免征个人所得税。

题型精练

——精选好题·强化能力——

1. 梁某是服务机器人应用技术员，2023年6月收入情况如下。

(1) 每月工资收入28000元，每月缴纳社会保险和住房公积金4000元，专项附加扣除额7000元，1～5月份已累计预扣预缴工资薪金个人所得税3480元。已知，基本减除费用为5000元/月。（注意：全

年应纳税所得额超过 36000 元至 144000 元的，适用税率 10%，速算扣除数 2520 元）

（2）外出提供智能机器人产品的结构设计服务，取得收入 10000 元。

（3）出版《机器人技术设计》专著 1 本，取得税前稿酬 50000 元；发表机器人技术设计、应用与实践论文 1 篇，取得税前稿酬 900 元。

（4）开发专利技术 1 项并授予 BN 公司使用权，取得使用费 4000 元。

要求：计算梁某 6 月份各项所得应预扣预缴的个人所得税税额。

2. 宋某是上海 MD 公司的商务数据分析师，2023 年每月取得工资收入 30000 元，每月缴纳社会保险和住房公积金共 4600 元，全年取得劳务报酬收入 15000 元，稿酬收入 52000 元。该居民个人，大女儿读大学，小女儿 2022 年 12 月出生，因工作需要每年还需支付技能人员职业资格继续教育支出。已知，基本减除费用为 5000 元/月，子女教育专项附加扣除标准为每个子女 2000 元/月，3 岁以下婴幼儿照护专项附加扣除标准为每个婴幼儿子女 2000 元/月，继续教育专项附加扣除标准为 3600 元/年，均由宋某按扣除标准的 100% 扣除。（注意：全年应纳税所得额超过 144000 元至 300000 元的，适用税率 20%，速算扣除数 16920 元）

要求：计算宋某 2023 年的应纳税额。

3. 曹某是浙江 TC 公司的互联网营销师，2023 年每月取得工资 12000 元，每月缴纳社会保险和住房公积金共 2600 元，全年取得稿酬收入 10000 元，取得年终奖金 30000 元。该居民个人是独生子，独立赡养年满 60 周岁的父母，为自我提升已报读浙江大学在职研究生 1 年。已知，基本减除费用为 5000 元/月，赡养老人专项附加扣除标准为 3000 元/月，继续教育专项附加扣除标准为 400 元/月，均由曹某按扣除标准的 100% 扣除，且曹某选择将年终奖并入当年综合所得。（注意：全年应纳税所得额超过 36000 元至 144000 元的，适用税率 10%，速算扣除数 2520 元）

要求：计算曹某 2023 年的应纳税额。

——拔高好题·突破难点——

4．萧某是独生子，独自赡养60周岁的父母。2023年该居民个人承包扫地机器人零件加工厂，并根据协议变更登记为个体工商户。2023全年实现销售收入2000000元，发生准予扣除的成本、费用及损失等合计1050000元（其中：实际发放员工工资350000元，工会经费12000元，职工福利费56000元，职工教育经费10000元）。除经营所得外，该居民个人没有其他收入，也没有专项扣除和符合税收法律、法规和文件规定的其他扣除，且2023年全年赡养老人专项附加扣除标准为3000元/月，扣除均由他100%扣除。已知：个体工商户向当地工会组织拨缴的工会经费、实际发生的职工福利费支出、职工教育经费支出分别在工资、薪金总额的2%、14%、2.5%的标准内据实扣除。（注意：全年应纳税所得额，全年超过500000元的部分，税率为35%，速算扣除数65500元）

要求：

（1）计算工会经费、职工福利费、职工教育经费分别准予扣除的限额；

（2）计算2023年萧某经营所得的应纳个人所得税税额。

5．薛某是一名智能制造工程技术人员，2023年10月收入情况如下。

（1）每月工资收入22000元，每月缴纳社会保险和住房公积金3600元，专项附加扣除额6000元，1～9月份已累计预扣预缴工资薪金个人所得税4140元。已知，基本减除费用为5000元/月。（注意：全年应纳税所得额超过36000元至144000元的，适用税率10%，速算扣除数为2520元）

（2）发表智能制造工程技术论文1篇，取得税前稿酬2000元。

（3）授权WL公司使用其开发的专利技术，取得使用费10000元。

（4）出租郊区闲置楼房取得不含增值税租金收入9000元，缴纳税前扣除税费1200元，当月发生修缮费1500元。

（5）转让一辆原值180000元的汽车，取得不含增值税收入220000元，发生合理费用为10000元。

（6）当月卖出中国境内上市的KM公司的股票取得15000元。

要求：计算薛某10月份各项所得应缴纳（或预扣预缴）的个人所得税税额。

微专题题型精练参考答案

任务六　税收征收管理

一、学习导航

学习能量	税收征收管理法是规范税收征收管理的重要法律制度，也是依法治税的制度基础。随着我国经济社会发展和税制改革深入推进，我国税收征收管理法历经三次修订。不断完善的税收征管法律制度，对加强税收征收管理，规范税收征收和缴纳行为，保障国家税收收入，保护纳税人的合法权益，促进经济和社会发展具有重要的意义
学习目标	1. 理解税收征收管理、税务登记、纳税申报、税务代理等概念 2. 理解税务检查、税务代理、税务代理的范围，以及税收法律责任主体的权利与义务 3. 识记税务登记、发票管理、纳税申报、税款的退还与追征制度的具体规定 4. 准确列举不同税款征收方式的适用范围、税收保全与税收强制执行的区别与共同点
学习建议	税收征收管理是升学考试的重要考点，从 2016 年至 2019 年连续 4 年考了一个单选题，主要考点有税务登记、税务代理业务范围、税款征收方式等，但近几年没有出题，在复习时应予以重视。因此，要熟悉税收征收管理的知识点，强化真题及真题改编习题的训练，做到深刻理解、准确把握考点

二、教材内容精讲

➤ 知识点 1　税收征收管理的概念

税收征收管理，是国家税务机关依据国家税收法律、行政法规的规定，按照统一标准，通过一定的程序，对纳税人应纳税额组织入库的一种行政活动，是国家将税收政策贯彻实施到每个纳税人，有效地组织税收收入及时、足额入库的一系列活动的总称。

《税收征收管理法》		
	1992 年 9 月 4 日	第九届全国人民代表大会常务委员会第二十一次会议通过
	1995 年 2 月 28 日至 2015 年 4 月 24 日	先后修订 3 次，现行版本为 2015 年 4 月 24 日第十二届全国人民代表大会常务委员会第十四次会议修正
改革历程	税收征收管理是整个税收管理活动的中心环节，是实现税收管理目标、将潜在税源变为现实税收收入的实现手段。为适应改革开放和国民经济的发展，我国于 1992 年颁布了第一部税收征收管理方面的法律《税收征收管理法》，这是中华人民共和国成立后第一部税收程序法，也是我国税收征管的基本法，是纳税人全面履行纳税义务必须遵守的法律准则，也是税务机关履行征税职责的法律依据。我国通过立法强化税源管理，健全基础制度，堵塞税收漏洞，完善税务机关执法手段，对确保税款顺利入库，保护纳税人的权利发挥了重要作用，这是中国税收法治建设史上的一个重大突破		

➤ 知识点 2　税务管理

1. 税务登记

税务登记是税务机关依据税法规定，对纳税人的生产、经营活动进行登记管理的一项法定制度，也是纳税人依法履行纳税义务的法定手续。税务登记是整个税收征收管理的起点，企业、个体工商户以及从事生产、经营的事业单位，应在其主管税务机关申报办理税务登记。

税务登记的具体规定		
申请人	从事生产、经营的纳税人	从事生产、经营以外的纳税人
登记时间	自领取营业执照之日起 30 日内	自纳税义务发生之日起 30 日内
登记内容	7 项内容：①开业登记；②变更登记；③停业、复业登记；④注销登记；⑤外出经营报验登记；⑥纳税人税种登记；⑦扣缴义务人扣缴税款登记等 注意：从事生产、经营的纳税人应当自开立基本存款账户或者其他存款账户之日起 15 日内，向主管税务机关书面报告其全部账号；发生变化的，应当自变化之日起 15 日内，向主管税务机关书面报告	
变更登记	自工商行政管理机关办理变更登记之日起 30 日内申报办理变更	
注销登记	1. 三种注销登记的情形及办理时间规定 | 情形	办理时间
---	---
纳税人发生解散、破产、撤销等，依法终止纳税义务的	方式1：在向工商行政管理机关或者其他机关办理注销登记前办理 方式2：应按照规定不需要在工商行政管理机关或者其他机关办理注册登记的，应当自有关机关批准或者宣告终止之日起 15 日内办理注销税务登记
纳税人因住所、经营地点变动	方式1：应当在向工商行政管理机关或者其他机关申请办理变更或者注销登记前 方式2：住所、经营地点变动前，向原税务登记机关申报办理注销税务登记，并在 30 日内向迁达地税务机关申报办理税务登记
纳税人被工商行政管理机关吊销营业执照或者被其他机关予以撤销登记的	应当自营业执照被吊销或者被撤销登记之日起 15 日内，向原税务登记机关申报办理注销税务登记 | 2. 注意：纳税人在办理注销税务登记前，应当向税务机关结清应纳税款、滞纳金、罚款，缴销发票、税务登记证件和其他税务证件	
主管机关	县以上（含本级）税务局（分局）	

"多证合一"登记制度改革	
2015 年 10 月 1 日	"三证合一、一照一码"登记制度在全国推行 • "三证合一"，即工商营业执照、组织机构代码证、税务登记证 • "一照一码"，即营业执照、统一社会信用代码
2016 年 6 月 30 日	国务院办公厅发布《关于加快推进"五证合一、一照一码"登记制度改革的通知》，在"三证合一"登记制度改革基础上，再整合社会保险登记证和统计登记证，实现"五证合一、一照一码" • "五证合一"，即工商营业执照、组织机构代码证、税务登记证、社会保险登记证、统计登记证
2017 年 5 月 5 日	国务院办公厅印发《关于加快推进"多证合一"改革的指导意见》，提出在全面实施企业、农民专业合作社"五证合一、一照一码"登记制度改革和个体工商户工商营业执照、税务登记证"两证整合"的基础上，将涉企证照事项（包括个体工商户、农民专业合作社）进一步整合到营业执照上，实现"多证合一、一照一码"
改革意义	推进"多证合一"税务登记制度改革，为企业开办和成长提供了便利，有利于降低创业准入的制度性成本，优化营商环境，激发企业活力，推进大众创业、万众创新，促进就业增加和经济社会持续健康发展

注释：从事生产、经营的纳税人，包括企业、企业在外地设立的分支机构和从事生产、经营的场所，个体工商户和从事生产、经营的事业单位。

【例题 1·2019 年单选题】　从事生产、经营的纳税人申报办理税务登记的时限为自领取营业执照之日起（　　　）。

A. 20 日内　　　　　　B. 30 日内　　　　　C. 40 日内　　　　　　D. 60 日内

『解析』B 对：《税收征收管理法》规定，企业，企业在外地设立的分支机构和从事生产、经营的场所，个体工商户和从事生产、经营的事业单位（统称从事生产、经营的纳税人）自领取营业执照之日起 30 日内，持有关证件，向税务机关申报办理税务登记。ACD 错。

『答案』B。

2. 发票管理

税务机关是发票的主管机关，负责发票印制、领购、开具、取得、保管、缴销的管理和监督。单位、个人在购销商品、提供或者接受经营服务以及从事其他经营活动中，应按照规定开具、使用、取得发票。

发票管理	具体规定
发票种类	1. 定义：发票是指在购销商品、提供或者接受服务以及从事其他经营活动中，开具、收取的收付款凭证，包括纸质发票和电子发票 注释：①电子发票是指在购销商品、提供或者接受服务以及从事其他经营活动中，按照税务机关发票管理规定以数据电文形式开具、收取的收付款凭证。②电子发票与纸质发票具有同等法律效力，任何单位和个人不得拒收。国家积极推广使用电子发票 2. 常见发票 表见下 注意：除增值税专用发票以外的其他发票，按照国务院税务主管部门的规定，由省、自治区、直辖市税务机关确定的企业印制。禁止私自印制、伪造、变造发票
开具要求	1. 应当开具发票的情形及规定：单位和个人在发生经营业务、确认营业收入时，才能开具发票。开具发票时限、地点应符合规定。不符合规定的发票，不得作为财务报销凭证，任何单位和个人有权拒收 2. 发票填写规定 表见下

常见发票表：

常见发票	特点	适用范围
增值税专用发票	• 一种商事凭证，是计算抵扣税款的法定凭证 • 由国务院税务主管部门确定的企业印制	①通常是一般纳税人生产经营增值税应税项目使用 ②特殊情况：增值税小规模纳税人（其他个人除外）发生增值税应税行为，需要开具增值税专用发票的，可自愿使用增值税发票管理系统自行开具。如果小规模纳税人未选择自行开具增值税专用发票，可以向主管税务机关申请代开（新）
增值税普通发票	• 3 类：增值税普通发票（折叠票）、增值税普通发票（卷票）、增值税电子普通发票	①通常是增值税小规模纳税人使用 ②特殊情况：增值税一般纳税人在不能开具专用发票时，也可使用普通发票
专业发票	—	①国有金融、保险业务：存贷、汇兑、转账凭证，保险凭证 ②国有邮政、电信企业：邮票、邮单、话务、电报收据 ③国有铁路、国有航空企业和交通部门、国有公路、水上运输企业：客票、货票等

发票填写规定表：

项目	填写要求
发票序号	按号码顺序填开
发票内容	①基本内容：发票的名称、发票代码和号码、联次及用途、客户名称、开户银行及账号、商品名称或经营项目、计量单位、数量、单价、大小写金额、税率（征收率）、税额、开票人、开票日期、开票单位（个人）名称（章）等（新）

（续表）

发票管理	具体规定		

项目	填写要求		
发票内容	②填写项目齐全、内容真实、字迹清楚、全部联次一次性复写或打印，内容完全一致 ③应当使用中文。民族自治区可以同时使用当地通用的一种民族文字，外商投资企业和外资企业可以同时使用一种外国文字		
发票签章	在发票联和抵扣联加盖单位财务印章或者发票专用章		
电子发票	必须报主管税务机关批准，并使用税务机关统一监制的机打发票		
特殊处理	·特殊情形：是指开具发票后发生销售退回、开票有误、应税服务中止、销售折让等情形 ·发生特殊情形时的发票处理规定：		

开具要求

发票类型	处理方式	
纸质发票	需开具红字发票的	①可收回原发票全部联次：应收回原发票全部联次并注明"红冲"字样后开具红字发票 ②无法收回原发票全部联次：应当取得对方有效证明后开具红字发票
	需要作废发票的	可收回原发票全部联次：收回原发票全部联次，并注明"作废"字样后作废发票
电子发票	应当按照规定开具红字发票	

3. 注释：发票专用章是指领用发票单位和个人在其开具纸质发票时加盖的有其名称、统一社会信用代码或者纳税人识别号、发票专用章字样的印章

【例题2·多选题】　下列关于发票管理的表述正确的是（　　　）。

A. 电子发票与纸质发票具有同等法律效力

B. 一般纳税人可以自己印制增值税专用发票

C. 小规模纳税人不可以自行开具增值税专用发票

D. 不符合规定的发票，不得作为财务报销凭证

E. 开具纸质发票后应税服务中止的，可以直接开具红字发票

『解析』AD对：电子发票与纸质发票具有同等法律效力，任何单位和个人不得拒收；不符合规定的发票，不得作为财务报销凭证，任何单位和个人有权拒收。BCE错：①增值税专用发票由国务院税务主管部门确定的企业印制，禁止私自印制、伪造、变造发票。②增值税小规模纳税人（其他个人除外）发生增值税应税行为，需要开具增值税专用发票的，可自愿使用增值税发票管理系统自行开具；如果小规模纳税人未选择自行开具增值税专用发票，可以向主管税务机关申请代开。③开具纸质发票后，如发生销售退回、开票有误、应税服务中止、销售折让等情形，需要开具红字发票的，应当收回原发票全部联次并注明"红冲"字样后开具红字发票。无法收回原发票全部联次的，应当取得对方有效证明后开具红字发票。

『答案』AD。

3. 纳税申报

纳税申报是纳税人履行纳税义务、承担法律责任的主要依据，是税务机关税收管理信息的主要来源和税务管理的一项重要制度。纳税人、扣缴义务人，应按照税法规定的期限和内容向税务机关提交有关

纳税事项书面报告，即使纳税人在减、免税期间也应办理纳税申报。

纳税申报	具体规定		
办理申报	1. 纳税人、扣缴义务人的申报资料		
	申报人	申报资料	
	纳税人	纳税申报表、财务会计报表、税务机关根据实际需要要求纳税人报送的其他纳税资料（如与纳税有关的合同、协议书及凭证等）	
	扣缴义务人	代扣代缴、代收代缴税款报告表，税务机关根据实际需要要求扣缴义务人报送的其他有关资料	
	2. 延期申报条件及税款缴纳规定 ①许可条件：纳税人、扣缴义务人应当在规定的期限内向税务机关提出书面延期申请，经税务机关核准，可以延期申报 ②税款缴纳规定：经核准延期办理前款规定的申报、报送事项的，应当在纳税期内按照上期实际缴纳的税额或者税务机关核定的税额预缴税款，并在核准的延期内办理税款结算 3. 注意：纳税人在纳税期内没有应纳税款的，也应当按照规定办理纳税申报		
申报方式	主要申报方式：4 类		
	主要方式	特点	申报日期
	自行申报	纳税人自行直接到税务机关办理纳税申报，即直接申报	申报当天
	邮寄申报	应当使用统一的纳税申报专用信封，并以邮政部门收据作为申报凭证	以寄出的邮戳日期为实际申报日期
	数据电文申报	采用税务机关确定的电话语音、电子数据交换和网络传输等电子方式	以税务机关计算机网络系统收到该数据电文的时间为准
	其他方式	类型：简易申报、简并征期等 ①简易申报：指实行定期定额缴纳税款的纳税人在法律、行政法规规定的期限或者在税务机关依照法律、行政法规的规定确定的期限内缴纳税款的，税务机关可以视同申报 ②简并征期：指实行定期定额缴纳税款的纳税人，经税务机关批准，可以采取将纳税期限合并为按季、半年、年的方式缴纳税款，具体期限由省级税务机关根据具体情况确定	

【例题 3·多选题】　下列各项中，属于纳税申报方式的是(　　)。

A. 自行申报　　　　　B. 邮寄申报　　　　　C. 数据电文申报　　　　D. 简易申报

E. 简并征期

『解析』ABCDE 对：《税收征收管理法》规定，纳税人、扣缴义务人可以直接到税务机关办理纳税申报或者报送代扣代缴、代收代缴税款报告表，也可以按照规定采取邮寄、数据电文或者其他方式办理纳税申报、报送有关资料。实行定期定额缴纳税款的纳税人，可以实行简易申报、简并征期等纳税申报方式。

『答案』ABCDE。

➤ 知识点 3　税款征收

1. 税款征收方式

税款征收是税收征收管理工作的中心环节，是全部税收征管工作的目的和归宿。税务机关根据保证国家税款及时足额入库、方便纳税人、降低税收成本的原则，确定税款征收的方式。纳税人因有特殊困难，不能按期缴纳税款的，经省、自治区、直辖市税务局、地方税务局批准，可以延期缴纳税款，但是最长不得超过3个月。

税款征收方式		
主要方式	特点	适用范围
查账征收	• 纳税人：依据账簿记载，先自行计算缴纳 • 税务机关：事后查账核实 如有不符合税法规定的：多退少补	经营规模较大、财务会计制度较为健全、能够认真履行纳税义务的单位和个人
查定征收	• 税务机关：对纳税人的生产设备等在正常条件下的应税产品产量和销售额进行查定、计税	生产经营规模较小、产品零星、税源分散、会计核算不健全，但能控制原材料或进销货的小型厂矿和作坊
查验征收	• 税务机关：对纳税申报人的应税产品进行查验后征税，贴上完税证、查验证或盖查验戳	纳税人财务制度不健全，生产经营不固定，零星分散、流动性大的税源
定期定额征收	• 税务机关：按照一定的程序，核定纳税人在一定经营时期内的应纳税经营额及收益额，并确定其应纳税额（包括增值税税额、消费税税额、所得税税额等）	生产经营规模小，又确实无建账能力，经主管税务机关审核，县级以上（含县级）税务机关批准可以不设置账簿或暂缓建账的小型纳税人
核定征收	• 税务机关：采用合理的方法依法核定纳税人应纳税款：①参照当地同类行业或者类似行业中经营规模和收入水平相近的纳税人的税负水平核定；②按照营业收入或者成本加合理的费用和利润的方法核定；③按照耗用的原材料、燃料、动力等推算或者测算核定；④其他合理方法核定	会计账簿不健全，资料残缺难以查账，或者因其他原因难以准确确定纳税人应纳税额的纳税人
代扣代缴	• 负有收缴税款义务的单位和个人：在向纳税人支付款项时，从所支付的款项中依法直接扣收税款并代为缴纳	对纳税人课征的个人所得税（有利于控管零星分散的税源）
代收代缴	• 负有收缴税款义务的单位和个人：在向纳税人收取款项时依法收取税款并按规定申报解缴税款	零星分散、不易控制的税源
委托代征	• 税务机关委托代征人：以税务机关的名义征收税款，并将税款缴入国库	零星、分散和流动性较大的税款征收，如集贸市场税款征收
其他	主要包括邮寄申报、自计自填自缴、自报核缴、利用网络申报和用IC卡纳税等	

【例题4·2018年单选题】 账册不够健全但能控制原材料或进销货的纳税单位，适用的税款征收方式是（ ）。

A. 查定征收   B. 查账征收   C. 查验征收   D. 定期定额征收

『解析』A对：适合查定征收方式征税的纳税人，是生产经营规模较小、产品零星、税源分散、会计核算不健全，但能控制原材料或进销货的小型厂矿和作坊。BCD错：①查账征收征税方式适用于经营规模较大、财务会计制度较为健全、能够认真履行纳税义务的单位和个人；②查验征收征税方式适用于纳税人财务制度不健全，生产经营不固定，零星、分散、流动性大的税源；③定期定额征收征税方式适用于生产经营规模小，又确实无建账能力，经主管税务机关审核，县级以上（含县级）税务机关批准可以不设置账簿或暂缓建账的小型纳税人。

『答案』A。

2. 税款保全与税款强制执行制度

为保障国家税收债权及保护被保全人利益,《税收征收管理法》设立税收保全制度,且对从事生产经营的纳税人或者扣缴义务人未按照规定期限缴纳或者解缴税款,纳税担保人未按照规定的期限缴纳所担保的税款,税务机关责令限期缴纳逾期仍未缴纳的,实施税收强制执行制度。

区别	税收保全与税收强制执行的比较		
	适用情形	措施	解除或退还
税收保全	• 纳税人逃避纳税义务,且在限期缴纳应纳税款期间有明显的转移、隐匿其应纳税的商品、货物以及其他财产或者应纳税收入迹象,且纳税人不能提供纳税担保的	①书面通知纳税人开户银行或者其他金融机构冻结纳税人的金额相当于应纳税款的存款 ②扣押、查封其价值相当于应纳税款的商品、货物或其他财产 注释:其他财产包括纳税人的房地产、现金、有价证券等不动产和动产	税务机关应当自收到税款或银行转回的完税凭证之日起1日内解除税收保全
税收强制执行	• 纳税人未按照规定的期限缴纳或者解缴税款,纳税担保人未按照规定的期限缴纳所担保的税款,由税务机关责令限期缴纳,逾期仍未缴纳的	①强制扣款:书面通知其开户银行或者其他金融机构从其存款中扣缴税款 ②拍卖变卖:扣押、查封、依法拍卖或变卖其价值相当于应纳税款的商品、货物或其他财产,以拍卖或者变卖所得抵缴税款	①税务机关采取强制执行措施时,对纳税人、扣缴义务人、纳税担保人未缴纳的滞纳金同时强制执行 ②拍卖或变卖所得抵缴税款、滞纳金、罚款以及拍卖、变卖等费用后,剩余部分应当在3日内退还被执行人
	注意:对纳税担保人未按照规定的期限缴纳所担保的税款的,税务机关会发出限期缴纳税款通知书,责令缴纳或解缴税款的最长期限不得超过15日		
共同点	1. 适用对象:从事生产、经营的纳税人 2. 不执行税收保全和强制执行措施的范围 ①个人及其所扶养家属维持生活必需的住房和用品;②单价5000元以下的其他生活用品		

【例题5·单选题】　逃避纳税义务,且在纳税限期内有明显的转移、隐匿应纳税的商品、货物以及应纳税收入迹象,且不能提供纳税担保的纳税人,适用的税款征收措施是(　　)。

　　A. 税收保全措施　　　B. 查定征收　　　C. 强制执行措施　　　D. 查账征收

『解析』A 对:《税收征收管理法》规定,税务机关有根据认为从事生产、经营的纳税人有逃避纳税义务行为的,可以在规定的纳税期之前,责令限期缴纳应纳税款;在限期内发现纳税人有明显的转移、隐匿其应纳税的商品、货物以及其他财产或者应纳税的收入的迹象的,税务机关可以责成纳税人提供纳税担保。如果纳税人不能提供纳税担保,经县以上税务局(分局)局长批准,税务机关可以采取税收保全措施。BCD 错:查定征收、查账征收属于税款征收的方式,不属于税款征收措施;题干描述的情形适用税收保全措施,不适用税收强制执行措施。

『答案』A。

3. 税款的退还与追征制度

纳税人超过应纳税额缴纳的税款,按照《税收征收管理法》设立的税款退还制度,纳税人有权申请退款;对纳税人、扣缴义务人未缴或少缴税款的,按照税款追征制度,由税务机关对未征少征税款要求补缴,对未缴少缴税款进行追征。

制度	具体规定
税款退还	1. 纳税人超过应纳税额缴纳的税款的退还： 表格如下： **适用情形 / 发现主体 / 退还方式 / 退还金额** 纳税人多缴纳的税款 税务机关：发现后应当立即退还；应当自发现之日起10日内办理退还手续 —— 多缴纳的税额 纳税人自结算缴纳税款之日起3年内发现：税务机关应当自接到纳税人退还申请之日起30日内查实并办理退还手续 —— 多缴的税款并加算银行同期存款利息　·注释：①加算银行同期存款利息不包括依法预缴税款形成的结算退税、出口退税和各种减免退税；②退税利息按照税务机关办理退税手续当天中国人民银行规定的活期存款利率计算 2. 注意：纳税人在结清纳税款之日起3年后向税务机关提出退还多缴税款要求的，税务机关不予受理
税款追征	1. 纳税人、扣缴义务人未缴或者少缴税款的追征 表格如下： **适用情形 / 责任人 / 追征方式 / 追征金额** 纳税人、扣缴义务人未缴或者少缴税款 税务机关的责任：税务机关在3年内可以要求纳税人、扣缴义务人补缴 —— 补缴税款，但不得加收滞纳金 因纳税人、扣缴义务人计算错误等失误：税务机关在3年内可以追征；有特殊情况的，追征期可以延长到5年 —— 税款、滞纳金 偷税、抗税、骗税的：税务机关无限期追征 —— 税款、滞纳金或所骗取的税款 2. 注意：①特殊情况是指纳税人或者扣缴义务人因计算错误等失误，未缴或者少缴、未扣或者少扣、未收或者少收税款，累计数额在10万元以上的。②补缴和追征税款、滞纳金的期限，自纳税人、扣缴义务人应缴未缴或者少缴税款之日起计算 3. 纳税人既有应退税款又有欠缴税款的处理 ·税务机关可以将应退税款和利息先抵扣欠缴税款；抵扣后有余额的，退还纳税人

【例题6·单选题】　纳税人发现多缴税款要求退还时，税务机关办理退还手续的时限为自接到纳税人退还申请之日起（　　）。

A. 15日内　　　　　B. 30日内　　　　　C. 45日内　　　　　D. 60日内

『解析』B对：按实施细则规定，税务机关发现纳税人多缴税款的，应当自发现之日起10日内办理退还手续；纳税人发现多缴税款，要求退还的，税务机关应当自接到纳税人退还申请之日起30日内查实并办理退还手续。ACD错。

『答案』B。

【例题7·多选题】　下列关于税款征收的表述正确的是（　　）。

A. 税务机关发现纳税人多缴税款，应当立即退还

B. 缴税后第2年发现多缴税款，纳税人只能要求退还多缴税款

C. 扣缴义务人计算错误导致少缴税款，可以追征其税款及滞纳金

D. 偷税纳税人未缴或少缴的税款及滞纳金，可以对其无限期追征

E. 税务机关导致少缴税款，可以要求其补缴税款但不加收滞纳金

『解析』ACDE 对：①纳税人超过应纳税额缴纳的税款，税务机关发现后应当立即退还，并应当自发现之日起 10 日内办理退还手续。②因纳税人、扣缴义务人计算错误等失误，未缴或者少缴税款的，税务机关在 3 年内可以追征税款、滞纳金；有特殊情况的，追征期可以延长到 5 年。③对偷税、抗税、骗税的，税务机关追征其未缴或者少缴的税款、滞纳金或者所骗取的税款，税务机关可以无限期追征。④因税务机关的责任，致使纳税人、扣缴义务人未缴或者少缴税款的，税务机关在 3 年内可以要求纳税人、扣缴义务人补缴税款，但是不得加收滞纳金。B 错：纳税人自结算缴纳税款之日起 3 年内发现的，可以向税务机关要求退还多缴的税款并加算银行同期存款利息，税务机关及时查实后应当立即退还。

『答案』ACDE。

➤ 知识点 4　税务检查

税务检查是税收征收管理工作的一项重要内容，是确保国家财政收入和税收法律法规贯彻落实的重要手段。税务机关在行使税务检查权时应当根据税收法律、行政法规的规定，对纳税人、扣缴义务人履行纳税义务、扣缴义务及其他有关税务事项进行审查、核实、监督。

税务检查	具体规定		
检查范围	1. 税务机关有权进行税务检查的范围		
	被查主体	被查范围	
	纳税人	①账簿、记账凭证、报表和有关资料；②应纳税的商品、货物或者其他财产；③托运、邮寄应纳税商品、货物或者其他财产的有关单据、凭证和有关资料；④询问与纳税有关的问题和情况	
	非从事生产、经营的扣缴义务人	①代扣代缴、代收代缴税款账簿、记账凭证、有关的文件、证明材料、经营情况等有关资料；②询问代扣代缴、代收代缴税款有关的问题和情况	
	从事生产、经营的扣缴义务人	经县以上税务局（分局）局长批准，凭全国统一格式的检查存款账户许可证明，查询其在银行或者其他金融机构的存款账户	
	税收违法案件涉嫌人员	经设区的市、自治州以上税务局（分局）局长批准，可以查询案件涉嫌人员的储蓄存款	
	2. 注意：税务机关查询所获得的资料，不得用于税收以外的用途		
权利和义务	1. 税务机关在税务检查中的权利和义务		
	主体	权利	义务
	税务机关	①对有逃避纳税义务行为，并有明显的转移、隐匿其应纳税的商品、货物以及其他财产或者应纳税的收入的迹象的从事生产、经营的纳税人，有权采取税收保全措施或者强制执行措施；②有权向有关单位和个人调查纳税人、扣缴义务人和其他当事人，调查与纳税或者代扣代缴、代收代缴税款有关的情况；③有权记录、录音、录像、照相和复制与调查的税务违法案件有关的情况和资料	应当出示税务检查证和税务检查通知书，并有责任为被检查人保守秘密
	2. 纳税人、扣缴义务人在税务检查中的权利和义务 ①权利：税务机关派出的人员进行税务检查时未出示税务检查证和税务检查通知书的，被检查人有权拒绝检查；②义务：必须接受税务机关依法进行的税务检查，如实反映情况，提供有关资料，不得拒绝、隐瞒		

【例题8·多选题】　下列属于税务机关税务检查范围的是(　　)。

A. 纳税人的账簿、记账凭证、报表和有关资料

B. 扣缴义务人代扣代缴、代收代缴税款账簿

C. 扣缴义务人与代扣代缴、代收代缴税款有关的经营情况

D. 询问扣缴义务人代扣代缴、代收代缴税款有关的问题和情况

E. 到纳税人的生产、经营场所和货物存放地检查纳税人应纳税的商品

『解析』ABCDE对：按征管法规定，税务机关有权对各选项内容进行税务检查。

『答案』ABCDE。

➢ 知识点5　税收法律责任

税收法律主体，即纳税人、扣缴义务人以及税务机关、税务人员，违反税收法律，应当承担税收法律责任，主要是行政责任和刑事责任。

责任类型	适用对象	处罚形式
行政处罚	违反法律规范，尚未构成犯罪的公民、法人和其他组织	责令限期改正（逾期不改正的，经税务机关提请，由工商行政管理机关吊销其营业执照）、罚款、没收财产、收缴未用发票、暂停发票和停止出口退税权等
刑事处罚	违反法律规范，构成犯罪的公民、法人和其他组织	拘役、判处徒刑、罚金和没收财产
税务违法刑事犯罪及处罚的种类	1. 涉及危害税收征管的税务违法刑事犯罪及处罚的种类与未构成犯罪时的处罚 《详见下表》	

表（税务违法刑事犯罪及处罚的种类内嵌表格）：

类型	法律界定	情节轻微未构成犯罪的处罚
偷税罪	情形1：伪造、变造、隐匿、擅自销毁账簿、记账凭证，或在账簿上多列支出或不列、少列收入的 情形2：经税务机关通知申报而拒不申报或进行虚假的纳税申报，不缴或少缴应纳税款的	由税务机关追缴其不缴或少缴的税款、滞纳金，并处不缴或少缴的税款50％以上5倍以下的罚款；在规定期间内停止为其办理出口退税
抗税罪	以暴力、威胁方法拒不缴纳税款的	由税务机关追缴其拒缴的税款、滞纳金，并处拒缴税款1倍以上5倍以下的罚款
逃避追缴欠款罪	欠缴应纳税款，采取转移或隐匿财产的手段，妨碍税务机关追缴欠缴的税款的	由税务机关追缴欠缴的税款、滞纳金，并处欠缴税款50％以上5倍以下的罚款
骗取出口退税罪	以假报出口或者其他欺骗手段，骗取国家出口退税款的	由税务机关追缴其骗取的退税款，并处骗取税款1倍以上5倍以下的罚款
非法印制发票罪	未经规定的税务机关指定私自印制发票的	由税务机关销毁非法印制的发票，没收违法所得和作案工具，并处1万元以上5万元以下的罚款

2. 注意：①以上税务违法刑事犯罪，情节严重，构成犯罪的，均依法追究刑事责任

②从事生产、经营的纳税人、扣缴义务人，有税收违法行为，拒不接受税务机关处理的，税务机关可以收缴其发票或者停止向其发售发票。③税务机关、税务人员违反税收法律规定，依法给予行政处分或者行政处罚，构成犯罪的，依法追究刑事责任

【例题9·多选题】　　属于税务违法刑事犯罪及处罚的是(　　　)。

A. 偷税罪　　　　　　　　　　　　　　　B. 抗税罪

C. 逃避追缴欠款罪　　　　　　　　　　　D. 骗取出口退税罪

E. 渎职罪

『解析』ABCD 对：税务违法刑事犯罪及处罚的种类主要有偷税罪、抗税罪、逃避追缴欠款罪、骗取出口退税罪和非法印制发票罪。E 错：不属于该犯罪类型。

『答案』ABCD。

➤ 知识点 6　税务行政复议

　　纳税人和其他税务当事人对税务机关的税务行政行为不服的，有权利向上级税务机关提出申诉，请求上一级税务机关对原具体行政行为的合理性、合法性作出审议。复议机关应当对原税务机关具体行政行为的合理性、合法性依法作出维持、变更、撤销等裁决。

行政复议	具体规定		
复议范围	1. 可以申请行政复议的行政行为：2 大类		
	类型	涵盖范围	
	第一类	1 个：征税行为	
	第二类	11 个：行政许可、行政审批行为；发票管理行为；税收保全措施、强制执行措施；行政处罚行为；不依法履行职责的行为；资格认定行为；不依法确认纳税担保行为；政府信息公开工作中的具体行政行为；纳税信用等级评定行为；通知出入境管理机关阻止出境行为；其他具体行政行为	注意：①发票管理行为，包括发售、收缴、代开发票等；②行政处罚行为是指罚款、没收财物和违法所得、停止出口退税权；③不依法履行职责的行为包括颁发税务登记证，开具、出具完税凭证、外出经营活动税收管理证明，行政赔偿，行政奖励，以及其他不依法履行职责的行为
	2. 行政复议的处理方式 ①对第一类行为不服的：先申请行政复议→对复议决定不服的，再向人民法院提诉讼 ②对第二类行为不服的：方式 1 是申请行政复议；方式 2 是直接向人民法院提起诉讼 3. 纳税人、扣缴义务人、纳税担保人同税务机关在纳税上发生争议时的处理方式 ①流程：先依照税务机关的纳税决定缴纳或解缴税款及滞纳金或者提供相应的担保→然后可依法申请行政复议→对行政复议决定不服的，可依法向人民法院起诉 ②注释：纳税争议是指纳税人、扣缴义务人、纳税担保人对税务机关确定纳税主体、征税对象、征税范围、减税、免税及退税、适用税率、计税依据、纳税环节、纳税期限、纳税地点以及税款征收方式等具体行政行为有异议而发生的争议		
复议管辖	1. 复议管辖的一般规定		
	适用情形	复议机关	
	对各级地方税务局的具体行政行为不服的	方式 1：上一级地方税务局 方式 2：该税务局的本级人民政府	
	对各级税务局的具体行政行为不服的	上一级税务局	
	对国家税务总局的具体行政行为不服的	国家税务总局	
	对行政复议决定不服的	方式 1：向人民法院提起行政诉讼 方式 2：向国务院申请裁决（最终裁决）	

（续表）

行政复议	具体规定
行政复议决定	1. 作出行政复议决定的时间要求 | 适用情形	作出决定的时间要求
一般情况	行政复议机关应当自受理申请之日起60日内作出行政复议决定
情况复杂	经复议机关负责人批准，可以适当延长，并告知申请人和被申请人，但延长期限最多不超过30日	
行政复议决定	2. 行政复议决定的种类 | 作出决定的种类	适用范围
维持或者要求纳税人期限内履行原决定	①具体行政行为认定事实清楚，证据确凿，适用依据正确，程序合法，内容适当的，决定维持 ②被申请人不履行法定职责的，决定其在一定期限内履行
撤销、变更或者确认该具体行政行为违法	这类具体行政行为如下：主要事实不清、证据不足的；适用依据错误的；违反法定程序的；超越职权或者滥用职权的；具体行政行为明显不当的
撤销、变更具体行政行为或确认具体行政行为违法时，同时决定被申请人依法给予纳税人赔偿	申请人在申请行政复议一并提出行政赔偿请求的，复议机关对符合国家赔偿法的规定应当赔偿 | 3. 注意：行政复议决定书一经送达，即发生法律效力

【例题10•多选题】 纳税人对税务机关的税务行政行为不服，可以直接向人民法院提起诉讼的行政行为有（　　）。

A. 征税行为
B. 发票管理行为
C. 不依法确认纳税担保行为
D. 纳税信用等级评定行为
E. 税收保全措施、强制执行措施

『解析』BCDE 对：纳税人对税务机关存在选项所述的行政行为不服，可以选择申请行政复议，也可以直接向人民法院提起诉讼。A 错：纳税人对税务机关的征税行为不服，应先申请行政复议，对复议决定不服的，再向人民法院提诉讼。

『答案』BCDE。

三、疑难解答

1. 关于纳税人外出经营活动管理问题

按照《税收征收管理法》的规定，纳税人离开其办理税务登记所在地到外县（市）从事经营活动、提供应税劳务的，应该在发生外出经营活动以前向其登记所在地的主管税务机关申请办理"外出经营活动税收管理证明"（简称"外管证"），并向经营地或提供劳务地税务机关报验登记。

从事生产、经营的纳税人到外县（市）临时从事生产、经营活动的，应当持税务登记证副本和所在地税务机关填开的"外出经营活动税收管理证明"，向营业地税务机关报验登记，接受税务管理。从事生产、经营的纳税人外出经营，在同一县（市）实际经营或提供劳务之日起，在连续的12个月内累计超过180天的，应在营业地办理税务登记。

意义	"外管证"管理制度的创新
重要地位	外出经营活动税收管理是现行税收征管的一项基本制度,"外管证"在解决跨区域经营纳税人的税收收入及征收管理等方面有重要作用
创新发展	随着行政审批制度改革深化,及适应全面推开营改增试点工作的需要,2016年我国创新了"外管证"管理制度,如改进开具范围、开始信息化管理、延长有效期、优化办理程序及报验登记等。2017年9月,按照该项制度的管理实质,将"外出经营活动税收管理"更名为"跨区域涉税事项报验管理",纳税人跨区域经营前不再开具相关证明,改为填报"跨区域涉税事项报告表"。至此,"外管证"完成了其历史使命

【例题11·2016年单选题】 纳税人在"外管证"注明地销售货物,不需要提供和填写的证件、资料是（　　　）。

A. 外管证　　　　　　　　　　　B. 税务登记证件副本

C. 税务登记证件正本　　　　　　D. 外出经营货物报验单

『解析』选 C:按《税收征收管理法实施细则》规定,从事生产、经营的纳税人到外县（市）临时从事生产、经营活动的,应当持税务登记证副本和所在地税务机关填开的"外出经营活动税收管理证明",向营业地税务机关报验登记,接受税务管理,所需资料中不包括税务登记证件正本。ABD不选:都是需要提供的材料。

『答案』C。

2. 税务代理与涉税专业服务机构

税务代理是指代理人受纳税人、扣缴义务人的委托,在法定的代理范围内依法代其办理相关税务事宜的行为,具有公正性、自愿性、有偿性、独立性和确定性等特征。<u>税务代理人在其权限内,以纳税人（含扣缴义务人）的名义代为办理纳税申报,申办、变更、注销税务登记证,申请减免税,设置保管账簿凭证,进行税务行政复议和诉讼等纳税事项的服务活动。</u>

税务师事务所和从事涉税专业服务的会计师事务所、律师事务所、代理记账机构、税务代理公司、财税类咨询公司等<u>涉税专业服务机构,从事纳税申报代理、一般税务咨询、专业税务顾问、税收策划、涉税鉴证、纳税情况审查、其他税务事项代理、发票服务等涉税专业服务,应当遵循独立、客观、公正、规范原则;涉税专业服务机构及其涉税服务人员应当诚实守信、正直自律、勤勉尽责,遵守职业道德,维护行业形象。</u>（新增）

【例题12·2017年单选题】 不属于税务代理业务范围的是（　　　）。

A. 办理税务登记　　　　　　　　B. 审查纳税情况

C. 办理增值税专用发票的领购手续　　D. 办理增值税一般纳税人资格认定申请

『解析』选 C:办理增值税专用发票的领购手续是发票服务,属于涉税专业服务。ABD选项属于税务代理范围:税务代理人的业务范围是在其权限内,以纳税人（含扣缴义务人）的名义代为办理纳税申报,申办、变更、注销税务登记证,申请减免税,设置保管账簿凭证,进行税务行政复议和诉讼等纳税事项的服务。

『答案』C。

3. 高考链接

年份	题型	分值	考点
2016 年	单选题	2	税务登记:"外出经营活动税收管理证明"
2017 年	单选题	2	税务代理业务范围
2018 年	单选题	3	税款征收方式及其适用情形
2019 年	单选题	3	申报办理税务登记的时间

四、考点归纳

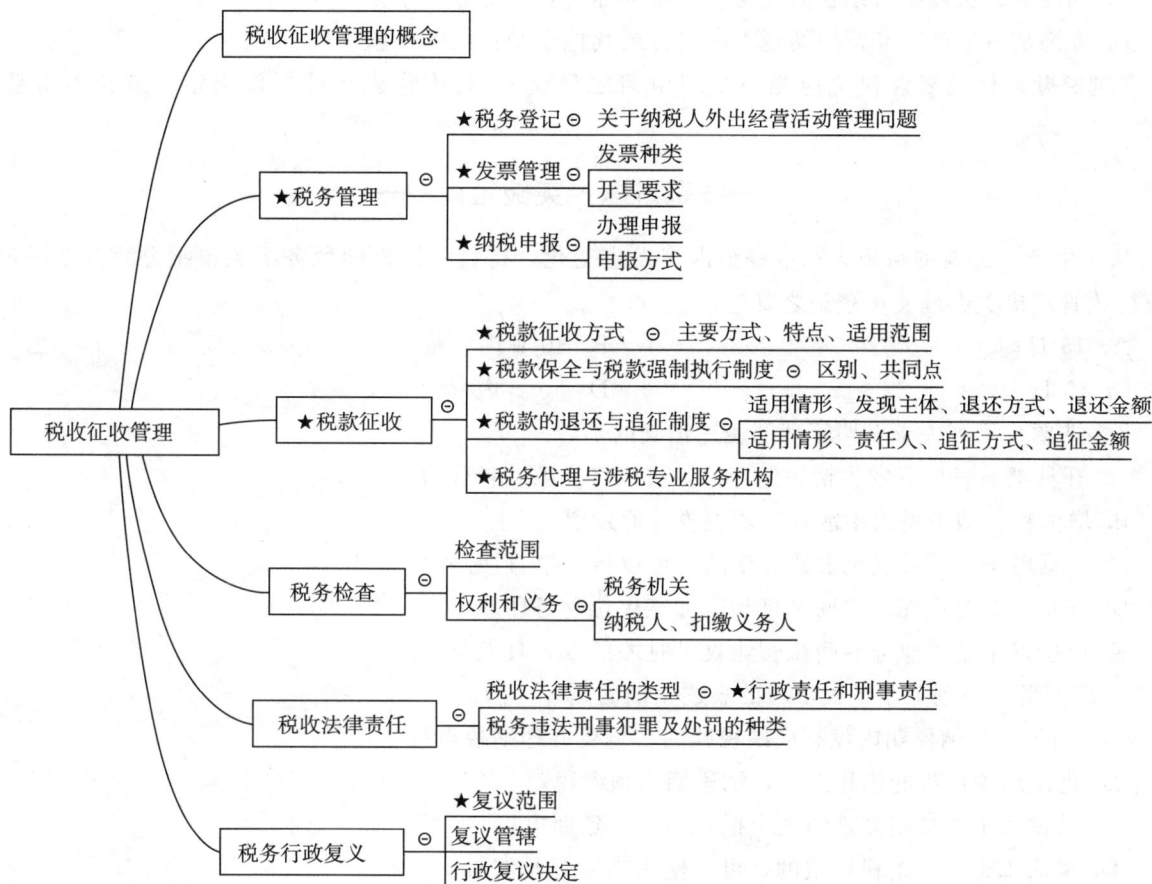

五、知识精练

——精选好题·强化能力——

1. 从事生产、经营以外的纳税人申报办理税务登记的时限为自纳税义务发生之日起（ ）。

    A. 10 日内   B. 15 日内

    C. 20 日内   D. 30 日内

2. 经营规模较大、财务会计制度较为健全、能够认真履行纳税义务的单位和个人，适用的税款征收方式是（ ）。

    A. 查验征收   B. 查账征收

    C. 查定征收   D. 委托代征

3. （判断题）个人及其所扶养家属维持生活必需的住房和用品，不在税收保全措施的范围之内。（ ）

4. （判断题）税务机关执行税收强制措施拍卖财产所得抵缴税款、滞纳金、罚款以及拍卖费用后，剩余部分应当在 5 日内退还被执行人。（ ）

5. （判断题）税务机关派出的人员进行税务检查时未出示税务检查证和税务检查通知书的，被检查人有权拒绝检查。（ ）

6. （多选题）下列属于税务机关税务检查范围的是（ ）。

    A. 询问纳税人与纳税有关的问题和情况

B. 经批准查询案件涉嫌人员的储蓄存款

C. 责成纳税人提供与纳税有关的文件、证明材料和有关资料

D. 到码头、机场检查纳税人托运应纳税商品、货物的有关单据

E. 查询从事生产、经营的纳税人在银行或其他金融机构的存款账户

7.（判断题）行政复议机关应当自受理申请之日起 60 日内作出行政复议决定，最长不得超过 90 日。（　　）

——拔高好题·突破难点——

8. 从事生产、经营的纳税人税务登记内容发生变化，持有关证件向税务机关申报办理变更的时限为自工商行政管理机关办理变更登记之日起（　　）。

A. 15 日内
B. 30 日内
C. 45 日内
D. 60 日内

9.（多选题）下列关于发票管理的表述正确的是（　　）。

A. 开具纸质发票后发生销售退回的，可以将发票直接作废

B. 增值税一般纳税人不能开具增值税普通发票

C. 开具电子发票后发现发票有误的，可以将发票直接删除

D. 开具发票时应在发票联和抵扣联加盖单位财务印章

E. 单位发生销售业务并确认营业收入时才可以开具发票

10.（多选题）下列关于纳税申报的表述正确的是（　　）。

A. 纳税人在纳税期内没有应纳税款的，也要办理纳税申报

B. 延期纳税申报的纳税人应在纳税期内预缴税款

C. 纳税人不能按期办理纳税申报，不可以延期申报

D. 采取邮寄方式纳税申报的，可以使用邮局普通信封

E. 数据电文申报以税务机关网络系统收到该数据电文的时间为准

11. 未按照规定的期限缴纳税款，纳税担保人未按照规定的期限缴纳所担保的税款，由税务机关责令限期缴纳，逾期仍未缴纳的从事生产、经营的纳税人，适用的税款征收措施是（　　）。

A. 定期定额征收
B. 税收保全措施
C. 强制执行措施
D. 查验征收

12.（多选题）下列关于税款征收的表述正确的是（　　）。

A. 纳税人骗取的税款，可以无限期追征

B. 税务机关导致未缴税款，可以要求纳税人补缴税款及滞纳金

C. 纳税人计算错误导致少缴税款，10 年内可以追征其税款及滞纳金

D. 纳税人缴税后第 5 年发现多缴税款，可要求退还多缴税款及利息

E. 补缴税款、滞纳金的期限是自纳税人少缴税款之日起计算

13.（多选题）下列属于税收违法行政处罚的是（　　）。

A. 责令限期改正
B. 罚款
C. 收缴未用发票
D. 罚金
E. 停止出口退税权

14.（多选题）纳税人对税务机关的税务行政行为不服，可以选择申请行政复议，也可以直接向人民法院提起诉讼的行政行为有（　　）。

A. 行政许可、行政审批行为
B. 行政处罚行为
C. 资格认定行为
D. 不依法履行职责的行为

　　E. 通知出入境管理机关阻止出境行为

15. （多选题）下列属于税务代理业务范围的是（　　　）。

　　A. 申办、变更、注销税务登记证

　　B. 办理纳税申报和申请减免税

　　C. 办理增值税专用发票的领购手续

　　D. 提供一般税务咨询服务

　　E. 办理增值税小规模纳税人资格认定申请

任务六知识精练参考答案

项目三综合检测一

一、单选题

1. 下列各项中，属于税收强有力保证的特征是（　　　）。

　　A. 强制性　　　　　B. 无偿性　　　　　C. 固定性　　　　　D. 灵活性

2. 下列税种中，属于行为税的是（　　　）。

　　A. 房产税　　　　　　　　　　　　　　B. 个人所得税

　　C. 车辆购置税　　　　　　　　　　　　D. 企业所得税

3. 下列行为中，不属于增值税征收范围的有（　　　）。

　　A. 取得与销售数量无关的财政补贴收入

　　B. 房地产公司购入执法部门拍卖的房产再销售

　　C. 粮油销售公司将外购的某品牌菜籽油赠送给客户

　　D. 家具制造厂将自己生产的沙发奖励给优秀员工

4. 增值税一般纳税人的下列应税行为适用6%税率的是（　　　）。

　　A. 销售食用植物油　　　　　　　　　　B. 转让商标权

　　C. 转让土地使用权　　　　　　　　　　D. 销售图书

5. 下列选项中，需要征收消费税的是（　　　）。

　　A. 卸妆油　　　　　　　　　　　　　　B. 实木地板

　　C. 气缸容量200毫升的小排量摩托车　　D. 变压器油

6. 下列支出在计算企业所得税应纳税所得额时准予扣除的是（　　　）。

　　A. 赞助支出　　　　　　　　　　　　　B. 未经核定的准备金支出

　　C. 超过规定标准的捐赠支出　　　　　　D. 银行企业内营业机构之间支付的利息

7. 不属于税务代理业务范围的是（　　　）。

　　A. 变更税务登记　　　　　　　　　　　B. 申请减免税款

　　C. 提供税务行政复议和诉讼服务　　　　D. 提供税收策划

8. 纳税人被工商行政管理机关吊销营业执照办理注销税务登记的时限为自营业执照被吊销之日起（　　　）。

　　A. 10日内　　　　B. 15日内　　　　C. 30日内　　　　D. 60日内

9. 纳税人财务制度不健全，生产经营不固定，零星、分散、流动性大的税源，适用的税款征收方式是（　　　）。

　　A. 查验征收　　　　B. 查账征收　　　　C. 核定征收　　　　D. 查定征收

10. 纳税人对税务机关的税务行政行为不服，不能直接向人民法院提起诉讼的行政行为是（　　　）。

A. 发票管理行为　　　　　　　　　　B. 征税行为

C. 税收保全措施　　　　　　　　　　D. 行政处罚行为

二、多选题

1. 下列各项中，属于税收特征的是(　　　)。

A. 无偿性　　　　B. 强制性　　　　C. 灵活性　　　　D. 固定性

E. 有偿性

2. 下列税种中，属于资源税类的是(　　　)。

A. 房产税　　　　　　　　　　　　　B. 资源税

C. 城镇土地使用税　　　　　　　　　D. 环境保护税

E. 印花税

3. 下列税种属于税收法律的是(　　　)。

A.《车船税法》　　　　　　　　　　B.《消费税暂行条例》

C.《增值税暂行条例》　　　　　　　D.《税收征收管理法》

E.《个人所得税法》

4. 属于构成税法最基本的要素有(　　　)。

A. 纳税义务人　　　　　　　　　　　B. 计税依据

C. 税率　　　　　　　　　　　　　　D. 征税对象

E. 纳税期限

5. 下列行为属于增值税征税范围的是(　　　)。

A. 提供邮政服务　　　　　　　　　　B. 提供运输服务

C. 转让著作权　　　　　　　　　　　D. 销售家用电器

E. 企业员工为老板提供汽车修理修配劳务

6. 下列应按照金融服务计征增值税的是(　　　)。

A. 保险服务　　　　　　　　　　　　B. 金融商品转让

C. 租赁服务　　　　　　　　　　　　D. 贷款服务

E. 直接收费金融服务

7. 下列采用比例税率计税的有(　　　)。

A. 增值税　　　　　　　　　　　　　B. 土地增值税

C. 城市维护建设税　　　　　　　　　D. 企业所得税

E. 啤酒、黄酒、成品油的消费税

8. 下列选项中应税消费品的适用税率说法正确的有(　　　)。

A. 白酒适用定额税率加比例税率复合计税　B. 黄酒适用定额税率

C. 木制一次性筷子适用比例税率　　　D. 雪茄烟适用定额税率

E. 电池适用比例税率

9. 根据企业所得税法律制度的规定，不缴纳企业所得税的有(　　　)。

A. 合伙企业　　　　　　　　　　　　B. 有限责任公司

C. 股份有限公司　　　　　　　　　　D. 个体工商户

E. 个人独资企业

10. 下列企业中，属于居民企业的有(　　　)。

A. 依照英国法律成立，实际管理机构在中国境内的建筑公司

B. 依照法在中国境内设立的、中外合资的服装设计公司

C. 依照英国法律成立，实际管理机构不在中国境内的商贸公司

D. 依照美国法律成立，实际管理机构不在中国境内但有来源于境内所得的百货公司

E. 依法在中国境内设立的个人独资企业

11. 按企业所得税规定，"其他收入"包括（　　）。

A. 销售存货取得的收入　　　　　　　B. 提供修理修配劳务取得的收入

C. 转让持有 3 年的债权取得收入　　　D. 逾期未退包装物押金收入

E. 已作坏账损失处理后又收回的应收款项

12. 企业按照规定缴纳的下列税金，在计算企业所得税应纳税所得额时可以扣除的是（　　）。

A. 环境保护税　　　　　　　　　　　B. 企业所得税

C. 允许抵扣的增值税　　　　　　　　D. 不得抵扣的增值税

E. 教育费附加和地方教育附加

13. 下列各项中，应缴纳个人所得税项目的是（　　）。

A. 医疗保险金　　　　　　　　　　　B. 通信补贴收入

C. 地方政府债券利息　　　　　　　　D. 国家发行的金融债券利息

E. 退休人员再任职取得的收入

14. 下列应纳入综合所得计征个人所得税的是（　　）。

A. 经营所得　　　　　　　　　　　　B. 利息、股息、红利所得

C. 劳务报酬所得　　　　　　　　　　D. 稿酬所得

E. 特许权使用费所得

15. 居民取得的下列所得中，属于专项附加扣除的有（　　）

A. 失业保险　　　　　　　　　　　　B. 基本养老保险

C. 子女教育　　　　　　　　　　　　D. 住房公积金

E. 大病医疗

16. 下列关于税款征收的表述正确的是（　　）。

A. 纳税人偷税、抗税、骗税的税款，可以无限期追征

B. 税务机关发现纳税人多缴税款，应当立即退还

C. 纳税人计算错误导致少缴税款，在特殊情况下可以追征 5 年

D. 税务机关导致少缴税款，3 年内可要求补缴税款并加收滞纳金

E. 纳税人缴税后第 1 年发现多缴税款，可要求退还多缴税款及利息

三、计算题

1. 某企业为增值税一般纳税人，2023 年 11 月企业的增值税销项税额为 2600000 元，增值税进项税额为 1800000 元（其中 1670000 元当月已通过认证）。

要求：计算该企业当月应纳增值税税额。

2. 某企业为增值税一般纳税人，适用的增值税税率为 13%，2023 年 10 月发生以下经济业务：

(1) 自产茶叶发职工福利，取得增值税专用发票注明税额 900 元；

(2) 购进产品礼盒包装物，取得增值税专用发票注明税额 6500 元；

(3) 销售品牌茶叶取得收入 734500 元，已开具普通发票。

取得的增值税专用发票均在当月已通过认证。

要求：计算该企业当月应纳增值税税额。

3. 某饮料生产企业为一般纳税人，税率 13%，2023 年 5 月发生下列经济业务：

(1) 缴纳水电费取得增值税专用发票注明价款 42500 元；

(2) 购买鲜橙一批，增值税专用发票注明价款 100000 元；

(3) 从农民手中收购水果用于生产饮料，收购凭证买价为 82000 元；

(4) 当月销售自产饮料产品实现含税销售收入 2227230 元。

取得的增值税专用发票均在当月已通过认证。

要求：计算饮料生产企业本月应纳增值税额。

4. 食品公司为一般纳税人，2023 年 9 月发生如下经济业务：

(1) 购进用于生产植物奶的黄豆，收购凭证上注明买价 68500 元；

(2) 直接向农业生产者收购烟叶，收购凭证上注明买价 45600 元；

(3) 购置一台运输卡车，取得的普通发票上注明价款 340000 元；

(4) 销售食品取得增值税含税收入 4238517 元。

要求：计算食品公司当月的增值税进项税额、销项税额及应纳增值税。

5. 某日化企业 2023 年 6 月生产了一批成套化妆品发放给本企业女职工作为妇女节福利。该企业无同类产品销售价格，生产成本为 3.5 万元，核定的成本利润率为 5%。（高档化妆品适用的消费税率为 15%）

要求：计算该企业 6 月应纳消费税税额。

6. 甲企业为增值税一般纳税人，2023 年 1 月外购一批木材，取得增值税专用发票注明价款 50 万元、税额 6.5 万元，并将该批木材运往乙企业委托其加工木制一次性筷子，取得增值税专用发票注明运费 1 万元、增值税 0.03 万元，支付不含税委托加工费 5 万元。假定乙企业无同类产品对外销售价格。（木制一次性筷子适用的消费税率为 5%）

要求：计算乙企业当月应代收代缴的消费税税额。

7. 某卷烟商贸企业 2023 年 10 月销售甲类卷烟 220 条（规格为 10 盒/条、20 支/盒），取得不含增值税的销售额 176000 元，甲类卷烟适用消费税税率为 56%加 0.003 元/支。

要求：（1）计算该企业当月从价计征的消费税税额；

（2）计算该企业当月从量计征的消费税税额；

（3）计算该企业当月应纳消费税税额。

8. 某商厂 2023 年 11 月销售高档手表 30 只，取得不含增值税销售额 3846000 元。另外销售黄酒 20 吨，取得不含增值税的销售额 400000 元。（注意：高档手表适用消费税税率为 20%，黄酒适用消费税税额 240 元/吨。）

要求：计算该企业当月应纳消费税税额。

9. 某钟表生产企业 2023 年 2 月受托为某制表厂加工一批高档手表，制表厂提供的原材料成本为 220 万元，钟表生产企业收取烟厂不含增值税的加工费 60 万元，钟表生产企业无同类产品市场价格。（注意：高档手表适用消费税税率为 20%）

要求：计算该钟表生产企业当月应代收代缴的消费税税额。

10. 某企业 2023 年实现商品销售收入 1000 万元，接受捐赠收入 200 万元，获得国债利息收入 20 万元，支付与生产经营活动有关的广告费和业务宣传费 90 万元，以前年度结转的广告费和业务宣传费支出为 70 万元。

要求：计算该企业 2023 年广告费和业务宣传费支出的扣除限额。

11. 某摩托车制造企业 2023 年实现销售收入 5000000 元，取得国债利息收入 200000 元，发生销售成本 900000 元，管理费用 300000 元（其中：业务招待费 60000 元），销售费用 800000 元（其中：广告费 760000 元），营业外支出 300000 元（其中：非广告性质的赞助支出 100000 元）。（该企业适用所得税税率为 25%）

要求：计算该企业 2023 年应纳税所得额。

12. 某装备制造企业 2023 年销售收入 16000000 元，取得国债利息收入 550000 元，发生销售成本 4200000 元，销售费用 2600000 元（其中：业务宣传费 1900000 元），管理费用 6800000 元（其中：业务招待费 200000 元，未形成无形资产计入当期损益的研究开发费用 1200000 元）。2022 年度经税务机关确认的亏损 900000 元。该企业适用的所得税税率为 25%。

要求：计算该企业 2023 年企业所得税。

13. 中国公民徐某，2023 年每月取得工资收入 30000 元，每月缴纳社会保险和住房公积金 3500 元，该居民有一套使用住房公积金购买的首套住房，每月需偿还首套住房贷款利息，与姐姐共同赡养年满 80 周岁的父母。已知，基本减除费用为 5000 元/月，住房贷款利息专项附加扣除标准为 1000 元/月，均由徐某按扣除标准的 100％扣除；赡养老人专项附加扣除标准为 3000 元/月，由徐某与其姐姐均摊 1500 元/月，1～11 月份已累计预扣预缴工资薪金个人所得税 25980 元。（注意：全年应纳税所得额超过 144000 元至 300000 元的，适用税率 20％，速算扣除数 16920 元）

要求：（1）计算 12 月徐某工资薪金累计预扣预缴应纳税所得额；

（2）计算企业 12 月徐某预扣预缴的所得税额。

14. 某饮料生产公司举办新品发布活动，邀请演员梁某到活动场地表演，双方约定支付表演费 23000 元作为税前报酬。（注意：全月（次）应纳税所得额不超过 20000 元的，预扣率为 20％，速算扣除数为 0 元）

要求：（1）计算梁某所得劳务报酬的应纳税所得额；

（2）计算该企业应代扣代缴的所得税额；

（3）计算该企业支付给梁某的所得税后劳务报酬。

项目三综合检测一参考答案

项目三综合检测二

一、单选题

1. 下列税种中，属于财产税类的是（　　）。

A. 车船税　　　　B. 环境保护税　　　　C. 资源税　　　　D. 车辆购置税

2. 下列表述错误的是（　　）。

A. 个人无须办理增值税一般纳税人资格登记

B. 一个公历年度内累计应征增值税销售额为年应税销售额

C. 年应税销售额 200 万元的从事家电销售的纳税人是一般纳税人

D. 年应税销售额 400 万元的从事康养服务的纳税人是小规模纳税人

3. 增值税一般纳税人的下列行为可以抵扣进项税额的是（　　）。

A. 将外购货物用于简易方法计税项目　　　B. 将外购月饼赠送给客户

C. 将厂房专用于免征增值税项目　　　D. 将外购月饼用于集体福利

4. 下列适用 20% 企业所得税税率的企业是（　　）。

A. 在中国境内未设立机构、场所的非居民企业

B. 符合条件的小型微利企业

C. 国家重点扶持的高新技术企业

D. 在中国境内设有机构且其所得与机构有实际关联的非居民企业

5. 下列属于个人所得税居民纳税人的是（　　）。

A. 在中国境内无住所，而居住不满 183 天的个人

B. 在中国境内有住所，而居住超过半年的个人

C. 在中国境内无住所，而居住不满半年的个人

D. 在中国境内无住所，而不居住的个人

6. 会计账簿不健全，资料残缺难以查账，或者因其他原因难以准确确定纳税人应纳税额的纳税人，适用的税款征收方式是（　　）。

A. 代收代缴　　　　　　　　　　B. 核定征收

C. 定期定额征收　　　　　　　　D. 查定征收

7. 下列不属于税务代理业务范围的是（　　）。

A. 注销税务登记证　　　　　　　B. 办理纳税申报

C. 提供一般税务咨询服务　　　　D. 提供税务行政复议和诉讼服务

8. 税务机关发现纳税人多缴税款后办理退还手续的时限为自发现之日起（　　）。

A. 10 日内　　　B. 15 日内　　　C. 20 日内　　　D. 30 日内

9. 根据个人所得税法律制度的规定，居民个人取得的下列所得中，应按"劳务报酬所得"计缴个人所得税的是（　　）。

A. 获得单位全勤奖　　　　　　　B. 提供设计、装潢服务取得的所得

C. 转让自有商铺取得的所得　　　D. 转让境内上市公司股票取得的所得

10. 下列不属于税收违法的刑事处罚的是（　　）。

A. 罚款　　　B. 拘役　　　C. 罚金　　　D. 判处徒刑

二、多选题

1. 下列关于税收的表述正确的是（　　）。

A. 税收是国家取得财政收入的重要工具

B. 税收的本质是一种分配关系

C. 税收具有强制性、无偿性、固定性三个特征

D. 税收的强制性特征是区别于其他财政收入形式的最本质特征

E. 国家征税要受到所提供公共产品规模和质量的制约

2. 根据我国税法的规定，我国现行消费税属于（　　）。

A. 流转税　　　B. 工商税　　　C. 地方税　　　D. 行为税

E. 中央税

3. 按主权国家行使税收管辖权不同，可以将税法分为（　　）。

A. 税收法律　　B. 税收行政法规　　C. 国际税法　　D. 国内税法

E. 外国税法

4. 下列税种收入全部作为中央政府固定收入的是（　　）。

A. 消费税　　　　　　　　　　　B. 个人所得税

C. 关税　　　　　　　　　　　　D. 车辆购置税

E. 进口环节增值税

5. 下列属于视同销售货物或服务缴纳增值税的是(　　)。

  A. 将委托加工食品用于个人消费　　　　B. 将外购的粮食酒分配给股东

  C. 将自产食用油发放集体福利　　　　　D. 将外购读本赠送给希望小学

  E. 将购进商品用于非增值税应税项目

6. 根据现行税法,下列消费品既征收增值税,又征收消费税的有(　　)。

  A. 批发环节销售的卷烟　　　　　　　　B. 零售环节销售的超豪华小汽车

  C. 家装店销售的涂料　　　　　　　　　D. 申报进口的高档化妆品

  E. 批发环节销售的实木地板

7. 消费税纳税人销售货物一并收取的下列款项中,应计入消费税计税依据的有(　　)。

  A. 增值税税款　　　　　　　　　　　　B. 销售白酒收取的包装物押金

  C. 价外收取的返还利润　　　　　　　　D. 销售啤酒收取的包装物押金

  E. 符合特定条件的代为收取的政府性基金或者行政事业性收费

8. 在计算企业所得税应纳税所得额时,应计入收入总额的有(　　)。

  A. 存贷款利息　　　　　　　　　　　　B. 股息、红利等权益性投资收益

  C. 违约金收入　　　　　　　　　　　　D. 确实无法偿付的应付账款

  E. 逾期未退包装物押金收入

9. 按企业所得税法规定,下列属于不征税收入的有(　　)。

  A. 企业取得的财政拨款

  B. 转让企业债券取得的收入

  C. 企业购买地方政府债券取得的利息收入

  D. 依法收取并纳入财政管理的行政事业性收费

  E. 非营利组织按照省级以上财政部门规定收取的会费收入

10. 根据企业所得税法规定,下列说法正确的是(　　)。

  A. 广告费和业务宣传费不得向以后年度结转

  B. 企业按照规定缴纳的财产保险费准予扣除

  C. 企业为投资者支付的家庭财产保险费准予扣除

  D. 企业为职工缴纳的失业保险和工伤保险费准予扣除

  E. 超标准的公益性捐赠准予在以后纳税年度无限期结转扣除

11. 个人取得的下列所得中,属于来源于中国境内所得的有(　　)。

  A. 将专利在境外使用取得的所得

  B. 在中国某外资企业受雇取得的工资收入

  C. 按劳务合同约定在中国境外提供劳务取得的所得

  D. 将境外厂房出租给承租人在境外使用而取得的所得

  E. 从境内上市企业取得的利息、股息、红利所得

12. 居民取得的下列所得中,属于专项扣除的有(　　)。

  A. 继续教育　　　B. 基本医疗保险　　　C. 赡养老人　　　D. 住房租金

  E. 住房公积金

13. 下列关于纳税申报的表述正确的是(　　)。

  A. 纳税人在纳税期内没有应纳税款的,可以不办理纳税申报

  B. 延期纳税申报的纳税人应在核准的延期内办理税款结算

  C. 扣缴义务人不能按期办理纳税申报,可以延期申报

　　D. 邮寄方式办理纳税申报以寄出的邮戳日期为实际申报日期

　　E. 电子方式纳税申报，其相关资料无须定期书面报送主管税务机关

14. 下列关于发票管理的表述正确的是（　　）。

　　A. 开具纸质发票时发现开票内容错误的，可以直接将发票作废

　　B. 增值税一般纳税人只能开具增值税专用发票

　　C. 任何单位和个人不得拒收电子发票或纸质发票

　　D. 小规模纳税人需要开具增值税专用发票的，可以自行开具

　　E. 单位在开具纸质发票时应按照发票号码顺序填开、字迹清楚

15. 属于税务代理业务范围的是（　　）。

　　A. 办理税务登记　　　　　　　　　B. 设置、保管账簿凭证

　　C. 提供专业税务顾问服务　　　　　D. 办理延期纳税申报

　　E. 办理增值税普通发票的领购手续

16. 下列属于税收强制执行措施的是（　　）。

　　A. 拍卖纳税人单价10000元以下的其他生活用品

　　B. 变卖纳税人个人及其所扶养家属维持生活必需的住房和用品

　　C. 书面通知纳税人开户银行从其存款中扣缴税款

　　D. 扣押价值相当于纳税人应纳税款的财产，以拍卖所得抵缴税款

　　E. 书面通知纳税人开户银行冻结金额相当于其应纳税款的存款

三、计算题

1. 某企业为增值税一般纳税人，上期无留抵税额。2023年9月发生购销业务如下：

（1）采购生产设备，取得增值税专用发票上注明价款为300000元；

（2）销售自产商品，开出的普通发票上注明的价款为452000元。

注意：该企业适用的增值税税率为13%，取得的增值税专用发票均在当月认证。

要求：计算该企业9月应纳增值税税额。

2. 某企业为增值税小规模纳税人，2023年第二季度取得含增值税销售收入638600元，增值税征收率为3%。要求：

（1）计算该企业当季应纳增值税销售额；

（2）计算该企业当季应纳增值税税额。

3. 某企业为一般纳税人，税率13%，2023年8月发生如下经济业务：

（1）购进零部件取得增值税普通发票注明价款52200元，已入库；

（2）购进包装物取得增值税专用发票注明的价款为66820元；

（3）将企业委托加工的产品赠送给福利院，该批产品成本价为125600元，成本利润率为10%，该产品无同类产品市场销售价格；

（4）销售A产品一批248600元，收到货并开具普通发票。

该企业月初无留抵税额，计算本月应纳增值税额。

4. 某日化生产企业为增值税一般纳税人，2023年6月销售高档化妆品800套，每套2260元，开具普通发票，取得收入1808000元；销售高档手表20只，每只150000元，取得不含增值税收入3000000元。

要求：计算该企业当月应缴纳消费税税额。（高档化妆品适用的消费税税率为15%，高档手表适用的消费税税率为20%）

5. 某酒厂2023年9月销售黄酒55吨，每吨20000元。另将自产甲类啤酒10吨作为礼品馈赠给长期往来的大客户，市场价为2800元/吨。

注意：黄酒适用的单位税额为240元/吨，甲类啤酒适用的单位税额为250元/吨。

要求：计算该企业9月应纳消费税税额。

6. 某商厂为增值税一般纳税人，2023年1月销售高档手表50只，取得不含增值税销售额3000000元。另外销售甲类卷烟300条（规格为10盒/条、20支/盒），取得含增值税的销售额271200元。

注意：高档手表适用的消费税税率为20%，甲类卷烟适用的消费税税率为56%加0.003元/支。

要求：计算该企业当月应纳消费税税额。

7. 某商厂 2023 年 3 月销售甲类啤酒 60 吨，其市场价为 3000 元/吨。另外批发销售卷烟 240 条（规格为 10 盒/条、20 支/盒），取得不含增值税的销售额 72000 元。（注意：甲类啤酒适用的单位税额为 250 元/吨，卷烟批发环节的消费税税率为 11% 加 0.005 元/支）

要求：计算该企业当月应纳消费税税额。

8. 某卷烟厂 2023 年 5 月宴请烟丝供应商，将自制 80 条（规格为 10 盒/条、20 支/盒）雪茄烟送给参与来宾，该批雪茄烟生产成本为 20000 元，目前无同类消费品的销售价格，雪茄烟的成本利润率为 5%。（雪茄烟适用的消费税税率为 36%）

要求：计算卷烟厂 5 月应纳消费税税额。

9. 某企业 2023 年利润总额为 120 万元，实际发生捐赠支出 20 万元。其中，通过公益性社会组织向地震灾地区捐赠 15 万元；通过当地乡政府向残疾人扶持事业捐款 3 万元；直接向偏远地区小学捐赠 2 万元。

要求：计算该企业 2023 年公益性捐赠支出扣除限额。

10. 某居民企业 2023 年实现营业收入 5000000 元，取得国债利息收入 180000 元，发生销售成本 2200000 元、管理费用 600000 元、销售费用 800000 元、营业外支出 100000 元（其中罚款支出 60000 元）。计入成本、费用中的合理的实发工资 600000 元，发生职工福利费 95000 元、工会经费 27000 元、职工教育经费 48000 元。该企业适用的所得税税率为 25%。

要求：计算该企业 2023 年应纳税所得额。

11. 中国居民刘某每月取得工资 10000 元，每月缴纳的基本养老保险费、基本医疗保险费、失业保险费、住房公积金共 1800 元，全年取得稿酬收入 50000 元，劳务报酬收入 20000 元。该居民个人与哥哥共同赡养年满 70 周岁的父母，儿子上中学，女儿上小学。已知，基本减除费用为 5000 元/月，赡养老人专项附加扣除标准为 3000 元/月，由刘某与其哥哥均摊 1500 元/月；子女教育专项附加扣除标准为每个子女 2000 元/月，由刘某按扣除标准的 100% 扣除。（注意：全年应纳税所得额不超过 36000 元的，预扣率为 3%，速算扣除数 0 元）

要求：计算刘某的综合所得收入额、应纳税所得额、应纳税额。

12. 中国居民赵某是 DF 公司职工，2023 年全年在 DF 公司取得工资薪金收入 59040 元、劳务报酬收入 36000 元、稿酬收入 22000 元，全年个人负担缴纳社保费用和住房公积金 11400 元，享受住房贷款利息专项附加扣除 12000 元。已知，基本减除费用为 60000 元/年，假设赵某未取得其他综合所得。（注意：全年应纳税所得额不超过 36000 元的，适用税率为 3%，速算扣除数为 0 元）

要求：计算赵某当年的综合所得的收入额、应纳税所得额、应纳税额。

13. 某设计公司举办周年庆典活动，邀请知名主持人黄某到公司主持，双方约定，支付给黄某 3900 元作为税前报酬。（注意：全月（次）应纳税所得额不超过 20000 元的，预扣率 20%，速算扣除数 0 元）

要求：（1）计算黄某所得劳务报酬的应纳税所得额；

（2）计算该企业应代扣代缴的所得税额；

（3）计算该企业支付给黄某的所得税后劳务报酬。

14. 中国公民梁某是一名信息安全测试员，2023 年 10 月收入情况如下。

(1) 每月工资收入 20000 元，每月缴纳社会保险和住房公积金 2500 元，专项附加扣除额 3000 元，1~9 月份已累计预扣预缴工资薪金个人所得税 6030 元。已知，基本减除费用为 5000 元/月。（注意：全年应纳税所得额超过 36000 元至 144000 元的，适用税率为 10%，速算扣除数为 2520 元）

(2) 本月为某企业信息安全顾问，取得税前报酬为 3980 元。

(3) 本月在期刊发表一篇信息安全相关论文，取得稿酬 3000 元；出版一本专著，取得税前报酬为 50000 元。

(4) 授权 LK 公司使用其信息安全专利技术，取得使用费 60000 元。

(5) 出租个人代步车取得不含增值税租金收入 3500 元，缴纳税前扣除税费 150 元，当月发生修缮费 200 元。

(6) 转让自用 6 年且唯一的家庭生活居住用房，取得 300000 元。

(7) 当月取得国债利息收入 3000 元，企业债券利息收入 8000 元。

(8) 参加超市累积消费满额的额外抽奖取得 1000 元。

要求：计算梁某 10 月份各项所得应缴纳（或预扣预缴）的个人所得税税额。

项目三综合检测二参考答案

项目四　财政法律制度

【项目目标】

财政是国家治理的基础和重要支柱，财税体制在国家治理中发挥着基础性、制度性和保障性作用。本项目是教材的重要内容，包括预算法律制度、政府采购法律制度、国库集中收付制度3个任务。预算法律制度是国家财政法律体系的核心法律制度；政府采购法律制度是公共财政的重要组成部分；国库集中收付制度是政府预算执行的重要环节。学习预算法律制度的关键是要明白"钱从哪里来，流到哪里去"，牢固树立过紧日子思想。认识国库集中收付制度规范财政收支行为，提高从制度上防范腐败现象的意识。在学习时，应重点把握预算法律制度和政府采购法律制度的理论。

【思政目标】

在财政法律制度面前，要敬畏法律，做遵纪守法、严肃财经纪律的典范；在学习预算法律制度时，要准确把握立法精神，深入学习具体规定，提升预算法治意识；学懂弄通政府采购法律制度用于管理财政支出的有力措施，了解国库集中收付制度在监督财政收支管理方面的重大改革，在全社会弘扬社会主义法治精神，树立法治的权威。

【学习目标】

知识目标	技能目标	素质目标
☆ 认知预算法律制度 ☆ 熟悉政府采购法律制度 ☆ 掌握国库集中收付制度	☆ 能运用预算法的规定做出正确判断；能表述国家预算的概念、级次划分与构成；能区分各级行政机关预算管理的职权 ☆ 能列举政府采购的原则、范围、功能及执行模式；能区分政府采购不同方式的适用情形	培养学生严格依法办事、廉洁自律、忠于职守的职业素养，践行财政法律制度，弘扬社会主义法治精神和财政法律制度的改革精神，将社会法治理念真正落实到学习工作生活的各个方面

【考点分析】

任务	考点	年份/题型	合计分值
任务一	预算法律制度	2015年判断题、2016年判断题、2017年单选题、2017年判断题、2019年多选题、2019年判断题、2020年单选题、2021年多选题、2021年判断题、2022年单选题、2022年判断题、2023年单选题、2023年多选题、2023年判断题	34
任务二	政府采购法律制度	2015年单选题、2015年多选题、2015年判断题、2016年多选题、2016年判断题、2017年多选题、2017年判断题、2018年单选题、2018年判断题、2019年单选题、2020年多选题、2020年判断题、2021年单选题、2022年单选题	31
任务三	国库集中收付制度	2016年单选题	2

任务一　预算法律制度

一、学习导航

学习能量	预算法律制度是国家财政法律体系的核心法律制度。各级财政部门和预算单位在具体的预算管理和财务管理工作中必须严格执行。预算单位财务人员要深入学习，做到学懂弄通，提高预算法治意识，积极弘扬社会主义法治精神，传承中华优秀传统法律文化，做社会主义法治的忠实崇尚者、自觉遵守者、坚定捍卫者
学习目标	1. 知道预算法律制度的构成以及国家预算的划分级次和分类 2. 对比各级权力机关、行政机关在预算管理中的职权 3. 描述预算组织程序以及违背预算法规定应承担的法律责任
学习建议	财政法律制度是升学考试的重要考点，2015 年至 2023 年的试题涉及国家预算的构成、作用、级次、分类以及预算法的编制、预算管理职权、预算组织程序等考点，在复习中应重视。因此，要熟悉预算法相关规定，强化习题训练，做到深刻理解、准确把握本节知识点

二、教材内容精讲

➢ 知识点 1　预算法律制度概述

1. 预算法律制度的构成

预算法律制度是国家财政体系的核心法律制度，在规范政府收支行为、强化预算约束、加强预算管理和监督等方面发挥着重要作用。主要包括《预算法》《预算法实施条例》以及国家预算管理的其他法规制度。随着财政改革的不断深化，我国预算法经过了多次修改。

《预算法》		
修改历程	《预算决算暂行条例》1951 年 7 月 20 日生效	1992 年 1 月 1 日废止
	《国家预算管理条例》1992 年 1 月 1 日生效	1995 年 1 月 1 日废止
	《预算法》1995 年 1 月 1 日生效	2014 年 8 月 31 日第一次修订
	《预算法（2014 年修正版）》2015 年 1 月 1 日实施	2018 年 12 月 29 日第二次修订
	《预算法（2018 年修正版）》2018 年 12 月 29 日实施	
意义	预算是国家对会计年度内的收入与支出的计划。《预算法》素有"经济宪法"之称，是财政中的基本法，被称为财政母法。随着财政改革的不断深化，自 2018 年以来，我国《预算法》修改，以习近平新时代中国特色社会主义思想和习近平全面依法治国新理念新思想新战略为指导，紧紧围绕财政中心工作，加强政府预算统筹协调，规范收入预算管理，严格政府债务管理，硬化预算约束，增强财政可持续性，为财政改革发展大局提供法治保障，在法治轨道上推进改革，在改革中完善法治，实现改革与法治同步推进。

2. 预算收入和预算支出

预算由预算收入和预算支出组成。在预算年度内按法定形式和程序，有计划地筹集和取得的归国家支配的资金称为预算收入，而对预算收入有计划地再分配称为预算支出。预算年度自公历 1 月 1 日起，至 12 月 31 日止。政府的全部收入和支出都应当纳入预算。

预算收支	分类	
预算收入	按来源分	5类：税收收入、行政事业性收费收入、国有资源（资产）有偿使用收入、转移性收入和其他收入
	按归属分	3类：中央预算收入、地方预算收入、中央和地方预算共享收入
预算支出	按功能分	3类：①一般公共服务支出、外交、公共安全、国防支出，农业、环境保护支出；②教育、科技、文化、卫生、体育支出；③社会保障及就业支出和其他支出
	经济性质	4类：工资福利支出、商品和服务支出、资本性支出和其他支出

【例题1·2016年判断题】　根据《预算法》的规定，预算的收入和支出必须通过国库进行。（　　）

『解析』这种说法正确：《预算法》规定各级预算的收入和支出实行收付实现制；县级以上各级预算必须设立国库；具备条件的乡、民族乡、镇也应当设立国库。

『答案』√。

➤ 知识点2　国家预算概述

国家预算也称政府预算，是政府的基本财政收支计划，即经法定程序批准的国家年度财政收支计划，在财力保证、调节制约、反映监督等方面发挥着重要作用。

国家预算的构成			
划分级次	共5级： ① 中央预算 ② 地方预算：省级（省、自治区、直辖市）预算、地市级（设区的市、自治州）预算、县市级（县、自治县、不设区的市、市辖区）预算、乡镇级（乡、民族乡、镇）预算		
分类标准	名称	具体内容	
按照政府级次	中央预算	构成：由中央各部门（含直属单位）的预算组成 • 即地方向中央上缴的收入数额、中央返还地方或补助地方的数额	
	地方预算	1. 地方预算＝各省、自治区、直辖市"总"预算 2. 地方各级"总"预算＝本级预算＋汇总的下一级"总"预算 3. 下一级只有本级预算的，下一级总预算指下一级的本级预算。没有下一级预算的，总预算指本级预算	
按照收支管理范围	总预算	1. 编制单位：财政部编制 2. 国家总预算＝中央预算＋地方预算	
	部门单位预算	1. 地位：部门单位预算是政府预算的基本组成部分 2. 编制单位：各部门所属单位	
按照预算收支的内容	一般公共预算	1. 来源：以税收为主体的财政收入 2. 用途：民生、经济社会发展、国家安全、国家机构正常运转等	
	政府性基金预算	1. 来源：依法依规向特定对象征收、收取或以其他方式筹集的资金 2. 用途：专项用于特定公共事业发展	
	国有资本经营预算	用途：对国有资本收益作出支出安排	
	社会保险基金预算	1. 来源：社会保险缴款、一般公共预算安排和其他方式筹集 2. 用途：专项用于社会保险	

（续表）

国家预算的构成	
预算的要求	1. 遵循原则：统筹兼顾、勤俭节约、量力而行、讲求绩效和收支平衡 2. 非经法定程序，不得调整；未列入预算的不得支出 3. 经批准、批复的预算、决算及报表等，应在批准、批复后20日内向社会公开 4. 国家实行中央和地方分税制 5. 国家实行财政转移支付制度 6. 各级预算的编制、执行应当建立健全相互制约、相互协调的机制

【例题2·2017年单选题】　实现财政职能的基本手段是（　　）。

A. 国家税收　　　　B. 国家预算　　　　C. 国家决算　　　　D. 国家决策

『解析』B对：国家预算是政府的基本财政收支计划，即经法定程序批准的国家年度财政收支计划。国家预算是实现财政职能的基本手段。ACD错。

『答案』B。

【例题3·2021年多选题】　我国国家预算分级为（　　）。

A. 中央预算　　　　B. 省级预算　　　　C. 地市级预算　　　　D. 县市级预算

E. 乡镇级预算

『解析』ABCDE对：我国国家预算共分为五级预算，具体包括中央预算、省级（省、自治区、直辖市）预算、地市级（设区的市、自治州）预算、县市级（县、自治县、不设区的市、市辖区）预算、乡镇级（乡、民族乡、镇）预算。

『答案』ABCDE。

【例题4·多选题】　社会保险基金预算的资金来源有（　　）。

A. 社会保险缴款　　B. 一般公共预算安排　C. 国有资本收益　　D. 向特定对象收取的资金

E. 国有资本支出

『解析』AB对：社会保险基金预算是对社会保险缴款、一般公共预算安排和其他方式筹集的资金，专项用于社会保险的收支预算。CDE错：国有资本经营预算是对国有资本收益作出支出安排的收支预算；政府性基金预算是依照法律、行政法规的规定在一定期限内向特定对象征收、收取或其他方式筹集的资金。

『答案』AB。

> 知识点3　预算管理的职权

按照统一领导、分级管理、权责结合的原则，《预算法》明确规定了各级人民代表大会及其常务委员会、各级人民代表大会专门委员会、各级人民政府、各级财政部门和各部门的预算管理职权的划分。

【例题5·2019年多选题】　各级人民代表大会的预算管理职权有（　　）。

A. 审查权　　　　B. 批准权　　　　C. 执行权　　　　D. 报告权

E. 变更撤销权

『解析』ABE对：①全国人大的预算管理职权：审查中央和地方的预算草案及执行报告；批准中央的预算及执行报告；改变或撤销全国人大常委会关于预算、决算的不适当的决议。②县级以上地方各级人大的预算管理职权：审查本级总预算草案及执行报告；批准本级预算及执行报告；改变或撤销本级人大常委会关于预算、决算的不适当的决议，撤销本级政府关于预算、决算的不适当的决定和命令。CD错。

『答案』ABE。

预算管理的职权

各级人民代表大会及其常务委员会的职权

- 全国
  - ★全国人大
    - ★审查：中央和地方的预算草案及执行报告
    - ★批准：中央的预算及执行报告
    - ★改变或撤销：（全国人大常委）不适当的决议
  - ★全国人大常委会
    - ★监督：中央和地方预算的执行
    - ★审查和批准：中央预算的调整方案及决算
    - ★撤销：（省级人大及其常委）相抵触的法规与决议
- 县级以上地方各级
  - 人大
    - ★审查：本级总预算草案及执行报告
    - ★批准：本级预算及执行报告
    - ★改变或撤销：（本级人大常委及本级政府）不适当的决议、决定和命令
  - 人大常委会
    - ★监督：本级总预算的执行
    - ★审查和批准：本级预算调整方案及决算
    - ★撤销：（本级政府和下一级人大及其常委）不适当的决定、命令和决议
- 乡、民族乡、镇的人大
  - ★审查和批准：本级预算及执行报告、调整方案及决算
  - ★监督：本级预算执行
  - ★撤销：（本级政府）不适当的决定和命令

各级人民代表大会专门委员会的职权

- ★全国人大财政经济委员会 — 初步审查
  - 层级 — 中央
  - 内容
    - 预算草案与调整方案的初步方案
    - 决算草案及上年执行情况
- 省、自治区、直辖市人大有关专门委员会及设区的市、自治州人大有关专门委员会 — 初步审查
  - 层级 — 本级
  - 内容 — 同上
- 县、自治县、不设区的市、直辖市
  - 人大常委 — 初步审查
    - 层级 — 本级
    - 内容
      - 预算草案的初步方案
      - 上年执行情况
  - 人大常委有关工作机构 — 提出意见：预算调整初步方案、决算草案

各级人民政府的职权

- ★国务院
  - 编制：中央预、决算草案及调整方案
  - 作报告：中央和地方预算草案报告（全国人大）、预算执行情况（全国人大、人大常委会）
  - 汇总报送备案：全国人大常委会
  - 组织、监督：中央及部门和地方政府的预算执行
  - 决定：中央预算预备费的动用
  - 改变或撤销：（中央和地方政府）不适当的决定、命令
- ★县级以上地方各级人民政府
  - 编制：本级预、决算草案及调整方案
  - 作报告：本级总预算草案报告（本级人大）、本级总预算执行情况（本及人大、人大常委会）
  - 汇总报送备案：本级人大常委会
  - 组织、监督：本级总预算、本级各部门和下级政府的预算执行
  - 决定：本级预备费的动用
  - 改变或撤销：（本级各部门及下级政府）不适当的决定、命令
- ★乡、民族乡、镇人民政府
  - 编制：本级预、决算草案、调整方案
  - 作报告：本级预算草案的报告、本级预算执行情况（均向本级人大）
  - 组织：本级预算执行
  - 决定：本级预备费的动用

各级财政部门的职权

- ★国务院财政部门
  - 具体编制：中央预算、决算草案、调整方案
  - 具体组织：中央和地方预算的执行
  - 提出：中央预算预备费动用方案
  - 定期报告：中央和地方预算的执行情况（国务院）
- ★地方各级政府财政部门
  - 具体编制：本级预算、决算草案、调整方案
  - 具体组织：本级预算的执行
  - 提出：本级预算预备费动用方案
  - 定期报告：本级预算的执行情况（本级政府和上级政府）

各部门的职权

- 各部门 — 编制本部门预、决算草案；组织和监督本部门预算执行情况；定期报告预算执行情况（本级财政部门）
- 各单位 — 编制本单位预、决算草案；上缴预算收入；安排预算支出；接受监督

【例题6·2020年单选题】 各级预算执行具体工作的负责部门是（　　）。

A. 本级政府税务部门　　　　　　　B. 本级政府工商部门

C. 本级政府财政部门　　　　　　　D. 本级政府审计部门

『解析』C对：国务院财政部门负责执行中央预算的各项具体工作；地方各级政府财政部门负责执行本级预算的各项具体工作；各部门负责执本部门预算的各项具体工作。ABD错。

『答案』C。

【例题7·2022年判断题】 地方各级预算由上级人民代表大会审查和批准。（　　）

『解析』这种说法错误：《预算法》规定，中央预算由全国人民代表大会审查和批准，地方各级预算由本级人民代表大会审查和批准。

『答案』×。

➢ 知识点4　预算组织程序

在预算管理过程中，预算编制、预算审批、预算执行、预算调整是法定的工作环节。预算编制在推进预算管理制度改革，强化预算绩效管理，提高财政资金使用效益等方面发挥着重要作用；预算审批是加强预算监管和推进各项政策落实落地的重要抓手；预算执行有利于全面提升资金支付效率，推动各项财税政策尽早落地见效；预算调整有利于强化预算执行约束力，使各级预算得到有效的实施和监控。

1. 预算编制

预算编制	具体内容
概述	1. 预算年度：公历1月1日起，至12月31日止 2. 管理体制 ① 国务院：编制下达下一年预算草案的通知 ② 国务院财政部门：部署编制预算草案的具体事项 ③ 各级政府、各部门、各单位：按照国务院规定的时间编制预算草案 3. 基本要求 事项／编制要求： 预算收入： ·应当与经济社会发展水平相适应，与财政政策相衔接 ·各级政府、各部门、各单位应当依照《预算法》规定，将所有政府收入全部列入预算，不得隐瞒、少列 各级预算支出（各级预算支出的编制）：·贯彻勤俭节约的原则 ·严格控制各部门、各单位的机关运行经费和楼堂馆所等基本建设支出 各级一般公共预算支出：·统筹兼顾：在保证基本公共服务合理需要的前提下，优先安排国家确定的重点支出 提示：各级预算支出应当依照《预算法》规定，按其功能和经济性质分类编制
编制方法	预算编制的基本方法： 主体／编制方法： 政府：① 根据年度经济社会发展目标 ② 国家宏观调控总体要求 ③ 跨年度预算平衡的需要 ④ 参考上一年预算执行情况、有关支出绩效评价结果和本年度收支预测 各部门、各单位：① 按照国务院财政部门制定的政府收支分类科目 ② 预算支出标准和要求 ③ 绩效目标管理等预算编制规定 ④ 根据依法履行职能、事业发展的需要以及存量资产情况 注释：政府收支分类科目：收入分为类、款、项、目；支出按其功能分类分为类、款、项，按其经济性质分类分为类、款。

（续表）

预算编制	具体内容
举借债务	1. **中央一般公共预算举债** • 限额管理：国务院财政部门实行余额管理；不得超过全国人民代表大会批准的限额 • 举债方式：举借国内和国外债务等 2. **省、自治区、直辖市政府举债** • 地方各级预算编制原则：量入为出、收支平衡 • 具体要求 事项 / 省、自治区、直辖市政府举债： 限额管理：在国务院确定的限额内 举债方式：发行地方政府债券 限额审批：举债规模由国务院报全国人大或常委会批准 使用范围：只能用于公益性资本支出，不得用于经常性支出 偿还计划：有偿还计划和稳定的偿还资金来源 监督机制： • 国务院建立地方政府债务风险评估和预警机制、应急处置机制以及责任追究制度 • 国务院财政部门对地方政府债务实施监督
转移支付	1. 一般性转移支付的编制 • 按照国务院规定的基本标准和计算方法编制 • 县级以上各级政府提前将转移支付预计数下达下级政府 • 地方各级政府将上级政府提前下达的转移支付预计数编入本级预算 2. 专项转移支付的编制：分地区、分项目
必要专项资金	预算编制中扶助金、预备费、预算周转金、预算稳定调节基金的设置及使用要求： **扶助金** ① 设置要求：中央预算和有关地方预算中应当安排必要的资金 ② 使用范围：用于扶助革命老区、民族地区、边疆地区、贫困地区发展经济社会建设事业 **预备费** ① 设置要求：按照本级一般公共预算支出额的1%至3% ② 使用范围：用于当年预算执行中的自然灾害等突发事件处理增加的支出及其他难以预见的开支 ③ 使用程序：各级预算预备费的动用方案，由本级政府财政部门提出，报本级政府决定。发生自然灾害等突发事件，必须及时增加预算支出，应先动支预备费 **预算周转金** ① 设置要求：额度不得超过本级一般公共预算支出总额的1% ② 使用范围：用于本级政府调剂预算年度内季节性收支差额 ③ 使用要求：各级预算周转金由本级政府财政部门管理，不得挪作他用 **预算稳定调节基金** 使用范围：用于弥补以后年度预算资金的不足

【例题8·多选题】　根据预算法律制度的规定，下列关于预算编制的要求说法正确的有（　　　）。

A. 各级政府应依照法律规定将所有政府收入全部列入预算

B. 各级预算支出的编制应贯彻勤俭节约的原则

C. 预备费应按照本级一般公共预算支出额的5%进行设置

D. 预算周转金用于弥补以后年度预算资金的不足

E. 中央预算和有关地方预算中应当安排必要的扶助资金

『解析』ABE 对：各级政府、各部门、各单位应当依照《预算法》规定，将所有政府收入全部列入预算，不得隐瞒、少列；各级预算支出的编制应贯彻勤俭节约的原则，严格控制各部门、各单位的机关运行经费和楼堂馆所等基本建设支出；中央预算和有关地方预算中应当安排必要的扶助资金，用于扶助革命老区、民族地区、边疆地区、贫困地区发展经济社会建设事业。CD 错：预备费按照本级一般公共预算支出额的 1‰ 至 3‰ 设置；预算周转金用于本级政府调剂预算年度内季节性收支差额，各级预算周转金由本级政府财政部门管理，不得挪作他用。

『答案』ABE。

【例题 9 · 单选题】　根据预算法律制度的规定，下列关于预算编制的表述中，错误的是(　　　)。

A. 政府全部收入均应列入预算，不得隐瞒、少列

B. 地方政府举借的债务可以用于经常性支出

C. 各级一般公共预算应当设置预备费

D. 各级一般公共预算可以设置预算周转金

『解析』选 B：表述错误。地方政府债券举借的债务，只能用于公益性资本支出，不得用于经常性支出。ACD 表述正确。各级政府、各部门、各单位应当依照《预算法》规定，将所有政府收入全部列入预算，不得隐瞒、少列。预备费按照本级一般公共预算支出额的 1‰ 至 3‰ 设置；预算周转金额度不得超过本级一般公共预算支出总额的 1‰。

『答案』B。

2. 预算审批

预算审批	具体内容
预算审查	1. 预算审批权 中央预算：全国人民代表大会 地方各级预算：本级人民代表大会 2. 预算审批流程 ① 初审 （见下表） ② 预算审查的内容及要求 （见下表）

① 初审

级别	提交部门	时间	审查机构
中央预算草案	国务院财政部	全国人大会议举行的 45 日前	全国人民代表大会财政经济委员会
省、自治区、直辖市预算草案	本级财政部门	本级大会议举行的 30 日前	本级人大有关专门委员会
市、自治州政府预算草案	本级财政部门	本级大会议举行的 30 日前	本级人大有关专门委员会或本级人大常委会有关机构
县级预算草案	本级政府	本级大会议举行的 30 日前	本级人大常委会

② 预算审查的内容及要求

预算审查的内容	要求
上一年预算执行情况	符合本级人民代表大会预算决议的要求
预算安排	a. 符合《预算法》规定 b. 贯彻国民经济和社会发展方针政策，收支政策切实可行 c. 重点支出和重大投资项目的预算安排适当
预算编制	完整、符合《预算法》规定

（续表）

预算审批	具体内容

预算审查	
	<table><tr><th>预算审查的内容</th><th>要求</th></tr><tr><td>对下级政府的转移性支出</td><td>规范、适当</td></tr><tr><td>举借债务</td><td>a. 合法、合理 b. 有偿还计划和稳定的偿还资金来源</td></tr><tr><td>重要事项的说明</td><td>清晰</td></tr></table>③ 各级预算草案及执行的报告 · 中央和地方预算草案及执行情况的报告：国务院→全国人大审批→全国人大财政经济委员会提出审查结果报告→全国人大会主席团 · 地方预算草案及执行情况的报告：地方各级政府→地方人大审批→省级、地市级人大有关专门委员会，县市级人大常委会提出审查结果报告→地方人大会主席团 ④ 审查结果报告包含的内容<table><tr><th>审查事项</th><th>审查内容</th><th>反馈</th></tr><tr><td>执行、落实情况</td><td>上一年预算执行、落实本级人民代表大会预算决议</td><td>作评价</td></tr><tr><td>合法性、可行性</td><td>本年度预算草案是否符合预算法的规定、是否可行</td><td>作评价</td></tr><tr><td>草案、报告</td><td>本级人民代表大会批准预算草案、预算报告</td><td>提建议</td></tr><tr><td>预算工作</td><td>执行年度预算、改进预算管理、提高预算绩效、加强预算监督</td><td>提意见、建议</td></tr></table>

预算备案	各级政府备案情况： ① 国务院→全国人大常委会 ② 省政府→本级人大常委会 ③ 市政府→本级人大常委会 ④ 县政府→本级人大常委会 ⑤ 乡政府→报县政府 · 提示：国务院和县级以上地方各级政府对下一级政府，认为有同法律、行政法规相抵触或者有其他不适当之处，需要撤销批准预算的决议的，应当提请本级人民代表大会常务委员会审议决定

预算批复	预算批复的部门及时间要求：
	<table><tr><th>主管部门</th><th>时间</th><th>下达批复</th></tr><tr><td>各级政府财政部门</td><td>本级人大批准本级政府预算之日起20日内</td><td>本级各部门</td></tr><tr><td>各部门</td><td>接到本级政府财政部门批复的本部门预算15日内</td><td>所属各单位</td></tr></table>

【例题 10 · 单选题】　根据预算法律制度的规定，县级以上地方各级人民政府认为下一级人民政府按规定报送备案的预算有不适当之处，需要撤销批准该预算的决议时，应当提请特定机关审议决定，该特定机关是（　　）。

A. 上一级人民代表大会　　　　　　　　B. 本级人民代表大会常务委员会

C. 本级人民代表大会　　　　　　　　　D. 上一级人民政府

『解析』B 对：根据《预算法》规定，县级以上地方各级人民代表大会常务委员会有权撤销本级政府和下一级人民代表大会及其常务委员会关于预算、决算的不适当的决定、命令和决议。ACD 错。

『答案』B。

【例题 11 · 单选题】　各级预算经本级人民代表大会批准后，本级政府财政部门应在一定期限内向本级各部门批复预算，该期限是（　　）。

A. 10 日 　　　　　 B. 15 日 　　　　　 C. 20 日 　　　　　 D. 30 日

『解析』C 对：根据《预算法》规定，本级各部门各级预算经本级人民代表大会批准后，本级政府财政部门应当在二十日内向本级各部门批复预算。

『答案』C。

3. 预算执行

预算执行	具体内容
机构职权	政府及部门在预算执行中的职权： | 责任主体	职责
本级政府	各级预算组织执行
本级政府财政部门	完成具体工作
各部门、各单位	负责本部门、本单位的预算执行，并对执行结果负责	
预算收支执行	1. 预算审批前可以安排的支出 | 资金类型	规定内容
结转的资金	上一年度结转的支出
必须支付的资金	① 参照上一年同期的预算支出数额安排必须支付的本年度部门基本支出、项目支出，以及对下级政府的转移性支出 ② 法律规定必须履行支付义务的支出以及用于自然灾害等突发事件处理的支出
提示：根据规定安排支出的情况，应当在预算草案的报告中作出说明，预算经本级人民代表大会批准后，按照批准的预算执行	| 2. 预算收支的组织执行 ① 各级预算的收入和支出实行收付实现制 ② 预算收入的组织执行 | 事项	具体内容
预算收入征收	总要求： ① 预算收入征收部门和单位，必须依照法律、行政法规的规定，及时、足额征收应征的预算收入；②各级政府不得向预算收入征收部门和单位下达收入指标
应征预算收入	1. 合规行为 ① 政府的全部收入上缴国家金库；②不截留、不占用、不挪用、不拖欠；③特定资金专户管理制度：对于法律有明确规定或者经国务院批准的特定专用资金，可以依照国务院的规定设立财政专户 2. 禁止行为 ① 不得违反法律法规多征、提前征收、减征、免征、缓征；②不得截留、占用、挪用预算收入 | ③ 预算支出的组织执行 | 执行主体	具体要求
各级政府财政部门	·依照法律、行政法规和国务院财政部门的规定，及时、足额地拨付预算支出资金 ·加强对预算支出的管理和监督
各级政府、各部门、各单位	·按照预算执行，不得虚假列支 ·对预算支出情况开展绩效评价	

（续表）

预算执行	具体内容
国库制度	1. 实行国库集中收缴和集中支付制度 国家对政府全部收入和支出实行国库集中收付管理 2. 具体规定 <table><tr><td>事项</td><td>规定内容</td></tr><tr><td>设立要求</td><td>1. 县级以上各级预算必须设立国库 2. 具备条件的乡、民族乡、镇也应设立国库</td></tr><tr><td>业务办理</td><td>1. 中央国库业务：中国人民银行经理 2. 地方国库业务：由中国人民银行分支机构办理</td></tr><tr><td>库额支配</td><td>各级国库库款的支配权属于本级政府财政部门</td></tr></table>
余缺调剂	1. 超收收入的管理：只能用于冲减赤字或者补充预算稳定调节基金 2. 结余资金的管理：应当补充预算稳定调节基金 3. 短收的处理：采取措施后仍不能实现收支平衡的，经批准后，可以增列赤字，报国务院财政部门备案，并应当在下一年度预算中予以弥补

【例题 12・多选题】　根据预算法律制度的规定，预算年度开始后，各级预算草案在本级人民代表大会批准前，可以安排的支出有（　　）。

A. 上一年度结转的支出

B. 用于自然灾害等突发事件处理的支出

C. 法律规定必须履行支付义务的支出

D. 参照上一年同期预算支出数安排必须支付的本年度部门基本支出

E. 参照近两年同期预算支出数安排必须支付的本年度部门项目支出

『解析』ABCD 对：《预算法》规定，预算年度开始后，各级预算草案在本级人民代表大会批准前，可以安排上一年度结转的支出；参照上一年同期的预算支出数额安排必须支付的本年度部门基本支出、项目支出，以及对下级政府的转移性支出；法律规定必须履行支付义务的支出以及用于自然灾害等突发事件处理的支出。E 错。

『答案』ABCD。

【例题 13・多选题】　根据预算法律制度的规定，下列关于预算执行的表述中，正确的有（　　）。

A. 各级政府可以向预算收入征收部门和单位下达收入指标

B. 各级国库库款的支配权属于本级人民政府财政部门

C. 各级政府、各部门、各单位应当对预算支出情况开展绩效评价

D. 各部门、各单位是本部门、本单位的预算执行主体

E. 各级一般公共预算的结余资金，应当补充预算稳定调节基金

『解析』BCDE 对：①各级国库库款的支配权属于本级政府财政部门。②各级政府、各部门、各单位按照预算执行，不得虚假列支，并对预算支出情况开展绩效评价。③各部门、各单位是本部门、本单位的预算执行主体，负责本部门、本单位的预算执行，并对执行结果负责。④各级一般公共预算的结余资金，应当补充预算稳定调节基金。A 错：各级政府不得向预算收入征收部门和单位下达收入指标。

『答案』BCDE。

【例题 14・判断题】　各级一般公共预算年度执行中有超收收入的，只能用于冲减赤字或者补充预算稳定调节基金。（　　）

『解析』这种说法正确：《预算法》规定，各级一般公共预算年度执行中有超收收入的，只能用于冲

减赤字或者补充预算稳定调节基金。

『答案』√。

4. 预算调整

预算调整	具体内容
概述	**1. 中央预算和地方各级预算应当预算调整的情形** ① 需要增加或者减少预算总支出 ② 需要调入预算稳定调节基金 ③ 需要调减预算安排的重点支出数额 ④ 需要增加举借债务数额 **2. 不属于预算调整的情形** <table><tr><td>不同情形</td><td>注释</td></tr><tr><td>支出增加</td><td>·在预算执行中，因上级政府"增加不需要本级政府提供配套资金的专项转移支付"而引起的预算支出变化</td></tr><tr><td>支出减少</td><td>·各级一般公共预算年度执行中厉行节约、节约开支，造成本级预算支出实际执行数小于预算总支出的</td></tr></table>
调整程序	**1. 编制方案** ·说明预算调整的理由、项目和数额 ·例：发生自然灾害等突发事件先动支预备费→预备费不足支出→各级政府可先安排支出 **2. 审批** ① 原则 ·未经批准，不得调整预算 ·经批准的预算调整方案，各级政府应严格执行 ② 具体规定 <table><tr><td>级别</td><td>提交部门</td><td>时间</td><td>审查机构</td></tr><tr><td>中央预算调整方案</td><td>国务院财政部</td><td>全国人大常委会举行的 30 日前</td><td>全国人民代表大会财政经济委员会</td></tr><tr><td>省、自治区、直辖市预算调整方案</td><td>本级财政部门</td><td>本级人大常委会举行的 30 日前</td><td>本级人大有关专门委员会</td></tr><tr><td>市、自治州政府预算调整方案</td><td>本级财政部门</td><td>本级人大常委会举行的 30 日前</td><td>本级人大有关专门委员会或本级人大常委会有关机构</td></tr><tr><td>县、自治县、不设区的市、市辖区政府预算调整方案</td><td>本级财政部门</td><td>本级人大常委会举行的 30 日前</td><td>本级人大常委会有关机构</td></tr></table> ·注意：乡、民族乡、镇预算的调整方案应当提请本级人民代表大会审查和批准 **3. 备案** ① 执行要求：各部门、各单位的预算支出应当按照预算科目执行 ② 备案要求：地方各级预算的调整方案经批准后，由本级政府报上一级政府备案

【例题 15·多选题】　根据预算法律制度的规定，经批准的中央预算在执行中出现下列情形时，应当进行预算调整的有（　　）。

A. 需要增加预算总支出　　　　　　　　B. 需要减少举借债务数额

C. 需要调入预算稳定调节基金　　　　　D. 需要调减预算安排的重点支出数额

E. 需要调增预算安排的重点支出数额

『解析』ACD 对：《预算法》规定，经全国人民代表大会批准的中央预算和经地方各级人民代表大会批准的地方各级预算，在执行中出现下列情况之一的，应当进行预算调整：需要增加或者减少预算总支出的；需要调入预算稳定调节基金的；需要调减预算安排的重点支出数额的；需要增加举借债务数额的。BE 错。

『答案』ACD。

【例题 16·多选题】 根据预算法律制度的规定，下列关于预算调整的表述中，正确的有(   )。

A. 各级政府在特定情形可以自行作出预算调整的决定

B. 中央预算的调整方案由国务院财政部门送专门机构审查

C. 地方各级预算需要增加举借债务数额，应当调整预算

D. 地方各级预算的调整方案经批准后，由本级政府报本级人大备案

E. 上级增加不需要本级提供配套资金的专项转移支付不应调整预算

『解析』BCE 对：①国务院财政部门应当在全国人民代表大会常务委员会举行会议审查和批准预算调整方案的三十日前，将预算调整初步方案送交全国人民代表大会财政经济委员会进行初步审查。②中央预算和地方各级预算需要增加举借债务数额，应当预算调整。③在预算执行中，因上级政府"增加不需要本级政府提供配套资金的专项转移支付"而引起的预算支出变化，不属于预算调整的情形。AD 错：在预算执行中，各级政府对于必须进行的预算调整，应当编制预算调整方案；未经法定程序批准，各级政府不得作出预算调整的决定。地方各级预算的调整方案经批准后，由本级政府报上一级政府备案。

『答案』BCE。

➤ 知识点 5 决算与监督

决算是对预算执行结果的总结，是国家管理预算活动的最后一道程序。加强对预算与决算活动的监督与制约，能更好地发挥现代预算制度在国家治理体系和治理能力现代化中的基础和重要作用。

1. 决算

决算	具体内容
概述	1. 概念：决算是指根据年度预算执行结果编制的会计报告 2. 编制时间：在每一预算年度终了后，按照国务院规定的时间编制 3. 具体事项：国务院财政部门部署
程序	1. 决算草案的编制 <table><tr><td>编制要求</td><td>注释</td></tr><tr><td>合法合规</td><td>·符合法律、行政法规，做到收支真实、数额准确、内容完整、报送及时</td></tr><tr><td>对应方式</td><td>·与预算相对应，按预算数、调整预算数、决算数分别列出</td></tr><tr><td>编列方法</td><td>·一般公共预算支出按其功能分类编列到项，按经济性质分类编列到款</td></tr></table>2. 决算草案的审批 ① 各级决算草案编制及报送 ·国务院财政部门编制中央决算草案→国务院审计部门审计→国务院审定→全国人大常委会审查和批准 ·省、市、县各级政府财政部门编制本级决算草案→本级政府审计部门审计→本级政府审定→本级人大常委会审查和批准 ·乡（民族乡、镇）政府编制本级决算草案→本级政府→本级人大审查和批准 ② 具体规定 <table><tr><td>级别</td><td>提交部门</td><td>时间</td><td>审查机构</td></tr><tr><td>中央决算草案</td><td>国务院财政部</td><td>全国人大常委会举行的 30 日前</td><td>全国人大财政经济委员会</td></tr></table>

（续表）

决算	具体内容
程序	 | 级别	提交部门	时间	审查机构
---	---	---	---
省、自治区、直辖市决算草案	本级财政部门	本级人大常委会举行的30日前	本级人大有关专门委员会
市、自治州政府决算草案	本级财政部门	本级人大常委会举行的30日前	本级人大有关专门委员会或本级人大常委会有关机构
县、自治县、不设区的市、市辖区政府决算草案	本级财政部门	本级人大常委会举行的30日前	本级人大常委会有关机构	 ③ 重点审查内容 ·审查与决算有关的重要情况：预算的收入、支出、结转、结余、调整及执行；财政转移支付；债务；预算周转金、预备费使用；超收收入安排；预算决议落实情况等 ·提示：县级以上各级人民代表大会常务委员会，应当结合本级政府提出的上一年度预算执行和其他财政收支的审计工作报告，对本级决算草案进行审查
批复	1. 批复决算时间 ·财政部门：在20日内批复→本级各部门 ·各部门：接到本级财政部门批复后15日内批复→所属单位 2. 备案 ·地方各级政府汇总的决算→上一级政府 ·县级以上地方各级政府汇总的决算→本级人大常委会

【例题17·单选题】　根据预算法律制度的规定，审查和批准县级决算草案的机关是（　　）。

A. 县级财政部门　　　　　　　　　B. 县级人民政府
C. 县级人民代表大会常务委员会　　D. 县级人民代表大会

『解析』C对：《预算法》规定，县级以上地方各级人民代表大会常务委员会审查和批准本级决算。ABD错：县级人民政府、县级财政部门不具有审查和批准权限。县级以上地方各级人民代表大会审查本级总预算草案及本级总预算执行情况的报告；批准本级预算和本级预算执行情况的报告。

『答案』C。

2. 预决算的监督

预决算监督	具体内容
概述	1. 监督主体：各级国家权力机关；政府；财政部门、审计部门、政府其他部门；社会公众 2. 分类：国家权力机关的监督、各级政府的监督、公民、法人或其他组织的监督
分类	1. 国家权力机关的监督 | 监督主体	监督事项
全国人大及其常委会	中央和地方预算、决算
县级以上地方各级人大及其常委会	本级和下级预算、决算
乡、民族乡、镇人大	本级预算、决算 | 2. 各级政府的监督 ① 原则：各级政府监督下级政府的预算执行；下级政府应当定期向上一级政府报告预算执行情况

（续表）

预决算监督	具体内容
分类	② 具体规定 表格如下： ④ 其他主体的监督 ① 其他主体：公民、法人或其他组织 ② 履行监督职责及受理 • 发现违反《预算法》行为，可依法向有关国家机关检举、控告 • 接受检举、控告的国家机关应依法处理，并为检举人、控告人保密 提示：任何单位或者个人不得压制和打击报复检举人、控告人

② 具体规定

监督主体	监督职责
国务院和县级以上地方各级政府	• 每年六月至九月期间向本级人大常委会报告预算执行情况
财政部门	a. 监督本级各部门及其所属各单位预算管理有关工作 b. 向本级政府和上一级政府财政部门报告预算执行情况
审计部门	a. 对预算执行、决算实行审计监督 b. 向社会公开预算执行和其他财政收支的审计工作报告
政府各部门	a. 监督检查的预算执行 b. 向本级政府财政部门反映本部门预算执行情况 c. 依法纠正违反预算的行为

【例题18·多选题】 根据预算法律制度的规定，下列有关预决算管理的监督表述正确的有（　　）。

A. 各级政府监督本级政府的预算执行

B. 全国人民代表大会及其常务委员会监督中央和地方预算、决算

C. 乡、民族乡、镇人民代表大会监督本级预算、决算

D. 县级以上政府审计部门依法对预算执行、决算进行审计监督

E. 县级人民代表大会及其常务委员会监督本级和下级政府预决算

『解析』BCDE 对：全国人民代表大会及其常务委员会对中央和地方预算、决算进行监督。乡、民族乡、镇人民代表大会对本级预算、决算进行监督。县级以上政府审计部门依法对预算执行、决算实行审计监督。县级以上地方各级人民代表大会及其常务委员会对本级和下级预算、决算进行监督。A 错：各级政府监督下级政府的预算执行，下级政府应当定期向上一级政府报告预算执行情况。

『答案』BCDE。

➤ 知识点6　法律责任

按照《预算法》规定，各级政府及有关部门、单位及其相关工作人员都不得违背预算法及其实施条例规定，否则应承担法律责任。因此，相关部门及人员要自觉、主动维护预算法及其实施条例的刚性约束力，使预算管理工作法治化、规范化，严格落实过紧日子的要求。

违法及法律责任	具体内容
违法情形1	各级政府及有关部门的下列违法行为按情形1承担法律责任：

主要方面	具体内容
编制、报送、批复	• 未按规编制、报送预算草案、预算调整方案、决算草案和部门预算、决算 • 未按规批复预算、决算
调整	违规预算调整

违法及 法律责任	具体内容	
违法 情形 1	主要方面	具体内容
	公开和说明	未按规公开和说明有关预算事项
	设立项目	违规设立政府性基金项目、其他财政收入项目
	资金使用	违规预算预备费、预算周转金、预算稳定调节基金、超收收入
	开户	违规开设财政专户
违法 情形 2	各级政府及有关部门的下列违法行为按情形 2 承担法律责任：	
	主要方面	具体内容
	收入、支出	• 未将所有政府收入和支出列入预算 • 虚列收入和支出
	应征预算收入	违规多征、提前征收或者减征、免征、缓征
	上缴预算收入	截留、占用、挪用或者拖欠
	资金用途	• 违规改变预算支出用途 • 擅自改变上级政府专项转移支付资金用途
	国库库款	• 违规拨付预算支出资金 • 办理预算收入收纳、划分、留解、退付 • 违规冻结、动用国库库款或以其他方式支配已入国库库款
违法 情形 3	各级政府、各部门、各单位的下列违法行为按情形 3 承担法律责任： ① 违规举借债务或者为他人债务提供担保 ② 违规挪用重点支出资金 ③ 在预算之外及超预算标准建设楼堂馆所	
违法 情形 4	各级政府有关部门、单位及其工作人员的下列违法行为按情形 4 承担法律责任：	
	主要方面	具体内容
	收入上缴	违规改变预算收入上缴方式
	骗取资金	以虚报、冒领等手段骗取预算资金
	开支	违规扩大开支范围、提高开支标准
	其他行为	违反财政管理规定的行为
法律责任	1. 各级政府及有关部门、单位及其工作人员有违反《预算法》规定的行为，应承担法律责任 2. 具体规定	
	违法情形	法律责任
	情形 1	① 责令改正 ② 负有直接责任的主管人员和其他直接责任人员：追究行政责任
	情形 2	① 责令改正 ② 负有直接责任的主管人员和其他直接责任人员：给予降级、撤职、开除的处分
	情形 3	① 责令改正 ② 负有直接责任的主管人员和其他直接责任人员：给予撤职、开除的处分
	情形 4	① 责令改正，追回骗取、使用的资金 ② 对单位给予警告或者通报批评 ③ 对负有直接责任的主管人员和其他直接责任人员：给予处分
	3. 违反《预算法》规定，构成犯罪的，依法追究刑事责任	

【例题 19・单选题】 未按规定编制、报送预算草案、预算调整方案、决算草案和部门预决算以及批复预决算，对负有直接责任的主管人员和其他直接责任人员应承担的法律责任是（ ）。

A. 追究行政责任 B. 追回使用的资金 C. 管制 D. 拘役

『解析』A 对：《预算法》规定，各级政府及有关部门未依照本法规定，编制、报送预算草案、预算调整方案、决算草案和部门预算、决算以及批复预算、决算的行为，责令改正，对负有直接责任的主管人员和其他直接责任人员应追究行政责任。BCD 错。

『答案』A。

【例题 20・判断题】 未将所有政府收入和支出列入预算或者虚列收入和支出的行为，对负有直接责任的主管人员和其他直接责任人员应给予降级、撤职、开除的处分。（ ）

『解析』这种说法正确：《预算法》规定，未将所有政府收入和支出列入预算或者虚列收入和支出的行为，对负有直接责任的主管人员和其他直接责任人员应给予降级、撤职、开除的处分。

『答案』√。

三、疑难解答

1. 预算组织程序的内在逻辑

随着我国财政改革和预算管理不断深化，预算管理制度改革大力推进，政府预算体系日益完善，逐步建立起全面规范透明、标准科学、约束有力的预算新制度新机制。在《预算法》的引领下，我国预算管理步入规范化、法治化轨道，预算编制的完整性进一步提高；预算执行更加规范，实现全流程管理；预算监督力度加大，预算透明度增强，促进廉洁政府建设，推动经济社会健康发展。

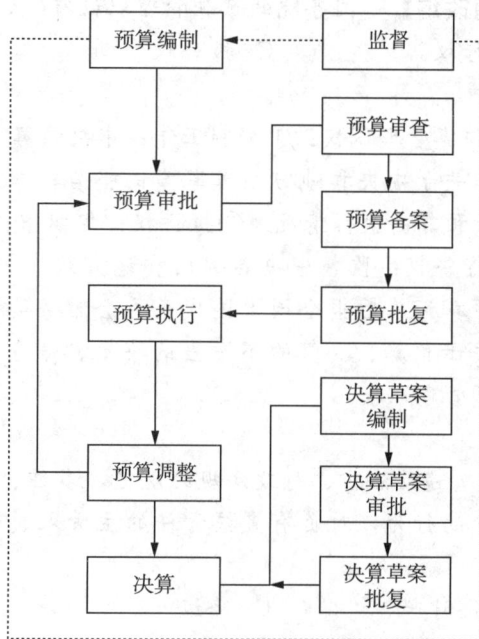

2. 高考链接

年份	题型	分值	考点
2015 年	判断题	1	国家预算的构成
2016 年	判断题	1	《预算法》：预算收入与支出的规定
2017 年	单选题	2	国家预算的作用
	判断题	1	《预算法》：预算编制原则

（续表）

年份	题型	分值	考点
2019 年	多选题	4	各级人民代表大会的预算管理职权
	判断题	2	国家预算的作用
2020 年	单选题	3	各级政府财政部门在预算管理方面的职权
2021 年	多选题	4	国家预算级次的划分
	判断题	2	预算的组成：预算收入与预算支出
2022 年	单选题	3	国家预算按预算收支内容分类：一般公共预算
	判断题	2	《预算法》：各级人民代表大会及其常务委员会在预算管理方面的职权
2023 年	单选题	3	预算组织程序：预算的执行
	多选题	4	国家预算的构成：按政府级次划分
	判断题	2	预算组织程序：预算的执行

【例题 21·2022 年单选题】　以税收为主体的财政收入属于（　　）。

A. 一般公共预算　　　　　　　　　　B. 政府性基金预算

C. 国有资本经营预算　　　　　　　　D. 社会保险基金预算

『解析』A 对：国家预算按照预算收支的内容分为一般公共预算、政府性基金预算、国有资本经营预算、社会保险基金预算。一般公共预算以税收为主体的财政收入，用于民生、经济社会发展、国家安全、国家机构正常运转等方面。

『答案』A。

【例题 22·2019 年多选题真题改编】　国务院的预算管理职权有（　　）。

A. 审查和批准权　　　B. 执行权　　　　　C. 报告权　　　　　D. 监督权

E. 变更撤销权

『解析』BCDE 对：国务院的预算管理职权：①编制工作：中央预算、决算草案及中央预算调整方案。②报告权：向全国人民代表大会作关于中央和地方预算草案的报告；向全国人民代表大会、全国人民代表大会常务委员会报告中央和地方预算的执行情况。③执行权：组织中央和地方预算的执行。④决定权：决定中央预算预备费的动用。⑤监督权：监督中央各部门和地方政府的预算执行。⑥备案工作：将省、自治区、直辖市政府报送备案的预算汇总后报全国人民代表大会常务委员会备案。⑦变更撤销权：改变或者撤销中央各部门和地方政府关于预算、决算的不适当的决定、命令。A 错：审查和批准权是各级人民代表大会及其常务委员会的预算管理职权。

『答案』BCDE。

【例题 23·多选题真题改编】　违反法律、行政法规的规定，多征、提前征收或者减征、免征、缓征应征预算收入和改变预算支出用途的行为，对负有直接责任的主管人员和其他直接责任人员应承担的法律责任是（　　）。

A. 剥夺政治权利　　　B. 没收财产　　　　C. 降级　　　　　　D. 撤职

E. 开除

『解析』CDE 对：《预算法》规定，各级政府及有关部门、单位违反法律、行政法规的规定，多征、提前征收或者减征、免征、缓征应征预算收入的行为，违反本法规定改变预算支出用途的行为，责令改正，对负有直接责任的主管人员和其他直接责任人员应给予降级、撤职、开除的处分。AB 错。

『答案』CDE。

【例题 24·2023 年单选题】　负责各级预算组织执行的是（　　）。

A. 本级人民政府　　　　　　　　　　B. 本级人民代表大会

C. 本级人民政府财政部门　　　　　　D. 本级人民代表大会常务委员会

『解析』A 对：《预算法》规定，各级预算由本级政府组织执行，具体工作由本级政府财政部门负责。BCD 错：县级以上地方各级人民代表大会审查本级总预算草案及总预算执行情况的报告；县级以上地方各级人民代表大会常务委员会监督本级总预算的执行；乡、民族乡、镇的人民代表大会审查和批准本级预算和本级预算执行情况的报告。

『答案』A。

四、考点归纳

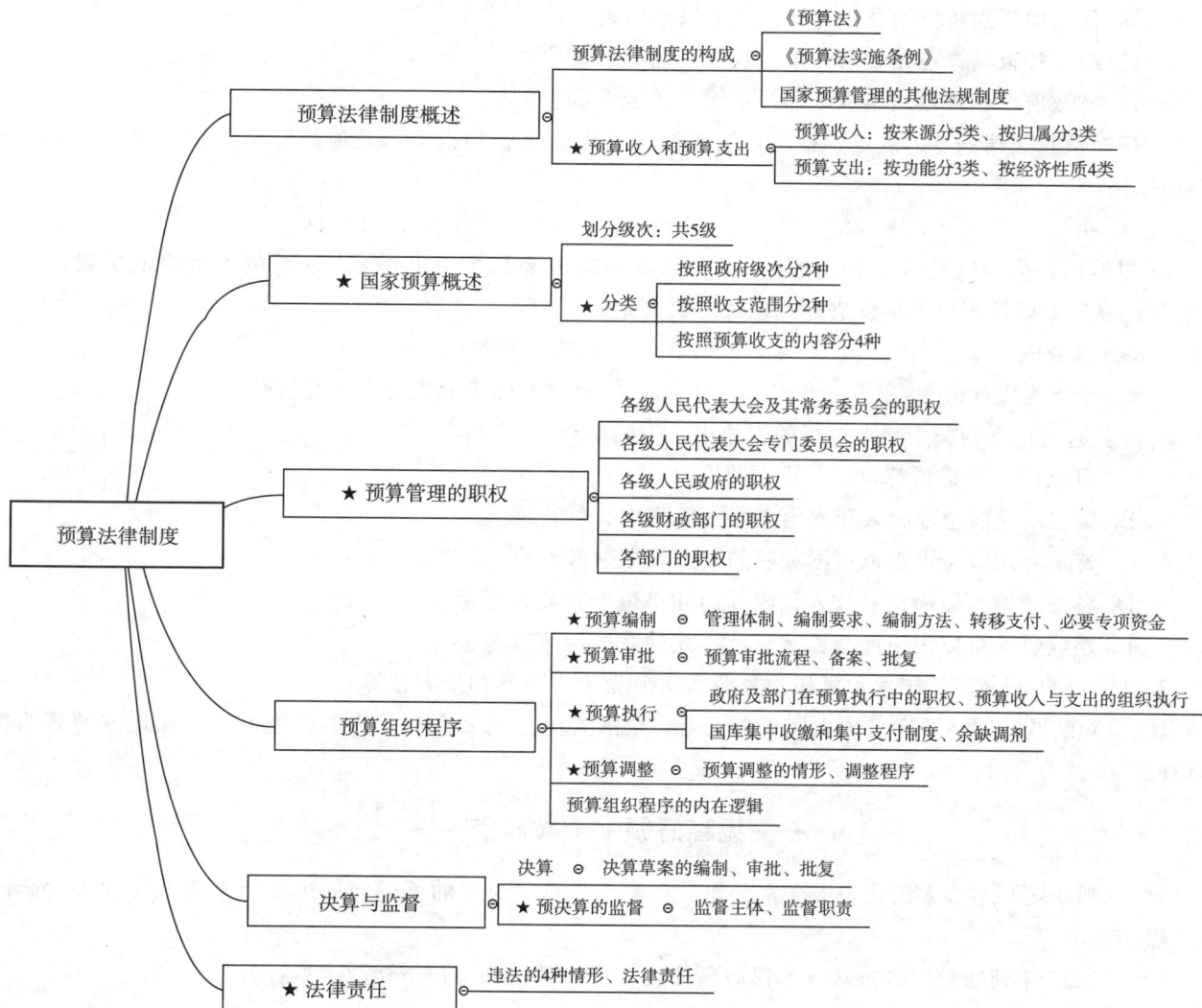

五、知识精练

——精选好题·强化能力——

1. （多选题）以下选项属于我国国家预算体制中县市级预算的有（   ）。
   A. 市辖区预算   B. 镇预算   C. 设区的市预算   D. 县预算
   E. 自治区预算

2. （判断题）国家预算按照预算收支的内容分为中央预算、部门单位预算和一般公共预算。（   ）

3. （多选题）乡、民族乡、镇政府的预算管理职权有（   ）。

A. 监督权　　　　　B. 执行权　　　　　C. 批准权　　　　　D. 决定权

E. 报告权

4. （多选题）地方各级政府财政部门执行的具体工作有（　　　）。

A. 编制地方预算和决算草案　　　　B. 组织地方预算的执行

C. 组织本级总预算的执行　　　　　D. 编制本级预算的调整方案

E. 定期向国务院报告本级总预算的执行情况

5. 根据预算法律制度的规定，下列预算编制的表述错误的是（　　　）。

A. 各部门预算草案应按照规定的政府收支分类科目编制

B. 各级预算预备费的动用方案，由本级政府财政部门提出

C. 地方各级预算遵循量入为出、收支平衡的编制原则

D. 省政府举债规模由本级政府报本级人大或常委会批准

6. 根据预算法律制度的规定，报请各级人民代表大会审查和批准的政府性基金预算草案，按其功能应当编制到（　　　）。

A. 类　　　　　　B. 款　　　　　　C. 项　　　　　　D. 目

7. 根据预算法律制度的规定，全国人民代表大会常务委员会关于预算、决算的不适当的决议，需要撤销时，应当提请特定机关审议决定，该特定机关是（　　　）。

A. 国务院　　　　　　　　　　　B. 最高人民法院

C. 全国人民代表大会　　　　　　D. 全国人民代表大会常务委员会

8. （多选题）下列关于预算执行的表述中，正确的有（　　　）。

A. 县级以下各级预算可以不设立国库

B. 国家对政府全部收入和支出实行国库集中收付管理

C. 特定专用资金可以依照国务院的规定设立财政专户

D. 各级政府可以向预算收入征收部门和单位下达收入指标

E. 超收收入可以用于冲减赤字以及补充预算稳定调节基金

9. （2015年判断题）国家预算按预算的级次分为中央预算和地方预算。（　　　）

10. （判断题）国务院向全国人民代表大会、全国人民代表大会常务委员会报告中央和地方预算的执行情况。（　　　）

——拔高好题·突破难点——

11. （判断题）本级人民代表大会常务委员会关于预算、决算的不适当的决议由上级人民代表大会改变或撤销。（　　　）

12. （2023年判断题）各级政府不得向预算收入征收部门和单位下达收入指标。（　　　）。

13. （2023年多选题）国家预算按照政府级次可分为（　　　）。

A. 总预算　　　　B. 地方预算　　　　C. 中央预算　　　　D. 部门单位预算

E. 一般公共预算

14. （多选题）下列选项属于我国国家预算体制中县市级预算的有（　　　）。

A. 不设区的市预算　　　　　　　B. 自治县预算

C. 市辖区预算　　　　　　　　　D. 设区的市预算

E. 自治区预算

15. 对国有资本收益作出支出安排的财政收入属于（　　　）。

A. 一般公共预算　　　　　　　　B. 政府性基金预算

C. 国有资本经营预算　　　　　　D. 社会保险基金预算

16.（多选题）各级人民代表大会常务委员会的预算管理职权有（　　）。

A. 监督权　　　　　B. 审查和批准权　　　　C. 执行权　　　　　D. 撤销权

E. 报告权

17.（多选题）各部门的预算管理职权有（　　）。

A. 编制地方决算草案　　　　　　　　　B. 具体组织本级总预算的执行

C. 编制本部门预算、决算草案　　　　　D. 组织和监督本部门预算的执行

E. 定期向本级政府和本级政府财政部门报告预算的执行情况。

18.（多选题）根据预算法律制度的规定，下列关于预算编制的要求说法正确的有（　　）。

A. 预算周转金用于弥补以后年度预算资金的不足

B. 各级一般公共预算支出应优先安排国家确定的重点支出

C. 中央一般公共预算举债不得超过全国人民代表大会批准的限额

D. 地方各级预算编制遵守量入为出、收支平衡的原则

E. 各级政府、各部门、各单位应按照国务院规定的时间编制预算草案

19.（多选题）下列关于国库集中收付制度的说法中正确的有（　　）。

A. 国库集中收缴、集中支付　　　　　　B. 县级以上各级预算必须设国库

C. 国库库款的监督权属于本级政府　　　D. 中央国库业务由财政部门经理

E. 国库库款的支配权属于本级政府财政部门

20.（多选题）根据预算法律制度的规定，下列关于预算执行的表述中，正确的有（　　）。

A. 政府的全部收入应当上缴国家金库

B. 各级国库库款的支配权属于上级政府财政部门

C. 在特定情形下征收部门可以减征、免征或缓征预算收入

D. 征收部门和单位必须及时、足额征收应征的预算收入

E. 省级一般公共预算年度执行中出现短收，经批准后可以增列赤字

21.（多选题）根据预算法律制度的规定，下列有关预决算管理的监督表述正确的有（　　）。

A. 预算执行审计工作报告应当向社会公开

B. 政府各部门监督检查所属各单位的预算执行

C. 各级政府财政部门监督本级各部门的预算管理工作

D. 各级政府应当定期向本级人民代表大会报告预算执行情况

E. 各级政府财政部门应当向本级人民代表大会报告预算执行情况

任务一知识精练参考答案

22.违反法律、法规规定使用预算预备费、预算周转金、预算稳定调节基金、超收收入和违规开设财政专户的行为，对负有直接责任的主管人员和其他直接责任人员应承担的法律责任是（　　）。

A. 处以罚金　　　　B. 没收财产　　　　　C. 拘役　　　　　D. 追究行政责任

任务二　政府采购法律制度

一、学习导航

学习能量	政府采购法律制度是现代国家治理的重要基础性制度。我国已建成以政府采购法为统领，以实施条例和部门规章为依托的较为完整的政府采购法律制度体系，不仅有效规范了财政支出管理，对保护民族产业、活跃市场经济、加快形成国际化的一流营商环境也起到了积极作用

(续表)

学习目标	1. 知道政府采购法律制度的构成 2. 列举政府采购遵循的原则、范围、采购当事人及采购方式 3. 比较集中采购、分散采购的优缺点 4. 能准确判定不同情形应采用的政府采购方式
学习建议	政府采购法律制度是升学考试的重要考点，2015 年至 2022 年的试题涉及政府采购法遵循原则、政府采购的范围、政府采购的执行模式和采购方式等考点，在复习中应重视。因此，要熟悉政府采购法，强化习题训练，做到深刻理解、准确把握理论知识点

二、教材内容精讲

➤ 知识点 1　政府采购法律制度的构成

政府采购法律制度是调整政府采购关系的法律规范的总称，主要由《政府采购法》、政府采购部门规章、政府采购地方性法规和政府规章构成。建立健全完善、规范透明的政府采购法律制度，不仅可以有效规范财政支出管理，而且在营造公平竞争的市场环境、促进反腐倡廉以及完善社会主义市场经济体制等方面也能发挥重要作用。

	我国深化政府采购制度改革历程
相关法律法规	《政府采购法》2002 年 6 月 29 日首次颁布，2014 年 8 月 31 日再次修正
	《深化政府采购制度改革方案》2018 年 11 月 14 日中央全面深化改革委员会第五次会议通过
	《政府采购法实施条例》2015 年 3 月 1 日起施行
	《关于促进政府采购公平竞争优化营商环境的通知》2019 年 7 月财政部发布
	《关于贯彻落实〈深化政府采购制度改革方案〉的实施意见》2020 年 1 月财政部印发
	《政府采购法（修订草案征求意见稿）》2020 年 12 月 4 日公开征求意见
	《政府采购需求管理办法》2021 年 4 月 30 日财政部印发
	《政府采购框架协议采购方式管理暂行办法》2022 年 1 月 14 日财政部发布
意义	政府采购一头连着政府，一头连着市场，是我国优化整体营商环境的重要抓手。政府采购制度改革涵盖了体制机制、执行操作、基础管理及监督处罚等各个方面的内容，为进一步优化政府采购营商环境，规范政府采购行为，提高政府采购资金的使用效益，维护国家利益和社会公共利益，保护政府采购当事人的合法权益，促进廉政建设，提供了制度保障

➤ 知识点 2　政府采购概述

政府采购是指各级国家机关、事业单位和团体组织、使用财政性资金采购依法制定的集中采购目录以内的或者采购限额标准以上的货物、工程和服务的行为。政府采购遵循公开透明、公平竞争、公正原则和诚实信用原则，应有助于实现国家经济和社会发展政策目标。

政府采购		具体内容
范围	主体范围	主要包括：各级国家机关、事业单位、团体组织 • 不属于主体范围：国有企业、私营企业、集体企业
	资金范围	财政性资金：即预算内资金、预算外资金、财政资金相配套的单位自筹资金的总和
	对象范围	3 类：货物、工程、服务 • 政府采购应当采购本国的货物、工程、服务

（续表）

政府采购		具体内容
范围	集中采购目录和采购限额标准	不同类型项目的集中采购目录和采购限额标准的确定机关不同： ·中央预算的政府采购项目：由国务院确定并公布 ·地方预算的政府采购项目：由省、自治区、直辖市人民政府或者其授权的机构确定并公布 ·集中采购的范围：由省级以上人民政府公布的集中采购目录确定 注意：纳入集中采购目录的政府采购项目，以及没有纳入集中采购目录的，但在采购限额标准以上的项目，应当实行集中采购
功能与执行模式	功能	5个方面：①节约财政支出，提高采购资金的使用效益；②强化宏观调控；③活跃市场经济；④推进反腐倡廉；⑤保护民族产业
	执行模式	2种：集中采购、分散采购。其中，集中采购必须委托采购机构代理采购

比较	优点	缺点
集中采购	·取得规模效益，降低采购成本，争取价格优势和优质服务，保证采购质量 ·贯彻落实政府采购的政策导向，便于实施统一的管理和监督	·周期长、程序复杂、难以满足用户多样化需求 ·无法满足紧急情况采购需要
分散采购	·手续简单 ·有利于满足采购及时性和多样性需求	·无规模效益，采购成本高 ·资产闲置，浪费资金 ·不利宏观调控，易滋生腐败

当事人	采购人	·范围：是指依法进行政府采购的国家机关、事业单位、团体组织 ·6项权利：选择机构权；要求遵守协议权；审查资格权；确定中标商权；签订采购合同和验收权；特殊要求权 注意：采购人不得以不合理的条件对供应商实行差别待遇或者歧视待遇 ·8项义务：遵守法律法规及规章制度；配合监督检查、监察；尊重供应商；遵守采购秩序；按期签订采购合同；及时发布采购信息、招标结果；答复询问和质疑；妥善保管采购文件
	供应商	·范围：是指提供货物、工程、服务的法人、其他组织和自然人 ·应具备的条件：①正规：能独立承担民事责任、商业信誉好、财务会计制度健全；②专业：有必需设备和专业技术能力；③守法：依法缴纳税收和社保、参加前三年内的经营活动没有重大违法记录
	采购代理机构	·范围：具备一定条件，经政府有关部门批准而依法拥有政府采购代理资格的社会中介机构 ·一般采购代理机构：①性质：营利机构，主要负责分散采购的代理业务；②资格：由国务院有关部门或省级人民政府有关部门认定 ·集中采购代理机构：①性质：非营利事业法人、政府集中采购的法定代理机构；②设立条件：设区的市、自治州以上人民政府，根据本级政府采购项目组织集中采购的需要设立

【例题1·2017年多选题】 政府采购的主体有（　　）。

A. 国有企业　　　　B. 行政机关　　　　C. 事业单位　　　　D. 私人企业

E. 团体组织

『解析』BCE 对：政府采购的主体范围包括各级国家机关、事业单位和团体组织。AD 错：国有企业、私营企业、集体企业都不属于政府采购的主体范围。

『答案』BCE。

【例题 2·2018 年单选题】 政府采购原则的核心是（　　　）。

A. 公正原则　　　　　B. 公平竞争原则　　　　C. 诚实信用原则　　　　D. 公开透明原则

『解析』B 对：政府采购应当遵循公开透明原则、公平竞争原则、公正原则和诚实信用原则。其中公平竞争原则是建立政府采购制度的基石，它能调动供应商参与政府采购的积极性，促使供应商不断提高产品质量、降低生产成本或改善售后服务，从而进一步提高供应商的竞争能力，活跃市场经济。ACD 错。

『答案』B。

【例题 3·单选题】 根据政府采购法律制度的规定，下列各项中，属于采购人以不合理的条件对供应商实行差别待遇的情形是（　　　）。

A. 要求供应商具有良好的商业信用　　　　B. 要求供应商拥有特定的商标

C. 要求供应商具有依法纳税的良好记录　　D. 要求供应商具有独立承担民事责任的能力

『解析』选 B：符合题干描述情形。限定或指定特定的专利、商标、品牌或供应商，属于采购人以不合理的条件对供应商实行差别待遇。ACD 均属于供应商应具备的条件。

『答案』B。

『拓展』采购人可以根据采购项目的特殊要求，规定供应商的特定条件，但不得以不合理的条件对供应商实行差别待遇或者歧视待遇。

【例题 4·多选题】 根据政府采购法律制度的规定，下列关于政府采购的执行模式，说法正确的有（　　　）。

A. 政府采购实行集中采购和分散采购相结合

B. 集中采购必须委托采购机构代理采购

C. 集中采购有利于满足采购的多样性需求

D. 分散采购具有价格优势，可降低采购成本

E. 集中采购无法满足紧急情况采购需要

『解析』ABE 对：政府采购的执行模式包括集中采购和分散采购两种；采购人采购纳入集中采购目录的政府采购项目，必须委托集中采购机构代理采购；集中采购无法满足紧急情况采购需要。CD 错：集中采购周期长、程序复杂、难以满足用户多样化需求；分散采购无规模效益，采购成本高。

『答案』ABE。

『破题』本题考查政府采购的执行模式相关知识，关键在于准确识别集中采购和分散采购的优点和缺点。因此，学习时要对比记忆二者的优缺点，才能快速解题。

➤ 知识点 3　政府采购方式

政府采购法为推动我国政府采购事业发展发挥了重要作用。《政府采购法》规定，政府采购可以采用公开招标、邀请招标、竞争性谈判、单一来源采购、询价采购以及国务院政府采购监督管理部门认定的其他采购方式。不同采购方式的适用情形也各不相同，应恰当选择。

采购方式	邀请方式	供应商	适用情形
公开招标采购	招标公告	不特定	• 政府采购的主要采购方式 • 货物、服务采购项目达到公开招标数额标准 • 禁止性规定：不得化整为零；不得以其他方式规避开公开招标采购

（续表）

采购方式	邀请方式	供应商	适用情形
邀请招标采购	投标邀请书	3家或3家以上特定的供应商	• 具有特殊性，只能从有限范围的供应商处采购 • 采用公开招标方式的费用占政府采购项目总价值比例过大
竞争性谈判采购	多家谈判	不特定（不少于3家）	• 招标后没供应商投标；标的不合格；重新招标未成立 • 技术复杂或性质特殊，不能确定详细规格或具体要求 • 招标所需时间不能满足用户紧急需求 • 不能事先计算出价格总额
单一来源采购	协商采购	唯一	• 只能从唯一供应商处采购 • 发生不可预见的紧急情况，不能从其他供应商处采购 • 必须保证原有采购项目一致性或者服务配套的要求，需要继续从原供应商处添购，且添购资金总额不超过原合同采购金额10%
询价采购	询价单	3家以上潜在的供应商	• 选择符合采购需求、质量、服务相等且报价最低的 • 货物规格、标准单一且现货源充足、价格变动幅度较小的采购项目

【例题5·2018年判断题】 只能从唯一供应商处采购的货物可采用邀请招标方式。（ ）

『解析』这种说法错误：《政府采购法》规定，可以采用邀请招标方式采购的情形：①具有特殊性，只能从有限范围的供应商处采购的；②采用公开招标方式的费用占政府采购项目总价值的比例过大的。只能从唯一供应商处采购的情形，应采用单一来源方式采购。

『答案』×。

【例题6·2022年单选题】 政府采购的主要采购方式是（ ）。

A. 询价采购　　　　B. 公开超标　　　　C. 邀请招标　　　　D. 竞争性谈判

『解析』B对：《政府采购法》规定，公开招标应作为政府采购的主要采购方式。ACD错。

『答案』B。

【例题7·多选题】 根据政府采购法律制度的规定，下列关于政府采购方式的表述中，正确的有（ ）。

A. 竞争性谈判的方式要求最少2家供应商

B. 公开招标应作为政府采购的主要方式

C. 只能从唯一供应商处采购，可采用单一来源采购方式

D. 不能事先计算出价格总额，可采用邀请招标方式

E. 采用招标所需时间不能满足用户紧急需要，可采用竞争性谈判方式

『解析』BCE对：公开招标应作为政府采购的主要采购方式；只能从唯一供应商处采购，可采用单一来源采购方式；采用招标所需时间不能满足用户紧急需要，可采用竞争性谈判方式。AD错：竞争性谈判方式要求3家以上的供应商就采购事宜分别进行谈判；不能事先计算出价格总额，可采用竞争性谈判方式。

『答案』BCE。

三、疑难解答

1. 实施政府采购监督检查的作用

政府采购活动关系到国家利益、社会公共利益以及采购当事人的合法权益，应受到政府采购监督管理部门和审计机关、监察机关等部门的监督检查，以及集中采购机构和采购人的内部监督。同时，任何单位和个人对政府采购活动中的违法行为都有权控告和检举。

监督主体	监督检查内容
政府采购监督管理部门	① 政府采购的法律、行政法规和规章的执行情况 ② 采购范围、采购方式和采购程序的执行情况 ③ 政府采购人员的职业素质和专业技能 • 禁止性规定：不得设置集中采购机构，不得参与政府采购项目的采购活动
集中采购机构	① 建立健全内部监督管理制度 ② 采购活动的决策、执行程序应当明确，并相互监督、相互制约 ③ 采购人员应当具有相关职业素质和专业技能，符合专业岗位任职要求
采购人	① 按照《政府采购法》规定的采购方式和采购程序进行采购 ② 政府采购项目的采购标准应当公开。采购活动完成后，应公布采购结果
审计机关	• 职责：对政府采购进行审计监督 • 审计对象：政府采购监督管理部门、政府采购各当事人
监察机关	• 监察对象：参与政府采购活动的国家机关、国家公务员和国家行政机关任命的其他人员

【例题8·2016年判断题】　各级人民政府财政部门是负责政府采购监督管理的部门。（　　）。

『解析』这种说法正确：各级人民政府财政部门是负责政府采购监督管理的部门。政府采购监督管理部门应当加强对政府采购活动及集中采购机构的监督检查。

『答案』√。

2. 高考链接

年份	题型	分值	考点
2015年	单选题	2	政府采购的主体范围
	多选题	2	政府采购的方式
	判断题	1	政府采购的执行模式
2016年	多选题	2	政府采购的功能
	判断题	1	政府采购监督管理部门的监督
2017年	多选题	2	政府采购的主体范围
	判断题	1	政府集中采购范围的确定
2018年	单选题	3	政府采购的原则
	判断题	2	政府采购方式：可邀请招标的情形
2019年	单选题	3	政府采购的资金范围
2020年	多选题	4	政府采购的原则
	判断题	2	政府采购的执行模式：集中采购
2021年	单选题	3	政府采购的主体范围
2022年	单选题	3	政府采购的主要采购方式

【例题9·2015年单选题】　下列适用《政府采购法》的是（　　）。

A. 建筑公司采购建筑材料　　　　B. 中外合资企业采购原材料

C. 国有独资公司采购生产设备　　D. 体育局用拨款经费购买体育设施

『解析』D对：采购人是指依法进行政府采购的国家机关、事业单位、团体组织。体育局是事业单位。ABC错：国有企业、私营企业、集体企业都不属于政府采购的主体范围。

『答案』D。

【例题10·2017年判断题】　政府集中采购的范围由财政部门公布的集中采购目录确定。（　　）

『解析』这种说法错误：《政府采购法》规定，政府采购实行集中采购和分散采购相结合。集中采购的范围由省级以上人民政府公布的集中采购目录确定。

『答案』×。

【例题 11 · 2019 年单选题】 政府采购的资金范围是（　　）。

A. 特许权　　　　　B. 财政性资金　　　　C. 间接支付手段　　　D. 非财政性资金

『解析』B 对：政府采购资金为财政性资金。按现行规定，财政性资金是指预算内资金、预算外资金以及与财政性资金相配套的单位自筹资金的总和。ACD 错。

『答案』B。

【例题 12 · 2020 年多选题】 政府采购应当遵循的原则有（　　）。

A. 公正　　　　　　B. 公开透明　　　　　C. 公平竞争　　　　D. 诚实信用

E. 灵活自主

『解析』ABCD 对：《政府采购法》规定，政府采购应当遵循公开原则、公平竞争原则、公正原则和诚实信用原则。E 错。

『答案』ABCD。

【例题 13 · 多选题改编】 政府采购的采购人享有的权利有（　　）。

A. 提出特殊要求　　　　　　　　　　B. 妥善保管采购文件

C. 审查供应商资格　　　　　　　　　D. 答复询问和质疑

E. 自主选择采购代理机构

『解析』ACE 对：政府采购的采购人享有 6 项权利：自行选择采购代理机构；要求采购代理机构遵守委托协议约定；审查供应商的资格；依法确定中标供应商；签订采购合同与对供应商履约验收；特殊情况下提出特殊要求。BD 错：均为政府采购的采购人的义务。

『答案』ACE。

『破题』本题考查采购人在政府采购活动中享有的权利和应该履行的义务，关键在于准确判断选项属于权利还是义务。因此，学习时要学会辨析，才能准确解题。

四、考点归纳

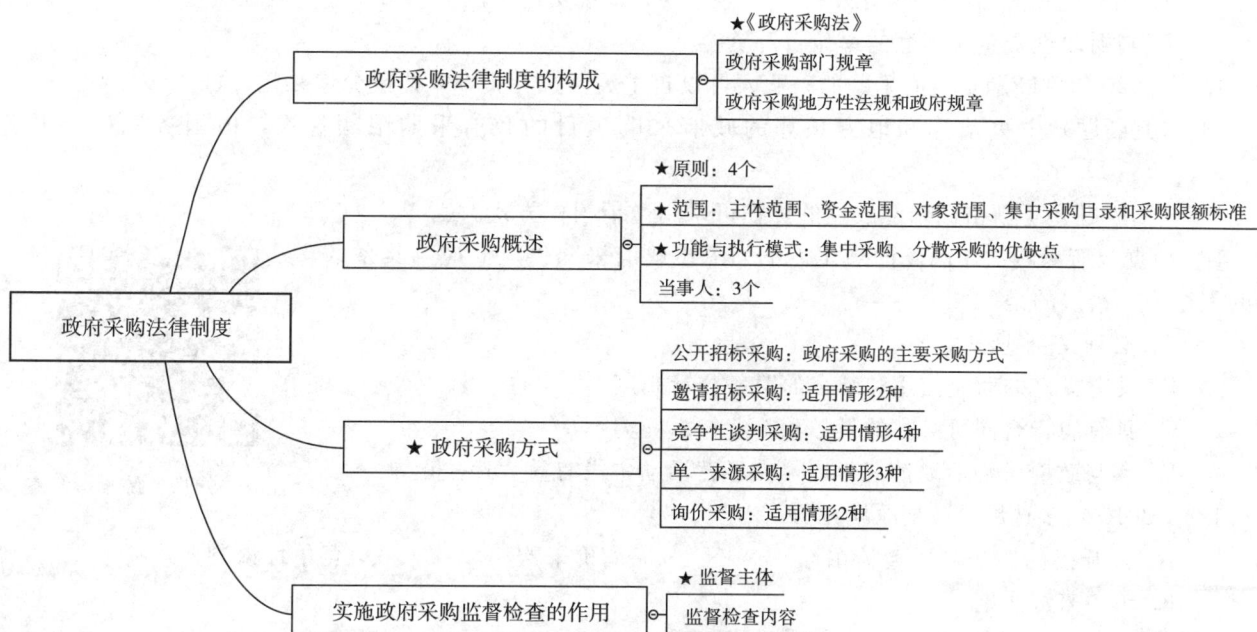

```
                          ┌─────────────────────┐     ★《政府采购法》
                          │ 政府采购法律制度的构成 │──┤ 政府采购部门规章
                          └─────────────────────┘     政府采购地方性法规和政府规章

                                                       ★原则：4个
                          ┌─────────────────────┐     ★范围：主体范围、资金范围、对象范围、集中采购目录和采购限额标准
                          │     政府采购概述      │──┤ ★功能与执行模式：集中采购、分散采购的优缺点
┌───────────────┐        └─────────────────────┘     当事人：3个
│ 政府采购法律制度 │──┤
└───────────────┘                                    公开招标采购：政府采购的主要采购方式
                                                       邀请招标采购：适用情形2种
                          ┌─────────────────────┐     竞争性谈判采购：适用情形4种
                          │   ★ 政府采购方式      │──┤ 单一来源采购：适用情形3种
                          └─────────────────────┘     询价采购：适用情形2种

                          ┌──────────────────────────┐  ★监督主体
                          │ 实施政府采购监督检查的作用  │──┤ 监督检查内容
                          └──────────────────────────┘
```

五、知识精练

——精选好题·强化能力——

1. 下列各项中，属于政府采购主体范围的是（　　）。

    A. 私营企业　　　　B. 团体组织　　　　C. 集体企业　　　　D. 国有参股公司

2.（判断题）财政性资金与非财政性资金都属于政府采购的资金范围。（　　）

3.（判断题）中央预算和地方预算的政府采购项目的集中采购目录，由国务院确定并公布。（　　）

4.（判断题）政府集中采购的范围，由省级以上人民政府公布的集中采购目录确定。（　　）

5.（2015年判断题）政府采购必须全部委托集中采购机构代理采购。（　　）

6.（判断题）未纳入集中采购目录的政府采购项目，不可以委托集中采购机构在委托的范围内代理采购。（　　）

7.（判断题）集中采购代理机构为采购代理机构，由上级政府根据本级政府采购项目组织集中采购的需要设立。（　　）

8.（判断题）采购的货物规格、标准统一、现货货源充足且价格变化幅度小的政府采购项目可采用公开招标方式。（　　）

9.（判断题）政府采购监督管理部门可以设置集中采购机构。（　　）

——拔高好题·突破难点——

10.（2021年单选题）属于政府采购主体范围的是（　　）。

    A. 私营企业　　　　B. 集体企业　　　　C. 事业单位　　　　D. 国有企业

11. 下列适用《政府采购法》的是（　　）。

    A. 家具厂采购生产用木材　　　　B. 境内外商独资企业采购设备

    C. 教育局用拨款经费采购教学设施　　　　D. 民营企业采购网络技术服务

12.（多选题）政府采购的资金范围是（　　）。

    A. 预算内资金　　B. 预算外资金　　C. 直接支付手段　　D. 非财政性资金

    E. 与财政性资金相配套的单位自筹资金

13.（2020年判断题）政府采购的采购人可以自主灵活选择集中采购或分散采购。（　　）

14.（判断题）中央预算和地方预算的政府采购项目的政府采购限额标准，由国务院确定并公布。（　　）

15.（判断题）重新招标未能成立的货物可采用邀请招标方式。（　　）

16. 根据政府采购法律制度的规定，下列关于政府采购供应商应当具备条件的表述中，错误的是（　　）。

    A. 必须是企业法人

    B. 具有良好的商业信用和健全的财务会计制度

    C. 具有履行合同所必需的设备和专业技术能力

    D. 参与政府采购活动前三年内，在经营活动中没有重大违法记录

任务二知识精练参考答案

17.（2015年多选题）政府采购的方式有（　　）。

    A. 公开招标　　B. 邀请招标　　C. 询价采购　　D. 竞争性谈判

    E. 单一来源采购

任务三　国库集中收付制度

一、学习导航

学习能量	国库集中收付制度是政府预算执行的重要环节。原来多重账户分散进行的财政性资金缴库和拨付方式越来越不适应社会主义市场经济体制下公共财政的发展要求，因此，借鉴国际通行做法和成功经验，结合我国具体国情，逐步建立和完善以国库单一账户体系为基础、资金缴拨以国库集中收付为主要形式的财政国库管理制度势在必行
学习目标	1. 识别国库集中收付制度的概念 2. 比较记忆国库单一账户体系各账户的用途 3. 能准确列举财政直接支付、财政授权支付的支出范围
学习建议	国库集中收付制度是升学考试的一般考点，仅在2016年考过国库单一账户的开立这一个考点。正因如此，在复习中更应引起重视。因此，要熟悉国库集中收付制度，强化习题训练，做到深刻理解、准确把握理论知识点

二、教材内容精讲

➢ 知识点1　国库集中收付制度概述

国库集中收付制度是由财政部门代表政府设置国库单一账户体系，所有的财政性资金均纳入国库单一账户体系收缴、支付和管理的制度。国库集中收付制度主要包括国库集中支付制度和国库集中收入收缴制度。建立国库集中收付制度，有利于规范财政收支行为，加强财政收支管理监督，提高财政资金的使用效率，从制度上防范腐败现象的发生。

	财政国库管理制度改革
相关法律法规	《财政国库管理制度改革方案》，2001年2月国务院第95次总理办公会批准
	《政府非税收入管理办法》自2016年3月15日起施行
	《财政总预算会计制度（2015年修订版）》自2016年1月1日起施行
	《预算法（2018年修正版）》自2018年12月29日实施
	《预算法实施条例（2020修订版）》自2020年10月1日起施行
	《国家金库条例》根据2020年11月29日《国务院关于修改和废止部分行政法规的决定》修订并实施
意义	建立以国库单一账户体系为基础、资金缴拨以国库集中收付为主要形式的财政国库管理制度，是对财政资金的账户设置和收支缴拨方式的根本性变革，是一项十分庞大和复杂的系统工程。不仅涉及改变现行预算编制方法和修订一系列相关法律法规，建立健全银行清算系统、财政管理信息系统、财政国库支付执行机构等必需的配套设施，而且涉及改变传统观念，摆脱旧的管理方式的束缚。国库管理制度改革对加强财政管理监督，提高资金使用效益，从源头上防范腐败，具有重要意义

➢ 知识点2　国库单一账户体系

国库单一账户体系是指以财政国库存款账户为核心的各类财政性资金账户的集合。所有财政性资金的收入、支出、存储及资金清算活动均在该账户体系中进行。国库单一账户体系主要包括国库单一账户、财政部门零余额账户、预算单位零余额账户、预算外资金财政专户、特设专户。

五类账户比较	开户银行	记录、核算和反映的资金	用途	使用范围
国库单一账户	中国人民银行	纳入预算管理的财政收入和支出活动	与财政部门在商业银行开设的零余额账户进行清算，实现支付	财政总预算会计
财政部门零余额账户	商业银行		用于财政直接支付和与国库单一账户支出清算	国库会计
预算单位零余额账户			1. 用于财政授权支付和清算 2. 允许业务：办理转账、提取现金等结算业务；向本单位按账户管理规定保留的相应账户划拨工会经费、住房公积金及提租补贴以及财政部门批准的特殊款项 3. 禁止业务：不得违反规定向本单位其他账户和上级主管单位、所属下级单位账户划拨资金	行政事业单位和事业单位会计
预算外资金财政专户		预算外资金的收入和支出活动	用于预算外资金日常收支清算	财政部门
特设专户		预算单位的特殊专项支出活动	用于与国库单一账户清算	预算单位

【例题1·单选题】　经国务院和省级人民政府授权财政部门开设的特殊过渡性专户是(　　)。

A. 特设专户　　　　　　　　　　　　B. 国库单一账户

C. 预算外资金财政专户　　　　　　　D. 预算单位零余额账户

『解析』A 对：经国务院和省级人民政府批准或授权财政部门开设特殊过渡性专户，简称特设专户。BCD 错。

『答案』A。

【例题2·多选题】　下列各项中，关于使用预算单位零余额账户正确的有(　　)。

A. 提取现金支付日常办公用品支出

B. 支付工程公司改建行政办公楼的项目款

C. 向本单位所属下级单位划拨资金

D. 向本单位基本存款账户转账 20 万元

E. 向本单位按账户管理规定保留的相应账户划拨工会经费

『解析』ABE 对：办理转账、提取现金等结算业务，向本单位按账户管理规定保留的相应账户划拨工会经费，均可使用预算单位零余额账户。CD 错：不得违反规定，通过预算单位零余额账户向本单位其他账户和上级主管单位、所属下级单位账户划拨资金。

『答案』ABE。

【例题3·判断题】　所有财政性资金都应该纳入国库单一账户体系进行管理。(　　)

『解析』这种说法正确：所有财政性资金都纳入国库单一账户体系管理，收入直接缴入国库或财政专户，支出通过国库单一账户体系支付到商品和劳务供应者或用款单位。

『答案』√。

➢ **知识点3　财政收入收缴与支出支付的方式和程序**

国库单一账户核算的财政性资金收入和支出，既包括纳入预算管理的财政收入和支出，也包括预算外资金的收入和支出，规范所有财政性资金的收入收缴程序和支出拨付程序有利于有效地监督管理。

收入与支出	具体内容		
财政收入收缴	**1. 收缴方式**		
	分类	应缴方式	缴入账户
	直接缴库	缴款单位或缴款人直接缴入	国库单一账户或预算外资金财政专户
	集中汇缴	征收机关（有关法定单位）汇总缴入	
	2. 收缴程序 ① 直接缴库程序：对直接缴库的税收收入→纳税人提出纳税申报→征收机关审核无误→纳税人→开户银行→税款缴入国库单一账户 ② 集中汇缴程序：对小额零散税收、法律另有规定的应缴收入、非税收入中的现金缴款→征收机关于收缴收入的当日→汇总缴入国库单一账户		
财政支出支付	**1. 支付方式**		
	分类	支付指令	支付账户
	财政直接支付	财政部签发支付指令→中国人民银行和代理银行	代理银行通过国库单一账户体系直接将财政资金支付到收款人（即商品和劳务供应者，下同）或用款单位账户
	财政授权支付	财政部门授权→预算单位签发支付指令→代理银行	
	2. 支出范围与支付程序		
	分类	支出范围	支付程序
	财政直接支付	① 直接支付到收款人：工资支出、购买支出以及中央对地方的专项转移支付；拨付企业大型工程项目或大型设备采购的资金等 ② 支付到用款单位：转移支出，包括中央对地方的一般性转移支付中的税收返还、原体制补助、过渡期转移支付、结算补助等支出，对企业的补贴和未指明购买内容的某些专项支出	一级预算单位申请→财政部国库支付执行机构审核、开具支付指令→代理银行划拨资金→资金清算→出具入账通知书→会计处理
	财政授权支付	① 未实行财政直接支付的购买支出：单件物品或单项服务购买额不足 10 万元人民币的购买支出；年度财政投资不足 50 万元人民币的工程采购支出；特别紧急的支出；财经部门批准的其他支出 ② 零星支出	预算单位月度用款限额→财政部通知支付代理银行→代理银行办理支付、资金清算→预算单位在额度内使用资金

【例题 4·多选题】 下列各项中，属于国库集中支付方式的有(   )。

A. 财政拨款　　　　　B. 一般性转移支付　　　C. 财政授权支付　　　　D. 财政直接支付

E. 专项转移支付

『解析』CD 对：根据《财政国库管理制度改革试点方案》，按照不同的支付主体，对不同类型的支出分别实行财政直接支付和财政授权支付。ABE 错。

『答案』CD。

【例题 5·多选题】 下列关于财政支出的支付方式正确的有(   )。

A. 用财政授权方式支付特别紧急的支出

B. 用财政授权方式支付中央对地方的专项转移支付款项

C. 用财政直接支付的方式支付年度财政投资 35 万元的工程采购支出

D. 用财政直接支付的方式支付不足 10 万元的工资支出

E. 用财政直接支付的方式支付中央对地方的一般性转移支付中的结算补助

『解析』ADE 对：①特别紧急的支出，适用财政授权支付。②工资支出、购买支出以及中央对地方的一般性转移支付中的税收返还、原体制补助、过渡期转移支付、结算补助等支出，均适用财政直接支付。BC 错：中央对地方的专项转移支付，适用财政直接支付；年度财政投资不足 50 万元人民币的工程采购支出，适用财政授权支付。

『答案』ADE。

三、疑难解答

1. 财政支出的类型

财政支出总体上分为购买性支出和转移性支出。根据支付管理需要，具体分为工资支出、购买支出、零星支出、转移支出。

类型	注释
工资支出	• 预算单位的工资性支出
购买支出	• 预算单位除工资支出、零星支出之外购买服务、货物、工程项目等支出
零星支出	• 预算单位购买支出中的日常小额部分，除《政府采购品目分类表》所列品目以外的支出或列入《政府采购品目分类表》所列品目，但未达到规定数额的支出
转移支出	• 拨付给预算单位或下级财政部门，未指明具体用途的支出 • 包括拨付企业补贴和未指明具体用途的资金、中央对地方的一般性转移支付等

2. 国库集中收付制度在国库制度改革中的作用

国库制度改革政策性强，涉及面广，情况复杂，建立和完善以国库单一账户体系为基础、资金缴拨以国库集中收付为主要形式的财政国库管理制度，是国库制度改革的核心内容，有利于进一步加强财政监督，提高资金使用效益，更好地发挥财政在宏观调控中的作用。

3. 高考链接

年份	题型	分值	考点
2016 年	单选题	2	国库单一账户

【例题 6 · 2016 年单选题】　财政部门在中国人民银行开设的账户是（　　）。

A. 特设专户

B. 国库单一账户

C. 预算外资金专户

D. 预算单位零余额账户

『解析』B 对：财政部门在中国人民银行开设国库单一账户，按收入和支出设置分类账，收入账按预算科目进行明细核算，支出账按资金使用性质设立分账册。

『答案』B。

【例题 7 · 多选题改编】　根据国库集中收付制度，实行财政直接支付的支出包括（　　）。

A. 零星支出

B. 大型设备采购支出

C. 9 万元人民币的购买支出

D. 工资支出

E. 企业大型工程项目支出

『解析』BDE 对：工资支出、购买支出以及中央对地方的专项转移支付，拨付企业大型工程项目或大型设备采购的资金等，属于应实行财政直接支付的支出。AC 错：零星支出、单件物品或单项服务购买额不足 10 万元人民币的购买支出，属于应实行财政授权支付的支出。

『答案』BDE。

四、考点归纳

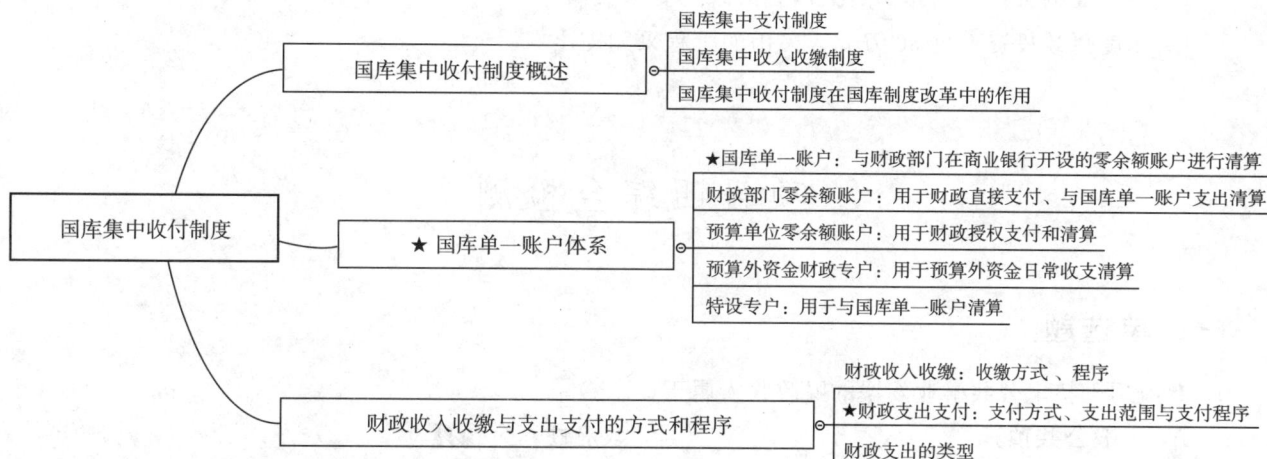

五、知识精练

——精选好题·强化能力——

1. 财政部门按资金使用性质在商业银行开设零余额账户是（　　）。

    A. 国库单一账户　　　　　　　　　B. 预算外资金财政专户

    C. 财政部门零余额账户　　　　　　D. 预算单位零余额账户

2. 用于财政直接支付和与国库单一账户支出清算的账户是（　　）。

    A. 特设专户　　　　　　　　　　　B. 预算单位的零余额账户

    C. 预算外资金财政专户　　　　　　D. 财政部门的零余额账户

3. （判断题）财政部门在商业银行为预算单位开设的零余额账户，为财政部门零余额账户。（　　　）

4. （判断题）用于财政直接支付和与国库单一账户支出清算的账户是财政部门的零余额账户。（　　　）

5. （多选题）下列选项中，属于财政直接支付程序的有（　　）。

    A. 一级预算单位申请　　　　　　　B. 代理银行划拨资金、资金清算

    C. 财政部通知支付代理银行　　　　D. 出具入账通知并做会计处理

    E. 财政部国库支付执行机构审核、开具支付指令

——拔高好题·突破难点——

6. 用于与财政部门在商业银行开设的零余额账户进行清算，实现支付的账户是（　　）。

    A. 特设专户　　　　　　　　　　　B. 预算外资金财政专户

    C. 国库单一账户　　　　　　　　　D. 预算单位的零余额账户

7. （多选题）下列各项中，关于使用预算单位零余额账户正确的有（　　）。

    A. 向上级主管单位拨出预算单位的专项资金

    B. 向革命老区划拨财政部门批准的特殊款项

  C. 向本单位临时存款账户转账 10 万元

  D. 支付食品公司蔬菜粮油调料项目采购款

  E. 向本单位按账户管理规定保留的相应账户划拨住房公积金

8.（多选题）根据国库集中收付制度，实行财政直接支付的有（ ）。

  A. 中央对地方专项转移支出

  B. 8 万元人民币的货物采购支出

  C. 中央对地方的一般性转移支付中的税收返还

  D. 对企业的补贴和未指明购买内容的某些专项支出

  E. 年度财政投资不足 50 万元人民币的工程采购支出

任务三知识精练参考答案

项目四综合检测

一、单选题

1. 专项用于特定公共事业发展的财政收入属于（ ）。

  A. 一般公共预算   B. 政府性基金预算

  C. 国有资本经营预算   D. 社会保险基金预算

2. 根据预算法律制度的规定，报请各级人民代表大会审查和批准的政府性基金预算草案，按其经济性质应当编制到（ ）。

  A. 类   B. 款   C. 项   D. 目

3. 本级政府财政部门在规定期限内向本级各部门批复预算后，各部门应当在一定期限内向所属各单位批复预算。该期限是在接到本级政府财政部门批复的本部门预算后（ ）。

  A. 10 日   B. 15 日   C. 20 日   D. 30 日

4. 根据预算法律制度的规定，省级人民代表大会及其常务委员会制定的关于预算的地方性法规同《预算法》相抵触，需要撤销时，应当提请特定机关审议决定，该特定机关是（ ）。

  A. 国务院   B. 财政部

  C. 全国人民代表大会   D. 全国人民代表大会常务委员会

5. 根据政府采购法律制度的规定，下列可以作为采购人的是（ ）。

  A. 普通合伙企业   B. 国有参股公司   C. 国有独资企业   D. 国家机关

6. 下列各项中属于负责政府采购监督管理部门的是（ ）。

  A. 各级人民政府财政部门   B. 权力机关

  C. 各级审计部门   D. 国有资产监督管理部门

7. 财政部门在商业银行为预算单位开设零余额账户是（ ）。

  A. 财政部门零余额账户   B. 特设专户

  C. 国库单一账户   D. 预算单位零余额账户

8. 用于财政授权支付和清算的账户是（ ）。

  A. 特设专户   B. 预算单位的零余额账户

  C. 预算外资金财政专户   D. 财政部门的零余额账户

9. 根据预算法律制度的规定，我国预算年度的起止日期为（ ）。

  A. 自公历 9 月 1 日起，至次年 8 月 31 日止

B. 自公历 5 月 1 日起，至次年 4 月 30 日止

C. 自公历 1 月 1 日起，至 12 月 31 日止

D. 自公历 6 月 1 日起，至次年 5 月 31 日止

10. 根据预算法律制度的规定，县级以上地方各级人民政府认为本级人民政府按规定报送备案的决算有不适当之处，需要撤销批准该决算的决议时，应当提请特定机关审议决定，该特定机关是（　　）。

　　A. 上一级人民代表大会　　　　　　　B. 本级人民代表大会常务委员会

　　C. 本级人民代表大会　　　　　　　　D. 上一级人民政府

11. 根据预算法律制度的规定，下列预算编制的表述错误的是（　　）。

　　A. 各级预算周转金由本级政府财政部门管理，紧急情况可以使用

　　B. 预算稳定调节基金用于弥补以后年度预算资金的不足

　　C. 预备费用于当年预算执行中的突发事件处理增加的支出

　　D. 各部门预算草案应当根据其依法履行职能和事业发展的需要编制

12. 根据预算法律制度的规定，审查和批准中央决算草案的机关是（　　）。

　　A. 国务院　　　　　　　　　　　　　B. 国务院财政部门

　　C. 全国人民代表大会　　　　　　　　D. 全国人民代表大会常务委员会

二、多选题

1. 下列选项中，属于我国国家预算体制中地市级预算的有（　　）。

　　A. 不设区的市预算　　　　　　　　　B. 自治州预算

　　C. 市辖区预算　　　　　　　　　　　D. 设区的市预算

　　E. 自治区预算

2. 下列关于预算调整的表述中，正确的有（　　）。

　　A. 各级政府预算调整方案在批准前，可提前调整预算

　　B. 地方各级预算需要减少预算总支出，应当调整预算

　　C. 省级预算的调整方案由本级政府财政部门送专门机构审查

　　D. 乡镇预算的调整方案应当提请本级人民代表大会审查和批准

　　E. 中央预算需要调增预算安排的重点支出数额，应当调整预算

3. 县级以上地方各级人民政府的预算管理职权有（　　）。

　　A. 监督权　　　　B. 执行权　　　　C. 报告权　　　　D. 变更撤销权

　　E. 审查权

4. 乡、民族乡、镇的人民代表大会的预算管理职权有（　　）。

　　A. 审查和批准权　　B. 监督权　　　C. 撤销权　　　　D. 执行权

　　E. 报告权

5. 国务院财政部门执行的具体工作有（　　）。

　　A. 编制中央预算　　　　　　　　　　B. 组织地方预算的执行

　　C. 编制中央决算草案　　　　　　　　D. 提出地方预算预备费动用方案

　　E. 定期向国务院报告中央和地方预算的执行情况

6. 根据预算法律制度的规定，下列关于预算编制说法正确的有（　　）。

　　A. 各级预算支出应按其功能和经济性质分类编制

　　B. 省、自治区、直辖市政府举债可以用于经常性支出

　　C. 发生突发事件必须及时增加预算支出，应先动支预算周转金

　　D. 地方各级预算应遵循量入为出、收支平衡的编制原则

E. 各级预算应符合年度经济社会发展目标及国家宏观调控总体要求

7. 根据预算法律制度规定，下列关于预算执行的表述正确的有(　　　)。

A. 各级预算的收入和支出实行收付实现制

B. 本级政府财政部门负责预算执行的具体工作

C. 各级政府、各部门、各单位按照预算执行，不得虚假列支

D. 各级政府财政部门应当加强对本级国库的管理和监督

E. 各级一般公共预算的结余资金应当补充预算稳定调节基金

8. 违反法律、法规的规定，改变预算收入上缴方式、扩大开支范围、提高开支标准的行为，单位应承担的法律责任是(　　　)。

A. 责令改正　　　　B. 警告　　　　C. 通报批评　　　　D. 停业整顿

E. 追回资金

9. 政府采购的主体有(　　　)。

A. 行政机关　　　　B. 国有独资企业　　　　C. 集体企业　　　　D. 事业单位

E. 私营企业

10. 政府采购的功能有(　　　)。

A. 节约财政支出　　B. 强化宏观调控　　　　C. 活跃市场经济　　　　D. 推进反腐倡廉

E. 保护民族产业

11. 下列关于财政支出的支付方式说法中正确的有(　　　)。

A. 用财政授权方式支付不足 10 万元的工资支出

B. 用财政直接支付的方式拨付企业大型工程项目的资金

C. 用财政授权方式给予企业未指明购买内容的专项支出

D. 用财政直接支付的方式支付不足 10 万元人民币的采购支出

E. 用财政直接支付的方式支付年度财政投资 50 万元的工程采购支出

12. 违反本法规定举借债务、为他人债务提供担保、挪用重点支出资金、在预算之外及超预算标准建设楼堂馆所的行为，对负有直接责任的主管人员应承担的法律责任是(　　　)。

A. 没收财产　　　　B. 罚款　　　　C. 降级　　　　D. 撤职

E. 开除

三、判断题

1. 国家预算按预算的收支管理范围分为中央预算和地方预算。(　　　)

2. 国家预算按预算收支的内容分为一般公共预算、政府性基金预算、国有资本经营预算和社会保险基金预算。(　　　)

3. 各级预算、决算草案及调整方案由各级人民政府编制。(　　　)

4. 县级以上地方各级政府向本级人民代表大会作关于地方预算草案的报告。(　　　)

5. 省、自治区、直辖市一般公共预算年度执行中出现短收，不得增列赤字。(　　　)

6. 挪用重点支出资金、在预算之外及超预算标准建设楼堂馆所的行为，对直接责任人员应责令改正。(　　　)

7. 各级一般公共预算年度执行中有超收收入的，只能用于冲减赤字或者补充预算稳定调节基金。(　　　)

8. 本级政府和下一级人大及其常委关于预算、决算的不适当的决定、命令和决议由上级人民代表大会改变或撤销。(　　　)

9. 各级预算执行由上级政府组织、监督。(　　　)

10. 以虚报、冒领等手段骗取预算资金的行为，对单位给予警告或者通报批评。（　　）

11. 各级预算周转金由本级政府财政部门管理，可以用于自然灾害等突发事件处理。（　　）

12. 依法进行政府采购的国家机关、国有企业、事业单位、集体企业、团体组织和私营企业都可以作为采购人。（　　）

13. 中央预算的政府采购项目的集中采购目录和政府采购限额标准，由国务院确定并公布。（　　）

14. 地方预算的政府采购项目的集中采购目录和政府采购限额标准，由国务院确定并公布。（　　）

15. 未纳入集中采购目录的政府采购项目，只能自行采购。（　　）

16. 任何单位和个人不得以任何方式为采购人指定采购代理机构。（　　）

17.（2018年真题）只能从唯一供应商处采购的货物可采用邀请招标方式。（　　）

18. 具有特殊性，只能从有限范围的供应商处采购的服务可采用单一来源采购方式。（　　）

19. 技术复杂或者性质特殊，不能确定详细规格的货物可采用邀请招标方式。（　　）

20. 不能事先计算出价格总额的服务可以采用竞争性谈判方式。（　　）

21. 财政部门在中国人民银行开设的账户是国库单一账户。（　　）

22. 用于财政授权支付和清算的账户是财政部门的零余额账户。（　　）

23. 地方各级预算的执行由上级人民代表大会常务委员会监督。（　　）

24. 各级一般公共预算的结余资金，应当补充预算稳定调节基金。（　　）

25. 本级人民代表大会常务委员会关于预算、决算的不适当的决议由上级人民代表大会改变或撤销。（　　）

项目四综合检测参考答案

项目五　会计职业道德

【项目目标】

职业道德是行业生存发展的基石。会计职业道德引导会计人员形成正确的价值追求和行为规范，对提高会计人员职业道德水平和会计信息质量，加强社会信用体系建设，推动经济社会高质量发展具有重要意义。本项目是教材的重点内容，包括会计职业道德概述、会计职业道德规范、会计职业道德教育、会计职业道德建设组织与实施、会计职业道德的检查与奖惩5个任务。加强会计人员职业道德教育，推动会计职业道德建设组织与实施及建立检查与奖惩机制，促使会计人员将会计职业道德规范作为从事会计工作自觉践行的行为准则，维护国家财经纪律和经济秩序。在学习时，应重点把握会计职业道德规范的内容及基本要求。

【思政目标】

新时代会计人员面对会计职业道德规范，要加强学习，做到全面理解、准确把握规范的内容及要求，主动将有关要求落实到具体会计工作；严格遵守职业道德和国家统一的会计制度，弘扬诚信为本、操守为重、坚持准则的职业风尚，积极履行社会责任，维护公众利益。

【学习目标】

知识目标	技能目标	素质目标
☆ 对比职业道德与会计职业道德的特征、作用与功能 ☆ 认识会计职业道德与会计法律制度的关系、会计职业道德规范的主要内容 ☆ 熟悉会计职业道德建设组织与实施、会计职业道德的检查与奖惩	☆ 能列举会计职业道德的特征、功能、作用 ☆ 能说明会计职业道德与会计法律制度的联系和区别 ☆ 能阐明会计职业道德规范的主要内容的含义及基本要求 ☆ 能判断常见名言警句、短语所体现的会计职业道德规范	培养学生学法知法守法的意识和底线思维，严格执行准则制度，践行社会主义法治；树立诚信理念，自觉将会计职业道德规范作为工作中的行为准则，更好地服务市场经济发展

【考点分析】

任务	考点	年份/题型	合计分值
任务一	会计职业道德概述	2016年判断题、2017年多选题、2018年多选题、2018年判断题、2019年多选题、2020年多选题、2021年多选题、2022年单选题、2023年多选题	28
任务二	会计职业道德规范	2015年单选题、2015年多选题、2015年判断题、2016年多选题、2017年单选题、2017年判断题、2019年单选题、2020年单选题、2021年单选题、2022年单选题、2022年多选题、2023年单选题	35
任务三	会计职业道德教育	2016年单选题、2018单选题	5

任务一　会计职业道德概述

一、学习导航

学习能量	会计职业道德是调整会计职业活动中各种利益关系的手段，是会计职业人员从事会计工作、履行会计行为应遵守的道德标准和行为准则。会计人员要坚定理想信念，把会计职业道德规范落实到具体行动上，讲规矩、守底线，严于律己，做到慎始慎终，慎独慎微，不断加强自身道德修养
学习目标	1. 识别职业道德与会计职业道德的概念、特征、作用与功能 2. 能熟记会计职业道德与会计法律制度的联系与区别
学习建议	会计职业道德概述是升学考试的重要考点，2016 年至 2023 年的试题涉及会计职业道德的概念、功能、特征及其与会计法律制度的联系与区别等考点，在复习中应重视。因此，要强化习题训练，做到准确把握本节知识点

二、教材内容精讲

➢ 知识点 1　职业道德与会计职业道德的区别

职业道德是在一定职业活动中应遵循的、体现一定职业特征的、调整一定职业关系的职业行为准则和规范。会计职业道德是在会计职业活动中应当遵循的、体现会计职业特征的、调整会计职业关系的职业行为准则和规范。二者在特征、功能与作用方面存在不同。

区别	特征及形式	作用与功能
职业道德	1. 特征 4 个：职业性（行业性）、实践性、继承性、多样性 2. 形式：制度、条例、守则、公约、承诺、誓言及标语口号等	・职业道德的作用：2 个 ① 促进职业活动有序进行 ② 对社会道德风尚产生积极的影响
会计职业道德	1. 特征：2 个方面 ・具有职业道德的一般特征 ・具有自身特征：①一定的强制性；②较多关注公众利益 2. 会计职业道德的内涵解释 ・是调整会计职业活动中各种利益关系的手段（利益的相关性） ・具有相对稳定性 ・具有广泛社会性 ・具有较高的约束性	・会计职业道德的作用：4 个 ① 是规范会计行为的基础 ② 是实现会计目标的重要保证 ③ 是对会计法律制度的重要补充 ④ 是提高会计人员职业素养的内在要求 ・会计职业道德的功能：3 个 ① 指导：指引或劝诫 ② 评价：按照一定的道德标准，褒扬或谴责 ③ 教化：引导、劝善戒恶，辅以社会舆论的赞扬或谴责

【例题 1·2022 年单选题】　会计职业道德调整的关系是（　　）。

A. 工作人际关系　　　B. 部门协作关系　　　C. 会计利益关系　　　D. 会计职业关系

『解析』D 对：会计职业道德是在会计职业活动中应当遵循的、体现会计职业特征的、调整会计职业关系的职业行为准则和规范。ABC 错。

『答案』D。

【例题 2·2020 年多选题】　会计职业道德的功能主要有（　　）。

A. 惩戒功能　　　　B. 强制功能　　　　C. 指导功能　　　　D. 评价功能

E. 教化功能

『解析』CDE 对：会计职业道德的功能如下：①重在指引或劝诫的指导功能；②按照一定的道德标准，对会计人员的行为褒扬或谴责的评价功能；③以引导、劝善戒恶，辅以社会舆论的赞扬或谴责为主的教化功能。AB 错。

『答案』CDE。

➤ 知识点 2　会计职业道德与会计法律制度的关系

会计职业道德与会计法律制度虽然有共同的目标和相同的调整对象，同样承担着引导、规范会计人员行为的职责，但是二者在性质、范围、表现形式、实施保障机制以及评价标准等方面有所不同。

<table>
<tr><th colspan="3">会计职业道德与会计法律制度的比较</th></tr>
<tr><td rowspan="2">联系</td><td colspan="2">1. 两者在作用上相互补充、相互协调
·两个事实：①基本的会计行为必须运用会计法律制度强制执行规定；②不能完全依赖会计法律制度的强制功能而排斥会计职业道德的教化功能
·一个关系：会计职业道德是会计法律制度正常运行的社会基础和思想基础，会计法律制度是促进会计职业道德规范形成和得到尊重的重要保障</td></tr>
<tr><td colspan="2">2. 在内容上相互借鉴、相互吸收
·表现：会计法律制度中包含会计职业道德规范的内容，同时会计职业道德规范也包含会计法律制度的某些条款</td></tr>
<tr><td rowspan="6">区别</td><td colspan="2">二者在 5 个方面存在不同：</td></tr>
<tr><td>不同方面</td><td>会计法律制度</td><td>会计职业道德</td></tr>
</table>

<table>
<tr><td>性质</td><td>·他律性：通过国家机器强制执行</td><td>·自律性：依靠会计从业人员的自觉性，以及社会舆论和良心实现</td></tr>
<tr><td>范围</td><td>·客观性：侧重调整会计人员的外在行为和结果的合法化
·范围窄：会计法律制度是对会计人员行为的最低限度的要求</td><td>·主观性：①调整会计人员的外在行为；②调整会计人员内在的精神世界
·范围更广：违反会计职业道德的行为，不一定违反会计法律制度</td></tr>
<tr><td>表现形式</td><td>·单一：即为具体的、明确的、正式形成文字的成文规定</td><td>·多样：有明确的成文规定，也有不成文的规范；存在于人们的意识和信念中，缺乏具体性、准确性</td></tr>
<tr><td>实施保障机制</td><td>·唯一：国家强制力保障实施</td><td>·不唯一：①国家法律的相应要求；②需要会计人员的自觉遵守</td></tr>
<tr><td>评价标准</td><td>·多重：①以会计法律法规为依据；②以会计人员享有权利和应尽义务为标准判定</td><td>·单一：以善恶为标准判定</td></tr>
</table>

【例题 3·2019 年多选题】　会计职业道德与会计法律制度的区别有（　　）。

A. 性质不同　　　　B. 作用范围不同　　　C. 实现形式不同　　　D. 实施保障机制不同

E. 要求的层次高低不同

『解析』ABCD 对：会计职业道德与会计法律制度在性质、范围、表现形式、实施保障机制以及评价标准等方面不同。E 错：要求的层次高低不是二者的区别。

『答案』ABCD。

【例题 4·2016 年判断题】　会计法律制度是会计职业道德的最高要求。（　　）

『解析』这种说法错误：会计法律制度是促进会计职业道德规范形成和得到尊重的重要保障。会计法律制度是对会计人员行为的最低限度的要求。

『答案』×。

三、疑难解答

1. 我国新时代公民的职业道德内涵及任务

中国特色社会主义进入新时代，对新时代公民道德建设提出了新的更高要求。《新时代公民道德建设实施纲要》提出，新时代公民道德建设要把社会公德、职业道德、家庭美德、个人品德建设作为着力点。推动践行以爱岗敬业、诚实守信、办事公道、热情服务、奉献社会为主要内容的职业道德，鼓励人们在工作中做一个好建设者。

因此，新时代公民要做到以下四点：一是筑牢理想信念之基，不断增强道路自信、理论自信、制度自信、文化自信；二是培育和践行社会主义核心价值观，将社会主义核心价值观作为明德修身、立德树人的根本遵循；三是传承中华传统美德，弘扬古圣先贤、民族英雄、志士仁人的嘉言懿行；四是弘扬以爱国主义为核心的民族精神和以改革创新为核心的时代精神，构筑中华民族共有精神家园。

2. 高考链接

年份	题型	分值	考点
2016 年	判断题	1	会计职业道德与会计法律制度的区别：作用范围不同
2017 年	多选题	2	会计职业道德的功能：3 个
2018 年	多选题	4	会计职业道德的特征
	判断题	2	会计职业道德与会计法律制度的区别：作用范围不同
2019 年	多选题	4	会计职业道德与会计法律制度的区别：5 个
2020 年	多选题	4	会计职业道德的功能：3 个
2021 年	多选题	4	会计职业道德：概念、功能、特征及其与会计法律制度的关系
2022 年	单选题	3	会计职业道德：概念
2023 年	多选题	4	会计职业道德与会计法律制度的关系：二者的区别

【例题 5·2018 年判断题】　会计职业道德规定了会计人员的最低行为标准。（　　）

『解析』这种说法错误：会计法律制度是对会计人员行为的最低限度要求。会计职业道德调节的范围更广，违反会计职业道德的行为不一定违反会计法律制度。

『答案』×。

【例题 6·2018 年多选题】　会计职业道德的特点有（　　）。

A. 利益的相关性　　　B. 较高的强制性　　　C. 广泛的社会性　　　D. 较高的约束性

E. 发展的相对稳定性

『解析』ACDE 对：会计职业道德具有职业道德的一般特征，也具有自身特征，即具有一定的强制性；较多关注公众利益；是调整会计职业活动中各种利益关系的手段；具有相对稳定性、广泛社会性；具有会计职业道德的具体规范引导、约束会计人员树立正确的职业观念，建立良好的职业品行，具有较高的约束性。B 错。

『破题』本题关键是对"会计职业道德内涵解释及特点"的全面掌握、不漏选。

『答案』ACDE。

【例题 7·2021 年多选题】　关于会计职业道德说法正确的有（　　）。

A. 会计职业道德具有教化功能　　　　B. 会计职业道德具有相对稳定性

C. 会计职业道德具有一定强制性　　　　D. 注册会计师不是会计职业道德规范的对象

E. 会计职业道德与会计法律制度有区别、无联系

『解析』ABC 对：①会计职业道德具有指导、评价、教化功能；②会计职业道德具有职业道德的一般特征，也具有自身特征，即会计职业道德具有一定的强制性；较多关注公众利益；具有利益的相关性、相对稳定性、广泛社会性和较高的约束性。DE 错：注册会计师从事审计、审阅、鉴证等会计职业活动，属于会计职业道德规范的对象；会计职业道德与会计法律制度有区别，也有联系。

『答案』ABC。

【例题8·2021年多选题改编】 关于会计职业道德说法正确的有（　　　　）。

A. 会计职业道德具有一定的强制性

B. 会计职业道德具有职业道德的一般特征，也具有自身特征

C. 违反会计职业道德的行为一定违反会计法律制度

D. 会计职业道德的指导功能侧重对会计人员的行为褒扬或谴责

E. 会计职业道德与会计法律制度在内容上相互补充、相互协调

『解析』AB 对：会计职业道德具有一定的强制性；会计职业道德具有职业道德的一般特征，也具有自身特征。CDE 错：会计职业道德调节的范围比会计法律制度更广，违反会计职业道德的行为，不一定违反会计法律制度。会计职业道德的指导功能，重在指引或劝诫；评价功能是按照一定的道德标准，对会计人员的行为褒扬或谴责。会计职业道德与会计法律制度在作用上相互补充、相互协调，在内容上相互借鉴、相互吸收。

『答案』AB。

> **考点点拨**：例题7、8这类综合性考题是近年常考的类型。这两个例题既考微观层面会计职业道德的概念和功能，又考宏观层面会计职业道德与会计法律制度的联系与区别。想要快速、准确解答这类型题目，要从细微处理解会计职业道德的概念及其与会计法律制度关系中的关键点，又要构建知识框架，建立知识点之间的关系，从全局掌握，熟记掌握本节重要内容。

四、考点归纳

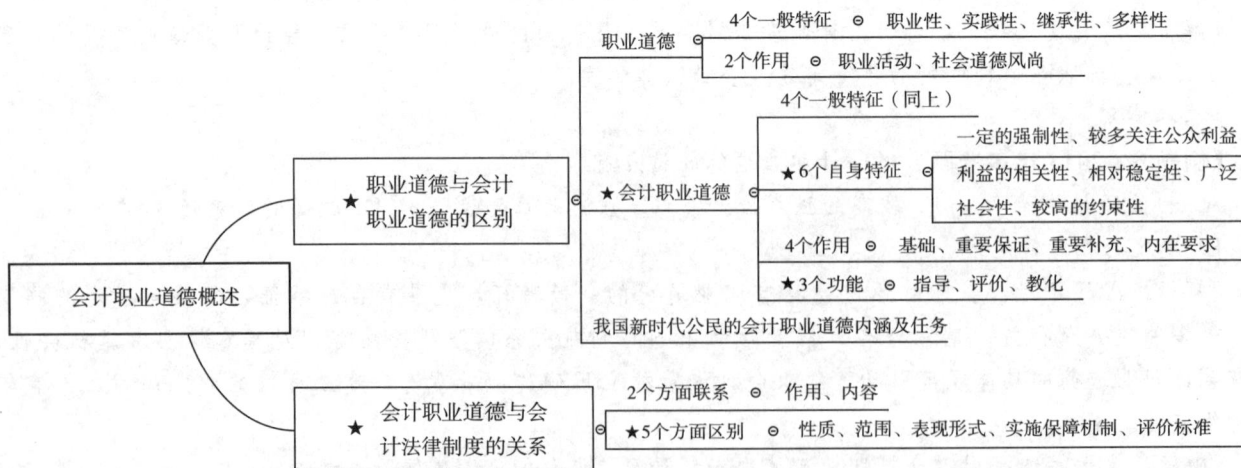

五、知识精练

──精选好题·强化能力──

1. 职业道德调整的关系是( )。
   A. 职业关系　　　　B. 人际关系　　　　C. 利益关系　　　　D. 协作关系
2. (多选题)会计职业道德具有的作用主要有( )。
   A. 规范会计行为的基础　　　　　　　B. 促进职业活动有序进行
   C. 实现会计目标的重要保证　　　　　D. 对会计法律制度的重要补充
   E. 对社会道德风尚产生积极的影响
3. (多选题)会计职业道德的特点有( )。
   A. 一定的强制性　　B. 关注个人利益　　C. 继承性　　　　D. 职业性
   E. 相对稳定性
4. (判断题)会计职业道德是调整会计职业活动中各种利益关系的手段。( )
5. (判断题)会计职业道德具有职业道德的一般特征,具有较高的强制性。( )
6. (判断题)会计法律制度是会计职业道德的最低要求。( )
7. (判断题)会计法律制度侧重调整会计人员的外在行为与内在的精神世界,具有主观性。( )
8. (判断题)会计法律制度规定了会计人员的最低行为标准。( )
9. (多选题)下列选项中,关于会计职业道德与会计法律制度说法正确的有( )。
   A. 会计职业道德以善恶为标准判定
   B. 会计法律制度是对会计人员行为的最高限度的要求
   C. 会计法律制度通过国家机器强制执行,具有他律性
   D. 会计法律制度表现为明确的、正式形成文字的规定
   E. 只要会计人员自觉遵守会计职业道德就能规范会计行为
10. (多选题)关于会计职业道德说法正确的有( )。
    A. 会计职业道德具有较高的强制性
    B. 会计职业道德具有较高的约束性
    C. 会计职业道德具有评价功能
    D. 会计职业道德与会计法律制度有联系、无区别
    E. 药剂师、土地规划师都是会计职业道德规范的对象

──拔高好题·突破难点──

11. (2017年多选题)会计职业道德具有的功能是( )。
    A. 指导　　　　B. 教化　　　　C. 评估　　　　D. 约束
    E. 评价
12. (多选题)职业道德的特点有( )。
    A. 继承性　　　　B. 实践性　　　　C. 利益的相关性　　　　D. 较高的约束性
    E. 多样性
13. (判断题)会计法律制度是促进会计职业道德规范形成的重要保障。( )
14. (判断题)会计职业道德与会计法律制度的区别在于要求的层次高低不同。( )
15. (多选题)以下关于会计职业道德与会计法律制度说法正确的有( )。
    A. 会计职业道德依靠会计从业人员的自觉性,具有自律性

　　B. 会计法律制度调节的范围比会计职业道德更广

　　C. 会计法律制度以会计人员享有权利和应尽义务为标准判定

　　D. 会计职业道德只有明确的成文规定，没有不成文的规范

　　E. 会计法律制度重在调整会计人员的外在行为和结果的合法化

16. （2023年多选题）会计职业道德与会计法律制度的区别有（　　）。

　　A. 性质不同　　　　　　　　　　B. 作用范围不同

　　C. 表现形式不同　　　　　　　　D. 评价标准不同

　　E. 实施保障机制不同

任务一知识精练参考答案

任务二　会计职业道德规范

一、学习导航

学习能量	会计职业道德规范在推进会计诚信体系建设，提高会计人员职业道德水平方面发挥着重要作用。会计工作人员在从事会计工作中要立足行业特色、职业特点，突出自身职业操守和职业精神，树立行业新风，精益求精、追求卓越，为社会发展提供优质服务，维护市场经济秩序
学习目标	1. 熟知会计职业道德每条规范的含义及基本要求 2. 能准确判断常见名言警句、短语所体现的会计职业道德规范
学习建议	会计职业道德规范是升学考试的重要考点，2015年至2023年的试题涉及爱岗敬业、诚实守信、廉洁自律、客观公正、提高技能、强化服务、参与管理等会计职业道德规范，在复习中应重视，强化习题训练，掌握本节知识点

二、教材内容精讲

➤ 知识点 1　会计职业道德规范概述

　　随着社会经济发展，建立健全我国会计职业道德规范体系，全面提升我国会计人员的道德素养，不断提高会计信息质量，对会计工作更好地服务社会经济发展尤为重要。2023年1月财政部印发的《会计人员职业道德规范》明确提出，会计人员应遵守的职业道德规范是坚持诚信，守法奉公；坚持准则，守责敬业；坚持学习，守正创新。

	法律法规关于会计职业道德及其规范的规定	
相关法律法规	1996年6月财政部颁布《会计基础工作规范》	首次较系统地提出了会计职业道德的具体要求
	1999年10月第九届全国人大常委会第十二次会议修订《会计法》	首次将会计人员应当遵守职业道德的要求写进《会计法》，规定"会计人员应当遵守职业道德，提高业务素质"
	2000年5月财政部颁布《会计从业资格管理办法》（2017年12月废止）	规定：遵守会计职业道德是取得会计从业资格、从事会计工作的基本条件
	2009年10月18日中国注册会计师协会发布《中国注册会计师职业道德守则》	标志着我国注册会计师行业诚信建设取得又一重大成果，涉及职业道德基本原则等五个部分
	2023年1月12日财政部印发《会计人员职业道德规范》	全面推进社会信用体系建设

（续表）

法律法规关于会计职业道德及其规范的规定	
意义	改革开放以来，会计作为我国财政经济工作的基础和重要组成部分，为促进经济社会发展发挥了重要作用。当前，经济全球化发展不断加深，国际金融危机后续影响尚未完全消除，面对新形势、新挑战，为更好地发挥会计在财政经济和社会发展中的重要基础性作用，会计工作者要遵循会计法律、法规，贯彻落实《会计人员职业道德规范》，提高自身职业道德水平，保障会计信息质量，维护社会的经济秩序

➤ 知识点 2　会计职业道德规范的主要内容

会计职业道德规范主要包括爱岗敬业、诚实守信、廉洁自律、客观公正、坚持准则、提高技能、参与管理、强化服务 8 个方面的内容。

会计职业道德规范	含义及解释	基本要求
爱岗敬业	1. 含义：爱岗敬业是爱岗与敬业的总称，指忠于职守的事业精神。爱岗，即热爱本职工作，安心于本职岗位，忠于职守；敬业，即恭敬严肃地对待职业，专心认真、负责任 2. 解释：爱岗与敬业互为前提、相互支持、相辅相成。爱岗是敬业的基石，敬业是爱岗的升华	5个： ① 正确认识会计职业，树立职业荣誉感 • 这是爱岗敬业的前提、首要要求 ② 热爱会计工作，敬重会计职业 • 树立干一行爱一行的思想 ③ 安心工作，任劳任怨 • 以工作为乐，不怕吃苦，不计较个人得失 ④ 严肃认真，一丝不苟 • 计算准确，手续完备，不麻痹，不马虎 ⑤ 忠于职守，尽职尽责 • 忠于国家，服务主体和社会公众 • 忠实履职，有责任感、义务感
诚实守信	1 含义：诚实，即言行跟内心思想一致，不弄虚作假、不欺上瞒下，做老实人、说老实话、办老实事；守信，即遵守承诺，讲信用，重信用，信守诺言，保守秘密 2. 解释：诚实与守信有内在因果联系，诚实即为守信，反之亦然。因此，诚实必须守信	3个： ① 做老实人，说老实话，办老实事，不搞虚假 • 言行一致，表里如一，正大光明，是一说一，工作踏实，不欺上瞒下 ② 保密守信，不为利益所诱惑 • 不泄密、依法保守单位秘密是应尽的义务 • 不用商业秘密作为谋利的手段 ③ 执业谨慎，信誉至上 • 保持谨慎态度，维护职业荣誉
廉洁自律	1. 含义：廉洁，即不贪污钱财，不收受贿赂，保持清白；自律，即按照一定标准，自我约束、自我控制言行和思想 2. 解释：廉洁是自律的基础，自律是廉洁的保证	3个： ① 树立正确的人生观和价值观 • 自觉抵制享乐主义、个人主义、拜金主义 ② 公私分明，不贪不占 ③ 遵纪守法，一身正气

（续表）

会计职业 道德规范	含义及解释	基本要求
客观公正	1. 含义：客观，即按事物的本来面目去反映，不掺杂个人主观意愿，也不为他人意见所左右；公正，即平等、公平正直，没有偏失 2. 解释：客观是公正的基础，公正是客观的反映	3个： ① 依法办事 • 熟悉并依据会计法律法规处理业务 ② 实事求是 • 会计核算过程、最终处理结果客观公正 ③ 如实反映 • 以实际发生的交易或事项为依据
坚持准则	1. 含义：是指会计人员在处理业务过程中，严格按照会计法律制度办事，不为主观或他人意志所左右 2. 解释：准则不仅指会计准则，还包括会计法律、法规、国家统一的会计制度及与会计工作相关的法律制度	3个： ① 熟悉准则 ② 遵循准则 • 严格按照会计法律制度办事 • 以准则作为自己的行动指南 ③ 敢于同违法行为作斗争
提高技能	1. 含义：指会计人员通过学习、培训和实践等途径，持续提高会计职业技能，以达到和维持足够的专业胜任能力的活动 2. 解释：会计职业技能包括会计理论水平与实务操作、职业判断、自动更新知识、提供会计信息、沟通交流等能力	2个： ① 有不断提高会计专业技能的意识和愿望 ② 具有勤学苦练的精神和科学的学习方法 • 主动求职、求学、勤学苦练，精益求精 • 参加社会实践活动，在实践中提高技能
参与管理	1. 含义：是指间接参加管理活动，为管理者当参谋，为管理活动服务 2. 解释：管理活动包括主动反映单位财务、经营状况及存在问题；积极建言献策，提出合理建议；参与市场调研、预测，以及决策方案制定、选择、执行、检查和监督等活动	2个： ① 努力钻研业务，熟悉财经法规和相关制度，提高业务技能，为参与管理打下坚实的基础 • 娴熟的业务、精湛的技能是参与的前提 ② 熟悉服务对象的经营活动和业务流程，使参与管理的决策更具针对性和有效性
强化服务	1. 含义：要求会计人员具有文明的服务态度、强烈的服务意识和优良的服务质量 2. 解释：强化服务的结果就是奉献社会	2个： ① 强化服务意识 • 工作态度文明，待人礼貌，尊重他人意见 • 摆正工作位置，明确工作职责 • 明确参与管理是职员应尽的义务 ② 提高服务质量 • 这是强化服务的关键

【例题 1·2015 年多选题】 会计职业道德规范中，对"廉洁自律"的基本要求有（　　）。

A. 熟悉会计法律法规　　　　　　　B. 公私分明，不贪不占

C. 勤学苦练，刻苦钻研　　　　　　D. 树立正确的人生观和价值观

E. 做老实人，说老实话，办老实事

『解析』BD 对：会计职业道德规范中廉洁自律的基本要求包括：树立正确的人生观和价值观；公私分明，不贪不占；遵纪守法，一身正气。ACE 错：熟悉会计法律法规体现的是客观公正中依法办事的内容；勤学苦练，刻苦钻研是提高技能的基本要求；做老实人，说老实话，办老实事，不搞虚假是诚实守信的基本要求。

『答案』BD。

【例题2·2016年多选题】 属于会计职业道德规范的有( )。

A. 自我教育　　　　B. 诚实守信　　　　C. 廉洁自律　　　　D. 提高技能

E. 接受教育

『解析』BCD对：会计职业道德规范的包括8个方面：爱岗敬业、诚实守信、廉洁自律、客观公正、坚持准则、提高技能、参与管理、强化服务。AE错。

『答案』BCD。

【例题3·2017年判断题】 单位会计人员强化服务的关键是树立服务意识。( )

『解析』这种说法错误：单位会计人员强化服务的关键是提高服务质量。

『答案』×。

【例题4·2021年单选题】 忠于职守的事业精神体现的会计职业道德规范是( )。

A. 廉洁自律　　　　B. 坚持准则　　　　C. 爱岗敬业　　　　D. 参与管理

『解析』C对：忠于职守的事业精神体现的是爱岗敬业。ABD错。

『答案』C。

【例题5·2022年单选题】 "依法办事、实事求是、如实反映"体现的会计职业道德规范是( )。

A. 爱岗敬业　　　　B. 客观公正　　　　C. 诚实守信　　　　D. 廉洁自律

『解析』B对："依法办事、实事求是、如实反映"体现的是客观公正。ACD错。

『答案』B。

三、疑难解答

1. 会计职业道德规范的内在逻辑

会计职业道德规范的内在逻辑：①爱岗敬业是会计职业道德的基础，是判断从业者是否有职业道德的首要标志；②诚实守信是做人的基本准则，也是会计职业道德的精髓；③廉洁自律是会计职业道德的前提及内在要求；④客观公正是会计职业道德所追求的理想目标，也是会计职业道德的灵魂；⑤坚持准则是会计职业道德的核心，是会计人员履行会计职责的标准和依据；⑥提高技能是会计人员的义务，也是职业活动中做到客观公正、坚持准则的基础，是参与管理的前提；⑦强化服务、奉献社会是会计职业道德的归宿点。

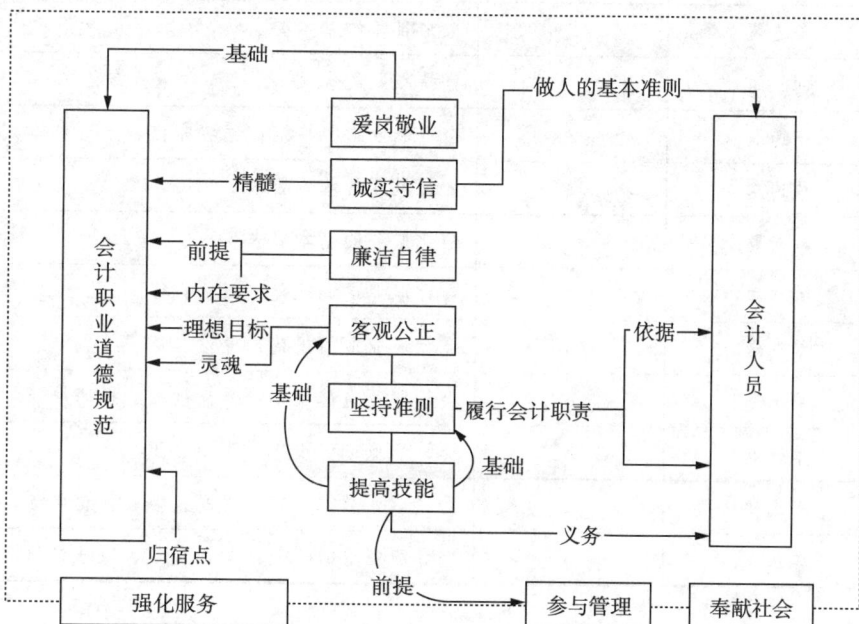

2. 体现职业道德规范的词句

在学习、生活和工作中，我们不难读到一些名人名言、短句、古语，其中就有体现会计职业道德规范的词句，这些值得我们仔细体味。

职业道德规范	相关词句
爱岗敬业	爱一行干一行 勤勉尽责、爱岗敬业，忠于职守、敢于斗争，自觉抵制会计造假行为
诚实守信	信以立志，信以守身，信以处事，信以待人，毋忘"立信"，当必有成 立信，乃会计之本，没有信用，也就没有会计 诚信为本 以诚立身、以信立业，严于律己、心存敬畏
廉洁自律	理万金分文不沾，手提万贯，一尘不染 常在河边走，就是不湿鞋 宁可清贫自乐，不可浊富多忧 清心寡欲克己奉公，戒奢崇俭自警自省
提高技能	活到老学到老 "道"之不存，"德"将焉附；曲不离口，拳不离手 始终秉持专业精神，勤于学习、锐意进取，持续提升会计专业能力
坚持准则	坚持好制度胜于做好事，制度大于天，人情薄如烟 严格执行准则制度，保证会计信息真实完整
客观公正	依据会计法律法规处理业务，不做假账

3. 高考链接

年份	题型	分值	考点
2015 年	单选题	2	会计职业道德的首要前提
	多选题	2	廉洁自律的基本要求
	判断题	1	坚持准则的含义
2016 年	多选题	2	会计职业道德规范：诚实守信、廉洁自律、提高技能
2017 年	单选题	2	爱岗敬业的基本要求
	判断题	1	强化服务的基本要求
2019 年	单选题	3	会计职业道德规范：廉洁自律
2020 年	单选题	3	会计职业道德规范：廉洁自律
2021 年	单选题	6	会计职业道德规范：爱岗敬业、提高技能
2022 年	单选题	3	会计职业道德规范：客观公正
	多选题	4	会计职业道德规范：提高技能、强化服务、参与管理
2023 年	单选题	6	会计职业道德规范：爱岗敬业、廉洁自律

【例题6·2015年单选题】　会计职业道德的首要前提是（　　）。

A. 爱岗敬业　　　　B. 提高技能　　　　C. 参与管理　　　　D. 诚实守信

『解析』A对：爱岗敬业是会计职业道德的基础，是判断从业者是否有职业道德的首要标志。BCD错：提高技能是会计人员的义务，也是职业活动中做到客观公正、坚持准则的基础，是参与管理的前提；参与管理是会计从业人员应尽的义务；诚实守信是做人的基本准则，也是会计职业道德的精髓。

『答案』A。

【例题7·2020年单选题】　"清心寡欲克己奉公，戒奢崇检自警自省"体现的会计职业道德规范是（　　）。

A. 诚实守信　　　　B. 客观公正　　　　C. 爱岗敬业　　　　D. 廉洁自律

『解析』D对：廉洁，即不贪污钱财，不收受贿赂，保持清白；自律，即按照一定标准，自我约束、自我控制言行和思想。"清心寡欲克己奉公，戒奢崇检自警自省"体现的是廉洁自律。ABC错。

『答案』D。

【例题8·2021年单选题】　要求会计人员应加强学习、培训和实践的会计职业道德规范是（　　）。

A. 强化服务　　　　B. 提高技能　　　　C. 参与管理　　　　D. 客观公正

『解析』B对：提高技能要求从业者具有勤学苦练的精神和科学的学习方法，要求会计人员应加强学习、培训和实践。ACD错。

『答案』B。

【例题9·2022年多选题】　会计人员主动学习新技术、提供高质量会计信息、积极建言献策体现的会计职业道德规范有（　　）。

A. 诚实守信　　　　B. 廉洁自律　　　　C. 提高技能　　　　D. 强化服务

E. 参与管理

『解析』CDE对：会计人员主动学习新技术体现的是提高技能；提供高质量会计信息体现的是强化服务；积极建言献策体现的是参与管理。AB错。

『答案』CDE。

【例题10·多选题改编】　下列关于会计职业道德规范说法正确的（　　）。

A. 坚持准则是会计职业道德的基础

B. 廉洁自律是会计职业道德的精髓

C. 诚实守信是会计职业道德的前提

D. 客观公正是会计职业道德所追求的理想目标

E. 爱岗敬业是判断从业者是否有职业道德的首要标志

『解析』DE对：客观公正是会计职业道德所追求的理想目标，是会计职业道德的灵魂；爱岗敬业是会计职业道德的基础，是判断从业者是否有职业道德的首要标志。ABC错：坚持准则是会计职业道德的核心，是会计人员履行会计职责的标准和依据；廉洁自律是会计职业道德的前提及内在要求；诚实守信是做人的基本准则，也是会计职业道德的精髓。

『答案』DE。

考点点拨：纵观历年考题，会计职业道德规范的出题形式，主要以规范的名称、规范的基本要求、重要性规范基本要求的细节、规范的内在逻辑、词句理解为考点，其中难题主要集中在以多个规范基本要求的细节为考点，以规范的内在逻辑为考点，以及词句理解类的题型。想要快速、准确解答这类型题目，要深入细致地理解、熟记会计职业道德的规范的含义及解释、基本要求及细节、规范之间的内在逻辑，留意相关短句，建立知识点之间的联系，构建知识库。

四、考点归纳

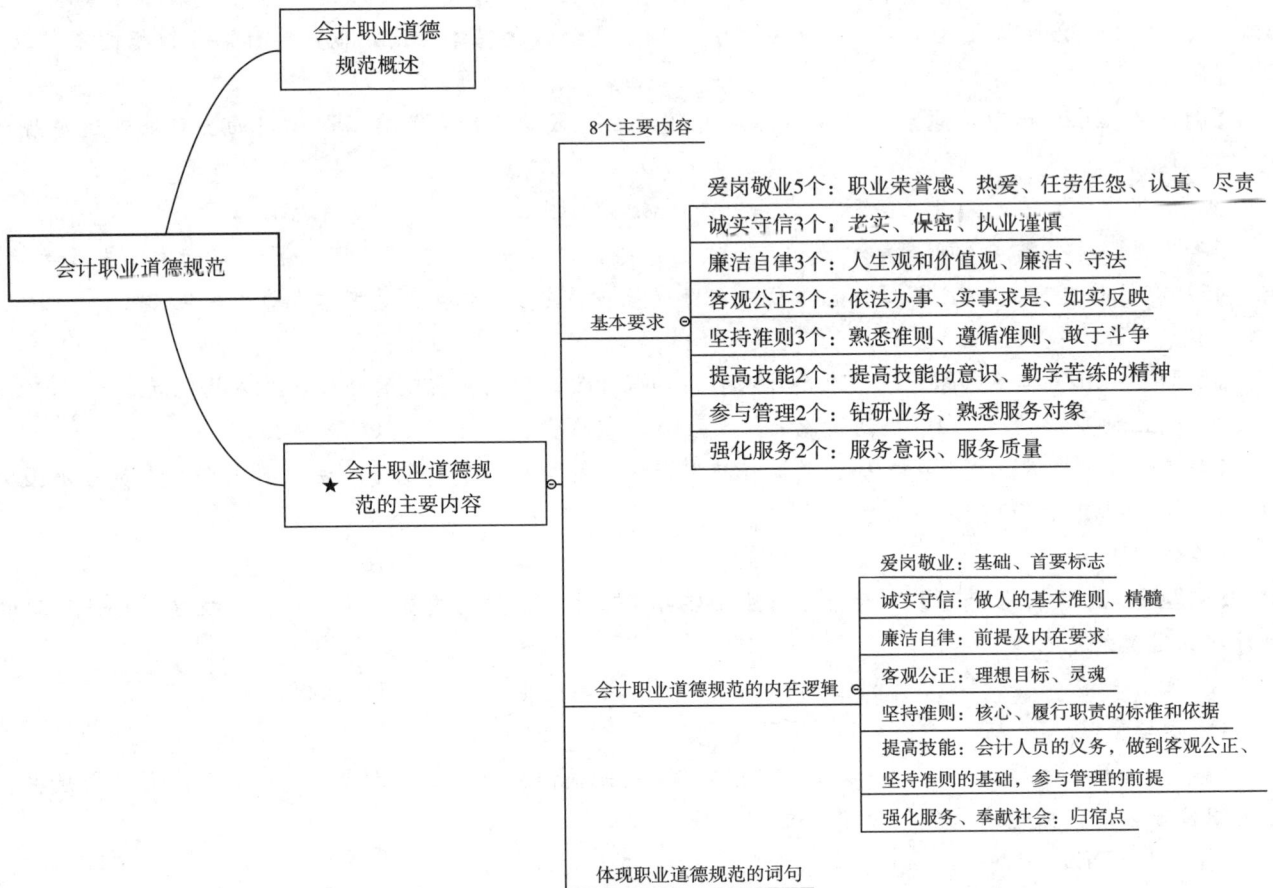

会计职业道德规范
- 会计职业道德规范概述
- ★会计职业道德规范的主要内容
  - 8个主要内容
  - 基本要求
    - 爱岗敬业5个：职业荣誉感、热爱、任劳任怨、认真、尽责
    - 诚实守信3个：老实、保密、执业谨慎
    - 廉洁自律3个：人生观和价值观、廉洁、守法
    - 客观公正3个：依法办事、实事求是、如实反映
    - 坚持准则3个：熟悉准则、遵循准则、敢于斗争
    - 提高技能2个：提高技能的意识、勤学苦练的精神
    - 参与管理2个：钻研业务、熟悉服务对象
    - 强化服务2个：服务意识、服务质量
  - 会计职业道德规范的内在逻辑
    - 爱岗敬业：基础、首要标志
    - 诚实守信：做人的基本准则、精髓
    - 廉洁自律：前提及内在要求
    - 客观公正：理想目标、灵魂
    - 坚持准则：核心、履行职责的标准和依据
    - 提高技能：会计人员的义务，做到客观公正、坚持准则的基础，参与管理的前提
    - 强化服务、奉献社会：归宿点
  - 体现职业道德规范的词句

五、知识精练

——精选好题·强化能力——

1. 属于会计职业道德规范的有（　　）。
   A. 坚持准则　　　　B. 客观公正　　　　C. 自警自励　　　　D. 爱岗敬业
   E. 慎独慎欲

2. "熟悉准则、遵循准则、敢于同违法行为作斗争"体现的会计职业道德规范是（　　）。
   A. 客观公正　　　B. 爱岗敬业　　　C. 坚持准则　　　D. 提高技能

3. 热情、耐心、诚恳的工作态度体现的会计职业道德规范是（　　）。
   A. 爱岗敬业　　　B. 强化服务　　　C. 参与管理　　　D. 诚实守信

4. 要求会计人员应以实际发生的交易或事项为依据处理经济业务的会计职业道德规范是（　　）。
   A. 客观公正　　　B. 诚实守信　　　C. 坚持准则　　　D. 爱岗敬业

5. （多选题）会计人员干一行爱一行，言行一致、表里如一、不欺上瞒下，积极参加社会实践，在实践中提高技能体现的会计职业道德规范有（　　）。
   A. 爱岗敬业　　　B. 廉洁自律　　　C. 诚实守信　　　D. 坚持准则

E. 提高技能

6. 会计职业道德的精髓是(   )。

A. 爱岗敬业   B. 廉洁自律   C. 客观公正   D. 诚实守信

7. 会计职业道德规范中,体现"诚实守信"基本要求的是(   )。

A. 严肃认真,一丝不苟   B. 执业谨慎,信誉至上

C. 依法办事,实事求是   D. 熟悉准则,提高服务质量

8. (2015 年判断题)会计职业道德规范"坚持准则"中的"准则"是指财政部颁布的《企业会计准则》。(   )

9. (判断题)会计职业道德规范"客观公正"中的公正是客观的基础,客观是公正的反映。(   )

10. (判断题)单位会计人员正确认识会计职业,树立职业荣誉感是爱岗敬业的首要要求。(   )

——拔高好题·突破难点——

11. (多选题)属于会计职业道德规范的有(   )。

A. 自律管理   B. 言而有信   C. 参与管理   D. 提高技能

E. 强化服务

12. 强化服务意识、提高服务质量体现的会计职业道德规范是(   )。

A. 参与管理   B. 诚实守信   C. 爱岗敬业   D. 强化服务

13. 自觉抵制享乐主义、个人主义、拜金主义体现的会计职业道德规范是(   )。

A. 廉洁自律   B. 客观公正   C. 坚持准则   D. 爱岗敬业

14. (多选题)会计人员忠实履职,有责任感、义务感,熟悉并依据会计法律法规处理业务,积极熟悉单位的经营活动和业务流程体现的会计职业道德规范有(   )。

A. 坚持准则   B. 爱岗敬业   C. 客观公正   D. 参与管理

E. 提高技能

15. (2017 年单选题)会计职业道德规范中,体现"爱岗敬业"基本要求的是(   )。

A. 忠于职守,尽职尽责   B. 执业谨慎,信誉至上

C. 公私分明,不沾不贪   D. 态度端正,依法办事

16. 会计职业道德规范中,对"坚持准则"的基本要求有(   )。

A. 严格按照会计法律制度办事   B. 摆正工作位置,明确工作职责

C. 以准则作为自己的行动指南   D. 熟悉国家统一的会计制度

E. 熟悉服务对象的经营活动和业务流程

17. (2019 年单选题)"常在河边走,就是不湿鞋"体现的会计职业道德是(   )。

A. 廉洁自律   B. 参与管理   C. 客观公正   D. 强化服务

18. "理万金分文不沾,手提万贯,一尘不染"这句话体现的会计职业道德规范是(   )。

A. 参与管理   B. 廉洁自律   C. 提高技能   D. 强化服务

19. "坚持好制度胜于做好事,制度大于天,人情薄如烟",这句话体现的会计职业道德规范是(   )。

A. 客观公正   B. 廉洁自律   C. 坚持准则   D. 强化服务

20. (多选题)下列关于会计职业道德规范说法正确的有(   )。

A. 强化服务、奉献社会是会计职业道德的起点

B. 参与管理是会计从业人员应尽的义务

C. 保密守信,不为利益所诱惑是坚持准则的基本要求

D. 提高技能是会计人员的义务,也是参与管理的前提

　　E. 正确认识会计职业，树立职业荣誉感是爱岗敬业的首要要求

21. "热爱会计工作，敬重会计职业"体现的会计职业道德规范是（　　　）。

　　A. 诚实守信　　　　　　　　　　B. 廉洁自律

　　C. 爱岗敬业　　　　　　　　　　D. 客观公正

22. "不贪污受贿，严格约束自己的言行"体现的会计职业道德规范

是（　　　）。

　　A. 坚持准则　　　　　　　　　　B. 廉洁自律

　　C. 参与管理　　　　　　　　　　D. 强化服务

任务二知识精练参考答案

任务三　会计职业道德教育

一、学习导航

学习能量	会计职业道德教育是促使会计人员形成会计职业道德品质，履行会计职业道德义务的基础性活动。会计人员要通过灵活多样的形式和途径，努力提高自身的思想政治素质、业务工作水平和职业道德水准，让自己成为会计法治和会计人员职业道德规范的忠实崇尚者、自觉遵守者、坚定捍卫者
学习目标	1. 理解会计职业道德教育的概念 2. 列举会计职业道德教育的形式、内容、途径
学习建议	会计职业道德教育是升学考试的一般考点，2016年和2018年分别考过会计职业道德教育的核心内容和强化会计职业道德教育的有效形式这两个考点，在复习中也要重视。因此，要强化习题训练，做到准确把握相关知识点

二、教材内容精讲

➤ 知识点1　会计职业道德教育概述

　　《会计法》明确规定："会计人员应当遵守职业道德，提高业务素质，对会计人员的教育和培训工作应当加强。"习近平总书记在党的二十大报告中强调，"育人的根本在于立德"。会计职业道德教育是引导会计人员遵守会计法律法规，树立正确价值理念，形成良好职业品质，严谨工作作风与工作纪律的重要方式；是提高会计信息质量，维护公众利益，促进经济高质量发展的重要保障。

会计职业道德教育概述				
1. 两种形式：接受教育和自我修养 2. 二者的区别：				

	类别	性质	主体	教育内容	方法与目的
形式	接受教育	外在教育	学校或单位	职业责任、职业义务	• 理论教育与实际教育相结合 • 典型示范与正面组织相结合
	自我修养	内在教育	个人	自我教育、自我改造、自我锻炼、自我提高	• 形成正确的会计职业道德认知：起点 • 培养高尚的会计职业道德情感：必不可少 • 树立坚定的会计职业道德信念：核心 • 养成良好的会计职业道德行为：特别关注
	注意：深刻的道德认知、炙热的道德情感是形成会计职业道德信念的基础和保障				

（续表）

	会计职业道德教育概述
内容	**1. 会计职业道德观念教育** • 采取方法：①普及会计职业道德基础知识（<u>基础和最重要的环节</u>）；②广泛宣传会计职业道德基本常识；③同社会教育、学校教育、家庭教育相结合 • 达到目标：形成会计人员遵守职业道德光荣、不遵守职业道德可耻的社会氛围 **2. 会计职业道德规范教育** • 采取方法：开展以会计职业道德规范为内容的教育（<u>核心内容，贯穿始终</u>） • 会计职业道德规范的内容：爱岗敬业、诚实守信、廉洁自律、客观公正、坚持准则、提高技能、参与管理、强化服务 **3. 会计职业道德警示教育** • 采取方法：开展对会计行为典型违法案例的讨论，给会计人员启发和警示 • 达到目标：提高会计人员的法律意识、会计职业道德观念，以及辨别是非的能力 **4. 其他与会计职业道德相关的教育** ① 形式教育：贯彻以德治国重要思想及相关指示精神，提高政治水平和思想道德意识 ② 品德教育：引导其运用会计职业道德规范指导、约束自身行为；提高职业道德自律能力，形成良好稳定的道德品行 ③ 法治教育：引导其掌握会计法律法规及统一的会计制度，用法律手段处理会计事务

【例题1·判断题】　会计职业道德教育的核心内容是职业道德观念教育。（　　）

『解析』这种说法错误：开展以会计职业道德规范为内容的教育是会计职业道德教育的核心内容，应贯穿于会计职业道德教育的始终。

『答案』×。

【例题2·单选题】　会计职业道德教育的基础和最重要的环节是（　　）。

A. 职业道德规范教育　　　　　　　　　　B. 职业道德观念教育

C. 职业道德警示教育　　　　　　　　　　D. 职业道德模范教育

『解析』B 对：职业道德观念教育要求广泛宣传会计职业道德基本常识，把会计职业道德教育同社会教育、学校教育、家庭教育相结合。其中，普及会计职业道德基础知识是基础和最重要的环节。

『答案』B。

【例题3·单选题】　旨在提高会计人员法律意识的会计职业道德教育是（　　）。

A. 职业道德规范教育　　　　　　　　　　B. 职业道德观念教育

C. 职业道德警示教育　　　　　　　　　　D. 职业道德模范教育

『解析』C 对：职业道德警示教育是指通过开展对会计行为典型违法案例的讨论，给会计人员启发和警示，从而提高会计人员的法律意识、会计职业道德观念，以及辨别是非的能力。

『答案』C。

➤ 知识点2　会计职业道德教育的途径

随着涵盖学历教育和职业培训的会计诚信教育培训体系的建立，对会计专业学生和会计实务工作者的会计职业道德教育途径，变得更加完善，逐渐形成接受教育和自我修养两种路径相结合的方式。

主要途径	具体内容
接受教育	**1. 主要方式：2 种** ① 岗前职业道德教育：会计职业道德教育必须从会计学历教育抓起 ② 岗位职业道德继续教育：是强化会计职业道德教育的有效形式，应贯穿始终，并体现社会经济发展变化对道德的要求

（续表）

主要途径	具体内容				
接受教育	2. 两种方式的比较				
	方式	教育对象	主要途径	教育侧重点	场所
	岗前职业道德教育	将要从事会计对象的人	会计专业学历教育	职业观念、职业情感、职业规范	大中专院校
	岗位职业道德继续教育	已进入会计职业的会计人员	继续教育	不同阶段的侧重点不同	网络
自我修养	1. 主要方式3种：①慎独慎欲；②慎省慎微；③自警自励 2. 三种方式的比较				
	方式		适用情形	要求	
	慎独慎欲	慎独	单独处事、无人监督，做到自律谨慎	1. 前提：坚定的职业信念和职业良心 2. 修养层次：会计职业道德修养的最高境界 3. 参照标准：道德准则 4. 作用：检验会计人员道德水平高低的试金石	
		慎欲	正当的手段获得物质利益	1. 首要原则：把国家、社会公众和集体利益放在首位 2. 次要原则：追求自身利益，不得损害国家和他人利益	
	慎省慎微	慎省	认真反省处理过的每笔业务	1. 参照标准：符合国家政策，有利于生产经营，勤俭节约，真实准确 2. 修养方式：反思言行、缺点；严格自我剖析；敢于做是非观、价值观的自我斗争	
		慎微	微处、小处自律	修养方式：微处、小处着眼，从小事着手，严于律己	
	自警自励	自警	警醒自己与不良思想做斗争	修养方式：随时警醒、告诫自己，要警钟长鸣	
		自励	激励，并度量自己在职业实践中的言行	1. 参照标准：崇高的会计职业道德理想、信念，主要是会计职业道德规范 2. 修养方式：自我激励、自我教育	

【例题4·多选题】 自我修养强化会计职业道德教育的方式有（　　）。

A. 慎独慎欲　　　B. 慎省慎微　　　C. 岗前教育　　　D. 自警自励

E. 警示教育

『解析』ABD 对：自我修养的途径主要包括慎独慎欲、慎省慎微、自警自励3个方面。CE错。

『答案』ABD。

【例题5·多选题】 关于会计职业道德教育的途径说法正确的有（　　）。

A. 慎独是会计职业道德修养的最高境界

B. 岗位职业道德继续教育的对象是将要从事会计对象的人

C. 岗前职业道德教育是强化会计职业道德教育的有效形式

D. 慎省要敢于做是非观、价值观的自我斗争

E. 慎微要以崇高的会计职业道德理想、信念进行自我激励

『解析』AD 对：慎独是会计职业道德修养的最高境界；慎省就要反思言行、缺点，严格自我剖析，

敢于做是非观、价值观的自我斗争。BCE 错：岗位职业道德继续教育的对象是已进入会计职业的会计人员。岗位职业道德继续教育是强化会计职业道德教育的有效形式，应贯穿始终，并体现社会经济发展变化对道德的要求。慎微要从微处、小处着眼，从小事着手，严于律己。

『答案』AD。

三、疑难解答

1. 会计人员自我修养的重要性

随着改革开放的不断深入和社会经济的快速发展，会计工作对社会经济活动的影响越来越直接和明显，对承担更多责任的会计人员的职业道德提出了更高的要求。因此，会计人员要加强自我修养，将自我教育、自我改造、自我锻炼、自我提高和自我完善，作为终生必修课。会计人员要把严谨的工作作风与加强自我修养联系起来，结合会计职业道德的原则，以及会计工作经验总结和自我批评，形成自我修养守则，并严格自我约束、自我修炼，不断提高自身的职业道德水平。

2. 高考链接

年份	题型	分值	考点
2016 年	单选题	2	会计职业道德教育的核心内容
2018 年	单选题	3	强化会计职业道德教育的有效形式：继续教育

【例题 6·2016 年单选题】　会计职业道德教育的核心内容是（　　）。

A. 职业道德规范教育　　　　　　　　　　　B. 职业道德观念教育

C. 职业道德警示教育　　　　　　　　　　　D. 职业道德模范教育

『解析』A 对：开展以会计职业道德规范为内容的教育是会计职业道德教育的核心内容，应贯穿于会计职业道德教育的始终。BCD 错。

『答案』A。

【例题 7·2018 年单选题】　强化会计职业道德教育的有效形式是（　　）。

A. 观念教育　　　　　B. 警示教育　　　　　C. 岗前教育　　　　　D. 继续教育

『解析』D 对：岗位职业道德继续教育是强化会计职业道德教育的有效形式，应贯穿始终，并体现社会经济发展变化对道德的要求。ABC 错。

『答案』D。

【例题 8·多选题改编】　下列关于会计职业道德教育说法正确的有（　　）。

A. 慎省是检验会计人员道德水平高低的试金石

B. 会计职业道德教育的核心内容是职业道德规范教育

C. 会计职业道德警示教育旨在提高会计人员辨别是非的能力

D. 会计职业道德修养的最高境界在于做到慎省

E. 会计职业道德教育的基础和最重要的环节是职业道德模范教育

『解析』BC 对：开展以会计职业道德规范为内容的教育是会计职业道德教育的核心内容；会计职业道德警示教育旨在提高会计人员的法律意识、会计职业道德观念，以及辨别是非的能力。ADE 错：慎独是检验会计人员道德水平高低的试金石；慎独是会计职业道德修养的最高境界；职业道德观念教育中关于普及会计职业道德基础知识才是会计职业道德教育的基础和最重要的环节。

『答案』BC。

四、考点归纳

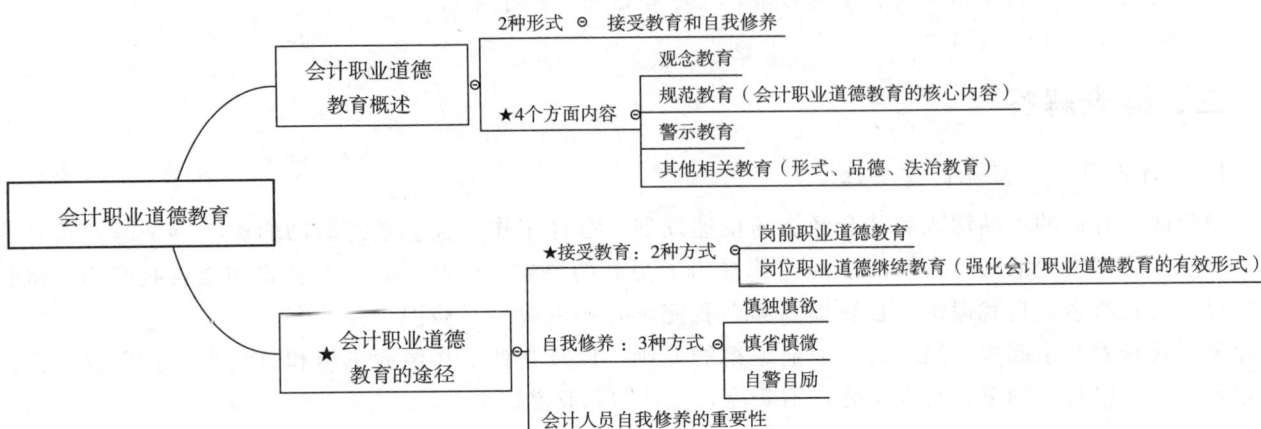

五、知识精练

——精选好题·强化能力——

1. （判断题）会计职业道德教育的基础和最重要的环节是职业道德警示教育。（　　）

2. （判断题）旨在提高会计人员政治水平和思想道德意识的会计职业道德教育是法治教育。（　　）

3. （多选题）其他与会计职业道德相关的教育有（　　）。
   A. 形式教育　　　　B. 法治教育　　　　C. 素质教育　　　　D. 品德教育
   E. 继续教育

4. 检验会计人员道德水平高低的试金石的是（　　）。
   A. 慎独　　　　　　B. 慎欲　　　　　　C. 慎微　　　　　　D. 慎省

——拔高好题·突破难点——

5. 为形成会计人员遵守职业道德光荣、不遵守职业道德可耻的社会氛围，应开展的会计职业道德教育是（　　）。
   A. 职业道德观念教育　　　　　　　　　B. 职业道德规范教育
   C. 职业道德模范教育　　　　　　　　　D. 职业道德警示教育

6. （多选题）关于会计职业道德教育的途径说法正确的有（　　）。
   A. 岗前职业道德教育的对象是将要从事会计对象的人
   B. 慎省是会计职业道德修养的最高境界
   C. 岗前职业道德教育的主要途径是会计专业学历教育
   D. 自警就是要随时警醒、告诫自己、警钟长鸣
   E. 岗位职业道德继续教育侧重点是职业观念、职业情感、职业规范

7. （多选题）关于会计职业道德教育说法正确的有（　　）。
   A. 形式教育、品德教育和法治教育是会计职业道德教育内容
   B. 岗前职业道德教育是强化会计职业道德教育的有效形式
   C. 慎独的前提是坚定的职业信念和职业良心
   D. 法治教育重在贯彻以德治国重要思想及相关指示精神
   E. 做到慎欲就要把国家、社会公众和集体利益放在首位

任务三知识精练参考答案

任务四　会计职业道德建设组织与实施

一、学习导航

学习能量	高质量发展离不开高素质专业化会计人才。加强会计职业道德建设组织与实施，有助于营造良好的道德环境，提高会计工作人员的职业道德水准
学习目标	说出不同主体在会计职业道德组织与实施工作中的责任
学习建议	本节在升学考试从未出现过考题，在学习过程中不容忽视，要熟悉财政部门、自律组织、各单位和社会各界在会计职业道德建设组织与实施方面的责任

二、教材内容精讲

➢ 知识点 1　会计职业道德建设概述

会计职业道德建设是我国社会主义职业道德体系建设的重要组成部分，是社会主义市场经济健康发展的根本要求。强化会计职业道德建设组织与实施，有助于发挥会计职业道德自律与他律的约束作用。因此，要按照新时代我国社会主义职业道德建设的新要求和会计职业发展的新变化，进一步推动会计职业道德建设组织与实施。

会计职业道德建设：会计诚信建设		
相关法律法规	《会计法》（2018 年修正）	规定：财政部门对各单位从事会计工作的人员是否具备专业能力、遵守职业道德实施监督
	《关于加强会计人员诚信建设的指导意见》，2018 年 4 月	意见指出：增强会计人员诚信意识；加强会计人员信用档案建设；健全会计人员守信联合激励和失信联合惩戒机制；加强组织实施
	《会计人员职业道德规范》，2023 年 1 月	提出"三坚三守"的会计人员职业道德要求：坚持诚信、守法奉公，坚持准则、守责敬业，坚持学习、守正创新
意义	诚实守信是会计职业道德的精髓。会计诚信是社会主义核心价值观的重要组成部分，是经济高质量发展的关键一环。财政部始终高度重视会计诚信建设，着力建立健全法规制度体系，并统筹谋划推动实施。在全社会弘扬诚信文化、健全诚信建设的大背景下，加强会计诚信建设，积极营造"守信光荣、失信可耻"的良好社会氛围，有利于提高会计人员的诚信水平，推动会计工作服务经济高质量发展		

➢ 知识点 2　会计职业道德建设的措施

会计职业道德建设涉及政府部门、会计行业协会、企事业单位、社会各界等有关方面和不同主体。各级财政部门应当担负起组织和推动本地区会计职业道德建设的责任。行业协会、企事业单位、社会各界应当主动参与，并自觉履行会计职业道德建设的管理主体责任。

主要措施	具体内容
财政部门组织推动	方式 1：采用多种形式开展会计职业道德宣传教育 · 形式：举办会计职业道德演讲、论坛、竞赛、有奖征文等活动 · 目的：发挥思想文化阵地在职业道德建设中的作用 方式 2：把会计职业道德建设与会计法律制度建设紧密结合起来 · 目的：为会计职业道德建设提供强有力的法律支持和政策保障

（续表）

主要措施	具体内容
会计行业自律	1. 会计自律组织的作用：联系会员与政府的桥梁 2. 方式：改革完善会计职业组织自律机制
企业事业单位内部监督	方式1：单位负责人重视和加强本单位会计人员的职业道德建设 方式2：日常工作中开展道德和纪律教育，加强检查与督促落实 方式3：在制度建设上形成内部约束机制，防范舞弊和经营风险
社会各界监督配合	方式1：各有关部门和机构要重视会计职业道德建设 • 有针对性制定具体职业道德规范，加强宣传，抓好督促落实 方式2：各新闻媒体要加强社会舆论监督，形成良好的社会氛围 • 广泛宣传，倡导诚信为荣、失信为耻的职业道德意识，加强职业修养

【例题1·单选题】 负责组织和推动本地区会计职业道德建设的主体是（　　）。

A. 各级财政部门　　　　B. 企事业单位　　　　C. 社会各界　　　　D. 行业协会

『解析』A对：各级财政部门应当担负起组织和推动本地区会计职业道德建设的责任。BCD错。

『答案』A。

【例题2·多选题】 属于推动会计职业道德建设的举措是（　　）。

A. 财政部门组织推动　　　　　　　B. 会计行业自律

C. 社会各界监督配合　　　　　　　D. 会计从业者接受教育

E. 企业事业单位内部监督

『解析』ABCE对：会计职业道德建设的措施包括：财政部门组织推动；会计行业自律；企业事业单位内部监督；社会各界监督配合。D错：会计从业者接受教育是会计职业道德教育的途径。

『答案』ABCE。

【例题3·多选题】 财政部门组织推动会计职业道德建设的方式有（　　）。

A. 举办会计职业道德演讲、论坛、有奖征文活动

B. 行业协会改革完善会计职业组织自律机制

C. 把会计职业道德建设与会计法律制度建设紧密结合

D. 单位负责人加强单位会计人员的职业道德建设

E. 建立单位内部约束机制，防范舞弊和经营风险

『解析』AC对：财政部门组织推动会计职业道德建设的方式如下：①采用多种形式开展会计职业道德宣传教育；②把会计职业道德建设与会计法律制度建设紧密结合起来。举办会计职业道德演讲、论坛、有奖征文等活动属于第1种方式。BDE错：这些举措分别是会计行业自律组织和单位推动会计职业道德建设的方式。

『答案』AC。

三、疑难解答

★ 新时代的会计职业道德建设与会计法治建设

会计职业道德是会计法律制度正常运行的社会基础和思想基础，会计法律制度是会计职业道德规范形成和被遵守的重要保障。会计法律制度建设为会计职业道德建设提供了强大的法律支持和政策保障。

随着我国经济增长由高速增长阶段转向高质量发展，以及新一轮科技革命和产业变革的深入推进，新情况、新问题、新挑战、新机遇层出不穷，这就要求会计法治不断完善、有效实施，要求会计人员持续提升素质、加速转型。因此，要坚持以经济发展需求和行业发展趋势为导向，强化会计法治建设，建立健全会计法

律制度体系，加强会计监督，加大违法惩处力度，加快推进职业道德建设，推动会计人员专业技能和职业道德素养全面提升，逐步形成会计法治建设保障会计职业道德建设扎实推进的良法善治环境。

四、考点归纳

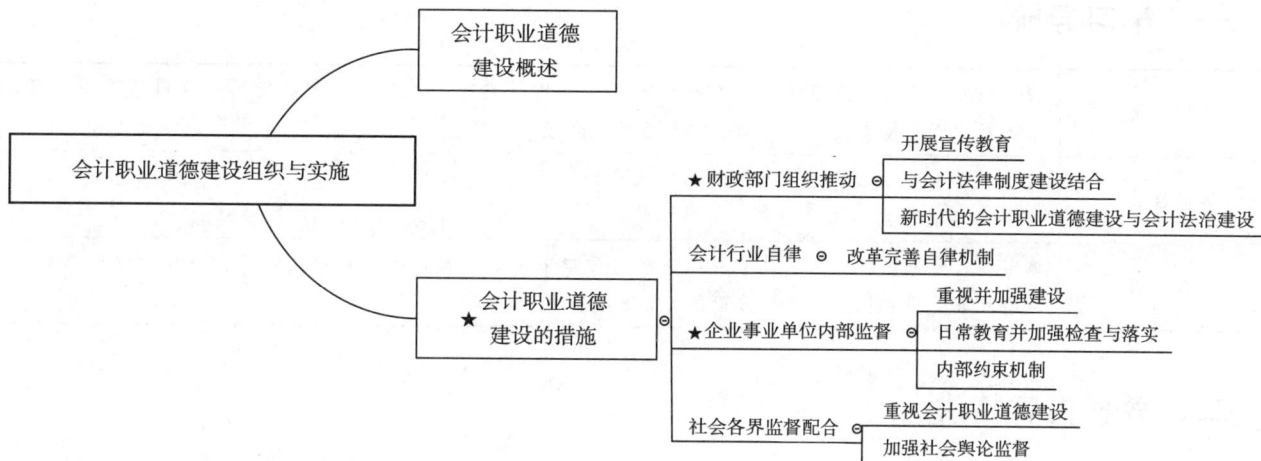

五、知识精练

——精选好题·强化能力——

1. （多选题）下列会计职业组织中应设立职业道德委员会的有（   ）。
   A. 注册会计师协会   B. 税务师协会
   C. 内部审计协会   D. 会计学会
   E. 总会计师协会

2. （判断题）会计法治建设为会计职业道德建设提供强有力的法律支持和政策保障。（   ）

3. （判断题）行业协会应当担负起组织和推动本地区会计职业道德建设的责任。（   ）

4. （判断题）加强会计职业道德建设是一项复杂的社会系统工程，是各地区、各部门、各单位的共同责任。（   ）

——拔高好题·突破难点——

5. （多选题）单位推动会计职业道德建设的方式有（   ）。
   A. 日常开展道德和纪律教育，加强检查与督促落实
   B. 形成单位内部约束机制，防范舞弊和经营风险
   C. 行业自律组织改革完善会计职业组织自律机制
   D. 单位负责人加强单位会计人员的职业道德建设
   E. 把会计职业道德建设与会计法律制度建设紧密结合

6. （多选题）关于会计职业道德建设组织与实施正确的有（   ）。
   A. 会计职业组织中设立职业道德委员会
   B. 单位重视内部控制制度建设，完善内部约束机制
   C. 社会各界有针对性地制定具体职业道德规范
   D. 企事业单位负责组织和推动本地区会计职业道德建设
   E. 强化舆论监督，倡导诚信为荣、失信为耻的职业道德意识

任务四知识精练参考答案

任务五　会计职业道德的检查与奖惩

一、学习导航

学习能量	会计职业道德的检查与奖惩，有利于督促会计人员遵守会计职业道德，提高会计信息服务质量，维护经营者、投资人、社会公众的利益及社会经济秩序
学习目标	1. 复述会计职业道德检查与奖惩的意义 2. 列举会计职业道德检查与奖惩的机制
学习建议	本节在升学考试从未出现过考题，在学习过程中不容忽视，要熟悉财政部门、会计行业自律组织在会计职业道德检查与奖惩方面的监督检查方式

二、教材内容精讲

➤ 知识点 1　会计职业道德检查与奖惩的意义

会计职业道德的检查与奖惩具有裁决与教育作用，促使会计人员遵守职业道德规范，有利于形成抑恶扬善的社会环境。根据《会计法》《会计基础工作规范》等法律法规规定，要加强对具有良好职业道德、显著成绩的会计人员的表彰奖励工作。行业管理部门和执法部门要严格财经纪律，进一步加大对会计人员职业道德的检查与奖惩力度，提高监督能力和奖惩力度，形成监管合力，提升监管效能。

会计职业道德的奖惩规定		
相关法律法规	《会计法》（2018 年修正）	规定：对认真执行本法，忠于职守，坚持原则，做出显著成绩的会计人员，给予精神的或者物质的奖励
	《会计基础工作规范》（2019 年 3 月 14 日修改）	规定：各单位领导人应当支持会计机构、会计人员依法行使职权；对忠于职守，坚持原则，做出显著成绩的会计机构、会计人员，应当给予精神的和物质的奖励
	《总会计师条例》（2011 年 1 月 8 日修订）	奖励规定：总会计师在工作中成绩显著或事迹突出，依照国家有关企业职工或者国家行政机关工作人员奖惩的规定给予奖励
		惩罚规定：总会计师在工作中有渎职行为和严重错误，应当区别情节轻重，依照国家有关企业职工或者国家行政机关工作人员奖惩的规定给予处分

【例题 1·多选题】　我国会计职业道德检查与奖惩的意义是（　　）。

A. 具有裁决与教育作用　　　　　　　　B. 促使会计人员遵守职业道德规范

C. 加强经济管理和财务管理　　　　　　D. 有利于形成抑恶扬善的社会环境

E. 有利于营造会计职业道德建设的良好氛围

『解析』ABD 对：会计职业道德的检查与奖惩的意义：具有裁决与教育作用；促使会计人员遵守职业道德规范；有利于形成抑恶扬善的社会环境。CE 错。

『答案』ABD。

➤ 知识点 2　会计职业道德检查与奖惩机制

会计职业道德检查与奖惩涉及政府部门、会计行业组织等不同主体。各级财政部门应当采取多种方式对会计职业道德实施监督检查和激励；行业协会应进一步加强对职业道德规范的实施与惩戒。

主要机制	具体内容
财政部门的监督检查	方式1：会计职业道德检查与《会计法》执法检查相结合 ·《会计法》的执法主体：财政部 ·会计人员违法的后果：一方面，承担《会计法》规定的法律责任；另一方面，接受相应的道德制裁，如通报批评、责令参加继续教育等 方式2：会计职业道德检查与会计专业技术资格考评、聘用相结合 | 会计专业技术资格 | 规定内容 | | 类别 | 3类：初级资格、中级资格、高级资格 | | 初级、中级资格的取得 | ·方式：通过全国会计专业技术资格考试 ·报考资格：坚持原则，具备良好的职业道德品质 | | 高级资格的取得 | ·方式：考试＋评审 ·会计职业道德是评审标准的重要内容 | 最新要求：财政部关于《会计人员职业道德规范》的通知（财会〔2023〕1号）提出：各地财政部门、中央有关主管单位应当指导用人单位加强会计人员职业道德教育，将遵守职业道德情况作为评价、选用会计人员的重要标准 方式3：会计职业道德检查与会计人员表彰奖励制度相结合 ·《会计基础工作规范》规定：财政部门、业务主管部门和各单位应当定期检查会计人员遵守职业道德的情况，并作为会计人员晋升、晋级、聘任专业职务、表彰奖励的重要考核依据
会计行业组织的自律管理与约束	方式1：制定规范性文件 ·中国会计学会制定《中国会计学会个人会员分级管理办法（试行）》 ·中国注册会计师协会发布《中国注册会计师职业道德基本准则》《中国注册会计师职业道德规范指导意见》《注册会计师、注册资产评估师行业诚信建设实施纲要》等 方式2：建立行业自律性决策组织 ·已成立组织：调查委员会、技术鉴定委员会、惩戒委员会
激励机制的建立	方式：会计职业道德建设与会计人员表彰奖励制度相结合

【例题2·单选题】 下列各项属于《会计法》执法主体的是（   ）。

A. 企事业单位   B. 财政部门   C. 会计机构   D. 行业协会

『解析』B对：《会计法》规定，国务院财政部门主管全国的会计工作。县级以上地方各级人民政府财政部门管理本行政区域内的会计工作。ACD错。

『答案』B。

【例题3·多选题】 属于会计职业道德检查与奖惩的机制是（   ）。

A. 财政部门的监督检查   B. 建立激励机制

C. 社会各界监督配合   D. 会计行业组织的自律管理与约束

E. 企业事业单位内部监督

『解析』ABD对：会计职业道德检查与奖惩机制包括财政部门的监督检查、会计行业组织的自律管理与约束、激励机制的建立。CE错：这两个选项是推动会计职业道德建设的举措。

『答案』ABD。

【例题4·多选题】 财政部门实施会计职业道德检查与奖惩的方式有（   ）。

A. 会计职业道德检查与《会计法》执法检查相结合

B. 会计行业组织制定规范性文件加强对会员的服务与管理

C. 会计职业道德检查与会计专业技术资格考评、聘用相结合

D. 会计职业道德检查与会计人员表彰奖励制度相结合

E. 研究建立调查委员会、惩戒委员会等行业自律性决策组织

『解析』ACD 对：财政部门对会计职业道德情况实施监督检查的措施包括：①会计职业道德检查与《会计法》执法检查相结合；②会计职业道德检查与会计专业技术资格考评、聘用相结合；③会计职业道德检查与会计人员表彰奖励制度相结合。BE 错：这两个选项是会计行业组织实施会计职业道德检查与奖惩的方式。

『答案』ACD。

三、疑难解答

★ 上市公司财务造假的危害与启示

近年来，在监管高压之下，财务造假仍时有发生。根据财政部浙江监管局曝光资料显示，藏格控股、九好集团、康得新控股等上市公司通过虚增营业收入、虚构业务、改变业务性质、签订虚假业务合同等多种方式造假。上市公司财务造假传递错误信息，摧毁诚信体系，影响宏观调控，侵害广大投资者利益，严重损害资本市场信誉，扰乱市场经济秩序，个别甚至影响中国企业的国际形象。

因此，必须采取强有力措施遏制上市公司财务造假行为。一是监管部门要加大会计信息质量检查与奖惩力度及违法违规成本；二是会计师事务所要认真履行"看门人"职责，确保上市公司会计信息的真实性；三是建立完善责任追究机制，加强内部流程控制，规范上市公司依法依规运行；四是加强会计法律法规学习和专业技能训练，提高职业素质、业务能力、技术水平和责任意识，保障市场经济健康运行。

四、考点归纳

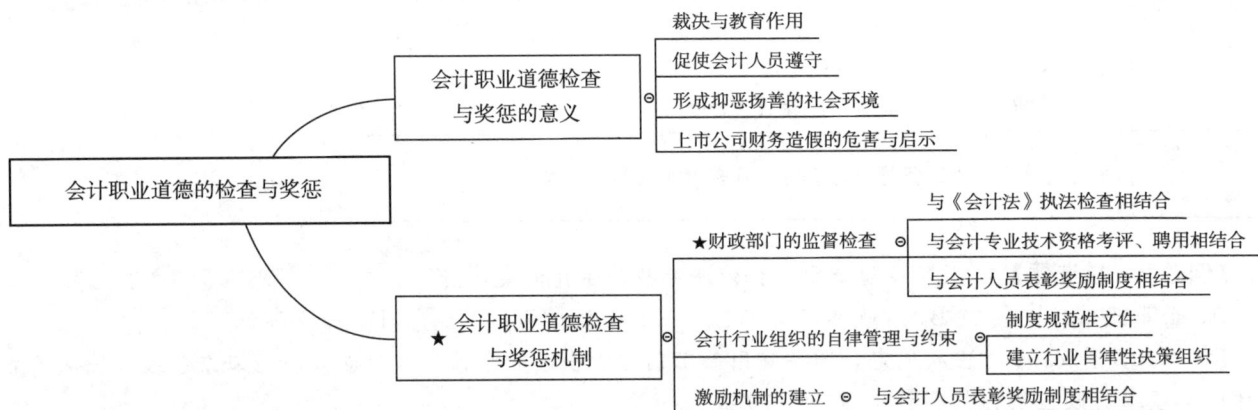

五、知识精练

——精选好题·强化能力——

1.（判断题）会计职业道德检查与奖惩有助于帮助人们分清是非，形成良好社会风气。（　　）

2.（判断题）会计机构是《会计法》的执法主体，必须依法办理会计事务。（　　）

3.（判断题）对忠于职守，坚持原则，做出显著成绩的会计机构、会计人员，应当给予精神的和物质的奖励。（　　）

4.（判断题）高级会计资格评审将具有良好的职业道德作为重要标准，体现了对优秀的会计人员不仅要有极高的专业水准，更要有一流的职业道德水平的要求。（　　）

——拔高好题·突破难点——

5.（多选题）行业组织实施会计职业道德检查与奖惩的方式有（   ）。
    A. 会计职业道德检查与会计人员表彰奖励制度相结合
    B. 会计职业道德检查与会计专业技术资格考评、聘用相结合
    C. 会计行业组织制定规范性文件加强对会员的服务与管理
    D. 会计职业道德检查与《会计法》执法检查相结合
    E. 建立惩戒委员会、技术鉴定委员会等行业自律性决策组织
6.（多选题）关于会计职业道德检查与奖惩机制说法正确的有（   ）。
    A. 财政部门是《会计法》的执法主体
    B. 会计行业组织制定规范性文件，建立自律性决策组织
    C. 把会计职业道德建设与会计法律制度建设紧密结合起来
    D. 加强社会舆论监督，形成良好的社会氛围
    E. 会计专业技术资格报考者应具备良好的职业道德品质

任务五知识精练参考答案

项目五综合检测

一、单选题

1.“公私分明，不贪不占，遵纪守法，一身正气”体现的会计职业道德规范是（   ）。
    A. 廉洁自律   B. 坚持准则   C. 诚实守信   D. 客观公正
2.“做老实人，说老实话，办老实事，不搞虚假”体现的会计职业道德规范是（   ）。
    A. 廉洁自律   B. 客观公正   C. 诚实守信   D. 爱岗敬业
3. 勤学苦练、精益求精的精神体现的会计职业道德规范是（   ）。
    A. 爱岗敬业   B. 参与管理   C. 客观公正   D. 提高技能
4. 要求会计人员拥有娴熟的业务、精湛的技能的会计职业道德规范是（   ）。
    A. 提高技能   B. 坚持准则   C. 参与管理   D. 强化服务
5. 会计职业道德的前提及内在要求是（   ）。
    A. 爱岗敬业   B. 客观公正   C. 廉洁自律   D. 坚持准则
6. 会计职业道德的归宿点是（   ）。
    A. 强化服务   B. 提高技能   C. 客观公正   D. 参与管理
7. 会计职业道德规范中，体现“提高技能”基本要求的是（   ）。
    A. 工作态度文明，待人有礼貌
    B. 熟悉服务对象的经营活动和业务流程
    C. 努力钻研业务，熟悉财经法规和相关制度
    D. 具有勤学苦练的精神和科学的学习方法
8.“信以立志，信以守身，信以处事，信以待人，毋忘‘立信’，当必有成”，这句话体现的会计职业道德规范是（   ）。
    A. 诚实守信   B. 客观公正   C. 强化服务   D. 坚持准则
9.“爱一行干一行，忠于职守、敢于斗争，自觉抵制会计造假行为”，这句话体现的会计职业道德规范是（   ）。

　　A. 客观公正　　　　B. 强化服务　　　　　　C. 爱岗敬业　　　　　　D. 廉洁自律

10. 会计职业道德规范中，体现"廉洁自律"基本要求的是（　　　）。

　　A. 做老实人，办老实事　　　　　　　　B. 遵纪守法，一身正气

　　C. 实事求是，如实反映　　　　　　　　D. 保密守信，不为利益所诱惑

11. 在职业活动中做到客观公正、坚持准则的基础是（　　　）。

　　A. 坚持准则　　　B. 提高技能　　　　C. 强化服务　　　　D. 诚实守信

12. 要求会计人员摆正工作位置、明确工作职责的会计职业道德规范是（　　　）。

　　A. 参与管理　　　B. 爱岗敬业　　　　C. 客观公正　　　　D. 强化服务

13. 旨在提高会计人员政治水平和思想道德意识的会计职业道德教育是（　　　）。

　　A. 品德教育　　　B. 职业道德观念教育　C. 形式教育　　　D. 职业道德规范教育

14. 为提高会计人员的职业道德自律能力，形成良好稳定的道德品行，应开展的会计职业道德教育是（　　　）。

　　A. 品德教育　　　B. 职业道德警示教育　C. 法治教育　　　D. 职业道德模范教育

二、多选题

1. 职业道德具有的作用主要有（　　　）。

　　A. 促进职业活动有序进行　　　　　　　B. 对社会道德风尚产生积极的影响

　　C. 实现会计目标的重要保证　　　　　　D. 对会计法律制度的重要补充

　　E. 提高会计人员职业素养的内在要求

2. 下列选项属于职业道德的特点的是（　　　）。

　　A. 职业性　　　B. 一定的强制性　　　C. 实践性　　　　D. 多样性

　　E. 相对稳定性

3. 下列关于会计职业道德说法正确的有（　　　）。

　　A. 会计法律制度以会计法律法规为依据

　　B. 会计职业道德具有广泛社会性、较高的约束性

　　C. 会计职业道德的教化功能侧重在指引、劝诫

　　D. 基本的会计行为可以不用会计法律制度强制执行规定

　　E. 会计职业道德与会计法律制度在内容上相互借鉴、相互吸收

4. 下列关于会计职业道德说法正确的有（　　　）。

　　A. 会计法律制度通过国家强制力保障实施

　　B. 会计法律是会计法律制度正常运行的社会基础

　　C. 会计职业道德调整会计人员的外在行为与内在的精神世界

　　D. 会计法律制度是对会计人员行为的最低限度的要求

　　E. 会计职业道德具有利益的相关性、较高的强制性和约束性

5. 属于会计职业道德规范的有（　　　）。

　　A. 诚实守信　　　B. 公平公正　　　　C. 无私奉献　　　　D. 坚持准则

　　E. 强化服务

6. 会计人员以工作为乐、不怕吃苦、不计较个人得失，不用商业秘密作为谋利的手段，主动求学、勤学苦练、精益求精体现的会计职业道德规范有（　　　）。

　　A. 客观公正　　　B. 提高技能　　　　C. 强化服务　　　　D. 诚实守信

　　E. 爱岗敬业

7. 会计人员遵纪守法，一身正气，敢于同违法行为作斗争，保持谨慎态度，维护职业荣誉体现的会

计职业道德规范有(　　　)。

  A. 坚持准则   B. 廉洁自律   C. 诚实守信   D. 爱岗敬业

  E. 客观公正

 8. 会计职业道德规范中，对"诚实守信"的基本要求有(　　　)。

  A. 执业谨慎，信誉至上   B. 保密守信，不为利益所诱惑

  C. 实事求是，如实反映   D. 树立正确的人生观和价值观

  E. 说老实话，办老实事，不搞虚假

 9. 会计职业道德规范中，对"爱岗敬业"的基本要求有(　　　)。

  A. 安心工作，任劳任怨   B. 严肃认真，一丝不苟

  C. 忠于职守，尽职尽责   D. 依法办事，实事求是

  E. 会计核算的过程和最终处理结果要客观公正

 10. "慎独"是会计职业道德修养的最高境界，其前提是坚定的(　　　)。

  A. 职业良心   B. 职业观念   C. 职业素质   D. 职业行为

  E. 职业信念

 11. 关于会计职业道德教育说法正确的有(　　　)。

  A. 慎省就要从微处着眼、小事着手、严于律己

  B. 法治教育的目的是要提高会计人员的职业道德自律能力

  C. 岗前职业道德教育侧重点是职业观念、情感和规范

  D. 会计职业道德教育最重要的环节是职业道德观念教育

  E. 岗位职业道德继续教育是强化会计职业道德教育的有效形式

 12. 会计职业道德教育的途径有(　　　)。

  A. 慎独慎欲   B. 自警自励   C. 警示教育   D. 继续教育

  E. 观念教育

 13. 社会各界推动会计职业道德建设的方式有(　　　)。

  A. 新闻媒体加强社会舆论监督

  B. 建立单位内部约束机制，防范舞弊和经营风险

  C. 各有关部门和机构重视会计职业道德建设

  D. 行业自律组织改革完善会计职业组织自律机制

  E. 把会计职业道德建设与会计法律制度建设紧密结合

 14. 不属于我国会计职业道德检查与奖惩意义的是(　　　)。

  A. 具有裁决与教育作用   B. 有利于防范舞弊和经营风险

  C. 有利于提高经济效益   D. 有利于形成抑恶扬善的社会环境

  E. 促使会计人员遵守职业道德规范

三、判断题

1. 会计职业道德调整会计职业活动中的工作人际关系和会计利益关系。(　　　)

2. 会计职业道德是调整会计职业关系的职业行为准则和规范。(　　　)

3. 会计法律制度规定了会计人员的最高行为标准。(　　　)

4. 违反会计职业道德的行为，不一定违反会计法律制度。(　　　)

5. 会计职业道德是会计法律制度的最低要求。(　　　)

6. 会计职业道德是会计法律制度正常运行的社会及思想基础。(　　　)

7. 会计职业道德是会计法律制度的最高要求。(　　　)

8. 会计法律制度侧重调整会计人员的外在行为和内在的精神世界,具有主观性。(　　)

9. 会计职业道德与会计法律制度在性质、范围、表现形式、实施保障机制以及评价标准等方面有所不同。(　　)

10. 会计职业道德法治教育通过开展对会计行为典型违法案例的讨论,给会计人员启发和警示。(　　)

11. 做好会计职业道德建设的关键是加强会计职业道德建设的组织和领导。(　　)

12. 会计职业道德规范"参与管理"是指直接参加管理活动,为管理者当参谋,为管理活动服务。(　　)

13. 会计职业道德规范"强化服务"的结果就是提高会计信息质量。(　　)

14. 单位会计人员娴熟的业务、精湛的技能是参与管理的前提。(　　)

15. 会计职业道德规范"提高技能"中的会计职业技能是指会计理论水平与实务操作能力。(　　)

16. 企事业单位负责组织和推动本地区会计职业道德建设。(　　)

17. 会计职业道德检查与奖惩具有裁决与教育作用。(　　)

18. 我国会计专业技术资格分为初级资格、中级资格、高级资格和注册会计师执业资格。(　　)

19. 会计专业技术资格报考者应坚持原则,并具备良好的职业道德品质。(　　)

20. 总会计师在工作中有渎职行为和严重错误,应当按规定给予处分。(　　)

项目五综合检测参考答案